# 미디어경제론

## —개념 및 이론과 사례—

오 정 호

청목출판사

# 머리말

이 책의 목적은 미디어산업, 미디어기업, 미디어사용자 등과 관련된 다양한 현상들을 경제적 차원의 시각을 통해 보고자 하는 것이다. 현실에서 나타나는 복잡하고 다양한 현상들을 관통하는 경제적 원리는 내구성을 유지하고 간결하기 때문이다. 이 책에서 나오는 주요 개념과 이론은 주로 신고전경제학에서 나온 것이다. 일부분은 행동경제학, 신제도주의경제학, 거래비용이론 등이 출처이다. 문화적 할인의 개념, 미디어상품 고유의 국제유통 흐름을 설명하는 이론 등을 제외하면 미디어경제학 고유의 개념과 이론은 많지 않다. 개념 및 이론의 출처는 여러 분야에서 나오지만 그 난이도는 경제원론의 수준을 지향하였다. 경제학 지식이 없는 독자층을 고려하여 복잡한 수식은 배제하였다. 미디어 관련 학과의 학부생과 대학원생, 미디어산업 또는 문화산업 관련 종사자 등이 주요 독자층이 될 것으로 본다.

국내외에서 미디어경제학, 문화경제학, 콘텐츠경제학, 커뮤니케이션경제학, 미디어경영론, 미디어산업과 정책 등 서로 다른 명칭으로 교재가 나오고 대학강좌가 개설되고 있지만 이들은 유사한 개념 및 내용을 다루고 있다. 이 책은 문화산업, 콘텐츠, 미디어 등의 분야에 적용할 수 있는 다양한 경제적 개념 및 이론을 포괄하고자 했으며 그와 관련된 국내외 사례들을 제시하고 있다. 이 책의 주요 내용을 소개하면 다음과 같다.

1장은 국내 콘텐츠산업을 분류하고 세분화된 산업별로 규모와 현황을 다룬다. 이러한 콘텐츠산업분류체계는 미디어경제학에서 초점을 맞출 수 있는 산업의 범위를 제시하고 있다. 콘텐츠산업의 현황에 대한 정보는 휘발성이 강하므로 몇 년마다 주기적으로 갱신하는 것이 필요할 것이다. 1장을 제외한 나머지 부분은 내구성이 강한 개념 및 이론을 바탕으로 전개되고 있다.

2장은 경제이론의 분류체계와 미디어상품의 특성을 다룬다. 미디어상품의 특성은 수요와 공급 측면으로 구분하여 설명할 수도 있고 본원적 특성과 파생적 특성으로 구분하여 설명할 수도 있다.

3장은 수요와 공급 그리고 시장균형을 이해하는데 있어서 필수적 개념을 소개하고 있다. 예를 들면, 미디어상품의 수요량이 해당 상품의 가격 변화나 소비자의 소득 변화에 얼마나 민감하게 반응하는지 알아내는 방법과 그러한 반응이 어떠한 의미가 있는지 설명하고 있다. 또한 시장균형에 대한 원리를 통해 주파수 경매와 같은 정책에 대한 이해를 돕고자 하였다.

4장은 소비자이론을 통해 미디어사용자에 대한 이해의 폭을 넓히고자 하였다. 예를 들면, 유료방송사업자가 주문형비디오(VOD) 프로그램의 배치에 있어서 높은 가격의 프로그램부터 내림차순으로 할 것인가 아니면 오름차순으로 할 것인가? 이에 대한 해답은 행동경제학에 대한 이해를 통해 해소될 것이다.

5장은 생산자이론을 통해 미디어 기업의 합리적 의사결정을 위해 필요한 개념들을 다룬다. 예를 들면, 당신은 이윤극대화를 위한 합리적 결정을 위해서 회계장부 상의 이윤과 기회비용을 감안하는 경제적 이윤 중에서 무엇을 고려해야 하는가? 제작비로 지금까지 10억 원이 지출되었으나 콘텐츠상품을 완성하기 위해 앞으로 10억 원이 들고 그 콘텐츠상품의 예상수입이 15억 원이라면 지금의 당신은 계속 제작해야 하는가 아니면 포기해야 하는가? 이러한 질문에 대한 해답을 얻기 위해서는 합리적 의사결정을 위한 한계분석과 증분분석을 이해해야 한다.

6장은 완전경쟁, 독점적 경쟁, 과점, 독점이라는 네 가지 시장유형의 특성을 다룬다. 그 어떤 나라에서도 완전경쟁을 이루는 산업이 존재하지 않는 이유는 무엇인가? 많은 나라에서 잡지나 서적출판 산업이 독점적 경쟁을 이루고 있는 이유는 무엇인가? 이에 대한 해답은 시장유형의 특성에 대한 이해를 필요로 한다.

7장은 시장의 구조를 이해하고 분석하는데 필요한 내용을 다룬다. 구체적으로 시장의 범위를 정하는 방법, 시장의 구조를 측정하는 방법, 시장구조의 결정요인 등을 설명하고 있다.

8장과 9장은 미디어기업의 행위 또는 전략을 이해하는데 필요한 개념과 이론들을 소개하고 있다. 8장에서는 합병 및 인수로 일컬어지는 기업결합, 한 기업이 여러 업종에 진출하는 다각화, 경쟁상품과 동일한 기능을 갖지만 다른 특성을 개발하는 상품차별화, 번들링으로 일컬어지고 있는 결합상품전략, 그리고 프로그램을 선정하고 배열하는 편성전략을 다룬다.

9장에서는 다양한 형태의 가격전략을 다룬다. 예를 들면, 동일한 콘텐츠상품의 가격차별화, 새로운 콘텐츠상품의 가격설정, 하드웨어와 소프트웨어로 이루어진 상품의 가격설정 등을 설명하고 있다. 또한 다양한 매체를 통해 콘텐츠상품을 유통시키는 창구화전략, 콘텐츠상품에 대한 분산투자와 관련된 포트폴리오전략, 미디어산업 고유의 위험회피 전략 등을 다룬다.

10장은 성과를 다룬다. 성과는 효율성, 수익성, 형평성, 지역성, 다양성, 공익성 등 여러 유형으로 구분할 수 있다. 특히 지역성이나 다양성은 미디어산업을 분석할 때 주로 나오는 개념이다. 7장의 구조, 8장과 9장의 행위, 그리고 10장의 성과에 대해 이해하게 되면 미디어산업의 분석에서 필수적 개념들이 무엇인가를 알게 될 것이다. 미시경제학의 하위 분야인 산업조직론에서는 구조 - 행위 - 성과의 분석틀을 사용하여 산업을 분석하는데, 이러한 분석틀은 1980년대부터 현재까지 미디어경제학의 토대를 제공하는데 크게 기여하고 있다.

11장은 노동의 수요와 공급을 다룬다. 특히 노동의 수요나 공급이 변하면 어떻게 임금과 노동량이 달라지는가를 이론적으로 접근하고 있다. 이러한 이론을 습득하면 왜 소수의 스타는 극도로 높은 소득을 얻는가를 이해하게 된다. 또한 왜 다수의 콘텐츠제작 인력은 임금이 낮은가를 이해하게 된다.

12장은 광고와 관련된 여러 경제학적 관점과 이론을 소개하고 있다. 예를 들면, 광고의 역할과 효과에 대해 다양한 경제학적 관점을 제시하고 있다. 그리고 기업의 이윤극대화를 위한 최적 광고지출의 조건을 설명하고 있다. 이러한 조건에 대한 이해는 기업의 광고전략을 이해하는데 있어서 크게 도움이 될 것이다. 또한 매출액 대비 광고지출액의 비중을 의미하는 광고집약도가 기업에 따라, 산업에 따라, 그리고 국가에 따라 각각 달라지는 이유에 대해 설명하고 있다.

13장은 미디어상품의 국제유통을 다룬다. 전통적 무역이론과 최근의 무역이론을 소개한 후에 미디어상품 고유의 국제유통 현상을 설명하고 있다. 여기서는 다음과 같은 질문들을 제시하고 그 해답을 찾고 있다. 미디어상품의 국제유통은 일반적 상품의 국제유통과는 다른 독특한 특징을 보이는데, 그 이유는 무엇인가? 미국이 미디어상품의 국제유통을 주도하고 있는 이유는 무엇인가? 미디어상품의 수출가격은 어떠한 특성을 보이는가? 미디어상품의 수출전략에서 고려해야 할 사항은 무엇인가?

14장은 방송, 통신, 인터넷포털, 모바일앱 등과 같은 네트워크산업의 특성을 다룬다. 이러한 산업에서는 서로 다른 두 개의 시장이 존재한다. 예를 들면 인터넷포털에서 이용자시장과 광고주시장이 존재하는데, 이를 양면시장이라고 한다. 여기서는 다음과 같은 질문들을 제시하고 그 해답을 찾고 있다. 양면시장의 유형은 어떻게 분류할 수 있는가? 양면시장에서의 가격설정은 다른 시장과 비교하여 어떻게 다른가? 양면시장에서 중개자 역할을 하는 플랫폼의 기업규모에 영향을 미치는 요인들은 무엇인가?

15장은 미디어산업의 규제를 다룬다. 이를 위해 시장의 실패, 정부의 개입, 정부의 실패 등에 대한 개념을 우선 설명한다. 시장시스템이 잘 작동하지 못하게 되면 시장의 실패가 초래되는데, 그 원인에 대해 설명한다. 시장의 실패는 정부의 개입을 초래하지만 정부의 개입이 적절하지 못하면 정부의 실패를 초래한다. 이러한 정부의 실패를 초래하는 원인을 설명한다. 그리고 미디어산업에서 이루어지고 있는 정부의 개입, 특히 독과점 규제의 사례를 제시하고 있다.

저자 씀

# 차 례

# 제 1 장 콘텐츠산업의 분류 및 현황과 특성

## 1. 콘텐츠산업의 분류와 현황

문화체육관광부는 한국표준산업분류체계와는 별도로 콘텐츠산업분류체계를 적용하여 통계조사를 매년 실시하고 있다. 콘텐츠산업의 특수분류는 12개 영역인 출판, 만화, 음악, 게임, 영화, 애니메이션, 방송, 광고, 캐릭터, 지식정보, 콘텐츠 솔루션, 공연으로 구성되어 있다. 문화체육관광부는 공연을 제외한 11개 산업에 대해 11개 대분류, 43개 중분류, 100개 소분류로 구성된 분류체계를 적용하고 있다.[30] 이하에서는 이러한 11개 대분류 산업별로 중분류와 소분류에 따른 규모를 파악하고자 한다.

〈표 1-1〉에 나타난 바와 같이 2017년에 출판산업의 매출액 합계는 약 20조 8천억 원을 기록했다. 출판산업을 중분류 산업으로 구분하여 매출액 비중을 살펴보면 출판업의 비중이 43.4%로 가장 높고, 그 뒤를 이어 출판 도소매업(36.2%), 인쇄업(18.9%), 온라인출판 유통업(1.2%) 등이 있다. 출판산업은 국내 전체산업의 평균에 비해서 생산유발 효과가 높고 고용유발 효과가 높은 편이다.[61]

〈표 1-1〉 출판산업의 분류와 규모: 2017년

| 중분류 | 소분류 | 매출액(억 원) | 종사자 수(명) |
|---|---|---|---|
| 출판업 | 서적 출판업(종이매체 출판업) | 11,698 | 9,268 |
| | 교과서 및 학습서적 출판업 | 28,287 | 15,537 |
| | 인터넷/모바일 전자출판제작업 | 3,404 | 2,080 |
| | 신문 발행업 | 28,544 | 17,284 |
| | 잡지 및 정기간행물 발행업 | 11,228 | 10,097 |
| | 정기 광고간행물 발행업 | 4,918 | 5,151 |
| | 기타 인쇄물 출판업 | 2,010 | 1,166 |
| 인쇄업 | 인쇄업 | 39,329 | 51,576 |
| 출판 도소매업 | 서적 및 잡지류 도매업 | 26,308 | 9,814 |
| | 서적 및 잡지류 소매업 | 48,888 | 26,928 |
| | 계약배달 판매업(신문배달판매) | - | 33,486 |
| 온라인출판 유통업 | 인터넷/모바일 전자출판서비스업 | 2,388 | 551 |
| 출판 임대업 | 서적임대업(만화 제외) | 551 | 1,873 |
| 합계 | | 207,553 | 184,794 |

출처: 문화체육관광부(2019)

〈표 1-2〉를 보면 2017년에 만화산업의 매출액 합계는 약 1조 8백억 원을 기록했다. 만화산업을 중분류 산업으로 구분하여 매출액 비중을 보면 만화 출판업(48.1%), 만화 도소도매업(26.4%), 온라인 만화 제작·유통업(18.8%), 만화책 임대업(6.8%)의 순서로 나타난다.

〈표 1-2〉 만화산업의 분류와 규모: 2017년

| 중분류 | 소분류 | 매출액(억 원) | 종사자 수 |
|---|---|---|---|
| 만화 출판업 | 만화 출판사(만화잡지, 일일만화 등) | 1,550 | 731 |
| | 일반 출판사(만화부문) | 3,651 | 1,741 |
| 온라인 만화 제작·유통업 | 인터넷/모바일 만화 콘텐츠 제작 및 제공 | 379 | 260 |
| | 인터넷/모바일 만화콘텐츠 서비스 | 1,651 | 488 |
| 만화책 임대업 | 만화임대(만화방, 만화카페 등) | 248 | 920 |
| | 서적임대(대여)(만화부문) | 485 | 2,769 |
| 만화 도소매업 | 만화 서적 및 잡지류 도매 | 629 | 778 |
| | 만화 서적 및 잡지류 소매 | 2,230 | 2,710 |
| 합계 | | 10,822 | 10,397 |

출처: 문화체육관광부(2019)

〈표 1-3〉 음악산업의 분류와 규모: 2017년

| 중분류 | 소분류 | 매출액 (억 원) | 종사자 수 |
|---|---|---|---|
| 음악제작업 | 음악 기획 및 제작업 | 11,732 | 3,336 |
| | 음반(음원) 녹음시설 운영업 | 606 | 504 |
| 음악 및 오디오물 출판업 | 음악 오디오물 출판업 | 177 | 68 |
| | 기타 오디오물 제작업 | 9 | 14 |
| 음반복제 및 배급업 | 음반 복제업 | 813 | 178 |
| | 음반 배급업 | 942 | 148 |
| 음반 도소매업 | 음반 도매업 | 748 | 137 |
| | 음반 소매업 | 1,301 | 532 |
| 온라인 음악 유통업 | 인터넷/모바일 음악 서비스업 | 14,418 | 2,275 |
| | 음원 대리 중개업 | 1,195 | 213 |
| | 인터넷/모바일 음악 콘텐츠 제작 및 제공업 | 918 | 476 |
| 음악 공연업 | 음악공연 기획 및 제작업 | 9,441 | 3,917 |
| | 기타 음악공연 서비스업 | 713 | 266 |
| 노래연습장 운영업 | 노래연습장 운영업 | 15,031 | 64,941 |
| 합계 | | 58,043 | 77,005 |

출처: 문화체육관광부(2019)

〈표 1-3〉을 보면 2017년에 음악산업의 매출액 합계는 약 5조 8천억 원을 기록했다. 음악산업을 중분류 산업으로 구분하여 매출액 비중을 보면 온라인 음악 유통업(28.5%), 노래연습장 운영업(25.9%), 음악 제작업(21.3%), 음악 공연업(17.5%), 음반 도소매업(3.5%), 음반복제 및 배급업(3.0%), 음악 및 오디오물 출판업(0.3%)의 순서로 나타난다. 그러나 종사자 수의 비중은 노래연습장 운영업(84.3%)이 압도적으로 높다.

〈표 1-4〉 게임산업의 분류와 규모: 2017년

| 중분류 | 소분류 | 매출액(억 원) | 종사자 수 |
|---|---|---|---|
| 게임 제작 및 배급업 | PC 게임 | 45,409 | 13,287 |
| | 모바일 게임 | 62,102 | 19,686 |
| | 콘솔 게임 | 3,734 | 477 |
| | 아케이드 게임 | 1,798 | 1,215 |
| 게임 유통업 | 컴퓨터 게임방 운영업 | 17,600 | 45,378 |
| | 전자 게임장 운영업 | 780 | 1,889 |
| 합계 | | 131,423 | 81,932 |

출처: 문화체육관광부(2019)

〈표 1-4〉를 보면 2017년에 게임산업의 매출액 합계는 약 13조 1천억 원을 기록했다. 게임산업을 중분류 산업으로 구분하면 게임 제작 및 배급업의 비중이 게임 유통업보다 압도적으로 높다. 소분류 산업으로 구분하여 그 매출액 비중을 보면 모바일 게임(47.3%), PC 게임(34.6%), 컴퓨터 게임방 운영업(13.4%), 콘솔 게임(2.8%),아케이드 게임(1.4%), 전자 게임장 운영업(0.6%)의 순서로 나타난다. 그러나 종사자 수의 비중은 컴퓨터 게임방 운영업(55.4%)에 치우쳐 있다. 게임산업의 소분류에서 PC 게임은 기존의 온라인 게임과 PC 패키지 게임을 통합한 것이다. 콘솔 게임은 이전에 비디오 게임으로 일컬어지기도 했다.

〈표 1-5〉 영화산업의 분류와 규모: 2017년

| 중분류 | 소분류 | 매출액(억 원) | 종사자 수 |
|---|---|---|---|
| 영화 제작, 지원 및 유통업 | 영화 기획 및 제작 | 7,222 | 3,913 |
| | 영화 수입 | 2,420 | 808 |
| | 영화제작 지원 | 2,459 | 2,360 |
| | 영화 배급 | 9,375 | 1,457 |
| | 극장 상영 | 26,082 | 19,455 |
| | 영화 홍보 및 마케팅 | 1,625 | 818 |
| 디지털 온라인 유통업 | DVD/블루레이 제작 및 유통 | 149 | 77 |
| | 온라인 배급 | 1,758 | 337 |
| | 온라인 상영 | 3,857 | 321 |
| 합계 | | 54,947 | 29,546 |

출처: 문화체육관광부(2019)

〈표 1-5〉를 보면 2017년에 영화산업의 매출액 합계는 약 5조 5천억 원을 기록했다. 영화산업을 중분류 산업으로 구분하면 영화 제작, 지원 및 유통업의 비중이 디지털 온라인 유통업보다 압도적으로 높다. 소분류 산업으로 구분하여 매출액 비중을 보면 극장 상영(47.5%), 영화 배급(17.1%), 영화 기획 및 제작(13.1%), 온라인 상영(7.0%) 등의 순서로 나타난다. 그리고 종사자 수의 비중도 극장 상영이 65.8%로 가장 높다.

영화는 극장, 유료방송, 지상파방송, 해외수출 등의 여러 창구를 거치면서 수입을 얻고 캐릭터 상품 등을 파생시키는 부가가치가 높은 상품이다. 그리고 고위험 고수익의 특성을 가지고 있다. 예를 들면, 영화 '7번방의 선물'은 총제작비

61억 원이 들었는데 극장 매출만 약 914억 원을 기록했다.[39] 그러나 대부분의 영화는 흥행에 실패하여 손실을 보는 것이 일반적이다.

영화산업에서는 영화 흥행이 아주 중요한 사안이므로 미디어 경제학에서는 영화 흥행의 결정 요인에 대한 실증 연구가 많이 축적되어 있다. 영화의 생산단계는 제작, 배급, 상영이라는 세 단계로 이루어져 있는데, 이러한 단계별로 영화의 흥행을 높일 수 있다고 알려진 변수로는 다음과 같다. 제작 단계 변수로는 배우의 영향력, 감독의 영향력, 기존 영화의 속편, 영화제 수상 등이 흥행을 대체로 높인다. 배급 및 상영 변수로는 방학 및 휴가철이 있는 7~8월과 12~1월의 상영 시기, 복합상영관에서 상영되는 비율 등이 흥행을 높이는 것으로 알려져 있다.[27] 그러나 관객 선호의 변화 등으로 인해 흥행의 결정요인은 여전히 미지의 분야에 속한다.

〈표 1-6〉 애니메이션산업의 분류와 규모: 2017년

| 중분류 | 소분류 | 매출액 (억 원) | 종사자 수 |
|---|---|---|---|
| 애니메이션 제작업 | 애니메이션 창작 제작업 | 3,125 | 2,795 |
| | 애니메이션 하청 제작업 | 1,297 | 2,017 |
| | 온라인 애니메이션 제작업 | 124 | 52 |
| 애니메이션 유통 및 배급업 | 애니메이션 유통, 배급 및 홍보 | 235 | 152 |
| 온라인 애니메이션 유통업 | 온라인 애니메이션 서비스업 | 154 | 145 |
| 합계 | | 4,934 | 5,161 |

출처: 문화체육관광부(2019)

〈표 1-6〉을 보면 2017년에 애니메이션산업의 매출액 합계는 약 5천억 원을 기록했다. 애니메이션산업을 중분류 산업으로 구분하여 매출액 비중을 보면 애니메이션 제작업(92.1%), 애니메이션 유통 및 배급업(4.8%), 온라인 애니메이션 유통업(3.1%)의 순서로 나타난다. 종사자 수의 비중도 유사하게 나타나고 있다.

〈표 1-7〉 방송산업의 분류와 규모: 2017년

| 중분류 | 소분류 | 매출액(억 원) | 종사자 수 |
|---|---|---|---|
| 지상파방송 | 지상파방송 | 36,837 | 14,355 |
| | 지상파이동멀티미디어방송 | 114 | 59 |
| 유선방송 | 종합유선방송 | 21,307 | 4,578 |
| | 중계유선방송 | 20 | 106 |
| 위성방송 | 일반위성방송 | 5,754 | 347 |
| | 위성이동멀티미디어방송 | - | - |
| 방송채널사용사업 | 방송채널사용사업 | 66,396 | 16,644 |
| 인터넷영상물 제공업 | 인터넷프로토콜TV(IPTV) | 29,251 | 726 |
| | IPTV 콘텐츠제공 사업(CP) | 5,441 | - |
| 방송영상물 제작업 | 방송영상독립제작 | 15,314 | 8,522 |
| 합계 | | 180,436 | 45,337 |

출처: 문화체육관광부(2019)

〈표 1-7〉을 보면 2017년에 방송산업의 매출액 합계는 약 18조 원을 기록했다. 방송산업을 중분류 산업으로 구분하여 매출액 비중을 보면 지상파 방송은 20.5%, 유선방송은 11.8%, 위성방송은 3.2%, 방송채널사용사업은 36.8%, 인터넷 영상물 제공업은 19.2%, 방송영상물제작업은 8.5%로 나타난다. 위성이동멀티미디어방송 사업자는 시장에서 퇴출되어 위성방송산업에서는 일반위성방송 사업자만 존재한다. 매출액의 비중과 달리 종사자 수의 비중에서 인터넷영상물 제공업은 1.6%로 매우 낮게 나타나고 있다.

〈표 1-8〉 광고산업의 분류와 규모: 2017년

| 중분류 | 소분류 | 매출액(억 원) | 종사자 수 |
|---|---|---|---|
| 광고대행업 | 종합광고대행 | 48,570 | 16,552 |
| | 광고매체대행 | 15,480 | 4,195 |
| 광고제작업 | 인쇄광고제작업 | 9,219 | 4,121 |
| | 영상광고제작업 | 10,519 | 4,526 |
| | 광고사진스튜디오 | 365 | 430 |
| 광고전문서비스업 | 브랜드컨설팅 | 1,368 | 682 |
| | 마케팅조사 | 1,328 | 927 |
| | PR(Public Relations) | 5,320 | 3,174 |
| | SP(Sales Promotion) | 2,911 | 1,233 |
| | 전시 및 행사대행업 | 20,608 | 9,108 |
| 인쇄업 | 인쇄 | 7,374 | 4,626 |

| 중분류 | 소분류 | 매출액(억 원) | 종사자 수 |
|---|---|---|---|
| 온라인광고대행업 | 온라인종합광고대행 | 22,205 | 9,104 |
| | 온라인광고제작대행 | 3,292 | 2,147 |
| | 온라인광고매체대행 | 1,838 | 1,007 |
| 옥외광고대행업 | 옥외종합광고대행 | 11,493 | 2,283 |
| | 옥외광고제작대행 | 2,245 | 1,043 |
| 합계 | | 164,133 | 65,159 |

출처: 문화체육관광부(2019)

〈표 1-8〉을 보면 2017년에 광고산업의 매출액 합계는 약 16조 4천억 원을 기록했다. 광고산업을 중분류 산업으로 구분하여 매출액 비중을 보면 광고대행업은 39.0%, 광고제작업은 12.2%, 광고전문서비스업은 19.2%, 인쇄업은 4.5%, 온라인광고대행업은 16.7%, 옥외광고대행업은 8.4%로 나타나고 있다. 종사자 수의 비중도 유사하게 나타나고 있다.

〈표 1-9〉 캐릭터산업의 분류와 규모: 2017년

| 중분류 | 소분류 | 매출액(억 원) | 종사자 수 |
|---|---|---|---|
| 캐릭터 제작업 | 캐릭터 개발 및 라이선스업 | 8,586 | 4,600 |
| | 캐릭터상품 제조업 | 53,090 | 13,647 |
| 캐릭터 상품 유통업 | 캐릭터상품 도매업 | 17,774 | 3,107 |
| | 캐릭터상품 소매업 | 39,773 | 13,425 |
| 합계 | | 119,223 | 34,778 |

출처: 문화체육관광부(2019)

〈표 1-9〉를 보면 2017년에 캐릭터산업의 매출액 합계는 약 11조 9천억 원을 기록했다. 캐릭터산업을 소분류 산업으로 구분하여 매출액 비중을 보면 캐릭터 개발 및 라이선스업은 7.2%, 캐릭터상품 제조업은 44.5%, 캐릭터상품 도매업은 14.9%, 캐릭터상품 소매업은 33.4%를 차지하고 있다.

〈표 1-10〉을 보면 2017년에 지식정보산업의 매출액 합계는 약 15조 원을 기록했다. 지식정보산업을 중분류 산업으로 구분하여 매출액 비중을 보면 e-learning업은 26.5%, 기타 데이터베이스 및 온라인정보 제공업은 9.3%, 포털 및 기타 인터넷 정보 매개 서비스업은 51.2%, 가상세계 및 가상현실업은 13.1%를 차지하고 있다. 반면에 종사자 수의 비중을 보면 포털 및 기타 인터넷

정보 매개 서비스업은 20.0%로 매출액 비중에 비해 낮게 나타나고 있다.

〈표 1-10〉 지식정보산업의 분류와 규모: 2017년

| 중분류 | 소분류 | 매출액 (억 원) | 종사자 수 |
|---|---|---|---|
| e-learning업 | e-learning 기획업 | 6,818 | 5,072 |
| | e-learning 인터넷/모바일 서비스업 | 26,139 | 18,001 |
| | 인터넷/모바일 e-learning 제작 및 제공업 | 4,290 | 5,005 |
| | 에듀테인먼트 기획 및 제작업 | 2,560 | 2,119 |
| 기타 데이터베이스 및 온라인정보 제공업 | 기타 데이터베이스 및 온라인정보 제공업 | 13,952 | 15,944 |
| 포털 및 기타 인터넷 정보 매개 서비스업 | 포털 및 기타 인터넷 정보 매개 서비스업 | 77,018 | 16,478 |
| 가상세계 및 가상현실업 | 스크린골프 시스템 기획 및 제작업 | 3,397 | 935 |
| | 스크린골프장 운영업 | 14,689 | 18,245 |
| | 기타 가상세계 및 가상현실 기획 및 제작업 | 1,551 | 671 |
| 합계 | | 150,414 | 82,470 |

출처: 문화체육관광부(2019)

특히 인터넷 포털은 매스미디어로서의 기능을 하고 있어 미디어 경제학의 주요 관심 분야가 된다. 인터넷 포털의 진화 과정을 보면 초기에 다양한 포털이 등장하여 경쟁이 심했던 시기, 시장집중도가 높아지는 시기, 다각화가 확대되는 시기 등으로 전개되고 있다. 1990년대 중반부터 매우 다양한 포털이 등장하였다. 예를 들면, 여러 웹사이트를 접하기 위한 관문(portal)의 역할로 등장한 넷스케이프(Netscape)의 내비게이터(Navigator), 웹사이트 내용을 위계적이고 세분화된 유형으로 분류하여 정리한 야후(Yahoo), 검색엔진으로서의 포털(미국의 Excite, Infoseek, Lycos 등과 한국의 까치네, 와카노, 네이버 등), 커뮤니티에 중점을 둔 다음(Daum)과 같은 포털 등을 들 수 있다. 그리고 포털은 점차적으로 검색 엔진으로서의 역할 뿐만 아니라 포털 사이트에 오래 머무르도록 무료 이메일, 뉴스, 날씨 등을 제공하게 되었다. 가입자 규모가 광고 수익과 콘텐츠의 품질과 다양성으로 이어지는 플랫폼산업의 특성으로 인해 포털 시장의 집중도는 점차 커지게 되었다. 그 과정에서 규모가 커진 포털들은 전략적 제휴와 인수 및 합병 등을 통해 다시 규모를 늘리면서 수익원을 확대하는 동시에 급속한 기술변화에 대처하게 되었다. 소수의 대규모 포털이 포털시장을 지배하게 되면서 관련 다각화에서 비관련 다각화로 다각화의 정도를 심화시키고 있다.

2019년 6월 말 기준으로 네이버는 115개의 종속회사를 가지고 있으며, 카카오(2014년 다음과 카카오가 합병한 후 사명을 다음카카오로 변경하고 2015년에는 카카오로 변경)는 85개의 종속회사를 가지고 있다. 미국의 경우 구글(Google)은 2005년에 안드로이드를 인수하고 2006년에 유튜브(YouTube)를 인수하면서 플랫폼 사업자로서의 입지를 다졌는데, 2001년 이후 2016년 10월까지 인수한 기업은 200여개에 달한다.63]. 구글은 2015년에 알파벳(Alphabet)이라는 지주회사 하에 8개 기업들이 서로 다른 업종을 담당하는 체제로 개편했다. 구글은 8개 기업 중의 하나로 여전히 포털 시장에 존재하지만 다른 7개 기업들은 투자, 무인자동차, 스마트 홈, 헬스 케어 등에 진입하여 기업집단 전체적으로는 비관련 다각화의 특징을 보인다.

공정거래위원회는 심결사례에서 인터넷 포털 서비스의 요건으로 다음 사항을 들고 있다. 첫째, 이용자를 유인할 수 있는 서비스를 제공하여 많은 트래픽(이용자 수 또는 이용 횟수)을 보유하는 것이다. 둘째, 확보된 이용자를 바탕으로 광고, 전자상거래 등 수익을 위한 비즈니스 모델을 실현하는 것이다. 셋째, 최소한으로 다섯 가지 서비스(검색, 콘텐츠, 커뮤니케이션, 커뮤니티, 전자상거래)가 제공되는 것이다. 그러나 인터넷 포털에 대한 이러한 정의는 기술의 발전과 시장의 변화에 따라 수정될 수 있다.

〈표 1-11〉 콘텐츠솔루션산업의 분류와 규모: 2017년

| 중분류 | 소분류 | 매출액(억 원) | 종사자 수 |
|---|---|---|---|
| 콘텐츠 솔루션업 | 저작툴 | 5,964 | 5,175 |
| | 콘텐츠보호 | 2,540 | 2,289 |
| | 모바일솔루션 | 15,121 | 7,071 |
| | 과금/결제 | 5,994 | 2,068 |
| | 콘텐츠관리시스템(CMS) | 2,358 | 2,227 |
| | 콘텐츠전송네트워크(CDN) | 2,271 | 1,182 |
| | 기타 | 11,107 | 6,464 |
| 컴퓨터그래픽스(CG) 제작업 | 컴퓨터그래픽스(CG) 제작업 | 3,161 | 1,791 |
| 합계 | | 48,516 | 28,268 |

출처: 문화체육관광부(2019)

〈표 1-11〉을 보면 2017년에 콘텐츠솔루션산업의 매출액 합계는 약 4조 9천억 원을 기록했다. 콘텐츠솔루션산업을 소분류 산업으로 구분하여 매출액 비중을 보면 모바일솔루션이 31.2%로 가장 높다. 종사자 수의 비중도 역시 모바일솔루션이 25.0%로 가장 높다.

〈표 1-12〉 콘텐츠산업의 현황 : 2017년 기준

| 구 분 | 매출액(억 원) | 종사자 수 |
|---|---|---|
| 출 판 | 207,554 | 184,794 |
| 만 화 | 10,823 | 10,397 |
| 음 악 | 58,043 | 77,005 |
| 게 임 | 131,423 | 81,932 |
| 영 화 | 54,947 | 29,546 |
| 애니메이션 | 6,655 | 5,161 |
| 방 송 | 180,436 | 45,337 |
| 광 고 | 164,133 | 65,159 |
| 캐릭터 | 119,223 | 34,778 |
| 지식정보 | 150,414 | 82,470 |
| 콘텐츠솔루션 | 48,516 | 28,268 |
| 합계 | 1,132,165 | 644,847 |

출처: 문화체육관광부(2019)

2017년에 콘텐츠산업의 부가가치액이 국내총생산(GDP)에서 차지하는 비중은 2.56%로 나타났다.[30] 대체로 부가가치액은 경상이익, 인건비, 순금융비용, 임차료, 감가상각비, 조세공과 등을 합하여 계산한다. 〈표 1-12〉를 보면 2017년에 전체 콘텐츠산업의 매출액은 약 113조 원으로 나타났다. 산업별 매출액의 비중을 보면 출판(18.3%)이 가장 높고, 그 뒤를 이어 방송(15.9%), 광고(14.5%), 지식정보(13.3%), 게임(11.6%), 캐릭터(10.5%), 음악(5.1%) 등이 있다. 애니메이션(0.6%)은 비중이 가장 작다. 전체 콘텐츠산업의 종사자 수는 약 64만 명이고, 사업체 수는 약 10만 5천 개로 나타났다. 산업별 종사자 수의 비중을 보면 출판(28.7%)이 가장 높고, 그 뒤를 이어 지식정보(12.8%), 게임(12.7%), 음악(11.9%), 광고(10.1%), 방송(7.0%), 캐릭터(5.4%), 영화(4.6%) 등이 있다. 애니메이션(0.8%)은 종사자 수의 비중도 가장 작다.

# 2. 신문산업

## 1) 신문산업의 구조 및 정책의 변화

해방 후부터 1980년대까지의 신문산업 구조의 변화과정을 보면 다음과 같다.[13] 제1공화국 시기에는 정파적 성격의 신문이 많았으며 일부의 언론사만 신문사업을 통한 수익을 확보했다. 제2공화국 시기에는 신문발행을 허가제에서 등록제로 바꾸면서 군소신문의 난립 현상이 일어났다. 제3공화국 시기에 중앙지 시장에서는 신규진입으로 경쟁이 강화되고 지역신문 시장에서는 동일 지역에 2~4개 신문사가 경쟁을 하였다. 제4공화국 시기에는 신문 발행 및 판매 단계에서의 담합으로 인해 경쟁이 약화되고 중앙지의 지역시장 잠식은 심화되었다. 제5공화국 시기에는 언론통폐합을 통해 6개의 전국종합일간지가 대부분의 구독시장을 점유하였고 지역신문은 1지역 1개사를 유지하여 지역광고 시장에 대한 독점을 형성하였다. 제6공화국 시기에는 대량 시장진입으로 경쟁이 격화되었다.

그 후에 참여정부는 조중동(조선일보, 중앙일보, 동아일보)의 거대신문사를 견제하고 중소 언론사, 지역 언론사, 인터넷 신문 등을 보호 육성하려는 정책을 실시했다. 반면에 이명박 정부는 거대신문사에 대한 견제장치를 제거하는 정책을 실시하고자 했다.[22]

## 2) 신문산업의 분류와 유형별 특성

〈표 1-13〉에 나타난 바와 같이 2017년 신문산업의 전체 매출액은 3조 7,695억 원으로 나타났는데, 전년에 비해 3.2% 성장한 것이다. 종이신문이 신문산업 전체 매출액의 86.8%를 차지하고 있다. 매출액 상위 3위에 드는 매체는 전국종합일간신문 I, 경제일간신문, 지역종합일간신문의 순으로 나타나고 있다. 한국언

론진흥재단은 전국종합일간신문을 I과 II로 구분한다. 기간 조건(10년 이상 안정적으로 발행된 신문)과 규모 조건(금융감독원 공시 기준)을 만족시키면 I로 분류되고 그렇지 않으면 II로 분류된다.[92] 인터넷 신문의 경우 전체 신문산업에서 차지하는 매출액 비중은 13.2%로 작지만 종사자 수 비중은 42.0%로 크게 나타나고 있다.

〈표 1-13〉 신문산업의 분류와 규모: 2017년

| 분류 | | 기업 수 | 매출액 | | 종사자 수 | |
|---|---|---|---|---|---|---|
| | | | 규모(억 원) | 비중(%) | 규모(명) | 비중(%) |
| 일간 신문 | 전국종합일간 I | 11 | 13,706 | 36.4 | 4,519 | 10.7 |
| | 전국종합일간 II | 19 | 335 | 0.9 | 634 | 1.5 |
| | 지역종합일간 | 122 | 5,951 | 15.8 | 6,872 | 16.2 |
| | 경제일간 | 12 | 7,683 | 20.4 | 3,234 | 7.6 |
| | 스포츠일간 | 5 | 616 | 1.6 | 306 | 0.7 |
| | 외국어일간 | 2 | 162 | 0.4 | 126 | 0.3 |
| | 기타전문일간 | 24 | 897 | 2.4 | 798 | 1.9 |
| | 무료일간 | 2 | 59 | 0.2 | 70 | 0.2 |
| 일간신문 합계 | | 197 | 29,408 | 78.0 | 16,557 | 39.1 |
| 주간 신문 | 전국종합주간 | 31 | 390 | 1.0 | 516 | 1.2 |
| | 지역종합주간 | 529 | 715 | 1.9 | 2,586 | 6.1 |
| | 전문주간 | 672 | 2,213 | 5.9 | 4,892 | 11.6 |
| 주간신문 합계 | | 1,232 | 3,317 | 8.8 | 7,994 | 18.9 |
| 인터넷 신문 | 오프라인 기반 | 595 | 1,718 | 4.6 | 5,243 | 12.4 |
| | 온라인 기반 | 2,201 | 3,251 | 8.6 | 12,552 | 29.6 |
| 인터넷신문 합계 | | 2,796 | 4,969 | 13.2 | 17,795 | 42.0 |
| 전체 합계 | | 4,225 | 37,695 | 100.0 | 42,346 | 100.0 |

출처: 한국언론진흥재단(2018a).

### (1) 전국종합일간신문

주요 전국종합일간신문의 수는 2000년에 내일신문이 진입하면서 11개로 증가하다가 정체 상태에 있다. 2000년대 이후 2017년까지 전반적으로 매출액 규모는 감소추세를 보이고 있다. 신문시장의 소유구조를 파악하는 것은 신문시장의 시장집중도 뿐만 아니라 여론의 다양성을 이해하는데 있어서 필수적이다. 〈표

1-14〉에 나타난 바와 같이 국내 전국종합일간 신문시장의 상위 3사에 해당하는 조선일보, 중앙일보, 동아일보는 사주 일가가 가지는 지분이 높을 뿐만 아니라 종합편성채널을 소유하고 있으며 보수성향의 논조를 갖고 있다. 이런 특성은 여론시장의 다양성을 낮추는 주요 요인으로 작용하고 있다.[53]

〈표 1-14〉 주요 전국종합일간신문의 소유구조: 2017년 기준

| 신문사 | 주주명과 지분율(%) |
|---|---|
| 조선일보 | 방상훈(30.0) |
| 동아일보 | 인촌기념회(24.1) 김재호(22.2) |
| 중앙일보 | 홍석현(15.6) 중앙미디어네트워크(64.7) |
| 한국일보 | 동화기업(60.0) 동화엠파크(40.0) |
| 문화일보 | 우리사주조합(38.8) 문우언론재단(30.6) 동양문화재단(30.6) |
| 서울신문 | 우리사주조합(28.8) 기획재정부(30.5) 포스코(19.4) KBS(8.1) |
| 세계일보 | 세계기독교통일신령협회유지재단(40.7) |
| 국민일보 | 국민문화재단(100.0) |
| 경향신문 | 임직원(33.8) |
| 한겨레신문 | 우리사주조합(20.0) 소액주주(72.3) |
| 내일신문 | 장명국(6.7) 소액주주(52.3) |

출처: 금융감독원 전자공시시스템

1954년에 설립된 한국일보는 2002년부터 누적된 적자로 인해 2009년부터 자본잠식 상태를 보이다가 2015년에 동화기업에 의해 인수되었다. 1991년에 창간호를 발행한 현대문화신문은 1995년에 특수 일간지에서 종합 일간지로 변경되었다. 1998년에 현대그룹에서 분리되었으며 1999년에는 문화일보로 변경하였다. 서울신문의 전신은 1904년에 창간한 대한매일신보이다. 서울신문은 공기관 및 공공정책 기사를 제공하는 행정·자치 뉴스면을 운영하면서 다른 일간지와 차별화된 콘텐츠 전략을 구사하고 있다. 문화일보와 서울신문의 경우 우리사주조합의 지분비율이 높다는 공통성이 있다. 그러나 문화일보는 언론문화재단의 지분 비중이 높은 반면 서울신문은 정부의 지분 비중이 높다는 차이점을 보인다.

1988년에 설립된 세계일보의 최대주주는 세계기독교통일신령협회유지재단이고 1987년에 설립된 국민일보는 국민문화재단이 지분을 100% 소유하고 있다. 세계일보와 국민일보는 각각 통일교, 순복음교회와 관련된 종교재단의 소유라는

공통점이 있다.

1946년에 설립한 경향신문은 1999년에 한화그룹으로부터 분리되었다. 한겨레신문은 1988년에 창간기금을 모으고 창간호를 발행했다. 재벌로부터 독립한 경향신문과 국민모금에 의해 배태된 한겨레신문은 우리사주조합의 지분 비중이 높다는 공통성을 갖고 있다.

1993년에 소액주주 모금으로 설립된 주간내일신문은 2000년에 내일신문으로 상호를 변경하면서 주간지 중심에서 일간지 중심으로 전환했다. 내일신문은 전국지와 지역지가 결합된 특성을 지니고 있으며, 소액주주의 비중이 높다.

1990년대 국내의 10개 전국종합일간지의 소유구조는 재벌자본(중앙일보, 문화일보, 경향신문), 언론자본(동아일보, 조선일보, 한국일보), 국가독점자본(서울신문), 종교자본(국민일보, 세계일보), 국민자본(한겨레신문)으로 분류된 바 있다.[19] 그러나 그 후에 삼성, 현대, 한화의 재벌자본으로 각각 분류된 중앙일보, 문화일보, 경향신문은 재벌의 지분이 정리되었으며, 언론자본으로 분류된 한국일보는 대기업자본의 통제 하에 들어가게 되었다.[53]

### (2) 지역종합일간신문

국내의 지역종합일간신문은 장기간 정체 내지 축소의 시기를 겪어 왔다. 국내 지역신문의 위기를 초래한 원인으로 다음과 같은 특성이 거론되었다.[71] 첫째, 주요 선진국과 비교해보면 국내에서 전국신문과 지역신문 간 불균형이 심각하다. 둘째, 대부분의 지역신문이 누적된 적자에도 불구하고 생존하는 것은 소유주가 다른 기업을 소유하면서 적자를 보전하거나 언론과 연계된 정치권력을 통해서 보상받기 때문이다. 셋째, 지역신문은 정부광고와 보조금에 의존하고 있어서 감시견의 역할을 못하고 있다. 주요 지역종합일간신문의 매출액은 〈표 1-15〉에 나타나 있다.

한국과 달리 미국의 신문산업은 지역신문이 주도하고 있다. 한국과 마찬가지로 미국의 신문산업도 지속적인 하향 추세를 겪고 있다. 1985년에 유료 발행부수는 6천만 부를 초과했으나, 2017년 3천만 부로 줄어들었다. 1990년에 신문산업 종사자 규모가 45만 명을 초과했으나, 2016년에는 20만 명 이하로 줄어들었다. 미국에서 지역신문사들 간 인수 합병이 늘어나면서 대부분의 신문사들이 거대 신문그룹의 소유 하에 놓이게 되었다. 특히 2000년대 이후 신문사들을 인수한 그룹은 주로 펀드를 관리하는 주체들로 이루어져서 저널리즘의 가치보다는 투자 수익률에 집중하고 있다.[94]

〈표 1-15〉 주요 지역종합일간신문의 매출액과 수익성: 단위(억 원, %)

| 신문사 | 2013년 매출액 | 2017년 매출액 | 2017년 매출액순이익률 |
|---|---|---|---|
| 강원일보 | 238 | 273 | 0.37 |
| 경인일보 | 373 | 277 | 당기순손실 |
| 광주일보 | 159 | 84 | 당기순손실 |
| 국제신문 | 223 | 236 | 당기순손실 |
| 대전일보 | 110 | 85 | 1.56 |
| 매일신문 | 324 | 288 | 5.31 |
| 부산일보 | 414 | 650 | 12.58 |
| 영남일보 | 221 | 212 | 0.32 |

출처: 한국언론진흥재단(2018a).

### (3) 경제일간신문

전국 시장을 대상으로 하는 경제일간신문은 1999년까지 〈서울경제〉, 〈한국경제〉, 〈매일경제〉, 〈내외경제〉(현 〈헤럴드경제〉), 제일경제신문(현 〈아시아경제〉)의 5개에 머물러 있었으나, 2000년에 〈파이낸셜뉴스〉, 2001년에 〈머니투데이〉, 2007년에 〈아주경제〉, 2008년에 〈이투데이〉, 2011년에 〈이데일리〉가 진입하면서 10개로 증가했다. 경제일간신문은 2000년대부터 신문사의 수뿐만 아니라 물가상승률을 감안한 시장규모도 증가추세를 보인다. 인터넷신문으로 출발한 매체가 종이신문을 발행한 경우로는 머니투데이, 이데일리, 이투데이를 들 수 있다.[54] 주요 경제신문의 매출액은 〈표 1-16〉에 나타나 있다.

〈표 1-16〉 주요 경제일간신문의 매출액과 수익성: 단위(억 원, %)

| 신문사 | 2013년 매출액 | 2017년 매출액 | 2017년 매출액순이익률 |
|---|---|---|---|
| 매일경제 | 2,180 | 2,194 | 3.84 |
| 머니투데이 | 490 | 617 | 12.09 |
| 서울경제 | 467 | 592 | 2.59 |
| 아시아경제 | 311 | 350 | 57.31 |
| 이데일리 | 484 | 426 | 당기순손실 |
| 파이낸셜뉴스 | 280 | 298 | 7.71 |
| 한국경제 | 1,417 | 1,767 | 17.73 |
| 헤럴드경제 | 611 | 600 | 3.34 |

출처: 한국언론진흥재단(2018a).

### (4) 인터넷신문

1992년에 미국의 시카고트리뷴(Chicago Tribune)이 세계 최초의 인터넷신문을 제공했다. 1995년에는 중앙일보가 국내 최초의 인터넷 신문을 제공했으며 1996년에는 조선일보와 동아일보도 인터넷신문을 제공하기 시작했다. 이제는 거의 모든 신문사가 인터넷신문을 제공한다. 인터넷신문이 종이신문과 차별화되는 매체 차원의 특성으로는 댓글 등을 통해 상호작용성을 확대할 수 있는 점, 이용자의 기사 선별권이 강화되는 점, 실시간 검색이 가능한 점, 멀티미디어 기능을 활용할 수 있는 점, 기사 분량에서 제약이 없어지고 연관된 기사들의 상호연결이 가능하여 심층적 정보 제공이 가능한 점 등 다양하다.

인터넷신문이 종이신문과 차별화되는 경제적 특성으로는 유통에 소요되는 시간과 비용이 거의 없다는 점, 시장진입에 필요한 자본량이 작아서 진입장벽이 낮다는 점, 기사의 가치가 용이한 저장을 통해 유지될 수 있는 점 등을 들 수 있다.

〈표 1-17〉 뉴스미디어의 구분

| 구 분 | | 정 의 |
|---|---|---|
| 신문 | 신문 | 정치·경제·사회·문화·산업·과학·종교·교육·체육 등 전체 또는 특정 분야의 보도·논평·여론 및 정보 등의 전파를 위해 월 2회 이상 발행 |
| 신문 | 일반 일간신문 | 정치·경제·사회·문화 등에 관한 보도·논평 및 여론 등의 전파를 위해 매일 발행 |
| 신문 | 특수 일간신문 | 산업·과학·종교·교육 또는 체육 등 특정 분야(정치 제외)의 보도·논평 및 여론 등의 전파를 위해 매일 발행 |
| 신문 | 일반 주간신문 | 정치·경제·사회·문화 등에 관한 보도·논평 및 여론 등을 전파를 위해 매주 1회 발행(주 2회 또는 월 2회 이상 포함) |
| 신문 | 특수 주간신문 | 산업·과학·종교·교육 또는 체육 등 특정 분야(정치 제외)의 보도·논평 및 여론 등의 전파를 위해 매주 1회 발행(주 2회 또는 월 2회 이상 포함) |
| 인터넷신문 | | 정치·경제·사회·문화 등에 관한 보도·논평 및 여론·정보 등을 전파하기 위한 전자간행물로서 독자적 기사 생산과 지속적인 발행 기준 충족 |
| 인터넷뉴스서비스 | | 신문, 인터넷신문, 뉴스통신, 방송 및 잡지 등의 기사를 인터넷을 통하여 계속적으로 제공하거나 매개하는 전자간행물 |

「신문 등의 진흥에 관한 법률」의 제2조에서 정의하는 뉴스미디어는 크게 신문, 인터넷신문, 인터넷뉴스서비스인데 〈표 1-17〉에 나타나 있다. 여기서 종이신문을 의미하는 신문은 다시 일반과 특수의 구분, 일간과 주간의 구분으로 세분화된다. 인터넷신문은 종이신문에 의존하는 오프라인 기반 인터넷신문과 인터넷에서만 서비스하는 독립형 인터넷신문으로 구분된다. 오프라인 기반의 인터넷신문은 동일한 기사 내용을 종이신문과 인터넷신문에 활용하는 범위의 경제를 이용하고 종이신문의 브랜드를 이용한다는 측면에서 효율적이지만 여론의 다양성 측면에서는 부정적이다. 독립형 인터넷신문은 범위의 경제를 활용할 수 없지만 종이신문이 다루지 않는 틈새 영역도 다루기 때문에 여론의 다양성을 높인다. 〈표 1-18〉에는 주요 오프라인 기반 인터넷신문의 매출규모와 수익성이 나타나 있다. 인터넷뉴스서비스의 대표적 예를 들면 포털의 뉴스서비스를 들 수 있다. 포털의 뉴스서비스가 뉴스의 생산과 유통, 그리고 소비자와의 접점을 독점해 오던 기존 뉴스미디어에서 유통과 소비자와의 접점을 분리시킴에 따라 기존 뉴스미디어는 뉴스 콘텐츠의 생산자로 위상이 축소되었다.[20]

〈표 1-18〉 주요 인터넷신문(오프라인 기반)의 매출액과 수익성: 단위(억 원, %)

| 신문사 | 2015년 매출액 | 2017년 매출액 | 2017년 매출액순이익률 |
|---|---|---|---|
| 동아닷컴 | 187 | 206 | 8.80 |
| 디지털조선일보 | 341 | 383 | 13.00 |
| 매경닷컴 | 288 | 219 | 1.77 |
| 한경닷컴 | 269 | 227 | 4.30 |

출처: 한국언론진흥재단(2018a).

### 3) 신문산업의 경제적 특성

신문산업은 사상 간의 경쟁, 광고 시장에서의 경쟁, 구독자를 두고 이루어지는 경쟁이라는 세 가지 차원을 포괄한다. 그리고 신문산업은 발행부수가 많을수록 평균비용이 낮아진다. 이러한 규모의 경제는 신문산업의 시장집중도를 높이는 요인이다. 반면에 신문은 기사 내용의 차별성을 통해 독자를 유인한다. 이러한 차별성은 여러 신문사들의 공존을 허용하므로 시장집중도를 낮추는 요인이다.

뉴스미디어에 대한 미디어경제학 분야의 이론으로는 재정투입(financial commitment) 이론을 들 수 있다. 재정투입이란 질적으로 향상된 신문을 생산하기 위한 자원의 투입을 의미한다.[211] 레이시(S. Lacy)는 재정 투입 과정의 개념적 모형을 경쟁 강도(competition intensity) → 재정투입(financial commitment) → 내용의 질(content quality) → 수용자 효용(audience utility) → 시장 성과(market performance)로 제시했다. 이러한 모형은 네 가지 단계적 가설들로 구분된다. 단계 1은 경쟁 강도가 증가하면 뉴스 내용에 대한 재정투입이 증가한다는 것이다. 즉, 경쟁의 증가는 미디어 조직으로 하여금 차별화를 위한 투자를 촉진시킨다는 것이다. 단계 2는 뉴스에 대한 재정투입이 증가하면 뉴스 내용의 품질이 높아진다는 것이다. 단계 3은 뉴스 내용의 질이 증가하면 수용자 효용이 증가한다는 것이다. 단계 4는 수용자 효용이 증가하면 조직의 성과(부수와 시청률)가 증가한다는 것이다.[201]

단계 1의 가설을 국내 전국종합일간신문사와 경제일간신문사를 대상으로 검증한 연구[54]에 따르면, 그 가설이 지지되는 것으로 나타났다. 단계 1과 단계 2

의 가설을 통합하여 보면 경쟁은 재정투입의 증가를 통해 콘텐츠의 품질을 높이는 수직적 차별화를 초래한다는 것이다. 재정투입 이론을 비판적으로 살펴보면 수정이 필요한 사항들이 나타난다. 단계 4의 설명에 있어서 '시장 성과'과 '기업 성과'라는 개념의 차이를 무시하고 두 개념을 혼용하여 사용하고 있다. 개념적 모형과 가설 설정에서 모두 시장 성과가 아닌 기업 성과로 보아야 한다. 또한 단계 4에서 언급된 성과는 미디어 조직의 부수와 시청률로 설명되고 있어서 미디어 조직의 수입 측면만을 반영하고 있다. 부수가 증가해도 부수 증가에 수반되는 비용이 과다하면 긍정적 성과로 판단하기 어렵다. 따라서 조직의 성과는 수입 측면과 비용 측면이 모두 반영되는 수익성이 보다 적절하다.[54]

## 3. 방송산업

국내에서는 1927년에 라디오방송이 시작되고, 1956년에 지상파TV방송이 시작되었다. 그리고 1995년에 케이블TV방송, 2002년에 위성방송, 2005년에 위성이동멀티미디어방송(위성DMB)과 상파이동멀티미디어방송(지상파DMB), 2008년에 IPTV가 방송산업에 진입하였다. 온라인동영상서비스(OTT: Over The Top)의 경우 2010년에 티빙(Tving) 서비스가 실시되었고 2016년에 넷플릭스(Netflix)가 국내에 진입했다.[35] 2019년에는 SK텔레콤의 옥수수와 지상파방송 3사(KBS, MBC, SBS)의 푹(POOQ)이 수평결합을 하여 웨이브(Wavve)라는 기업이 설립되었다.

### 1) 지상파방송산업

〈그림 1-1〉에는 전체 방송산업과 지상파방송산업의 규모가 각각 나타나 있는데, 총매출액이 아니라 방송사업 매출액을 기준으로 측정한 것이다. 총매출액에는 방송과 무관한 사업 분야에서 나오는 매출액도 포함된다. 지상파방송이 전체

방송산업에서 차지하는 비중은 해가 갈수록 축소되는 추세를 보이고 있다.

〈그림 1-1〉 지상파방송산업 규모의 변화

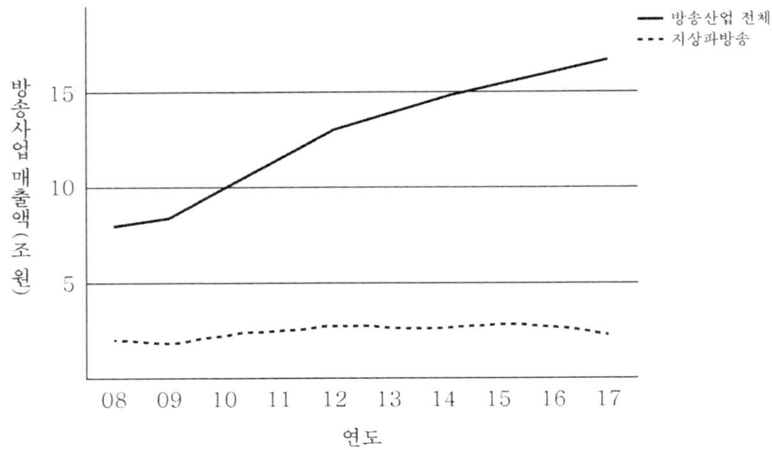


TV채널을 기준으로 보면 지상파방송사는 한국방송공사(KBS), 문화방송(MBC 본사), SBS, 한국교육방송공사(EBS), 지역MBC, 지역민방으로 구분된다. 〈표 1-19〉에 나타난 바와 같이 지상파방송사 중에서 TV채널을 운영하는 경우에는 라디오채널과 지상파DMB채널도 같이 운영하는 경우가 일반적이다. TV채널을 운영하면서 라디오채널을 운영하지 않는 경우는 오비에스경인티브이가 유일하다. 지상파방송 3사의 계열 PP는 PP시장에서 차지하는 시장점유율이 크다.

한국방송공사의 경우 직할국 체제로, 지역KBS 방송국들은 소유권이 분리되어 있지 않다. 문화방송의 경우 계열국 체제로, 지역MBC 방송국들은 소유가 분리된 계열사 형태를 갖고 있으나 경영 및 편성에 있어서 본사에 종속된 형태로 운영된다. OBS경인TV를 제외한 9개의 지역민영방송사들은 중앙국에 해당하는 SBS와 가맹국 체제를 이루고 있다. 소유와 경영은 독립적인 반면에 편성은 SBS에 종속적인 형태로 운영된다. 지역민방이면서 유일하게 독립방송국의 형태를 갖는 OBS경인TV는 소유, 경영, 편성의 모든 측면에서 독립적이다. 그러나 네트워크 체제를 갖지 못하여 비용과 광고 측면에서 비효율적이다.

〈표 1-19〉 지상파방송사의 채널 현황(2018년 3월 기준)

| 구 분 | 방송사 | 운영채널 | | |
|---|---|---|---|---|
| | | TV | 라디오 | 지상파 DMB |
| 공영방송 | 한국방송공사 | KBS1, KBS2, KBS World | √ | √ |
| | 문화방송 | MBC | √ | √ |
| | 한국교육방송공사 | EBS1, EBS2 | √ | |
| 민영방송 | SBS | SBS | √ | √ |
| 지역민방 | KNN | KNN | √ | √ |
| | 티비씨 | TBC | √ | √ |
| | 광주방송 | KBC | √ | √ |
| | 대전방송 | TJB | √ | √ |
| | 울산방송 | UBC | √ | |
| | 전주방송 | JTV | √ | |
| | 청주방송 | CJB | √ | |
| | 지원(G1) | G1 | √ | √ |
| | 제주방송 | JIBS | √ | √ |
| | 오비에스경인티브이 | OBS경인TV | | |
| 지역라디오 | 경인방송 | | √ | |
| | 경기방송 | | √ | |
| 종교 | CBS | | √ | |
| | 불교방송 | | √ | |
| | 카톨릭평화방송 | | √ | |
| | 극동방송 | | √ | |
| | 원음방송 | | √ | |
| 교통 | 도로교통공단 | | √ | |
| | 서울특별시교통방송 | | √ | |
| 영어 | 국제방송교류재단 | | √ | |
| | 광주영어방송재단 | | √ | |
| | 부산영어방송재단 | | √ | |
| 보도 | 와이티엔라디오 | | √ | |
| 국악 | 국악방송 | | √ | |

출처: 방송통신위원회(2018).

지역민영방송사들의 연혁을 보면, 1991년 12월 SBS가 서울과 경기 지역을 방송권역으로 TV방송을 개국했으며, 이후 1995년(부산, 대구, 광주, 대전), 1997년(전주, 청주, 울산, 인천), 2001년(강원), 2002년(제주)에 걸쳐 지역 민영방송이 도입되었다. 인천방송은 2000년에 경인방송으로 사명을 변경했고 2004년에 방송위원회로부터 TV방송 재허가 추천을 거부당하여 방송을 종료했다. 이후 인천과 경기의 방송권역에서는 OBS경인TV가 2007년 12월에 TV방송을 개국했다.

지상파방송의 방송사업 매출액은 방송수신료, 광고, 협찬, 프로그램 판매 등으로부터 나오는데, 광고가 가장 큰 비중을 차지한다. 여기서 방송수신료는 KBS와 EBS에만 해당되는 항목이다. 2017년 기준으로 지상파방송 전체의 연간 프로그램 제작 및 구매 비용은 약 1조 원인데, 그 중에서 자체 제작은 47%, 순수 외주제작은 44%, 특수관계사 외주제작은 7%, 공동제작은 1% 정도를 차지한다. 구매 비용은 2%도 되지 않는다. 1991년부터 실시된 외주제작의무 제도는 점진적으로 외주제작의 비율을 높이는 방향으로 변화하였으며 이에 따라 독립제작사의 수는 크게 증가하였다. 국내 독립제작사는 자본과 인력 측면에서 영세한 것이 일반적이다.

미국의 경우 방송사는 독립제작사에게 제작비용보다 작은 금액을 지불하고 독립제작사는 나머지 금액을 자체적으로 마련하여 재정적 위험을 방송사와 공유한다. 제작사는 대신에 프로그램의 2차 및 그 이후의 판권을 갖는 것이 일반적이다. 반면에 영국을 비롯한 유럽 각국에서는 방송사가 독립제작사에게 제작비와 적정 이윤을 제공하고 대신에 방송사는 판권의 대부분을 소유한다. 그러나 판권이 없는 제작사들은 프로그램 브랜드를 구축하기 위한 유인이 없다.[146] 한국의 경우도 대부분의 외주제작 프로그램에 대한 판권은 지상파 방송사가 갖는 것이 일반적이다.

### 2) 유료방송 플랫폼산업

〈그림 1-2〉를 보면 매출액 기준으로 IPTV는 급속도로 성장한 반면, 종합유선방송은 정점을 지나 완만한 하락 추세를 보이고 있다. 위성방송은 대체로 정체 상태를 보이고 있다. 2017년에 전체 유료방송가입자(단자 기준)는 3,167만이다. 그 중에서 종합유선방송은 1,404만, 중계유선방송은 6만, 위성방송은 325

만, IPTV 서비스는 1,433만을 차지했다.

〈그림 1-2〉 주요 유료방송 플랫폼산업의 규모 변화

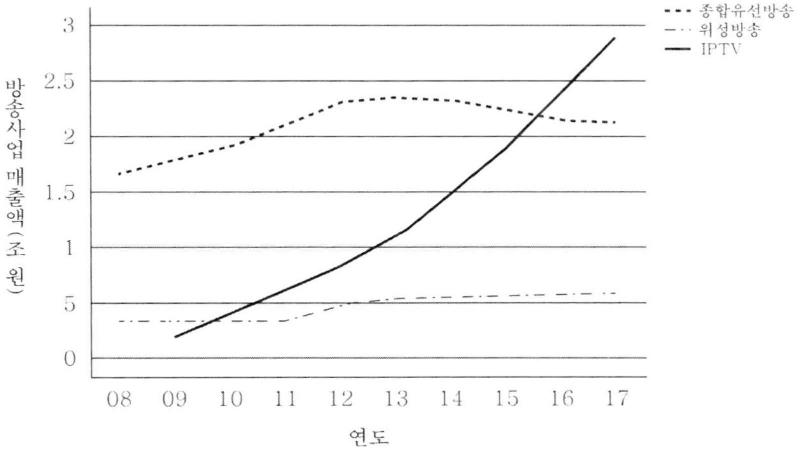


### (1) 종합유선방송

국내 케이블TV산업을 이해하기 위해서는 다음과 같은 주요 정책의 변화를 살펴보는 것이 필요하다.[10] 첫째, 이원화 정책을 들 수 있다. 미국의 경우 한국의 중계유선방송에 해당하는 CATV(community Antenna Television)가 시장의 요구에 의해 SO로 자연스럽게 진화하였다. 반면에 국내에서는 1960년대부터 중계유선방송사업자(relay operator: RO)가 지상파방송의 난시청 문제를 해소하면서 성장하였다. 이러한 RO가 종합유선방송사업자(system operator: SO)로 전환하는 것이 불허된 상태에서 1995년에 케이블TV 방송이 시작되면서 유선방송시장에 RO와 SO가 공존하는 이원화 구조가 시작되었다. SO는 진입규제, 소유규제 등 엄격한 규제를 받았던 반면 RO는 거의 규제가 없었다. 이러한 이원화 구조 하에서 RO와 SO 간 경쟁은 전체 유선방송가입자 규모를 증가시켰으나 전송망에 대한 중복투자를 초래했다.

둘째, 삼분할 정책을 들 수 있다. 미국의 경우 SO는 자체적으로 전송망을 소유하고 있는 상태에서 출발하였으며 PP와의 수직적 결합도 허용이 되었다. 반면에 초기에 국내 종합유선방송법은 방송채널사용사업자(program provider:

PP), SO, 전송망사업자(network operator: NO)의 수직결합을 허용하지 않았다. 따라서 국내 케이블TV산업은 1995년에 29개의 PP, 53개의 SO, 2개의 NO를 가진 삼분할 구조로 출발하여 1999년 종합유선방송법 개정 전까지는 삼분할 정책이 유지되었다. 삼분할 정책을 통해 전송망 사업에 한국전력이나 한국통신과 같은 망 포설의 경험이 풍부한 대기업들을 참여시키면서 급속하게 전송망을 구축할 수 있었다. 그러나 SO가 자체 망을 소유하지 못하여 애프터서비스 측면에서 문제가 발생하였다.

셋째, 동일지역 복수SO 정책을 들 수 있다. 이 정책은 케이블TV가입자 증가에 장애가 되는 RO를 SO로 전환시킴으로써 케이블TV가입자를 증가시키는 것이 일차적 목적이었다. 미국의 경우에도 극히 일부 지역에서 두 개 또는 세 개의 SO가 서로 경쟁을 하는 경우가 있었는데, 이는 지역 독점의 단점을 보완하는 의미가 컸다. 반면에 국내에서 동일지역 복수SO 정책은 이원화 정책의 실패를 보완하는 의미가 컸다. 복수 SO 정책이 시행된 직후 케이블TV가입자는 급속하게 증가했다. 이는 RO 가입자가 SO 가입자로 전환한 것에 크게 기인한 것이다. 동일지역 복수SO 정책으로 초래된 SO 간 경쟁은 SO의 효율성을 높이고 가격을 낮추어서 소비자에게 혜택을 주었으나 SO의 수익성을 저하시켰다.

넷째, 수평결합 규제의 완화를 들 수 있다. 소유 규제는 소유의 다양성을 통해 방송 내용의 다양성을 추구하는 목표를 갖는다. 그러나 2000년 방송법에서는 복수종합유선방송사업자(multiple system operator: MSO)의 허용 범위가 확대되어 시장점유율 33%, 그리고 전체 종합유선방송사업자 수의 20% 이내에서 MSO가 허용되었다. 이 후에도 수평결합 규제는 점진적으로 완화되었다. 수평결합 규제의 완화는 규모의 경제나 통합 마케팅으로 인한 비용 절감을 초래할 수 있는 반면, 특정 지역을 대상으로 한 지역채널을 감소시키거나 MSO 간 담합을 용이하게 만들 수 있다.

다섯째, 수직결합 규제의 완화를 들 수 있다. 이는 PP와 SO가 결합된 복수종합유선·방송채널사용사업자(multiple system provider: MSP)의 허용을 의미한다. 수직결합 규제의 완화는 MSP의 거래비용을 감소시키고 소수 취향의 채널을 제공하는 PP의 경제적 기반을 넓힐 수 있다. 반면에 MSP는 시장지배력을 이용하여 경쟁 관계에 있는 SO에게 인기 채널의 제공을 거부하거나 경쟁 관계에 있는 PP에 대해 거래를 거부할 수도 있다.

여섯째, 티어링(tiering)의 도입을 들 수 있다. 1995년부터 1998년까지 SO는 모든 PP채널들을 의무적으로 송출하도록 규제를 받았다. 이러한 규제는 PP의 경영을 안정시키고 시청자의 다양한 채널 접근을 보장하는 차원에서 도입되었다. 그러나 모든 가입자에게 동일한 서비스를 높은 수준의 단일가격(당시에 15,000원)으로 제공하여 다양한 수요자들을 유인할 수 없었다. 따라서 모든 채널을 의무적으로 전송해야 하는 제도를 폐지하고 SO가 채널들을 자율적으로 묶어서 판매할 수 있는 티어링 제도가 도입되었다. SO는 1999년부터 모든 채널을 묶어서 파는 기본형 외에 다양한 채널묶음상품을 판매하게 되었다. 이러한 티어링 제도는 가격에 민감한 수요층을 유인함으로써 가입자 증대에 기여했다.

SO는 2017년 기준으로 전국에 92개가 있다. 그중에서 82개의 SO가 MSO에 의해 소유되고 있다. MSO를 방송사업 매출액 점유율 기준으로 보면 씨제이헬로(30.2%), 티브로드(24.7%), 딜라이브(18.1%), 현대에이치씨엔(9.8%), 씨엠비(5.8%)의 순서로 나열되는데, 이러한 5개 MSO의 점유율 합계는 88.6%에 이른다.

### (2) 위성방송

국내 위성방송에 대한 규제는 미국의 규제를 참고하면서 부분적으로 국내에 적용하는 양상을 보여 왔다. 미국에서는 디지털 위성방송의 확산 초기에 제도적 정비를 통해 매체 간 경쟁을 활성화시키고자 하였다. 특히 위성방송 확산에 필수적인 프로그램의 확보, 위성방송 수신장비의 설치, 지역 지상파방송의 재전송 등에 대한 장애요인을 해소하는 것에 중점을 두었다.[88] 이러한 세 가지 정책을 중심으로 미국과 한국의 유사성을 살펴보면 다음과 같다.

첫째, 미국에서는 위성방송사업자가 양질의 프로그램을 확보하도록 제도적 장치를 마련했다. SO가 PP와의 수직적 결합을 이용하여 위성방송사업자의 프로그램 확보를 어렵게 만드는 행위가 자주 일어나자 1992년에 케이블텔레비전법(Cable Television Consumer Protection and Competition Act)에 근거하여 프로그램접근규칙(Program Access Rule: PAR)을 도입하였다. 이 규칙에 따르면, SO와 수직적으로 결합된 PP는 경쟁관계에 있는 플랫폼 사업자에 대한 채널공급의 조건, 가격 등에서 차별할 수 없다.[88] 한국에서는 2000년대 중반에 이러한 규정의 도입을 검토했었다. 그러나 2012년에 이르러서야 방송법에 금지행위 규제가 도입되었는데 여기에 프로그램접근규칙과 유사한 내용이 존재한다.

둘째, 미국에서는 위성방송의 수신 환경이 개선되도록 제도적 장치를 마련했다. 일부 도시에서 조례를 통해 위성안테나 설치를 금지하거나 건물주가 위성안테나 설치를 불허하는 문제가 있었다. 이에 대응하여 1996년에 위성수신기설치규칙(Over-the-Air Reception Device Rule)을 제정하여 위성방송 수신안테나 설치를 제한하는 모든 행정적·사적 제한을 금지하였다.[88] 한국에서 이러한 유형의 문제가 크게 논란이 된 적은 없었다. 대신 '접시 없는 위성방송'인 DCS(dish convergence solution)로 인해 안테나 설치 문제가 해소되었다. DCS란 위성방송국이 전송한 위성방송 신호를 통신국에서 수신하여 IPTV 신호로 변환하고 인터넷망을 통해 가입자에게 전송하는 방식이다. DCS는 2015년에 임시로 허가되다가 이후 방송법 개정으로 2016년에 승인이 되었다. 그동안 SO는 동축케이블, 위성방송은 위성안테나, IPTV는 광케이블을 통해 배타적으로 정해진 전송방식만을 이용했는데, DCS 승인으로 인해 전송방식을 혼합하여 이용할 수 있게 되었다. 그러나 혼합 이용이 아닌 100% 전환은 승인되지 않는 한계가 있다. 2019년에는 유료방송의 전송방식을 자율화하는 방안이 검토되고 있다.

셋째, 미국에서는 지역 지상파방송의 재송신이 수월하게 진행되도록 법률을 제정하였다. 저작권법의 일부로 1988년 제정된 위성방송수신법(Satellite Home Viewer Act)은 위성방송을 통한 지역 지상파방송 재송신을 금지하였다. 그러나 당시 지상파방송의 의무재전송이 시행되어 SO로 재전송되는 지역 지상파방송의 채널에 대해서는 저작권의 특혜를 부여하였다. 즉, 지역 지상파방송의 재전송에 대해 SO는 저작권법의 예외로 인정하는 반면 위성방송은 예외를 인정하지 않았던 것이다. 그러나 위성방송 신호를 특정지역에 국한시켜 전송할 수 있는 스폿 빔(spot beam) 기술이 개발되면서 1999년에 위성방송수신개선법

(Satellite Home Viewer Improvement Act)이 제정되어 위성방송의 지역 지상파 재송신이 허용되었다.[88] 한국에서도 이와 유사한 사례가 존재한다. 2002년 2월 방송법 개정으로 KBS1과 EBS를 제외한 지상파방송의 위성 재전송에 대해 방송위원회의 승인을 얻도록 했다. 그러나 2004년에 이르러서야 의성방송 사업자는 KBS2, MBC, SBS의 재전송 승인을 받았다.

### (3) 유료방송 플랫폼 사업자 유형별 비교

〈표 1-20〉 유료방송 플랫폼 유형별 방송사업 수익원 비교: 2017년(단위: 억 원, %)

| 구분 | 종합유선방송 | | 위성방송 | | IPTV | |
|---|---|---|---|---|---|---|
| | 매출액 | 비중 | 매출액 | 비중 | 매출액 | 비중 |
| 방송수신료 | 8,120 | 38.1 | 3,233 | 56.2 | 19,916 | 68.1 |
| 홈쇼핑송출수수료 | 7,561 | 35.5 | 1,642 | 28.5 | 4,890 | 16.7 |
| 단말장치대여(판매) | 4,085 | 19.2 | 92 | 1.6 | 1,701 | 5.8 |
| 광고 | 1,375 | 6.5 | 480 | 8.3 | 994 | 3.4 |
| 가입 및 시설 설치 | 87 | 0.4 | 40 | 0.7 | 905 | 3.1 |
| 기타 방송사업 | 49 | 0.2 | 4 | 0.1 | 845 | 2.9 |
| 협찬 | 30 | 0.1 | | | | |
| 위성사용료 | | | 263 | 4.6 | | |
| 합계 | 21,307 | 100.0 | 5,754 | 100.0 | 29,251 | 100.0 |

출처: 방송통신위원회(2018). 재구성.

유료방송 플랫폼 사업자의 방송사업 수익원 중에서 방송수신료가 가장 큰 비중을 차지하고 있으며 홈쇼핑송출수수료는 두 번째로 큰 비중을 차지하고 있다. 종합유선방송은 단말장치대여(판매)가 세 번째로 큰 비중을 차지하는 반면 위성방송은 광고가 세 번째로 큰 비중을 차지하고 있다. IPTV는 방송수신료의 비중이 매우 높은 반면 홈쇼핑송출수수료의 비중은 매우 낮은 편이다. IPTV 사업자는 진입 시기부터 지금까지 모두 3개 사업자(케이티, 에스케이브로드밴드, 엘지유플러스)로 변동이 없다.

### 3) 방송채널사용사업자산업

국내 PP산업은 다음과 같은 주요 변화를 겪어 왔다. 첫째, 진입규제의 완화를 들 수 있다. 케이블TV 도입부터 1999년 2월까지 PP 시장의 진입규제는 허가제를 유지했다. 그리고 한시적으로 2000년 12월까지 승인제로 변화하였다. 그 이후로는 등록제를 실시하였다. 즉 진입규제의 강도가 점차 완화된 것이다. 일반PP 시장은 본질적으로 독점적 경쟁의 특성을 나타내므로 시장진입을 규제할 근거가 희박하다. 그러나 여전히 홈쇼핑 PP, 종합편성 PP, 보도전문 PP에 대해서는 승인제를 유지하고 있다.

둘째, SO와 PP간 수신료 배분의 변화를 들 수 있다. SO와 PP 간의 채널공급 계약은 초기에 단체계약 형태를 유지했다. 그러나 2002년에 개별계약 형태로 변경되었다. 개별계약으로 변경되면서 SO와의 협상력에서 열세인 PP들에게 피해가 전가되기 시작했다. SO의 방송수신료 중에서 PP에게 배분되는 몫의 비중이 점차 감소하였다. 이에 따라 방송통신위원회는 공정거래 확립과 PP의 안정적 수익원 확보를 위해 2008년에 SO가 수신료 수익의 25%를 PP에 배분하도록 하는 정책을 도입했다. 이러한 정책의 실효성을 높이기 위해 수신료 배분율 25% 준수 여부를 3년마다 실시되는 SO의 재허가 조건에 포함시켰다. 그러나 SO는 이러한 정책의 효과를 반감시키는 행위를 시도하였다. 예를 들면 SO가 결합상품을 판매할 때 방송서비스 요금을 다른 서비스 요금에 비해 더 많이 할인하여 방송수신료 규모를 축소시켰다.[56]

셋째, CJ그룹의 온미디어 인수를 들 수 있다. 2009년 12월에 CJ그룹이 온미디어 인수를 마무리 지으면서 PP 시장은 온미디어와 CJ의 2강 구도에서 CJ의 1강 체제로 바뀌었다. 온미디어 인수 후에 CJ는 PP시장 1위, SO시장 2위를 차지하게 되었다. 2010년에 공정거래위원회는 CJ와 온미디어의 기업결합이 PP 시장의 경쟁을 제한할 우려가 있다면서 경쟁관계에 있는 IPTV에 동등한 채널 접근 기회를 제공하라는 시정조치를 부과하였다. 2011년에는 CJ의 방송, 영화, 음악, 공연, 게임 콘텐츠 사업을 포괄하는 통합법인인 CJ E&M이 출범했다.

넷째, 종합편성채널의 도입을 들 수 있다. 2010년 12월 31일에 종합편성(종편)PP로 조선일보, 중앙일보, 동아일보, 매일경제신문을 소유한 각각의 기업들이 선정되었다. 그리고 2011년 12월 1일에 종편 채널들은 동시에 개국하였다. 종편 채널은 모든 장르를 방송한다는 점에서 지상파방송과 같지만, 유료방송을 통해서만 송출할 수 있어서 유료방송 가입자만 시청할 수 있다. 당시에 브수 언론사를 모태로 한 종편채널들이 여론의 다양성을 훼손할 것이라는 우려가 컸다. 그리고 정부가 종편채널들에게 특혜를 제공했다는 문제가 제기되었다. 예를 들면, 24시간 방송 허용, 14번에서 20번 사이의 채널번호 부여, 유료방송 플랫폼이 종편채널들을 의무적으로 전송하게 한 점, 지상파방송과 달리 중간광고를 허용한 점 등이 특혜로 간주되었다.

〈표 1-21〉 방송채널사용사업자 유형별 방송사업 매출: 2017년 기준

| 구분 | 매출액(억 원) | 비중(%) |
|---|---|---|
| 홈쇼핑 PP | 32,900 | 49.6 |
| 보도전문 PP | 1,587 | 2.4 |
| 종합편성 PP | 7,272 | 11.0 |
| 일반 PP | 22,087 | 33.3 |
| 데이터 홈쇼핑 | 2,438 | 3.7 |
| 데이터 PP(DP) | 113 | 0.2 |
| 합계 | 66,396 | 100.0 |

〈표 1-21〉에서 홈쇼핑PP는 씨제이오쇼핑, 지에스홈쇼핑, 롯데홈쇼핑(우리홈쇼핑을 인수), 현대홈쇼핑, 엔에스쇼핑, 홈앤쇼핑, 공영홈쇼핑을 포함한다. 보도전문PP는 연합뉴스티브이와 와이티엔이 포함된다. 종합편성PP는 매일방송, 제이티비씨, 조선방송, 채널에이로 구성되어 있다. 일반PP의 방송사업 매출의 수익원은 방송프로그램 제공, 광고, 협찬, 방송프로그램 판매, 행사, 방송시설임대, 기타방송사업 등으로 구성된다. 그 중에서 광고가 47.4%로 가장 큰 비중을 차지하고 있으며, 그 뒤를 이어 방송프로그램 제공(25.1%), 협찬(12.3%) 등이 있다(2017년 기준).

〈그림 1-3〉 방송채널사용사업자산업과 IPTV콘텐츠제공산업의 규모 변화

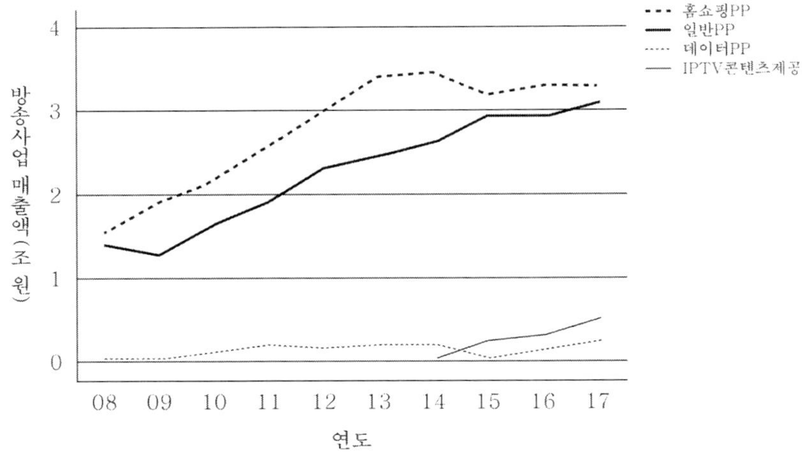


〈그림 1-3〉을 보면 홈쇼핑PP는 일반PP보다 높은 비중을 유지하고 있다. 2개 이상의 PP를 소유한 사업자를 복수방송채널사용사업자(MPP)라고 한다. 일반PP 시장에서 MPP의 시장점유율이 높은 편이다. 2017년 기준으로 5대 MSO는 모두 PP를 소유하고 있으며 이들이 또한 상위 5대 MSP를 차지하고 있다. 데이터PP는 PP산업에서 매우 낮은 비중을 차지하고 있다. 나중에 진입한 IPTV 콘텐츠 제공사업자(CP)는 그 비중이 높아지고 있는 추세를 보이고 있는데, 2017년에 방송사업 매출액 합계는 5442억 원으로 나타났다.

# 제 2 장 경제이론의 개요와 미디어상품의 특성

## 1. 경제이론의 구분

주류경제학에 해당하는 신고전경제학은 미시경제학(microeconomics)과 거시경제학(macroeconomics)으로 구분할 수 있다. 미시경제학은 개별적인 경제주체인 가계와 기업의 행위를 분석하는 데 초점을 맞춘다. 따라서 소비자들의 효용 극대화, 기업의 이윤 극대화, 소비자와 기업이 상호작용을 하는 개별적인 시장의 특성, 그리고 시장에서 수요와 공급의 균형을 이루는 가격과 거래량에 주로 관심을 갖는다. 거시경제학은 모든 경제주체들의 상호작용으로 인해 나타나는 한 나라의 경제전체 현상에 초점을 맞춘다. 따라서 총생산량, 물가, 총고용량, 실업, 국제수지, 환율 등 경제 전반에 관한 지표와 경기 변동과 경제 성장 등의 개념에 주로 관심을 갖는다.

미디어경제학에서 세 가지 이론적 전통이 있다. 첫째, 신고전경제학의 접근으로 주로 미시경제학의 개념을 미디어시장에 적용시킨 것이다. 둘째, 응용적 접근으로 신고전경제학과 경영학 이론을 혼합한 것이다. 셋째, 비판적 시각을 가진 정치경제학의 접근이다.[109] 미디어경제학은 미디어이용자, 미디어기업, 미디어산업, 미디어규제, 미디어상품의 유통 등 미디어와 관련된 현상에 대해 적절한 경제이론을 접목하고 응용하는 분야로 볼 수 있다.

미디어이용자, 미디어기업, 미디어산업 등에 관심이 있는 학생에게 미시경제학에서 사용되는 개념과 이론은 유용하게 활용될 것이다. 미디어상품의 국제 유통, 경기 순환과 총광고 지출의 관계, 경제 성장과 미디어 소비지출의 관계 등에 관심이 있는 학생에게는 거시경제학에서 사용되는 개념에 대한 이해가 필요할 것이다. 대체로 신고전경제학은 연구자의 가치 판단을 보류하고 객관적으로 분석하는데 초점을 맞추는 반면 정치경제학은 연구자의 가치 판단을 개입시키는 특성을 갖는다. 커뮤니케이션 학계에서 축적된 미디어경제학은 주로 신고전경제학, 그 중에서도 미시경제학의 개념과 이론을 많이 활용하고 있다. 정치경제학의 접근방법을 가지고 미디어와 관련된 현상을 분석하는 연구들은 많지 않으나 꾸준히 연구의 축적이 이루어지고 있다. 여기서는 주로 신고전경제학의 개념과 이론 중에서 미디어 관련 연구에 필수적인 개념과 이론을 중심으로 설명하고자 한다. 그러나 주제에 따라 행동경제학, 신제도주의경제학, 경영학, 커뮤니케이션 연구 등의 분야에서 이루어진 연구 결과도 소개하고자 한다.

## 2. 경제주체와 시장

한 국가의 경제인 국민경제를 이루고 있는 경제주체는 가계, 기업, 정부, 그리고 해외부문이다. 가계는 노동과 자본이라는 생산요소를 기업에 공급하고 기업으로부터 재화와 용역을 구입한다. 그리고 가계는 정부 재정지출의 재원을 제공하고 정부로부터 공공서비스를 제공받는다. 기업은 가계로부터 생산요소를 구입하여 재화와 용역을 생산하여 가계뿐만 아니라 기업, 정부, 그리고 해외로 공급한다. 그리고 기업은 정부 재정지출의 재원을 공급한다. 정부는 공공서비스를 가계와 기업에 제공하며, 이에 필요한 재원을 가계와 기업으로부터 받는다. 해외부문은 국민경제의 필수불가결한 요소가 되고 있다. 재화와 용역의 국제무역뿐만 아니라 자본과 노동의 국가 간 이동이 증가하여 국가 간 상호의존성이 높아지는 추세를 보인다.[12]

자본주의 체제 하에서 교환은 시장을 매개로 하여 이루어진다. 시장은 상품이 거래되는 상품시장과 생산요소가 거래되는 생산요소시장의 두 가지로 구분할 수 있다. 상품에는 휴대폰과 같은 유형의 재화와 방송서비스와 같은 무형의 서비스가 있다. 상품시장에서는 기업이 공급자, 가계가 수요자의 역할을 한다. 생산요소에는 노동, 자본, 토지의 세 가지가 있는데, 여기서 토지는 생산 과정에 사용되는 자연자원을 포함한다. 생산요소시장에서는 가계가 공급자, 기업이 수요자의 역할을 하는데, 생산요소시장은 노동시장과 자본시장으로 세분화된다. 따라서 자본주의 체제 하의 국민경제를 이루는 시장은 세 가지가 있다.

## 3. 경제체제

국민경제는 희소성에 기인하는 3대 기본문제를 해결해야 한다. 첫째, 무엇을, 얼마나 생산할 것인가? 둘째, 어떻게 생산할 것인가? 셋째, 누구를 위해 생산할 것인가? 경제체제란 이러한 문제를 해결하는 시스템을 의미한다. 자본주의 또는 시장경제는 이러한 문제들을 시장에 참여한 모든 경제주체들의 자유로운 선택에 의해 해결하는 시스템인데, 효율적 자원배분에 초점이 맞춰져 있어서 공평한 소득분배에 취약하다. 사회주의 또는 통제경제는 이러한 문제들을 정부 관료들의 계획, 통제, 조정에 의해 해결하는 시스템인데, 공평한 소득분배에 초점이 맞춰져 있어서 효율적 자원배분에 취약하다.[2]

자본주의 또는 시장경제의 주요 특성은 사유재산권 및 선택의 자유와 함께 가격이 시장에서 결정되는 것이다. 시장경제에서 가격의 기능은 세 가지로 요약된다. 첫째, 가격은 정보를 제공한다. 가격은 해당 상품에 대한 소비자의 지불용의와 공급자의 생산비용에 관한 정보를 제공해 준다. 둘째, 가격은 경제주체에게 유인을 제공한다. 어떤 상품의 가격 상승은 생산자로 하여금 그것을 더 많이 공급하도록 유인한다. 또한 특정 직업군의 높은 임금은 사람들로 하여금 그러한 직업에 필요한 능력을 습득하도록 유인한다. 셋째, 가격은 소득의 분배를 결정한다. 노동과 자본과 같은 생산요소의 가격은 소득분배를 결정한다. 상품의 가격도 소득분배에 영향을 준다. 예를 들어 저소득층이 주로 사용하는 상품의 가격이 오르면 이들의 실질소득은 감소한다.[65]

시장개혁 이전의 중국, 예전의 소련 등과 같은 통제경제에서는 무엇을, 어떻게, 누구를 위해 생산할 것인가의 결정이 정부 관료들에 의해 이루어졌다. 즉, 수요와 공급에 따른 시장의 가격이 아니라 정부 관료들의 예측에 의해 자원배분이 이루어진다. 따라서 통제경제 하에서는 가격의 정보제공 기능과 유인제공 기능을 활용할 수가 없다.

오늘날 대부분의 국가는 시장경제 하에서 공적 부문이 추가되는 혼합경제에 속한다. 혼합경제에서는 공영방송 등과 같은 공적 부문이 확대되고는 있으나 시장의 가격기구에 의해 자원이 배분되는 사적 부문의 비중이 절대적이다. 일부 국가들은 통제경제에서 시장경제로 이행 중에 있는 혼합경제에 속한다. 이러한 경제를 특히 체제전환경제(transition economy)라고 한다. 체제전환 과정의 핵심 요소로는 가격이 시장에서 결정되는 자유화, 인플레이션 통제를 중시하는 안정화, 생존이 가능한 금융부문의 설립을 포함하는 구조조정과 민영화, 정부의 역할을 재정립하고 법치주의를 확립하는 제도적 개혁의 네 가지를 들 수 있다.[186] 특히 자유화, 안정화, 민영화는 체제전환의 삼위일체로 언급된다.[297] 알바니아, 아르메니아, 아제르바이잔, 벨로루시, 불가리아, 캄보디아, 중국, 크로아티아, 체코, 에스토니아, 조지아, 헝가리, 라트비아, 리투아니아, 카자흐스탄, 키르기스스탄, 라오스, 마케도니아, 몰도바, 폴란드, 루마니아, 러시아, 슬로바키아, 슬로베니아, 타지키스탄, 투르크메니스탄, 우크라이나, 우즈베키스탄, 보스니아 헤르체고비나, 세르비아, 몬테네그로 등이 체제전환국에 속한다.

## 4. 미디어상품의 특성

영화, 방송, 신문, 잡지, 인터넷포털 서비스 등과 같은 미디어상품은 비물질적 요소(콘텐츠)와 물질적 요소(콘텐츠를 소비자에게 도달시키는 수단 또는 미디어)로 이루어진다. 미디어상품은 비물질적 콘텐츠와 물질적 매체의 결합생산물

(joint product)이다. 즉, 콘텐츠 자체는 무형이지만 유형의 매체와 분리될 수 없다.[250] 이러한 특성으로 인해 콘텐츠의 제작단계와 배급단계가 수직적으로 결합되는 사례가 미디어산업에서 자주 나타난다.

미디어상품은 콘텐츠상품 또는 정보재(information goods)란 용어와 혼용된다. 문화상품이라는 개념은 미디어상품뿐만 아니라 공연예술 서비스 등도 포함하므로 보다 포괄적인 개념이다. 미디어상품의 특성은 많은 부분에서 문화상품의 특성과 겹치게 된다. 미디어상품과 일반적인 상품의 차이를 나타내는 미디어상품의 특수성은 수요 측면과 공급 측면으로 구분할 수 있다.

## 1) 수요 측면의 특성

### (1) 공공재로서의 특성

경제학에서 재화와 서비스는 소비의 경합성 유무와 소비의 배제성 유무에 의해 네 가지로 분류된다. 〈표 2-1〉에 이러한 유형 분류가 나타나 있다. 소비에 있어서 경합성과 배제성을 모두 가지고 있는 재화를 사유재(private goods)라고 하는데, 사용재(私用財)나 민간재 등으로 일컬어지기도 한다. 사유재의 예를 들면 사과, 자동차 등을 들 수 있다. 어떤 사람이 사과를 소비하면 다른 사람이 소비할 수 있는 양이 줄어들어서 소비에 있어서 경합성이 있다. 또한 정해진 금액을 내지 않으면 소비에서 배제할 수 있으므로 소비에서의 배제성이 있다. 대부분의 재화와 서비스는 사유재에 속한다.

〈표 2-1〉 재화와 서비스의 유형

| | 소비의 경합성 | 소비의 비경합성 |
|---|---|---|
| 소비의 배제성 | 사유재 | 준공공재: 요금재 |
| 소비의 비배제성 | 준공공재: 공유재 | 순수 공공재 |

반면에 순수공공재(pure public goods)는 소비의 비경합성(non-rivalry)과 비배제성(non-exclusiveness)을 갖고 있다. 소비의 비경합성이란 어떤 사람이 특정 재화를 소비하는 것이 그 재화를 소비하는 다른 사람들의 편익을 감소시

키지 않는 특성을 말한다. 일반적으로 콘텐츠상품은 소비에서의 비경합성을 가진다. 소비의 비배제성이란 특정 재화의 소비에 대해 대가를 지불하지 않은 사람의 소비를 제한할 수 없는 특성을 말한다. 무료 지상파방송은 시청에 있어서 비경합성과 비배제성을 가지므로 순수공공재에 해당한다.

소비에 있어서 비경합성과 비배제성 중에서 하나의 특성만 갖는 재화나 서비스를 준공공재(quasi-public goods)라고 한다. 소비에 있어서 비경합성과 배제성을 가진 준공공재를 요금재(toll goods)라고도 한다. 예를 들면 케이블TV나 IPTV와 같은 유료방송 서비스, 신문, 극장 영화 등을 들 수 있다. 이러한 서비스들은 콘텐츠의 소비에 있어서 비경합적이지만 콘텐츠를 전달하는 매체나 수단을 통해 대가를 지불하지 않는 사람의 소비를 배제할 수 있다. 반면에 소비에 있어서 경합성과 비배제성을 가진 준공공재는 공유재(common goods)라고 한다. 예를 들면 하천의 물고기, 공유 목초지 등 공동체 구성원 모두가 사용할 수 있는 자원을 들 수 있다.

동일한 재화나 서비스도 제도의 변화나 기술의 발전으로 소비의 배제성 유무가 변할 수 있다. 예를 들면 제도의 변화를 통해 어떤 지상파채널을 무료 서비스에서 유료 서비스로 변경하면 소비의 배제가 가능해지므로 그 지상파채널의 서비스는 순수공공재에서 준공공재로 변하게 된다. 또한 인터넷의 발달로 인해 유료 종이신문의 콘텐츠가 인터넷 사이트를 통해 무료로 유통되면 소비의 배제가 불가능해지므로 그러한 콘텐츠서비스는 준공공재에서 순수공공재로 변하게 된다.

공공재가 시장을 통해 공급되면 무임승차자 문제(free-rider problem)를 일으킨다. 무임승차자 문제란 사람들이 어떤 재화의 소비를 통해 혜택을 얻지만 그 재화의 공급에 드는 비용은 부담하지 않으려는 문제를 말한다. 따라서 시장의 가격기구를 통해 공공재를 공급하고자 한다면 공급이 이루어지지 않거나 사회에서 필요로 하는 적정한 수준보다 과소하게 공급되기 때문에 비효율적이다. 이로 인해 정부의 개입이 요구된다. 미디어산업에서 정부의 규제가 다른 산업에 비해 강한 것은 미디어상품이 갖는 순수공공재 또는 준공공재의 특성과 관련이 있다.

### (2) 외부성의 존재

어떤 경제주체의 행위가 본인 의도와 관계없이 다른 경제주체에게 편익이나 비용을 초래하지만 이에 대해 대가를 요구하거나 비용을 지불하지 않는 경우 외부성(externalities) 또는 외부효과(external effects)가 발생한다고 한다. 편익을 초래하는 긍정적 외부성을 외부경제라고도 한다. 예를 들면 질이 높은 뉴스나 다큐멘터리 프로그램은 시민들에게 중요한 사회적 이슈에 대한 정보를 제공하고 또한 이러한 정보에 노출된 사람들은 주변의 사람들과 정보를 공유함으로써 사회적 편익을 제공할 수 있는데 제작사나 방송사에게 이에 대한 보상은 주어지지 않는다. 비용을 초래하는 부정적 외부성을 외부불경제라고도 한다. 예를 들면 지나치게 폭력을 묘사한 프로그램은 시청자로 하여금 사회에 대한 불안감을 높여서 사회적 비용을 초래할 수 있는데, 이러한 비용을 제작사나 방송사가 부담하지는 않는다.

외부성이 존재한다는 것은 사적 비용과 사회적 비용의 불일치 또는 사적 편익과 사회적 편익의 불일치를 의미한다. 이러한 불일치는 시장의 가격기구를 통해서는 해결될 수 없으므로 시장의 실패를 초래하게 된다. 예를 들면, 시장에 맡겨 두는 경우에 부정적 외부성을 초래하는 콘텐츠는 사회적으로 바람직한 수준보다 많게 공급되는 반면 긍정적 외부성을 초래하는 콘텐츠는 사회적으로 바람직한 수준보다 작게 공급될 것이다. 따라서 외부성이 존재하는 경우에는 자원의 효율적 배분을 위해서 정부의 개입이 요구된다. 미디어상품이 가지는 공공재적 특성과 더불어 사회에 미치는 외부성이 크다는 것은 미디어산업에 대한 정부규제의 논리적 근거를 제공한다.

### (3) 경험재로서의 특성

경험재(experience goods)란 소비자가 소비 이전에는 상품의 주요 속성에 관한 충분한 정보를 알 수 없는 상품이다. 영화, 뉴스, 텔레비전 프로그램 등과 같은 대부분의 미디어상품은 일회성 소비로 끝나기 때문에 경험하기 이전에는 그 상품의 속성이나 품질을 알기가 어렵다. 이러한 경험재로서의 특성은 미디어상품의 수요를 예측하기 어렵게 만든다. 즉, 미디어상품은 직접 소비해야만 그 진가를 알 수 있으므로 미디어상품에 대한 수요는 사전에 예측이 어렵고 불확실성이 높다. 이러한 수요의 불확실성을 감소시키기 위해 미디어산업에서는 불확실성과 위험성을 줄이기 위한 전략들이 자주 활용된다. 예를 들면 스타시스템의 활용이 보편화되어 있다.

### (4) 문화적 할인의 존재

미디어상품은 국제적 유통에 있어서 문화적 할인(cultural discount)의 영향을 크게 받는다. 문화적 할인이란 어떤 문화상품이 문화가 다른 사회나 국가에서 소비될 때 그 문화상품의 소구력 또는 매력이 감소하는 것을 의미한다.[182] 다른 일반적 상품의 국제무역에 있어서는 문화적 할인의 효과가 일어나지 않는다. 이러한 문화적 할인이 수출국과 수입국 간 국내시장 규모의 차이와 결합되면 큰 국가에서 작은 국가로 문화적 상품이 거의 일방적으로 수출되는 현상이 일어난다. 이러한 일방적 유통 흐름은 문화상품의 국제유통에서 일어나는 독특한 현상이다. 왜 이런 현상이 발생하는지에 대한 이유는 미디어상품의 국제유통을 다루는 13장에서 추가적으로 설명할 것이다.

### (5) 소비의 비반복성

대부분의 미디어상품은 수요에 있어서 비반복성(non-repeatedness in demand)이 나타난다. 신문, 영화, 텔레비전프로그램 등과 같은 미디어상품은 일회성 소비로 끝나는 경우가 일반적이다. 첫 번째 소비 이후 동일한 콘텐츠상품의 소비를 통해 기대할 수 있는 효용이 급격히 떨어지는 것이다. 즉, 한계효용체감의 법칙이 크게 작용한다. 따라서 반복구매가 어렵다.[8] 예외적으로 어린이는 특정한 콘텐츠상품을 반복적으로 소비하는 경우가 많다. 그리고 음악의 경우는 이용자의 연령과 무관하게 오랜 기간에 걸쳐 반복적으로 소비가 이루어진다.[25]

### (6) 미디어 리터러시와 향유능력의 필요

미디어상품의 소비를 통해 효용을 제대로 얻으려면 이용자의 미디어 리터러시(media literacy)가 필요하다. 미디어 리터러시란 '정보형태와 무관하게 다양한 미디어가 제공하는 메시지를 해석 · 분석 · 처리하고, 맥락화 정보를 획득하여 흡수하고 맥락화할 수 있는 개인의 능력'으로 정의된다.[154] 고급예술을 포함하는 보다 넓은 범위에 속하는 문화상품의 소비에는 일반 상품과 다른 특징이 있는데, 그것은 소비자가 향유능력을 가져야 한다는 것이다. 문화경제학자인 러스킨(J. Ruskin)에 의하면, 인간이 생명력을 높이기 위해서는 재화의 성질인 고유가치(intrinsic value)를 활용하여 즐길 수 있는 향유능력을 발달시켜야 한다. 향유능력을 통해 재화의 고유가치는 유효가치(effectual value)를 갖게 된다. 즉, 문화상품의 소비에는 소비자의 향유능력이 필요하다는 것이다.[31]

## 2) 공급 측면의 특성

### (1) 규모의 경제

규모의 경제(economies of scale)란 생산량을 증가시킴에 따라 평균비용이 감소하는 현상을 의미한다. 미디어상품의 생산에는 규모의 경제가 크게 작용한다. 이는 콘텐츠의 초기 제작비용은 크지만 콘텐츠의 추가 복제는 비용이 거의 들지 않기 때문이다. 예를 들어 영화의 생산비용 측면을 보면 최초의 생산비용은 아주 큰 부분을 차지하고 복제를 위해서는 매우 낮은 가변비용이 투입된다. 동일한 영화가 많이 복제될수록 평균비용이 감소하는 규모의 경제가 크게 작용한다. 이렇게 규모의 경제가 크게 작용하는 산업은 소수의 기업들로 이루어진 시장구조를 갖게 된다. 영화제작의 비용구조에 있어서 규모의 경제가 크게 작용한다는 것은 세계의 영화시장이 소수의 할리우드 메이저에 의해 지배되고 있는 현상을 설명해 준다.

### (2) 범위의 경제

범위의 경제(economies of scope)란 둘 이상의 연관된 상품을 생산할 경우에 나타나는 평균비용의 감소를 의미한다. 즉, 두 종류의 상품을 두 개의 기업이 각각 생산하는 경우에 비해 한 기업이 두 종류의 상품을 생산하는 경우에 비용절감이 일어나는 것이다. 범위의 경제는 미디어산업에서 흔하게 나타난다.

한 시장을 위해 생산된 상품이 다른 시장을 위해 리포맷되는 경우가 흔하다. 콘텐츠에 기반을 둔 미디어상품은 다양한 포맷으로 제작된다. 예를 들면 게임은 영화로 변형되어 제작될 수 있다.[133] 범위의 경제를 활용할 수 있게 되면, 관련다각화는 효율적인 전략이 된다. 관련다각화란 관련된 업종으로 기업의 범위를 확장하는 것을 말한다. 미디어기업의 관련다각화 전략은 늘어나고 있는데, 이는 범위의 경제를 활용하는 기회가 많아지고 있음을 반영한다. 디지털화로 인해 범위의 경제를 추구하기가 쉬워져서 미디어기업의 다각화 추세는 더욱 확대될 것이다.[146] 규모의 경제와 범위의 경제로 인해 미디어산업은 시간이 갈수록 집중화되는 특성을 보인다.[140]

#### (3) 재능재로서의 특성

미디어상품의 생산은 사람의 재능에 크게 의존하므로 미디어상품은 재능재(talent goods)로 일컬어진다.[250] 미디어산업에서 인적 자본의 중요성이 큰 이유는 사람의 재능을 다른 생산요소로 대체하기 어렵기 때문이다.[31] 미디어상품은 차별적이고 창의적인 특징을 가지고 있기 때문에 미디어기업에게 있어서 남들이 모방하기 어려운 재능을 갖춘 종사자는 전략적 자원이 되고 경쟁우위의 핵심적 요소가 된다.[133] 따라서 미디어산업에서 매우 희소한 생산요소로 공급되는 스타에 대한 보수체계가 일반 산업에서의 보수체계와 다른 특성을 보인다.

### 3) 수요 및 공급 측면에서의 특성: 양면 시장

미디어산업은 양면시장(two-sided markets)에 속하는 경우가 많다. 이러한 현상도 일반 산업과 차이를 짓게 하는 주요 특성이다. 양면시장이 존재하려면 서로 상호작용하는 두 개의 시장이 존재하고 이 두 시장을 매개하는 플랫폼이 있어야 한다. 예를 들면, 인터넷포털이라는 플랫폼은 상호작용하는 이용자시장과 광고주시장을 갖고 있다. 인터넷포털은 이용자와 광고주를 연결해주고 광고수입을 거둔다. 신문이나 방송과 같은 미디어도 플랫폼으로 작용하며 양면시장의 특성을 갖는다. 이러한 양면시장에서는 다른 일반적인 시장에서 작동하는 가격 전략이 일어나지 않는다. 왜냐하면 하나의 시장만을 고려하는 가격전략이 아니라 두 개의 시장을 동시에 고려하는 가격전략이 나타나기 때문이다. 양면시장에 대해서는 14장에서 자세한 설명을 하게 될 것이다. 지금까지 설명한 미디어상품의 특성은 〈표 2-2〉에 축약되어 있다.

〈표 2-2〉 미디어상품의 특성

| 구 분 | 본원적 특성 | 파생적 특성 |
|---|---|---|
| 수요 측면 | 공공재 | 규제산업 |
| | 외부성 | |
| | 경험재 | 수요의 불확실성과 위험성 |
| | 문화적 할인 | 국제유통의 특수성 |
| | 비반복적 수요 | 신상품전략의 중요성 |
| | 향유능력의 필요성 | 미디어 리터러시의 중요성 |
| 공급 측면 | 규모의 경제 | 시장구조의 집중화 |
| | 범위의 경제 | |
| | 재능재 | 공급의 불확실성과 위험성 |
| 수요와 공급의 측면 | 양면시장 | 상호의존적 가격전략 |

# 제 3 장 수요와 공급 그리고 시장의 균형

## 1. 수요

### 1) 수요곡선의 도출

경제 분석에서 저량(stock)과 유량(flow)의 구분은 중요하다. 저량은 특정 시점에 존재하는 수량을 의미하는데, 특정 시점에 측정한 자산을 예로 들 수 있다. 반면에 유량은 일정 기간에 발생하는 수량을 의미하는데, 한 해 동안의 수요량이나 공급량, 소득 등을 예로 들 수 있다.

어떤 상품에 대한 수요량과 가격 간의 관계는 수요곡선으로 나타낼 수 있다. 여기서 수요량은 유량에 속하는 개념이다. 수요곡선의 높이는 상품의 소비에서 나오는 한계편익(marginal benefit)을 의미한다. 한계편익이란 상품의 마지막 단위를 소비할 때 얻을 수 있는 효용의 크기를 의미하는데, 소비자가 최대한으로 지불할 용의가 있는 금액으로 해석할 수도 있다. 일반적으로 수요곡선은 오른쪽으로 갈수록 아래로 내려가는 우하향(右下向)하는 형태를 갖는다. 이는 가격이 내려감에 따라 수요량이 증가한다는 것을 의미한다.

상품에 대한 개별 수요(individual demand)는 한 개인이 사고자 하는 상품의 수요량을 의미한다. 반면에 상품에 대한 시장 수요(market demand)는 시장에 있는 모든 사람들이 사고자 하는 상품의 총량이며 개별 수요의 합이다. 개별 수요곡선들을 수평 방향으로 더함으로써 시장 수요곡선을 도출할 수 있다.

〈그림 3-1〉 개별 수요곡선과 시장 수요곡선

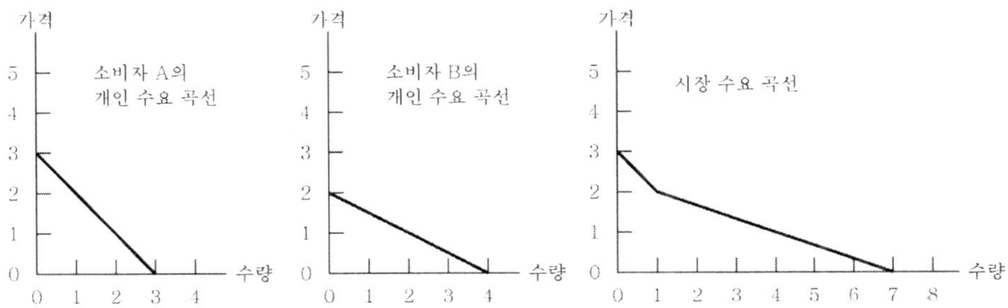


〈그림 3-1〉은 시장에 두 명의 소비자만 있다고 가정하고 있다. 소비자 A의 개별 수요곡선을 보면 소비자 A는 가격이 3인 경우에 해당 상품에 대한 구매 의사가 없으며 가격이 2인 경우에는 해당 상품을 한 단위만 구매할 용의가 있다. 소비자 B의 개별 수요곡선을 보면 소비자 B는 가격이 2인 경우어 해당 상품에 대한 구매 의사가 없으며 가격이 1인 경우에는 해당 상품 두 단위를 구매할 용의가 있다. 시장에 있는 이 두 소비자의 개별 수요곡선을 수평적으로 더하면 시장 수요곡선이 도출된다.

## 2) 수요의 법칙

다른 모든 조건들이 동일하다면 어떤 상품의 가격이 낮을수록 수요량은 증가하고 가격이 높을수록 수요량은 감소한다. 이와 같은 가격과 수요량 간의 음(-)의 관계를 수요의 법칙(law of demand)이라고 한다. 수요의 법칙에 따라서 가격과 수요량 간의 관계를 나타내는 수요곡선은 우하향하는 형태를 갖는다.

수요의 법칙이 발생하는 이유는 대체효과(substitution effect)와 소득효과(income effect)로 설명이 된다. 어떤 상품의 가격 인상은 가격이 변하지 않은 대체재의 상대적 가격을 낮추게 되므로 일부 소비자는 대체재로 전환할 것이다.

이것은 대체효과에 해당한다. 또한 소득이 불변인 상황에서 어떤 상품의 가격 인상은 소비자의 실질 소득을 감소시켜서 해당 상품을 포함하여 대부분의 상품에 대한 구매를 감소시키게 된다. 이를 소득효과라라고 한다.

외국의 경우 불법복제물로 인한 피해액의 계산이 수요의 법칙을 무시한 결과 심하게 과장된 것으로 알려져 있다. 피해액의 계산에서 압수된 불법복제물이 모두 판매되었을 뿐만 아니라 합법적 가격에서 판매되었을 것이라는 가정을 적용했는데, 이러한 가정은 수요의 법칙을 무시하고 있다. 낮은 가격의 불법복제물을 구매한 상당수의 소비자가 상대적으로 높은 합법적인 가격에서는 구매하지 않았을 것이기 때문이다.[181] 국내의 경우 2016년에 음악, 영화, 방송, 출판, 게임의 5개 콘텐츠 분야에서 불법복제물 시장 규모는 4229억 원으로 추산되었다. 그러나 불법복제물로 인한 합법저작물 시장의 침해 규모는 2조 3843억 원으로 추산되었는데 이는 불법복제물 시장규모의 6배 수준에 해당한다.[96] 여기서도 한 해 동안 유통된 불법복제물이 모두 합법적인 유통가격에서 판매되었을 것이라는 가정이 적용되었다. 따라서 수요의 법칙이 간과되었고 과장된 피해규모가 추산되었다.

언제나 수요의 법칙이 성립하는 것은 아니고 예외적인 경우가 있다. 예를 들면, 남에게 비싼 상품을 소비한다는 것을 보여주는 과시적 소비(conspicuous consumption)의 경우는 비쌀수록 수요량이 많아지기도 한다. 그리고 투기에 의한 가수요의 경우도 가격이 오를 때 수요량이 많아진다.

### 3) 수요곡선 상의 움직임과 수요곡선의 이동

경제학자들에 따르면, 수요의 결정요인으로는 해당 상품의 가격, 관련 상품(대체재와 보완재)의 가격, 소득, 시장 내 소비자의 수, 미래 가격에 대한 소비자의 예측, 소비자의 선호 등을 들 수 있다. 수요곡선은 해당 상품의 가격을 제외한 다른 모든 요인들이 변하지 않는다는 가정 하에서 그리게 된다. 즉, 수요곡선은 '다른 모든 조건들이 동일하다면(ceteris paribus)'이라는 가정 하에서 나온다.

해당 상품의 가격이 변화할 경우에는 수요량이 주어진 수요곡선 상으로 움직이면서 변화하게 된다. 이를 수요곡선 상의 움직임(movement along the demand curve)이라고 한다. 〈그림 3-2〉에서 수요곡선 상의 움직임은 수요곡선 $D_0$을 따라 변하는 가격과 수요량의 조합이다.

〈그림 3-2〉 수요곡선 상의 움직임과 수요곡선의 이동

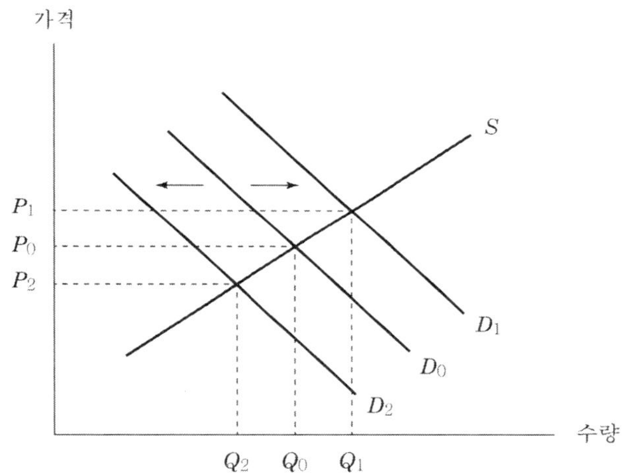


해당 상품의 가격을 제외한 다른 요인들(관련 상품의 가격, 소득, 시장 내 소비자의 수, 미래 가격에 대한 소비자의 예측, 소비자의 선호 등)에 변화가 일어나면 수요곡선이 좌우로 이동하게 된다. 이를 수요곡선의 이동(shift of the demand curve)이라고 한다. 예를 들면, 〈그림 2-2〉에서 소득의 증가는 해당 상품에 대한 수요의 증가를 가져오고 수요곡선은 $D_0$에서 $D_1$로 이동하게 된다. 따라서 균형가격은 $P_0$에서 $P_1$로 증가하고 균형거래량은 $Q_0$에서 $Q_1$로 증가할 것이다. 반면에 소득의 감소는 수요곡선을 $D_0$에서 $D_2$로 이동시킨다. 이에 따라 균형가격은 $P_0$에서 $P_2$로 감소하고 균형거래량은 $Q_0$에서 $Q_2$로 감소한다. 유사한 맥락에서 대체재 가격의 인상, 보완재 가격의 인하, 구매자 수의 증가, 미래 가격이 증가할 것이라는 소비자의 예측, 해당 상품에 대한 선호의 증가 등은 수요곡선을 오른쪽으로 이동시킨다.

해당 상품의 가격이 변하는 경우에는 '수요량' 변화(change in quantity demanded)가 일어나는 반면, 해당 상품의 가격을 제외한 다른 요인들이 변하는 경우에는 '수요' 변화(change in demand)가 일어난다고 표현한다. 따라서 수요곡선 상의 움직임은 수요량의 변화를 의미하고, 수요곡선의 이동은 수요의 변화를 의미한다. 따라서 수요량과 수요라는 용어를 구별하여 사용해야 한다.

## 4) 수요의 가격탄력성

### (1) 수요의 가격탄력성의 측정

수요의 가격탄력성(price elasticity of demand)은 수요량이 가격 변화에 대해 얼마나 민감하게 반응하는가를 나타낸다. 따라서 수요의 가격탄력성은 기업이 가격을 설정할 때 중요한 정보를 제공한다. 수요의 가격탄력성은 수요곡선 위의 두 점 또는 구간을 대상으로 측정할 경우 다음과 같이 계산된다.

$$\text{수요의 가격탄력성} = -\frac{\text{수요량의 변화율}}{\text{가격의 변화율}} = -\frac{\Delta Q_d / Q_d}{\Delta P / P} = -\frac{\Delta Q_d}{\Delta P}\frac{P}{Q_d} \quad (3.1)$$

공식 앞에 음의 부호를 붙인 것은 가격탄력성의 경우 관행적으로 절대값에 관심을 갖기 때문이다. 여기서 $\Delta$는 변화분을 의미한다. 변화율은 평균 가격과 평균 수요량을 기초로 계산된다. 예를 들어 가격이 100일 때 수요량이 100이고 가격이 110으로 상승할 때 수요량이 90으로 감소했다면, $\Delta Q_d = -10$, $Q_d = (100+90)/2 = 95$, $\Delta P = 10$, $P = (100+110)/2 = 105$이다. 따라서 수요의 가격탄력성은 $-(-10/95)/(10/105) = 21/19$가 된다. 수요의 가격탄력성은 수요곡선 위의 한 점을 대상으로 측정할 경우 미분을 이용하여 다음과 같이 계산된다.

$$\text{수요의 가격탄력성} = -\frac{dQ_d}{dP}\frac{P}{Q_d} \quad (3.2)$$

예를 들어 어떤 상품에 대한 수요곡선이 $Q = 1000 - P$ 라고 하자. 가격이 500일 때 수요의 가격탄력성은 $-\frac{dQ_d}{dP}\frac{P}{Q_d} = -(-1)(500/500) = 1$ 이 된다. 가격탄력성의 공식을 보면 수요곡선의 기울기($dQ_d/dP$의 역수)와 가격탄력성 사이에 관계가 있으나 수요곡선의 기울기 값이 가격탄력성이 되는 것은 아니다. 앞의 예와 같이 직선의 형태를 갖는 수요곡선의 경우 어떤 수요량과 어떤 가격에서도 동일한 기울기를 갖지만 수요곡선 상의 어느 점을 대상으로 가격탄력성을 측정하는가에 따라 0에서 $\infty$ 에 이르는 값이 나올 수 있다. 가격이 900이고 수요량이 100인 점에서는 가격탄력성은 9이지만 가격이 100이고 수요량이 900인 점에서는 가격탄력성은 1/9이 된다. 영화 입장권에 대한 수요 함수를 다음과 같이 가정하자.[173]

$$Q = a + bP + cY + dP_s + eP_c \tag{3.3}$$

여기서 $Q$는 일정 기간 동안의 영화 입장권에 대한 수요, $P$는 영화 입장권의 가격, $Y$는 일인당 평균 소득, $P_s$는 대체재의 가격, $P_c$는 보완재의 가격, $a$는 상수항이고, $b, c, d, e$는 독립변수의 영향력을 나타내는 계수이다. $b$는 $\Delta Q/\Delta P$를 나타내고 $c$는 $\Delta Q/\Delta Y$를 나타내므로 각각 수요의 가격탄력성과 수요의 소득탄력성을 계산하는데 있어서 중요한 정보를 알려준다.

식 (3.3)을 회귀 모형으로 설정하여 회귀 분석을 한다고 가정하자. 일반적으로 회귀 모형에서 좌변에는 결과를 나타내는 종속변수가 위치하고 우변에는 원인을 나타내는 독립변수들이 위치하게 된다. 회귀 분석이란 종속변수에 미치는 독립변수의 효과 또는 영향력을 알아보기 위한 인과 분석이다. 종속변수인 수요량($Q$)과 독립변수에 해당하는 가격($P$)과 소득($Y$)에 자연로그를 취하여 다음과 같이 회귀모형을 변형시킬 수 있다.

$$\ln Q = a + b\ln P + c\ln Y + dP_s + eP_c \tag{3.4}$$

식 (3.4)의 회귀 모형을 대상으로 회귀 분석을 실시하여 추정된 회귀계수 $b$

에 $-1$을 곱한 값은 수요의 가격탄력성을 나타내는 수치가 된다. 그리고 추정된 회귀계수 $c$는 수요의 소득탄력성을 나타내는 수치가 된다.

### (2) 수요의 가격탄력성의 결정요인

경제학자에 따르면 수요의 가격탄력성에 영향을 미치는 주요 요인은 다음과 같다. 첫째, 이용할 수 있는 대체재의 수가 많을수록 수요의 가격탄력성은 커진다. 둘째, 해당 상품에 대한 지출액이 소비자의 소득에서 차지하는 비중이 클수록 가격탄력성은 커진다. 책을 구입하는 지출액보다 노트북 컴퓨터에 대한 지출액이 소비자의 소득에서 차지하는 비중이 높으므로 책에 대한 수요보다 노트북 컴퓨터에 대한 수요가 더 탄력적일 가능성이 높다. 셋째, 가격 변화 이후 기간이 길어질수록 소비자가 적응할 수 있는 기회가 많아지게 되므로 가격탄력성은 커진다. 넷째, 생활에 있어서 중요성이 큰 상품보다 소비하지 않아도 생활에 큰 지장을 주지 않는 상품이 가격탄력성이 크다. 예를 들면, 교육에 대한 수요보다 영화 관람에 대한 수요가 가격탄력성이 더 클 것이다.

### (3) 수요의 가격탄력성과 수입

수요의 가격탄력성이 1보다 클 경우 탄력적이라고 하고 부르며, 1보다 작을 경우 비탄력적이라고 한다. 일반적으로 수요의 가격탄력성이 탄력적일 경우에 가격이 하락하면 총수입이 증가한다. 반면에 수요의 가격탄력성이 비탄력적일 경우에는 가격이 상승하면 총수입이 증가한다. 〈표 3-1〉을 보면 이러한 현상이 나타나고 있다. 여기서 총수입은 가격과 판매량을 곱하여 측정한다. 한계수입은 판매량 한 단위를 더 팔 때 발생하는 총수입의 변화를 의미한다.

수요의 가격탄력성에 따라서 가격 변화는 기업의 판매수입에 상이한 효과를 초래할 수 있다. 수요의 가격탄력성이 탄력적인 경우에는 수요량의 변화율이 가격의 변화율보다 크다. 따라서 이런 경우에 가격을 내리면 가격 하락의 비율에 비해서 상품에 대한 수요량이 더 큰 비율로 커지게 되므로 가격과 수요량을 곱한 소비자의 총지출은 증가하게 된다. 그러나 이런 경우에 가격을 올리면 소비자의 총지출은 감소하게 된다. 수요의 가격탄력성이 1인 경우에는 수요량의 변화율과 가격의 변화율이 동일하므로 가격을 올리거나 내려도 해당 상품에 대한 소비자의 총지출은 변하지 않게 된다. 수요의 가격탄력성이 비탄력적인 경우에는 수요량의 변화율이 가격의 변화율보다 작다. 따라서 가격탄력성이 비탄력적인 경우에 가격 인하는 소비자의 총지출을 감소시키지만 가격 상승은 소비자의 총지출을 증가시키게 된다. 〈표 3-1〉을 보면 가격탄력성이 탄력적인 경우에 한계 수입은 양수인 반면, 비탄력적인 경우에 한계수입은 음수가 된다.

〈표 3-1〉 총수입과 한계수입 그리고 수요의 가격탄력성

| 가격 | 판매량 | 총수입 | 한계수입 | 수요의 가격탄력성 |
|---|---|---|---|---|
| 10 | 0 | 0 | - | 탄력적 |
| 9 | 1 | 9 | 9 | |
| 8 | 2 | 16 | 7 | |
| 7 | 3 | 21 | 5 | |
| 6 | 4 | 24 | 3 | |
| 5 | 5 | 25 | 1 | |
| 4 | 6 | 24 | -1 | 비탄력적 |
| 3 | 7 | 21 | -3 | |
| 2 | 8 | 16 | -5 | |
| 1 | 9 | 9 | -7 | |
| 0 | 10 | 0 | -9 | |

기업의 입장에서는 자신의 상품에 대한 수요의 가격탄력성이 낮을수록 유리하다. 따라서 기업들은 수요의 가격탄력성을 낮추기 위해 여러 전략들을 고안하고 있다. 예를 들면, 대체재로의 전환을 어렵게 만드는 전략, 자사 브랜드에 대한 충성도를 높이기 위한 전략 등을 들 수 있다.

### (4) 수요의 가격탄력성과 정책

영국에서 공영방송사인 BBC에게 광고 판매를 허용하는 것은 텔레비전광고의 가격을 하락시킬 것으로 예측되었다. 그 근거로는 텔레비전광고에 대한 수요의 가격탄력성이 비탄력적이라고 추정된 것에 기인한다. 텔레비전광고에 대한 수요의 가격탄력성이 비탄력적인 경우에 광고 가격의 하락은 영국의 전체 방송사들이 얻게 되는 광고 수입을 감소시킬 수 있기 때문이다. 다시 말하자면, 낮아진

광고 가격에서 BBC와 민영방송사들이 얻는 총광고 수입이 BBC가 광고를 판매하지 않는 상황에서 민영방송사들이 얻는 총광고 수입보다 더 작다는 것이다. 이는 광고 수요의 가격탄력성이라는 개념이 공영방송사의 광고 판매를 반대하는 논리적 근거를 제시하는 사례를 제공한다.[181] 유사한 맥락에서 국내에서 지상파방송의 중간광고 허용은 방송광고의 가격을 하락시키게 될 것이다. 중간광고 허용이 방송광고의 시장규모를 확대시키지 못하고 방송광고에 대한 수요의 가격탄력성이 비탄력적이라면, 지상파방송사 및 경쟁관계에 있는 방송사를 포함한 시장의 전체 광고수입은 허용 이전에 비해 낮아질 수도 있다.

### 5) 수요의 소득탄력성

#### (1) 수요의 소득탄력성의 측정

어떤 상품에 대한 수요의 소득탄력성(income elasticity of demand)은 수요량이 소비자의 소득 변화에 얼마나 민감하게 반응하는가를 나타낸다. 수요의 가격탄력성이 해당 재화의 가격 외의 다른 요인들이 불변이라고 가정할 때 가격 변화에 따른 수요량의 변화를 나타내는 것과 마찬가지로 수요의 소득탄력성은 소득 외에 다른 요인들이 불변이라고 가정할 때 소득 변화에 따른 수요량의 변화를 나타낸다. 수요의 소득탄력성은 기업의 성장 전략 설정에 있어서 중요한 정보를 제공한다. 수요의 소득탄력성은 다음과 같이 계산된다.

$$\text{수요의 소득탄력성} = \frac{\text{수요량의 변화율}}{\text{소득의 변화율}} = \frac{\Delta Q_d / Q_d}{\Delta I / I} \qquad (3.5)$$

여기서 $\Delta I$는 소득의 변화분을 나타낸다. 수요의 가격탄력성의 경우와 달리 수요의 소득탄력성을 계산할 때는 음의 부호를 붙이지 않는다.

#### (2) 수요의 소득탄력성과 상품의 유형

〈표 3-2〉에 나타난 바와 같이 소득탄력성의 경우 부호의 값 자체가 중요한 정보를 제공한다. 수요의 소득탄력성이 0보다 작은 상품은 열등재(inferior goods)라고 한다. 수요의 소득탄력성이 0보다 큰 상품은 정상재(normal goods)라고 한다. 정상재는 수요의 소득탄력성의 크기에 따라 다시 필수재와 사치재로 구분된다. 수요의 소득탄력성이 1보다 큰 상품을 사치재라고 한다. 즉, 소득이 증가하는 속도보다 그 상품에 대한 수요가 증가하는 속도가 빠르면 사치재다. 수요의 소득탄력성이 1보다 작은 상품은 필수재라고 한다.

〈표 3-2〉 수요의 소득탄력성에 의한 상품의 유형

| 소득탄력성 | 상품의 구분 | |
|---|---|---|
| 0보다 작음 | 열등재 | |
| 0과 1 사이에 있음 | 정상재 | 필수재 |
| 1보다 큼 | | 사치재 |

흑백텔레비전이 도입되었을 당시에는 그것이 사치재였으나 그 후에 필수재로 변하였고 컬러텔레비전이 등장하면서 흑백텔레비전은 점차적으로 열등재로 변하게 되었다. 이제는 흑백텔레비전이 골동품으로서의 가치가 부각되면서 사치재로 간주될 수도 있다. 즉, 시기에 따라 어떤 상품에 대한 수요의 소득탄력성은 변한다.

소득의 증가율보다 어떤 상품에 대한 수요의 증가율이 크면 그 상품에 대한 수요의 소득탄력성은 1보다 크다. 대부분의 문화상품의 경우가 이에 해당한다.[27] 이는 문화 상품이 사치재(luxury goods)라는 것을 의미한다. 문화상품에 대한 수요의 소득탄력성이 1보다 크다는 것은 소득의 성장이 지속된다면 문화상품에 대한 수요가 갈수록 증가하고 문화산업이 국내총생산에서 차지하는 비중이 증가한다는 것을 의미한다. 이는 문화산업을 육성한다는 정책적 방향을 정당화시킬 수 있는 논리적 근거가 될 수 있다.

### (3) 수요의 소득탄력성과 상대적 불변의 원칙

대중매체에 대한 수요의 소득탄력성과 관련된 연구로는 맥콤(McCombs)이 제시한 상대적 불변의 원칙(principle of relative constancy)을 들 수 있다.[216] 이 가설에 따르면 소비자와 광고주에 의한 대중매체에 대한 지출은 전반적 경제성장의 속도에 비례한다. 다시 말하자면 대중매체 지출이 소득에서 차지하는 비중은 모든 소득 수준에 걸쳐서 일정한 비율을 유지할 뿐만 아니라 모든 시기에 걸쳐서도 일정한 비율을 유지한다는 것이다. 이 원칙이 유지되기 위해서는 대중매체 수요의 소득탄력성이 1이어야 한다. 상대적 불변의 원칙은 미디어에 대한 수요의 소득탄력성은 1이라는 가설로 해석할 수 있다. 예를 들어 소득이 5% 증가하면 대중 매체 수요도 5% 증가하고, 소득이 3% 감소하면 대중 매체 수요도 3% 감소한다는 것이다.

상대적 불변의 원칙을 검증한 초기의 연구들은 그 가설을 지지하는 결과들을 제시했다. 그러나 그 후의 많은 연구들은 기각하는 결과를 제시하였다. 예를 들면, 소득에서 차지하는 대중매체 지출의 비율이 1970년대와 1980년대에 케이블 텔레비전과 VCR과 같은 뉴미디어의 도입으로 인해 증가했다는 것이다.[203] 광고지출과 국내총소득의 관계에 대하여 여러 국가들을 대상으로 조사한 연구[132]에 따르면 광고지출과 국내총소득의 관계가 비례적인 관계는 아니며 국내총소득 외에 다른 변수들도 광고지출에 영향을 미치는 것으로 나타났다.

상대적 불변의 원칙에 대한 문제점으로는 소득과 대중매체 지출의 관계가 소득에 따라 그리고 시기에 따라 일정해야 하는 논리적 근거가 없다는 점을 들 수 있다. 그리고 대중매체의 지출에 영향을 미치는 변수로는 소득 외에도 여러 변수들이 있다는 점이다. 상대적 불변의 원칙은 특정한 시기에 일부 국가에 나타났던 현상을 설명했던 경험적 일반화로 볼 수 있지만 이론적 근거는 없다. 그러나 대중매체에 대한 수요의 소득탄력성을 시기별로 비교하거나 국가별로 비교하는 연구에서 상대적 불변 원칙은 하나의 비교 기준으로 사용될 수 있다.

### 6) 수요의 교차탄력성

어떤 상품에 대한 수요와 관련된 상품에는 대체재와 보완재가 있다. 대체재는 소비자가 동일한 욕구를 충족시키기 위해 유사한 효용을 얻을 수 있는 대안적 상품이다. 일반적으로 동일한 시장에서 서로 경쟁하는 상품들은 대체재로 볼 수 있다. 어떤 상품의 가격이 상승함에 따라 다른 상품에 대한 수요가 증가하면 이 두 상품은 대체재의 관계에 있다. 대체재의 예를 들자면 유료방송 시장에서 서로 경쟁하고 있는 케이블TV방송, 위성방송, IPTV 등을 들 수 있다. 만약에 케이블TV 방송의 수신료가 오르면 케이블TV 가입자들 중 일부는 위성방송이나 IPTV로 전환하게 될 것이다. 다른 예를 들자면 영화 관람에 대한 수요는 대체재인 다른 여가활동의 가격에 의해서 영향을 받는다.

보완재는 소비자가 효용을 증가시키기 위해 함께 사용하는 상품이다. 어떤 상품의 수요가 증가하면 다른 상품의 수요가 같이 증가하는 경우에 이 두 상품은 보완재의 관계에 있다. 다시 말하자면, 어떤 상품의 가격이 상승함에 따라 다른 상품에 대한 수요가 감소하면 이 두 상품은 보완재의 관계에 있다. 보완재의 예로는 영화관에서의 관람 서비스와 영화관 매점에서 판매하는 식료품을 들 수 있다. 영화 관람료가 오르게 되면 영화관 매점에서 판매하는 식료품에 대한 수요는 줄게 될 것이다.

수요의 교차탄력성(cross elasticity of demand)이란 어떤 상품의 수요량이 다른 상품의 가격 변화에 얼마나 민감하게 반응하는가를 나타내고 다음과 같이 측정된다.

$$\text{수요의 교차탄력성} = \frac{Y\text{재 수요량의 변화율}}{X\text{재 가격의 변화율}} = \frac{\Delta Q_Y / Q_Y}{\Delta P_X / P_X} \tag{3.6}$$

수요의 교차탄력성은 두 상품 간 관계에 따라 그 부호와 크기가 달라진다. 두 상품이 대체재인 경우 교차탄력성은 양의 값을 갖고, 보완재인 경우 음의 값을 갖는다. 대체성이나 보완성이 강할수록 교차탄력성의 절댓값은 커진다. 교차탄력성이 0이면 두 상품이 독립적이라는 것을 의미한다.

## 2. 공급

### 1) 공급곡선의 도출

각 가격에서 개별 기업이 공급하려는 상품의 수량을 보여 주는 곡선을 개별 공급곡선이라고 한다. 공급량도 수요량과 마찬가지로 유량이다. 경제학에서는 단기를 생산 능력을 변화시키기에는 불충분한 시간으로 정의한다. 단기적으로 시장 공급은 개별 기업들의 공급량의 합한 것이다. 개별 공급곡선들을 수평적으로 합하면 시장 공급곡선을 도출할 수 있다.

기업은 가격이 증가함에 따라 더 많이 공급하고자 하므로 단기적으로 시장 공급곡선은 오른쪽으로 갈수록 위로 올라가는 우상향 형태를 갖는다. 그러나 장기적으로 시장 공급곡선은 수평선에 가까운 모양으로 변하게 된다. 왜냐하면 충분한 기간이 주어지게 되면 기업들은 보다 저렴하게 생산할 수 있는 방법을 채택할 수 있기 때문이다. 장기적으로 해당 상품을 제공하는 기업의 수가 변할 수 있다.

### 2) 공급의 법칙

공급량이란 일정 기간 기업이 공급하고자 하는 상품의 수량을 의미한다. 다른 모든 조건들이 동일하다면 어떤 상품의 가격이 높을수록 공급량은 증가한다. 이와 같이 가격과 공급량 간의 양(+)의 관계를 공급의 법칙(law of supply)이라고 한다. 공급의 법칙에 따라서 가격과 공급량 간의 관계를 나타내는 공급곡선은 우상향하는 형태를 갖는다.

### 3) 공급곡선 상의 움직임과 공급곡선의 이동

해당 상품의 가격이 변화하면 공급곡선 상의 움직임을 초래한다. 여기서 공급곡선은 단기 공급곡선을 의미한다. 공급곡선 상의 움직임은 공급량의 변화(change in quantity supplied)라고 한다.

경제학자들에 따르면, 상품에 대한 시장 공급의 결정요인으로는 해당 상품의 가격, 생산요소의 가격, 기술 수준, 공급자의 수, 미래 가격에 대한 공급자의 예측 등을 들 수 있다. 해당 상품의 가격을 제외한 다른 결정요인들의 변화는 공급의 변화(change in supply)를 초래한다. 공급의 변화는 공급곡선을 이동시킨다. 공급이 증가하면 공급곡선은 오른쪽으로 이동하고 동일한 가격에서 이전보다 많이 공급된다. 공급이 감소하면 공급곡선은 왼쪽으로 이동하고 동일한 가격에서 이전보다 적게 공급된다.

생산요소의 가격은 생산비용에 영향을 미친다. 생산요소의 가격 인하는 공급을 증가시키고 공급곡선을 오른쪽으로 이동시킨다. 반면에 생산요소의 가격 인상은 공급을 감소시키고 공급곡선을 왼쪽으로 이동시킨다. 국내 애니메이션산업은 1960년대부터 1990년대 중반에 이르기까지 일본으로부터 하청수주를 통해 성장하였다. 그러나 노동집약적인 애니메이션산업에서 주요 생산요소인 노동의 상대적 가격이 저렴한 중국, 베트남 등으로 하청 물량이 이동하였다. 따라서 하청 제작물은 감소하기 시작하였고 대신에 창작 제작물이 증가하는 구조적 변화를 맞이하게 되었다.[36]

생산기술의 진보는 생산비용을 낮춘다. 따라서 기술 진보는 공급을 증가시키고 공급곡선을 오른쪽으로 이동시키게 된다. 산업 내 기업의 수가 증가해도 공급곡선을 오른쪽으로 이동시키게 된다. 새로운 기업이 시장으로 진입하게 되면 공급자 수는 증가하고 주어진 상품 가격에서 공급량이 증가하므로 공급곡선은 오른쪽으로 이동된다. 기존 기업이 시장에서 퇴출하게 되면 공급자 수는 감소하고 주어진 상품 가격에서 공급량이 감소하므로 공급곡선은 왼쪽으로 이동된다. 새로운 기업의 시장진입은 해당 시장에서 얻을 수 있는 이윤의 기대 수준이 상대적으로 높다는 것을 반영하고 시장퇴출은 그 반대의 상황을 반영한다. 해당상품에 대한 미래 가격이 감소할 것이라고 공급자가 예측한다면 공급자는 현재의 공급을 증가시키고자 할 것이다.

### 4) 공급의 가격탄력성

#### (1) 공급의 가격탄력성의 측정

공급의 가격탄력성(price elasticity of supply)은 공급량이 가격의 변화에 대해 얼마나 민감하게 반응하는가를 나타낸다. 공급의 가격탄력성은 공급곡선 위의 두 점 또는 구간을 대상으로 측정할 경우 다음과 같이 계산된다.

$$\text{공급의 가격탄력성} = \frac{\text{공급량의 변화율}}{\text{가격의 변화율}} = \frac{\Delta Q_s / Q_s}{\Delta P / P} = \frac{\Delta Q_s}{\Delta P}\frac{P}{Q_s} \tag{3.7}$$

공급곡선 위의 한 점을 대상으로 측정할 경우 미분을 이용하여 다음과 같이 계산된다.

$$\text{공급의 가격탄력성} = \frac{dQ_s}{dP}\frac{P}{Q_s} \tag{3.8}$$

식 (3.8)에 나타난 바와 같이 공급의 가격탄력성은 수요의 가격탄력성과는 달리 음(-)의 부호가 붙지 않는다. 공급의 가격탄력성도 수요의 가격탄력성과 마찬가지로 1보다 클 경우 탄력적이라고 하고, 1보다 작을 경우 비탄력적이라고 한다. 공급이 탄력적인 경우에는 가격의 변화율보다 공급량의 변화율이 크다. 수평선의 형태를 취하는 공급곡선은 미세한 가격 변화에도 무한대의 공급량의 변화를 가져오기 때문에 공급의 가격탄력성은 무한대다. 공급이 비탄력적인 경우에는 가격의 변화율보다 공급량의 변화율이 작다. 수직선의 형태를 취하는 공급곡선의 경우 가격이 아무리 변해도 공급량의 변화가 없기 때문에 공급의 가격탄력성은 0이다.

### (2) 공급의 가격탄력성의 결정요인

공급의 가격탄력성에 영향을 미치는 주요 요인은 다음과 같다. 첫째, 생산요소의 수급이 용이할수록 공급의 가격탄력성이 높아진다. 생산량을 증가시키고자 할 경우에 장비나 노동 등과 같은 생산요소의 수급이 원활하면 추가적인 생산비용이 적게 들어서 탄력적으로 공급이 이루어진다. 그러나 생산요소의 수급이 어려워지면 추가적인 생산비용이 많이 소요되므로 공급을 꺼리게 된다. 둘째, 기업이 가지고 있는 설비나 기술을 다른 종류의 상품을 생산하는데도 사용할 수 있다면 공급 측면에서 융통성이 높아져서 공급의 가격탄력성이 높아질 수 있다. 셋째, 가격의 변화 이후 기간이 길어질수록 공급자가 적응할 수 있는 기회가 많아지게 되므로 공급의 가격탄력성은 커진다. 넷째, 상품의 저장가능성이 높을수록 공급의 가격탄력성이 높아진다. 디지털 콘텐츠의 경우 저장이 용이하고 저장에 따르는 비용이 거의 없으므로 저장성의 측면에서는 공급의 가격탄력성을 크게 만드는 특성을 갖는다.

## 3. 시장의 균형과 총잉여

### 1) 균형가격과 균형거래량

시장은 구매자와 판매자의 거래가 이루어지는 곳을 의미한다. 시장의 균형은 수요와 공급이 일치하는 곳에서 결정된다. 이러한 균형 상태에서 이루어지는 가격과 거래량을 각각 균형가격과 균형거래량이라고 한다. 시장의 균형은 해당 상품의 가격을 제외한 다른 모든 수요의 결정요인 또는 공급의 결정요인에서 변화가 없는 한 유지되는 상태를 의미한다.

〈그림 3-3〉 수요와 공급의 불일치

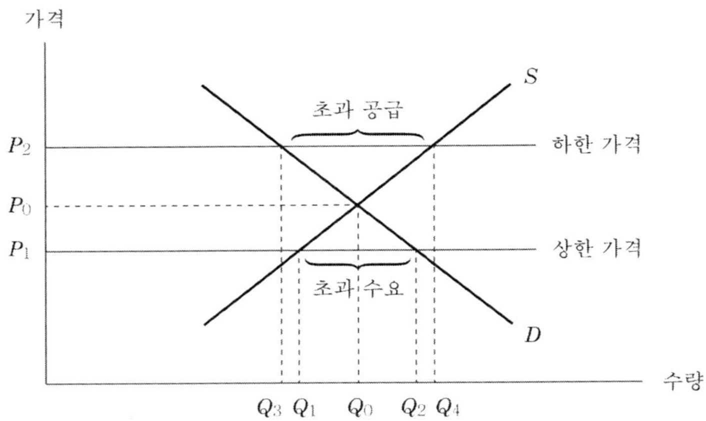


〈그림 3-3〉에서 수요곡선과 공급곡선이 만나는 점에서 균형이 일어나는데, 시장에서 자유로이 결정되는 균형가격은 $P_0$이고 균형거래량은 $Q_0$이다. 가격이 균형가격보다 낮으면 수요량이 증가하여 초과수요가 일어나는 반면 가격이 균형가격보다 높으면 공급량이 증가하여 초과공급이 일어난다. 정부가 가격상한제를 실시한다고 가정하자. $P_1$은 상한가격을 나타낸다. 이 경우에 실제 가격이 균형가격인 $P_0$보다 낮아지므로 수요량이 공급량보다 큰 초과수요(excess demand)가 발생한다. 초과수요는 $Q_2 - Q_1$이다. 과거에 지상파방송 광고요금에 대한 규제는 초과수요를 초래하였는데, 이는 가격상한제의 효과와 유사한 결과를 초래한 것이다. 이번에는 정부가 가격하한제를 실시한다고 가정하자. $P_2$는 하한가격을 나타낸다. 이 경우에는 실제 가격이 균형가격인 $P_0$보다 높아지므로 공급량이 수요량보다 큰 초과공급(excess supply)이 발생한다. 초과공급은 $Q_4 - Q_3$이다. 최저임금제는 노동시장에서 가격하한제의 효과를 나타낼 수 있으며 노동의 초과공급을 초래할 수 있다.

### 2) 소비자잉여와 생산자잉여 그리고 총잉여

수요곡선의 높이는 그 상품의 마지막 단위를 얻기 위해서 소비자가 지불할 용의가 있는 금액을 나타낸다. 따라서 수요곡선의 높이는 한계편익을 의미한다. 지불할 용의가 있는 금액이 가격(실제로 지불한 금액)을 초과하는 부분을 소비자잉여(consumer surplus)라고 한다. 〈그림 3-4〉에서 수요곡선과 균형가격 $P_0$을 나타내는 수평선 사이에 만들어진 삼각형의 면적은 소비자잉여를 나타낸다. 생산자잉여(producer surplus)란 생산자가 어떤 상품을 공급하면서 가격(실제로 받은 금액)에서 최소한 받아야 하겠다고 생각한 금액을 뺀 부분을 뜻한다. 균형가격 $P_0$을 나타내는 수평선과 공급곡선의 사이에 만들어진 삼각형의 면적은 생산자잉여를 나타낸다. 총잉여 또는 순사회편익(net social benefit)은 소비자잉여와 생산자잉여의 합을 뜻하는데, 이는 수요곡선과 공급곡선 사이에 만들어진 삼각형의 면적으로 측정된다.

〈그림 3-4〉 소비자잉여와 생산자잉여 그리고 총잉여

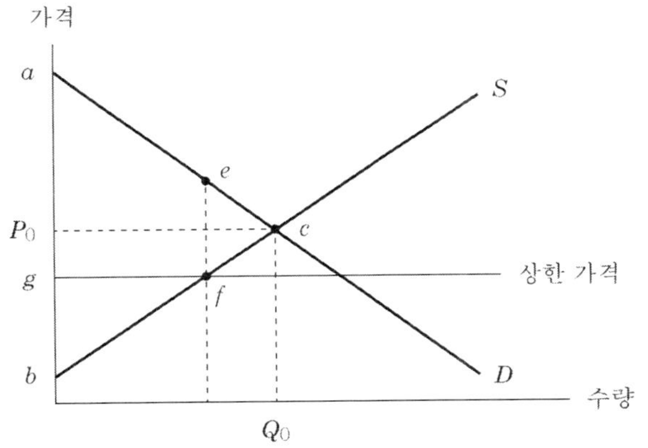


만약에 정부가 가격상한제를 실시하게 되면 소비자잉여와 생산자잉여의 변화가 일어난다. 이 경우에 소비자잉여는 수요곡선 상에서 a와 e를 잇는 선분과 상한가격을 나타내는 수평선 사이에 만들어진 면적이 된다. 생산자잉여는 상한

가격을 나타내는 수평선과 공급곡선의 사이에 만들어진 삼각형의 면적이 된다. 총잉여는 e와 f 그리고 c를 잇는 삼각형만큼 줄어들게 된다. 이와 같이 총잉여 또는 순사회편익이 감소된 면적을 자중손실(deadweight loss)이라고 한다. 자중손실은 불완전 경쟁이나 부적절한 규제로 인해 나타난다.

### 3) 시장가격을 활용하는 정책: 주파수 경매

주파수는 희소한 자원이다. 주파수 수요자 간에 희소한 자원을 배분하는 것은 가격기구를 통해 수요와 공급의 균형을 정하는 시장시스템이 효율적이다.181 이러한 시장시스템을 활용하는 제도가 주파수 경매제이다. 주파수 자원의 경매는 이론적으로는 1959년에 코스(Coase)가 처음 제시하였다. 그는 주파수 자원을 정부가 아닌 시장의 가격기구에 의해 배분하게 함으로써 가장 효율적으로 이용할 수 있다고 주장했다. 주파수 경매제란 주파수 사용을 희망하는 사업자 중 가격 경쟁을 통하여 최고 액수를 제시하는 사업자에게 주파수를 이용할 수 있는 권리를 주는 제도다. 따라서 공공재 특성을 가진 주파수 자원의 할당에 대한 대가를 정부가 일방적으로 결정하는 것이 아니라 경쟁을 통하여 효율적으로 배분하는 것이다.[70]

경매제의 장점은 희소한 주파수 자원에 대해 가장 높게 평가하는 사업자에게 효율적으로 배분할 수 있는 점, 주파수 할당 과정의 객관성과 공정성을 확보할 수 있는 점, 경매 대금을 통해 국가의 재정수입을 증대할 수 있는 점 등이 있다. 반면에 경매제의 단점은 과도한 경쟁으로 낙찰 가격이 지나치게 높게 형성되면 투자가 감소될 수 있고 소비자의 부담으로 전가될 수 있는 점, 소수의 대기업에 의해 주파수가 독점될 수 있는 점, 사업자 간 담합이 생기면 주파수 자원의 효율적 배분이 일어나지 못하는 점 등을 들 수 있다.[70]

1990년대 이전까지는 주파수 자원의 공급이 충분하여 희소성이 작았으나 1990년대를 전후하여 전파 자원의 수요가 폭증하면서 경매제의 필요성이 높아졌다. 1989년에 주파수 자원의 수요가 높아진 네덜란드에서 최초로 주파수 경매가 이루어졌다. 미국은 선착순 방식, 비교청문회 방식(경쟁자 중 적격자를 선발), 추첨 방식 등을 사용했다가 1994년부터 주파수 경매를 실시했다. 그 후 호주(1997년), 독일(1999년), 영국(2000년) 등 선진국 대다수가 경매제를 실시했고 개발도상국들도 실시하기 시작했다. 국내의 「전파법」에 따르면 주파수 분배는 특정한 주파수의 용도를 정하는 것이고 주파수 할당은 용도가 지정된 특정한 주파수를 특정인에게 이용할 수 있는 권리를 주는 것이다. 국내에서 주파수 할당 방법은 심사 할당, 주파수 경매, 정부산정 대가 할당의 3가지가 있는데, 2011년 8월에 최초로 통신용 주파수의 경매가 이루어졌다.[70]

# 제 4 장 소비자이론과 미디어이용자

경제학에서는 소비자에 주목하는 반면 커뮤니케이션 연구에서는 수용자(audience) 또는 이용자(user)에 주목한다. 수용자라는 용어는 수동적 측면을 암묵적으로 강조하는 반면 이용자 또는 사용자라는 용어는 능동적 측면을 강조한다. 여기서는 신고전경제학의 소비자 이론을 살펴보고 그 대안으로 등장한 행동경제학에 대해 살펴보고자 한다. 그리고 미디어 이용자를 이해하는데 유용한 개념과 이론에 대해 설명하고자 한다.

## 1. 신고전경제학의 소비자이론

### 1) 한계효용체감의 법칙

경제학에서 효용(utility)이란 재화와 용역의 사용으로부터 얻게 되는 주관적 만족의 크기를 의미한다. 총효용이란 일정 기간 상품을 일정량 소비했을 때 느끼는 주관적 만족의 크기다. 한계효용이란 어떤 상품의 소비량을 한 단위 늘렸을 때 총효용이 추가적으로 증가하는 정도를 의미한다.

소비자가 일정 기간에 동일한 상품의 소비량을 증가시킬수록 한계효용은 점차 감소하는 것이 일반적이다. 이러한 현상을 한계효용체감의 법칙(law of diminishing marginal utility)이라고 한다. 연극, 영화, 잡지, 텔레비전 프로그램 등 대부분의 콘텐츠상품은 일회성 소비로 끝나는 것이 일반적인 현상이다. 이는 콘텐츠상품의 소비로 얻는 한계효용이 빠르게 감소하기 때문에 일어나는 것이므로 한계효용체감의 법칙이 적용된다. 예외적으로 어린이의 경우 동일한 콘텐츠를 여러 번 반복해서 보는 경우가 많다. 과거에 비디오테이프의 판매가 성행했던 시절에도 어린이용 비디오 판매는 비중이 높았는데 이는 어린이의 한계효용체감이 어른과는 달리 천천히 일어나는 것에 기인한다. 이러한 특성은 유튜브와 같은 동영상 시장에서도 나타난다. 어린이는 성인과 달리 동일한 콘텐츠를 반복적으로 시청을 하고 광고를 회피하는 정도가 낮기 때문에 동영상을 제공하는 사업자의 입장에서는 수익성을 높이기가 상대적으로 용이하다.

일반상품 자판기의 구조와 신문 자판기의 구조가 다른 것도 한계효용체감의 법칙에 의해 설명이 가능하다. 미국의 길거리에서 흔히 만나게 되는 신문 자판기는 간단한 개폐구조를 가지고 있고 동전을 넣으면 잠금장치가 풀려서 구매자가 스스로 신문을 마음대로 꺼내도록 되어있다. 이는 신문의 한계효용이 한 부의 신문을 본 후에는 0이 되기 때문에 구매자는 한 부를 초과하는 신문을 가져갈 동기가 없다. 반면에 일반적인 상품들의 한계효용은 체감하기는 하지만 신문처럼 급격하게 떨어지지는 않는다. 또한 신문과 달리 저장을 통해 나중에 소비할 수 있다. 따라서 일반상품의 자판기 구조가 복잡하고 구매자는 구매량만을 가져가게 되어 있다.[40]

## 2) 효용극대화

### (1) 무차별곡선

소비자에게 동일한 효용 수준을 가져다주는 상품 조합들을 나타내는 곡선을 무차별곡선이라고 한다. 〈그림 4-1〉에는 무차별곡선이 세 개로 나타나 있는데, $U_o$, $U_1$, $U_2$로 표시되어 있다. 무차별곡선은 다음과 같은 성질을 가지는 것으로 가정된다. 첫째, 무차별곡선은 우하향하는 모양을 가진다. 이는 재화 X를 더 소비하기 위해서는 재화 Y의 소비를 줄여야 한다는 것을 반영한다. 둘째, 무차별곡선은 원점에서 멀수록 효용수준이 높다. 〈그림 4-1〉에서 $U_2$는 $U_1$보다, $U_1$은 $U_o$보다 효용 수준이 높다. 셋째, 무차별곡선들은 서로 교차할 수 없다. 넷째, 무차별곡선은 원점에 대해 볼록하다. 이는 사람들이 두 재화의 극단적 조합보다 골고루 섞인 조합을 선호한다는 것을 가정한다.

### (2) 예산선

소비자는 소득과 상품의 가격에 의한 예산제약을 갖게 된다. 소비자는 예산제약의 범위 내에서 선택을 할 수 있다. 두 개의 재화($X$, $Y$)와 그 재화들에 대한 가격($P_X$, $P_Y$), 그리고 소득($I$)이 주어진 경우 예산제약은 다음과 같이 나타난다.

$$P_X X + P_Y Y = I \tag{4.1}$$

이러한 예산제약을 $Y$에 대해 정리하면 다음과 같다. $Y = -\frac{P_X}{P_Y}X + \frac{I}{P_Y}$.

이러한 예산선은 〈그림 4-1〉에 선분 모양으로 나타나 있다.

〈그림 4-1〉 효용극대화 조건

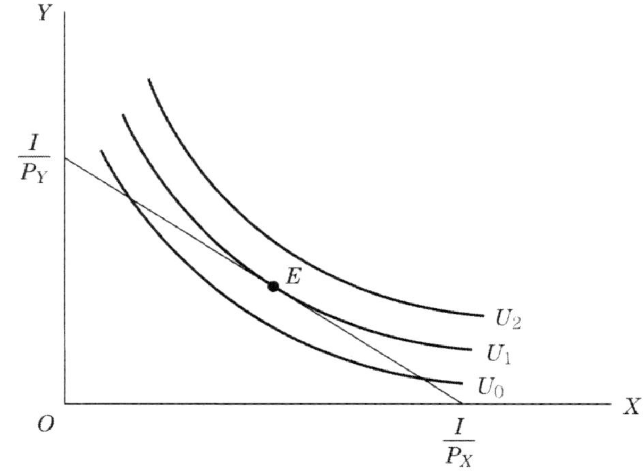

### (3) 효용극대화 조건

소비자의 효용극대화 조건은 예산선의 범위 내에서 가장 큰 효용을 가져다 주는 점을 선택하는 것이다. 그 점에서 예산선과 무차별곡선이 접하게 되고 예산선의 기울기와 무차별곡선의 기울기가 같아지고 소비자 균형이 이루어지게 된다. 소비자 균형점은 〈그림 4-1〉에 점 E로 나타나 있다. 이러한 소비자 균형점에 도달하려면 소비자가 각 재화의 마지막 단위에 지출한 금액의 한계효용이 같도록 만들어야 한다. 이러한 조건을 한계효용균등의 법칙(law of equi-marginal utility)이라고 한다. 두 가지 재화의 경우에 한계효용균등의 법칙은 다음과 같은 수식으로 표현된다.

$$\frac{MU_X}{P_X} = \frac{MU_Y}{P_Y} \tag{4.2}$$

## 3) 한계효용균등의 법칙

한계효용균등의 법칙을 쉽게 이해하기 위해서 여러 가지 상품의 가격이 동일하고 소비자는 상품들을 각각 하나씩 소비한다고 가정하자. 이 경우에 각각의 상품이 가진 한계효용이 같지 않다면 한계효용이 낮은 상품을 소비하는 대신 한계효용이 높은 다른 상품을 소비하는 것이 총효용을 높이는 것이다.

소비자가 예산제약($P_A \times Q_A + P_B \times Q_B + P_C \times Q_C = I$) 하에서 세 종류 재화(A, B, C)를 소비한다고 가정할 경우에 한계효용균등의 법칙은 다음과 같은 수식으로 표현된다.

$$MU_A/P_A = MU_B/P_B = MU_C/P_C \tag{4.3}$$

여기서 $MU_A$는 구매되는 상품 $A$의 마지막 단위에서 발생하는 한계효용이고, $P_A$는 상품 $A$의 가격이고, $Q_A$는 구매되는 상품 $A$의 단위 수다. 상품 $B$와 상품 $C$에 대해서도 동일한 해석이 적용된다.

예를 들어, 어떤 소비자가 영화 관람, 연극 관람, 카페에서 커피 마시기의 세 가지 상품에 일주일 용돈 6만원을 지출한다고 가정하자. 영화 입장권 가격이 만원, 연극 입장권 가격이 2만원, 커피가 5천 원이라고 가정하자. 〈표 4-1〉에 나타난 바와 같이 두 번째 영화 관람에서의 한계효용이 10이고, 첫 번째 연극 관람에서의 한계효용이 20이고, 네 번째 커피 마시기에서 한계효용이 5라고 가정하면 그 소비자는 영화, 연극, 커피에 대해 각각 2회, 1회, 4회의 소비를 통해 한계효용의 균등화를 이루게 된다. 즉 $MU_{영화}/P_{영화} = M_{연극}/P_{연극} = M_{커피}/P_{커피}$는 10/10,000 = 20/20,000 = 5/5,000이 된다.

〈표 4-1〉 각 상품의 한계효용

| 수량 또는 횟수 | 영화의 한계효용 | 연극의 한계효용 | 커피의 한계효용 |
|---|---|---|---|
| 1 | 15 | 20 | 8 |
| 2 | 10 | 15 | 7 |
| 3 | 8 | 10 | 6 |
| 4 | 6 | 5 | 5 |

한계효용에 대한 가격의 비율이 구입된 모든 재화에 대해 일치하지 않는다면, 한계효용이 낮은 재화에 대한 지출은 줄이고 그 금액으로 한계효용이 높은 재화에 대한 지출을 늘리는 것이 총효용을 높인다. 이러한 조정은 한계효용에 대한 가격의 비율이 모든 재화에 대해 일치하는 상태(균형 상태)에 이를 때까지 일어난다. 이러한 균형은 소비자의 선호와 예산 그리고 상품 가격에 변화가 없는 한 유지된다.

속담에는 '많아도 탈이요, 적어도 병이다'라는 말이 있고, 「논어」에는 지나친 것은 미치지 못하는 것과 같다는 뜻의 과유불급(過猶不及)이라는 말이 있다. 이러한 의미는 한계효용균등의 법칙과 맥락을 같이 한다.[17] 사람은 주어진 예산 내에서 여러 가지 재화를 소비할 때 각 재화에 대해 지출하는 화폐 한 단위가 모두 동일한 만족을 주는 선택을 하게 되면 효용을 극대화하게 된다. 이러한 원리는 사람들이 화폐뿐만 아니라 시간, 관심과 같은 희소한 자원을 여러 대안에 할당하는 경우에도 적용될 수 있다.

### 4) 가격효과

상품의 가격이 변하면 수요량도 변한다. 어떤 상품의 가격이 변해서 그 상품의 수요량에 생긴 변화를 가격효과(price effect)라고 한다. 가격효과는 두 가지 효과가 합쳐져서 나오게 된다. 하나는 대체효과(substitution effect)다. 어떤 상품의 가격이 변하면 두 상품 간의 상대가격이 변하는데, 이로 인해 수요량이 변화하는 것을 대체효과라고 한다. 예를 들어 극장 입장료가 인상되면 다른 여가 서비스에 비해 상대적으로 가격이 높아진 극장 영화에 대한 수요량이 감소하게 된다. 다른 하나는 소득효과(income effect)다. 어떤 상품의 가격이 변하면 소비자의 실질소득에 변화를 가져오는데, 이로 인해 수요량이 변화하는 것을 소득효과라고 한다. 예를 들어 극장입장료가 인상되면 소비자의 실질소득이 줄어서 극장영화에 대한 수요량이 감소하게 된다. 소득효과의 경우에는 해당 상품의 특성에 따라 효과의 방향이 달라진다. 정상재의 경우 실질소득이 증가하면 해당 상품의 수요량은 증가한다. 열등재의 경우 실질소득이 증가하면 해당 상품의 수요량은 감소한다. 따라서 열등재의 경우 대체효과와 소득효과가 반대 방향으로 작용한다.

## 2. 행동경제학과 전망이론

### 1) 신고전경제학과 행동경제학의 비교

행동경제학(behavioral economics)은 신고전경제학이 전제하는 합리성이 비현실적이라고 비판한다. 인간의 심리적 특성에 주목하는 행동경제학은 인간은 많은 행동에서 비합리적이고 체계적 오류에 빠지기 쉽다고 본다. 〈표 4-2〉에는 신고전경제학과 행동경제학의 차이가 설명되고 있다.

〈표 4-2〉 인간에 관한 가정에 있어서의 신고전경제학과 행동경제학의 차이점

| 주 제 | 신고전파 경제학 | 행동경제학 |
|---|---|---|
| 합리성 | 합리적이며 목적을 달성하기 위해 선택과 행동을 조정한다. | 제한적으로 합리적이며 목적을 달성할 수 있는 기회를 놓친다. |
| 선호의 안정성 | 선호는 안정적이며 주변 상황과 무관하게 불변이다. | 프레이밍 효과로 인해 선호는 불안정하며 일관성이 없을 때가 많다. |
| 지적 능력 | 정확하게 계산한다. | 어려운 계산을 피하려 한다. |
| 미래에 대한 평가능력 | 현재뿐 아니라 미래의 선택을 잘 평가한다. | 미래의 결과를 덜 중요시한다. |
| 의지력 | 유혹을 잘 이겨낸다. | 의지력이 약해 유혹에 빠진다. |
| 이기심 | 대부분 이기적이다. | 공평무사하고 관대한 편이다. |
| 공정성 | 공정성에 관심이 없다. | 공정성에 큰 관심을 갖는다. |

출처: McConnell et al. (2018). 일부 수정.

## 2) 인지의 이중시스템 이론

심리학 분야에서 널리 알려진 인지의 이중시스템 이론(dual system theories of cognition)에 따르면, 인간의 인지과정은 시스템 1과 시스템 2라는 두 가지로 구성되어 있다. 시스템 1은 빠르고, 자동적이고, 노력이 필요 없는 인지적 과정을 뜻한다. 반면에 시스템 2는 느리고, 연속적이고, 통제적인 인지적 과정을 뜻한다. 이러한 인지의 이중적 시스템에 대해 휴리스틱(heuristic) - 분석적(analytic), 휴리스틱 - 체계적, 암묵적 - 명시적, 연상적(associative) - 규칙 기반적(rule based) 등의 다양한 명칭이 부여되고 있다. 그러나 아직까지 두 시스템의 특성에 대한 일치된 합의가 이루어진 것은 아니다.[157]

신고전경제학은 완벽한 합리성을 전제로 시스템 2만을 인정한다. 반면에 행동경제학은 시스템 2뿐만 아니라 시스템 1의 존재에 근거하고 있다. 특히 시스템 1이 나타내는 휴리스틱에 관심을 크게 둔다. 휴리스틱이란 일상적인 문제들을 복잡한 계산 없이 신속하게 처리하기 위해서 두뇌의 에너지 소모를 줄이는 우회경로를 통한 어림짐작이다.[102,217]

많은 의사결정은 시스템 1의 휴리스틱에 의해 이루어진다. 그러나 문제는 이러한 휴리스틱이 여러 인지적 편향(cognitive bias)을 초래한다는 것이다. 인지

적 편향이란 체계적 오류를 초래하는 잘못된 인식이나 오해를 뜻한다. 특히 행동경제학은 의사결정과 관련된 휴리스틱과 인지적 편향에 주목하고 있다.[102,217]

## 3) 전망이론

신고전경제학의 기대효용이론에 따르면, 인간은 어떤 대안이 주는 효용과 그 대안이 일어날 확률에 의해 결정되는 기대효용이 가장 큰 방향으로 의사결정을 하는 합리적 존재이다. 그러나 현실적으로 이러한 합리성에 위배되는 사례들이 체계적으로 발견되면서 그 대안으로 행동경제학의 핵심이라고 할 수 있는 전망이론(prospect theory)이 제시된다.[193] 전망이론에 따르면, 인간은 의사결정 과정에 대안의 가치와 그 대안이 일어날 확률에 대해 주관적 판단을 하게 되므로 비합리적 의사결정을 하게 된다.

### (1) 의사결정 과정의 두 단계

전망이론은 두 가지 단계의 의사결정 과정을 제시한다. 첫 단계는 의사결정이 쉽게 처리될 수 있게 주어진 자료를 편집하는 단계이다. 이 단계에서는 준거점을 기준으로 이익과 손실을 인식하고 주어진 정보가 제시하는 가능한 결과나 발생 확률을 인지하기 쉽게 결합하거나 분리하고 또는 제거하여 주관적으로 인지한 값이 결정된다. 이러한 인지 과정에서 시스템 1의 영향을 받아, 휴리스틱의 이용에 따른 편향된 편집 결과를 도출할 수 있다. 두 번째 단계는 편집단계를 통해 인지된 자료를 바탕으로 주관적 확률의 가치를 평가하는 단계이다.

### (2) 가치함수의 특성

전망이론은 위험 상황 하에서 의사결정의 특성을 잘 보여주는 가치함수(value function)를 제시하고 있다. 가치함수에는 중요한 세 가지 특성(준거의존성, 민감도 체감성, 그리고 손실회피)이 반영되어 있다.

〈그림 4-2〉 가치함수

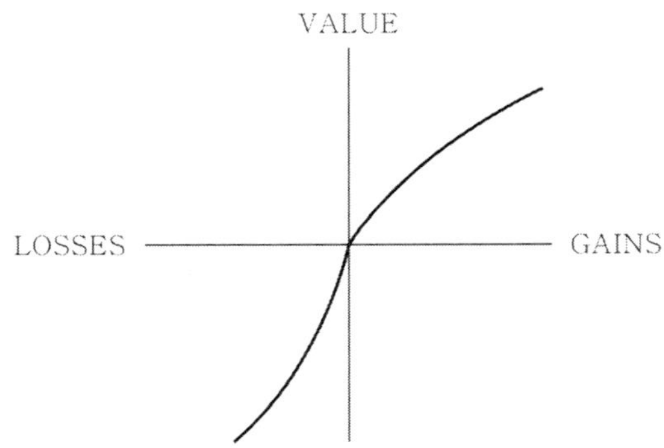


〈그림 4-2〉는 기준점(reference point)을 중심으로 오른쪽은 이득을, 왼쪽은 손실을 나타낸다. 수평선은 기준점을 중심으로 오른쪽으로 갈수록 이득이 높아지고 왼쪽으로 갈수록 손실이 높아지는 것을 나타낸다. 수직선은 가치를 나타내는데, 기준점을 중심으로 위로 갈수록 이득으로 인한 가치의 크기가 높아지고 아래로 갈수록 손실로 인해 상실되는 가치의 크기가 높아진다.

**① 준거의존성**

준거의존성(reference dependence)이란 가치를 부여하는 것이 기준점에 비해 이득 또는 손실이 어느 정도인가에 달려 있다는 것을 의미한다.[193,280] 준거점은 현재의 상태, 현재 가지고 있는 자산이나 소득, 오랜 기간 지불해 온 가격 등이 될 수 있다. 사람들은 이러한 준거점에 비추어 이득 또는 손실 여부를 따진다. 기대효용이론에서는 경제주체들은 의사결정을 할 때 절대적인 최종가치에 기준을 둔다고 가정한다. 반면에 전망이론에서는 경제주체들은 의사결정을 할 때 기준점을 근거로 이득 또는 손실 여부를 파악한다고 가정한다. 준거 의존성은 최종상태뿐만 아니라 준거점과 최종상태의 차이가 의사결정에 영향을 미친다는 것이다.

**② 민감도 체감성**

민감도 체감성(diminishing sensitivity)이란 손실이든 이득이든 그 크기가 증가할수록 그에 대한 사람들의 반응은 점차 둔화된다는 것이다. 예를 들면 2백만 원의 이득이 주는 즐거움이 백만 원의 이득이 주는 즐거움의 2배에 이르지 못한다는 것을 말한다. 마찬가지로 2백만 원의 손실이 주는 고통이 백간 원의 손실이 주는 고통의 2배에 이르지 못한다는 것을 말한다. 이러한 민감도 체감성은 가치함수가 이익 구간에서는 오목하고(concave), 손실 구간에서는 볼록한(convex) 모양을 갖는 것으로 표현된다.

### ③ 손실회피

손실회피(loss aversion)란 손실이 동일한 크기의 이득보다 크게 인식된다는 것이다.[193,280] 즉, 현재의 상태에서 동일한 크기의 손실 또는 이득이 발생하였을 때 손실로 인한 고통의 정도가 이득으로 인한 즐거움의 정도보다 크다는 것이다. 이러한 비대칭성으로 인해 어떤 이익에서 얻는 가치보다 동일한 크기의 손실에서 얻는 가치를 더욱 크게 인식하게 된다. 실험연구[280]에 따르면, 동일한 크기의 손실의 가치는 이익의 가치에 비해 약 2~2.5배 정도 크게 인식되는 것으로 나타났다. 또한 여가보다는 소득 측면에서 그리고 금액보다는 안전 측면에서 이러한 손실회피 성향이 더 강한 것으로 나타났다. 이러한 손실회피 성향은 가치함수가 이득 구간보다 손실 구간에서 더 가파른 기울기를 보이는 것으로 표현되는 반면 신고전경제학의 기대효용이론에서 포착되지 않는다. 왜냐하면 기대효용이론에서 가정하는 합리적 인간은 편향적 사고를 하지 않아 동일한 크기의 손실과 이득은 대칭적으로 판단하기 때문이다.

신고전경제학의 기대효용이론에 대응되는 것이 행동경제학의 전망이론이다. 2개의 대안$(x, y)$과 그 대안이 각각 일어날 확률$(p, q)$이 주어진 경우 전망이론에서 가치는 다음과 같은 식으로 표현된다.

$$V[x, p; y, q] = \pi(p)v(x) + \pi(q)v(y) \tag{4.4}$$

여기서 $V$는 가치, $v(.)$는 가치함수, $\pi(.)$는 확률의 결정가중치를 나타낸다. 전망이론은 기대효용이론의 기대효용을 가치 $V$로 변형하고, 효용함수를 가치함수 $v(.)$로 변형하고, 확률 $p$를 결정가중치 $\pi(.)$로 변형했다.[102] 전망이론에 따르면 시스템 1의 인지적 특성에 따라 확률이 그 자체로 인식되지 않고 결정가중치로 변형된다. 결정가중치는 어떤 사건에 대해 주관적으로 인지된 가능성을 반영하면서 그 사건이 대안(전망)에 미치는 효과도 반영한다.[193] 특히 낮은 확률에 대한 결정가중치는 그 확률보다 큰 반면, 중간이나 높은 확률에 대한 결정가중치는 그 확률보다 작다.[279]

#### (4) 누적전망이론

1979년에 발표된 전망이론이 대안의 확률이 알려진 위험 하에서 선택하는 경우에는 적용이 가능하다. 그러나 전망이론은 확률을 모르는 불확실성 하에서 선택하는 경우와 대안의 수가 많은 위험성 하에서 선택하는 경우에는 사용할 수가 없다는 한계점이 제기되어 이를 보완한 누적전망이론(cumulative prospect theory)이 제시되었다.[281] 누적전망이론은 확률이 높고 낮은 상황과 이득과 손실을 구분하여 위험에 대한 태도를 분석하였다. 이에 따르면 사람들은 확률이 높은 이득 상황에서는 위험회피(risk aversion), 확률이 높은 손실 상황에서는 위험추구(risk seeking), 확률이 낮은 이득 상황에서는 위험추구, 확률이 낮은 손실 상황에서는 위험회피 성향을 보인다.

### 4) 전망이론의 적용

전망이론은 신고전경제학의 선택이론에서 모순으로 간주된 여러 특이현상(anomalies)을 설명할 수 있는 이론적 토대가 된다. 특히 다음과 같은 현상에 대한 이해를 하는데 있어서 전망이론은 크게 도움이 된다.

#### (1) 보유효과

사람들은 어떤 재화를 포기하는데 수반되는 금액을 그것을 얻기 위해 지불하고자 하는 금액보다 높게 요구한다. 이를 보유효과(endowment effect)라고 한다.[273] 보유효과는 지불할 의사(willingness to pay)와 수용할 의사(willingness to accept)의 차이로 나타난다. 지불할 의사는 재화를 살 때 최대로 지불하려는 금액이다. 수용할 의사는 재화를 팔 때 받으려는 최소한의 금액이다. 수용할 의사가 지불할 의사보다 높다는 것은 보유효과를 의미한다. 보유효과의 사례로 머그잔에 대해 지불할 의사를 묻고 이것을 나누어준 뒤 얼마

있다가 수용할 의사를 물었던 실험 연구에서 수용할 의사(중앙값)는 지불할 의사(중앙값)의 약 두 배에 해당하는 것으로 나타났다.[191] 보유효과는 손실회피에 기인한다. 소유한 것을 판매로 상실하게 되면 이를 잠재적 손실로 여기게 되어 상실에 대한 보다 높은 보상을 요구하게 되는 것이다. 즉 보유효과는 소유한 것의 매력을 높이는 것이 아니라 소유한 것을 포기하는 고통을 크게 하는 것이다.[192]

### (2) 현상유지 편향

대부분의 의사결정 상태에서 아무것도 하지 않는 것, 현재나 과거의 결정을 유지하는 것 등과 같은 현상유지의 대안이 제시된다.[256] 현상유지 편향(status quo bias)이란 이러한 현상유지의 대안을 선호하는 것을 말한다. 현상유지 편향은 경제주체가 잘 정의된 선호체계에 따라서 가장 효용을 높이는 대안을 선택할 것이라는 신고전경제학에 부합하지 않는다.

현상유지 편향의 사례로 장기기증 동의 여부가 기본선택(default)에 달려있다는 것을 들 수 있다. 유럽의 11개국을 조사한 결과, 장기기증 동의율이 높은 국가들에서는 장기기증 의사를 물을 때 제시된 기본선택은 기증하는 것이었다. 따라서 기증하고 싶지 않은 경우에는 별도로 기증을 원하지 않는다는 문항에 표시를 해야 했다. 반면에 장기기증 동의율이 낮은 국가들에서는 장기기증 의사를 물을 때 제시된 기본선택은 기증을 하지 않는 것이었다. 이러한 사례는 대부분의 사람들이 기본선택에 순응하는 성향을 보이기 때문에 기본선택을 무엇으로 결정하느냐에 따라 의사결정에 차이가 발생한다는 것을 보여준다.[189]

실험연구[207]에 따르면 소비자들로 하여금 피자를 선택하는데 있어서 두 가지 방식을 사용했다. 하나는 12가지 재료가 모두 있는 피자를 기본선택으로 한 다음 원하지 않는 재료를 빼면서 그에 상응하는 가격을 차감하는 방식이다. 다른 하나는 아무런 재료가 없는 피자를 기본선택으로 한 다음 12가지 재료 중에서 원하는 재료를 추가하면서 그에 상응하는 가격을 추가하는 방식이다. 두 가지 방식을 비교한 결과는 후자에 비해 전자에서 더 많은 재료가 놓인 피자가 선택되었다. 이러한 결과는 기본선택의 구속력을 나타내는 현상유지 편향을 보여준다. 처음 제시되는 기본선택이 의사결정에 중요한 영향을 미치는 이유는 기본선택이 일종의 기준점이 되고 그 기준점에서 추가되는 것들은 이득으로 여겨지고 빼는 것들은 손실로 여겨지기 때문이다. 그리고 손실에 대한 반응이 이득에 대한 반응보다 크다는 손실회피가 작용하게 된다. 즉, 현상유지 편향은 손실회피에 기인한다.

현상유지 편향을 활용한 마케팅 전략의 예를 들자면, 통신회사들은 할인율을 높여주는 대신 부가서비스를 무료로 일정 기간 사용한 후에 해지하도록 하고 있다. 이러한 경우 무료 사용기간이 끝난 후에 고객들의 해지로 이어지는 경우는 매우 낮은 것으로 알려지고 있다. 즉, 계속 부가서비스를 사용하는 것이 현상유지로 작용하여 기업의 매출을 올리게 된 것이다.[81]

규제기관은 기본선택의 설계에 개입하여 사회적 비용을 줄일 수 있다. 예를 들면, 인터넷 사이트에서 이메일로 광고 받아보기나 개인정보 이용하기 등을 기본선택으로 설계하면 인터넷이용자는 그러한 기본선택에 순응하기 쉽다. 이런 경우에 규제기관은 기본선택의 설계에서 이용자의 피해가 발생하지 않도록 규정을 두어야 한다.[21] 또한 유료 방송 서비스나 통신 서비스를 가입할 때 약관 조항이나 가입서의 기본선택에 관한 규제를 통해 이용자의 잠재적 손실을 방지할 수 있을 것이다.

현상유지 편향은 여러 경제적 현상에 함의를 제공한다. 예를 들면, 소비자의 탐색행위가 최적 탐색행위에 미치지 못할 수 있는 가능성, 가격이 시장에서 수요공급에 따라 민첩하게 움직이지 않아서 자원배분이 원활하지 않을 가능성, 소비자의 브랜드 선택에 있어서의 관성, 공공정책을 변경하는데 있어서의 어려움 등을 들 수 있다.[256]

### (3) 프레이밍 효과

신고전경제학은 선택 상황이 그 상황에 대한 서술이나 제시의 방식과는 무관하게 객관적으로 주어져 있다고 본다. 그러나 행동경제학은 그런 불변성(invariance)을 부정한다. 특히 현실적으로 나타나는 프레이밍 효과(framing effect)에서 불변성이 성립되지 않는다는 것이 명확하게 드러난다. 프레이밍 효과란 동일한 내용이지만 여러 측면 중에서 어떤 측면을 상대적으로 부각시키는가에 따라 선택이 달라지는 것이다.[190]

동일한 내용이지만 서술 방식에 따라 선택이 달라지는 프레이밍 효과는 다음과 같은 실험연구에서 잘 드러난다. 600명을 죽일 것으로 예상되는 질병이 발생했다고 가정하자. 이러한 질병에 대처하는 대안적인 프로그램이 제안되었는데 문제 1에서는 다음과 같은 방식으로 제시되었다. (A) 프로그램 A가 채택되면 200명은 살 것이다. (B) 프로그램 B가 채택되면 600명이 살 확률은 1/3이고 누구도 살지 못할 확률은 2/3이다. 문제 1의 이러한 두 가지 프레이밍에서는 대다수가 프로그램 A를 선택했다. 즉 위험회피(risk aversion) 대안을 택한 것이다. 동일한 내용으로 기대치가 같지만 200명을 확실하게 살리는 전망이 위험한 전망보다 더욱 매력적인 것으로 해석된 것이다.

문제 2에서는 다음과 같은 방식으로 제시되었다. (C) 프로그램 C가 채택되면 400명이 죽을 것이다. (D) 프로그램 D가 채택되면 아무도 죽지 않을 확률이 1/3이고 600명이 죽을 확률이 2/3이다. 문제 2에서는 대다수가 D를 선택했다. 즉 위험추구(risk seeking) 대안을 선택했다. 전반적으로 이득을 내포하는 선택 상황에서는 위험 회피가 나타나고 손실을 내포하는 선택 상황에서는 위험 추구가 나타난다. 그러나 문제 1과 문제 2는 실질적으로 동일한 내용이다. 오직 차이가 있다면 문제 1에서는 결과가 이득(살리는 사람의 수)으로 서술되었고, 문제 2에서는 손실(죽는 사람의 수)로 서술되었다. 이러한 사례는 프레이밍의 차이 또는 서술 방식의 차이가 선택을 위험회피에서 위험추구로 바뀌게 한 것을 보여준다.[278,190]

프레이밍 효과를 보다 넓게 보면 맥락에 따른 효과로 볼 수 있다. 선택의 맥락은 선택주체의 편집과 인지, 선택대안들의 범위와 구성, 선택상황에 대한 서술방식, 선택주체들이 모여 이루는 선택의 배경 등으로 결정된다. 행동경제학에서 맥락은 두 가지로 구분될 수 있다. 하나는 주요 대안들이 형성하는 좁은 의미의 맥락이다. 다른 하나는 분위기 등 선택 상황 전체가 형성하는 넓은 의미의 맥락이다.[102]

동일한 요금체계도 프레이밍에 따라 선택이 달라진다. 예를 들면, 동일한 요금체계라도 '현금지불에 대한 할인'으로 표현하느냐 아니면 '카드지불에 대한 할증'으로 표현하느냐에 따라 선택이 달라질 수 있다. 현금지불에 대한 할인은 카드지불을 준거점으로 삼아서 현금지불에 이득이 생긴다고 이해시킨다. 반면에 카드지불에 대한 할증은 현금지불을 준거점으로 삼아서 카드지불에 손실이 생긴다고 이해시킨다. 전망이론에 따르면 이익의 획득보다 손실을 회피하려는 성향이 더 강하다. 따라서 소비자는 카드지불에 대한 할증이라는 표현 방식에서 손실회피를 의미하는 현금지불을 선택할 가능성이 더 높다.[273,194,102]

행동경제학에 의하면 동일한 대안들이라도 동시에 제시되는가 또는 순차적으로 제시되는가에 따라 선택이 달라질 수 있다. 사람들은 주말에 감상할 영화들을 선택하는 상황에서 대안들을 순차적으로 제시할 때보다 동시에 제시할 때 유익한 영화들을 더 많이 선택하였다. 일반적으로 동시적인 선택 상황에서는 신고전경제학의 효용극대화가 타당한 반면 순차적인 선택상황에서는 사이먼(H. Simon)이 내세운 제한된 합리성(bounded rationality)을 전제로 하는 만족화(satisficing) 모형이 더 타당하다. 만족화란 미래의 대안들과 가능성에 대해 잘 알지 못하므로 모든 대안을 탐색하여 최적의 대안을 선택하는 대신에 가능한 대안만을 순차적으로 탐색하고 각 개인이 만족할만한 대안이 나오면 그것을 선택하고 더 이상 대안을 탐색하지 않는다는 것이다.[102]

판매촉진(promotion)의 경우에도 프레이밍 효과는 중요한 시사점을 준다. 예를 들면, 동일한 내용을 가진 두 가지 종류의 가격 프레이밍인 '하나를 사면 다른 하나는 공짜(Buy one, get one free)'와 '두 개를 사면 50% 할인(Buy two, get 50% off)'에 대해 소비자는 다르게 인지할 수 있다. 실험연구에서 전자가 후자에 비해 소비자에게 보다 높은 거래 가치를 주는 것으로 인지되었다는 결과가 나왔다. 그 이유는 전자에 대해서는 소비자가 이득(gain)으로 인지하는 반면 후자에 대해서는 줄어든 손실(reduced loss)로 인지하기 때문이다. 또한 전자는 공짜(free)라는 단어의 사용을 통해 추가적으로 상품을 얻는 이득을 분명하게 서술하는 반면 후자는 이득을 제시하는 대신에 가격할인을 받기 위해 두 개의 상품을 사야 한다고 강요하기 때문이다.[265]

평균 연봉이 동일하다는 가정 하에 두 가지 임금체계가 있다고 하자. 하나는 매년 상승하는 임금 체계이고 다른 하나는 매년 하락하는 임금 체계이다. 인간의 합리성을 가정한다면 후자가 선택된다. 왜냐하면 돈의 가치는 시간이 갈수록 떨어지므로 초기에 큰 금액을 얻는 것이 유리하기 때문이다. 그러나 대부분의 사람은 전자를 선택한다. 왜냐하면 사람들은 효용이 증가하는 추세를 선호하기 때문이다.[248,144] 유사한 맥락에서 프로모션에서 혜택의 제공 순서를 어떻게 하느냐에 따라 소비자의 선호가 달라지기도 한다. 예를 들면, 디지털 음원 서비스의 구매자에게 추가로 한 달을 무료로 제공하여 총 두 달을 쓰게 하는 프로모션에서 첫 달을 무료로 제공하는 것과 두 번째 달을 무료로 제공하는 것 중에서 후자가 매력도를 더 높이는 것으로 나타났다. 이러한 결과는 사람들이 손실회피로 인해 향상 추세 프레임을 하락 추세 프레임보다 선호하는 것에 기인한다.[4]

커뮤니케이션 연구 분야에서 프레이밍 효과 연구는 커뮤니케이션 메시지가 현실의 특정 부분을 선택적으로 강조함으로써 개인의 인지, 태도, 행동에 영향을 미치는 결과에 초점을 맞춘다. 주로 실험설계를 통해서 메시지의 이득/손실 프레임을 독립변수로 삼아서 메시지 수용자의 인지, 태도, 행동 등에 미치는 효과를 검증하는데 중점을 두고 있다. 그러나 프레이밍 효과 연구는 프레이밍 연구의 일부이다. 프레이밍 연구에는 프레임의 유형과 차이를 분석하는 연구도 있으며 프레임의 결정요인을 분석하는 연구도 있다.[21]

헬스 커뮤니케이션 분야에서는 전망이론에 근거한 이득 프레임과 손실 프레임에 대한 연구가 축적되고 있다. 예를 들면, 이득 프레임의 메시지는 질병의 발생을 예방하는 행동들을 겨냥할 때 보다 효과적이지만 손실 프레임의 메시지는 질병의 존재를 검진하는 행동들을 겨냥할 때 보다 효과적이라고 주장하는 연구가 있다.[255] 이와는 달리 메시지 내용의 기억과 생각 등을 포함하는 메시지 몰입에 있어서 오히려 이득 프레임이 손실 프레임보다 효과적이었다는 연구결과도 존재한다.[234]

### 5) 휴리스틱 편향

인간의 휴리스틱은 경제적이고 효과적이지만 체계적인 오류로 이끈다. 불확실성 하에서 확률이나 예측치를 추정하는데 있어서 나타나는 휴리스틱 편향의 유형은 다음과 같다.

#### (1) 대표성 휴리스틱

어떤 사물 A가 범주 B에 속할 확률은 얼마인가 또는 과정 B가 사건 A를 초래할 확률은 얼마인가 등과 같은 확률과 관련된 질문을 생각해 보자. 이와 같이 확률과 관련된 질문에 대한 응답에서 사람들은 대표성 휴리스틱(representativeness heuristic)에 의존한다. 대표성 휴리스틱이란 A가 B와 유사한 정도 또는 A가 B를 대표하는 정도에 의해 확률을 평가하는 것을 뜻한다.

사람들이 어떤 사건이 일어날 확률이나 어떤 대상이 특정 범주에 속할 확률을 추정할 때, 실제 자료에 근거하는 것이 아니라 그 사건이나 대상이 모집단을 얼마나 대표하는가 또는 모집단과 얼마나 유사한가를 가지고 확률을 추정하는 것이다. 사람들이 대표성에 의존하게 되면 잘못된 판단에 이르기 쉽다. 왜냐하면 어떤 대상이나 사건이 대표적이라는 것은 확률이 높다는 것을 의미하지는 않기 때문이다. 예를 들어 보자. 미국은 신생아의 남녀비율이 50 대 50이다. 큰 병원과 작은 병원이 각각 일 년 동안 60 퍼센트 이상의 신생아가 남자로 태어난 날을 기록하여 그 일수를 기록하였다고 하자. 이 경우에 그 일수가 큰 병원과 작은 병원에서 같을 것이라고 한 응답이 다수를 차지했다. 이러한 응답은 큰 병원이 표본크기가 더 크기 때문에 미국 전체 모집단의 특성을 잘 반영한다는 기본 원리와 어긋난다. 즉, 대표성 휴리스틱에 의존한 편향된 응답이 나온 것이다.[277]

#### (2) 가용성 휴리스틱

가용성 휴리스틱(availability heuristic)이란 어떤 사건의 발생 확률 또는 빈도를 객관적 사실에 근거하여 평가하는 것이 아니라 유사한 사건이 얼마나 쉽게 기억되는가에 의해 평가하는 것을 말한다. 가용성을 결정하는 요소로는 익숙함(familiarity)과 현저성(salience)이 있다.[277] 어떤 사건이 익숙할수록 가용성이 높아진다. 사람들은 자주 접하는 사건이 그렇지 않은 사건보다 발생 가능성이 높다고 생각하기 쉽다. 미디어가 자주 다룬 사건일수록 실제보다 해당 사건이 많이 일어나는 것으로 생각하기 쉽다. 그리고 어떤 사건이 크게 부각되면 그 사건을 쉽게 기억에서 떠올린다. 예를 들면, 직접 목격한 화재가 신문 기사에서 나온 화재에 비해 현저성이 높아서 보다 쉽게 기억에서 떠오른다.

세 글자 이상의 영어단어 중에서 첫 번째 글자가 r인 단어와 세 번째 글자가 r인 단어 중 어느 것이 더 많은가를 묻는 실험에서 대다수는 첫 번째 글자가 r인 단어가 더 많다고 응답을 했다. 그 이유는 첫 번째 글자로 단어를 탐색하는 것이 보다 쉽게 떠오르기 때문이다. 그러나 실제로는 세 번째 글자가 r인 단어가 더 많다. 이러한 결과는 어떤 경우가 더 쉽게 생각나느냐에 의해 빈도를 추정한 것에 기인한다. 따라서 가용성 휴리스틱에 의한 편향을 보여준다.[277] 가용성 휴리스틱 때문에 실제 발생확률은 낮지만 쉽게 떠오르는 위험에 대해서는 지나치게 대비를 하는 반면, 실제 발생확률은 높지만 잘 떠오르지 않는 위험에 대해서는 소홀하게 대비한다.[217]

### (3) 닻내림 휴리스틱

많은 경우에 사람들은 초기 값으로부터 조정을 한 후에 최종치의 추정을 하게 된다. 초기 값 또는 출발점은 최종 추정치에 영향을 준다. 이와 같이 최종 추정치가 출발점에 편향되어 있는 현상을 닻내림(anchoring)이라고 한다. 이는 닻으로 인해 배가 닻의 주변에 머무는 것처럼 사람도 출발점에 얽매이는 편향을 표현한 것이다. 한 실험연구에서 실험참가자들은 1부터 100 중에서 무작위로 받은 숫자가 유엔에 가입한 아프리카 국가의 비율(퍼센트)보다 큰지 작은지 추측해 보라는 질문을 받았다. 대체로 응답자들은 실제 비율과는 무관하게 자신이 무작위로 받은 숫자에 근접한 비율을 추정하였다. 이러한 결과는 관련 정보가 없는 상황에서 초기에 임의로 주어진 숫자가 닻(기준)의 역할을 했다는 것을 보여준다.[277] 이러한 실험결과는 닻내림 효과를 나타내는 대표적 사례로 인용되고 있다.

8×7×6×5×4×3×2×1과 1×2×3×4×5×6×7×8은 동일한 값이다. 그러나 이러한 식을 보여주고 5초 내에 답하라고 요구를 받은 경우에 대다수 사람들은 전자가 후자보다 크다고 대답하였다. 사람들이 전자에서는 처음에 등장하는 큰 숫자들에 적응이 되어 뒤에 줄어드는 숫자를 보고도 충분히 조정하지 못한 반면 후자에서는 작은 숫자에 적응이 되어 나중의 숫자에 충분히 조정하지 못하게 된 것이다. 이러한 실험결과도 닻내림 효과를 반영한 것이다.[277]

사람들이 초기 값 또는 출발점의 영향을 받는다면 투표에서 처음 제시되는 후보자가 유리할 수 있다. 이러한 논리에 근거하여 1975년 이후 미국의 캘리포니아 선거법은 알파벳 순서로 후보자들을 제시하는 것을 금지하고 추첨에 의해 무작위로 후보자들의 순서를 정하고 있다. 실제 선거의 투표를 분석한 결과에 따르면, 소속 정당을 드러내지 않는 선거(nonpartisan election)에서 처음 제시되는 후보가 3% 포인트 정도 유리한 것으로 나타나기도 했다.[176]

닻내림 효과가 시사하는 것은 출발점의 중요성이다. 이는 미디어상품의 판매와 관련하여 중요한 시사점을 준다. 사람들은 VOD를 통해 유료 영화를 선택하는 경우가 많다. 이러한 경우에 TV 화면에서 높은 가격의 영화들을 먼저 배치하게 되면 이러한 영화들이 시청자의 출발점으로 작용한다. 그 이후에 배치되는 낮은 가격의 영화들은 보다 저렴하게 느껴지게 되어 구매를 보다 더 유도할 수 있다. 지금까지 설명한 휴리스틱 편향에 대한 이해는 소비자로 하여금 불확실한 상황에서의 판단과 의사결정을 개선시킬 수 있다. 또한 기업도 휴리스틱 편향을 이용하면 소비자의 선호에 부응하는 기업의 전략을 설계할 수 있다.

# 3. 가치이론

## 1) 경제학에서의 가치이론

아담 스미스(A. Smith)는 재화의 사용가치와 교환가치를 구분하였다. 사용가치는 어떤 재화가 인간의 욕구를 충족시키는 유용성이며, 교환가치는 서로 다른 재화들 간의 교환비율이다. 그는 사용가치가 작은 다이아몬드의 교환가치는 큰 반면 사용가치가 큰 물의 교환가치는 작다는 가치의 역설(paradox of value)을 제기했다. 가치의 역설에 대한 해답은 19세기 말에 '한계'라는 개념이 도입되면서 풀리게 된다. 즉 가격은 총 효용에 의해서 결정되는 것이 아니라 한계 효용에 의해서 결정된다는 것이다. 아주 희소한 다이아몬드는 마지막 단위를 구입할 때 한계효용은 아주 크게 되어 가격이 비싸지만 공급이 충분한 물은 한계효용이 작아서 가격이 낮다는 것이다.

불완전 경쟁 시장, 불완전 정보 등으로 인해 시장에서 가격 왜곡이 일어날 뿐만 아니라 가격은 구매자에 의해 향유되는 소비자 잉여를 반영하지 않는다. 가격은 가치에 대한 하나의 지표는 될 수 있지만 가치의 직접적인 척도는 아니다. 따라서 가격이론이 가치이론을 대신할 수 없다.[275]

## 2) 문화상품의 경제적 가치

문화상품에 대해서는 시장가격이 존재하는 사유재로서의 문화상품과 그 가격을 관찰할 수 없는 공공재로서의 문화상품을 구별해야 한다. 시장가격이 존재하는 문화상품의 경우에도 가격이 가치의 진정한 척도로 역할을 하는 능력은 매우 제한적이다. 왜냐하면 수요 측면에서 문화상품의 소비는 현재의 만족뿐만 아니라 미래 소비를 위한 상품에 대한 지식 및 경험 축적에 기여하는 과정으로 볼 수 있기 때문이다. 공급 측면에서는 창조적인 예술가와 같은 문화상품의 생산자는 이윤극대화를 추구하지 않을 수도 있기 때문이다. 또한 문화상품의 생산과 소비에는 외부성이 존재하기 때문이다.[275]

### 3) 문화상품의 문화적 가치

트로스비(D. Throsby)에 따르면, 개인의 효용과 가격으로 문화의 가치를 논하는 것은 적절하지 않다. 즉 경제적 가치와 문화적 가치는 별개의 개념이라는 것이다. 어떤 작품에 대한 문화적 가치는 그 작품에 대한 소비자의 반응과는 독립적으로 존재한다는 것이다. 그는 문화적 가치를 미학적 가치, 정신적 가치, 사회적 가치, 역사적 가치, 상징적 가치, 진품으로서의 가치 등 여러 요소로 구분하였다.[275]

### 4) 문화상품의 소비

문화상품의 소비는 시간이 걸리는 행위이다. 그리고 문화상품의 소비에는 그것을 소비하는 개인의 향유능력과 시간의 기회비용이 영향을 미친다. 여기서 향유능력이란 문화상품으로부터 유용물을 만들어내는 능력이다. 유용물은 재화 자체가 아니라 재화의 사용에서 오는 것으로 식품인 경우에는 맛이 될 수 있고, 악기인 경우에는 연주하는 즐거움이 될 수 있다. 이러한 논리적 근거를 가지고 실시한 실증적 연구의 결과는 다음과 같다. 첫째, 시간의 기회비용이 낮은 사람일수록 문화상품의 소비가 높다. 둘째, 교육 수준이 높을수록 문화상품의 향유능력이 높으므로 교육 수준이 높은 사람일수록 문화상품의 소비가 크다. 셋째, 젊을수록 문화상품의 소비가 높다. 문화상품의 소비는 두 가지 측면이 있다. 하나는 소비 자체로부터 효용을 얻는 현재의 소비라는 측면이 있다. 다른 하나는 소비를 통해서 향유능력을 높임으로써 미래에 문화상품으로부터 보다 많은 유용물을 만들어낼 수 있다는 의미에서 미래에 대한 투자의 측면이 있다. 동일한 문화상품의 소비라도 젊은 층일수록 투자의 측면이 중요한 의미를 갖게 된다.

왜냐하면 젊을수록 미래의 보다 긴 기간에 걸쳐 문화상품의 소비에서 보다 많은 효용을 얻을 수 있기 때문이다.[31]

어떤 시점에서 상품 소비로부터 얻게 되는 효용은 그 이전의 소비 수준과 무관하다고 간주된다. 그러나 문화상품의 경우는 다르다. 문화상품의 소비는 소비기간에 효용을 제공할 뿐만 아니라 해당 상품에 대한 지식과 경험의 축적을 통해 소비자의 기호를 변화시킬 수 있다. 예를 들면, 프로그램 시리즈의 시청자는 시청 횟수가 늘면서 등장인물, 사회문화적 배경 등에 대한 지식이 축적되므로 시리즈에 대한 그의 미래 시청은 더 높은 효용을 줄 수 있다. 문화상품의 현재 소비가 개인의 기호를 변화시킨다면, 현재 소비는 미래 소비의 효용을 높일 수 있다. 이는 문화상품에 대한 수요곡선을 오른쪽으로 이동시키는 요인이 된다. 이런 의미에서 미디어상품의 소비는 이월 효과를 초래할 수 있다.[181] 미국 이외의 국가에서 미국영화에 대한 오랜 노출은 미국영화에 대한 이해력을 높임으로써 미국영화에 대한 문화적 할인율을 낮추게 하였다.[182] 이러한 현상도 미국영화에 대한 수요곡선을 오른쪽으로 이동시킨다.

## 4. 탐색재, 경험재, 신용재

### 1) 상품의 유형

상품의 속성을 소비자가 얼마나 용이하게 판단할 수 있는가에 따라서 상품을 탐색재(search goods), 경험재(experience goods), 신용재(credence gooods)의 세 유형으로 분류할 수 있다. 탐색재는 소비자가 소비 이전에 상품의 주요 속성에 관한 충분한 정보를 탐색 행위로 얻을 수 있는 상품으로 정의된다.[227,228] 예를 들면, 표준화된 공산품을 들 수 있다. 이러한 상품의 속성에 관한 정보는 광고나 탐색을 통해 용이하게 평가할 수 있다.

경험재는 소비자가 소비 이전에는 상품의 주요 속성에 관한 충분한 정보를 알 수 없거나 또는 주요 속성에 관한 정보 탐색에 비용이 많이 드는 상품으로 정의 된다.[227,228] 예를 들면, 신문, 영화, 텔레비전 프로그램 등의 콘텐츠상품을 들 수 있다. 이러한 콘텐츠상품은 일회성 소비로 끝나는 경우가 일반적이므로 소비자의 입장에서는 새로운 상품이고 사전에 경험하기 어려운 특성을 갖는다.

신용재 또는 신뢰재는 소비자가 소비 이후에도 상품의 주요 속성에 관한 충분한 정보를 알 수 없다.[141] 이는 소비자가 상품의 주요 속성을 판단하는데 필요한 전문지식이 결여되어 있거나 판단에 필요한 정보를 얻는 비용이 너무 크기 때문에 일어난다.[160] 고급공연예술도 그 속성을 평가하는 데 있어서 전문성이 필요하므로 신용재에 해당한다. 배우, 탤런트, 가수 등에 대한 에이전트 서비스도 신용재에 해당한다. 이들의 성공 여부에는 에이전트의 서비스 외에도 여러 요인이 작용할 뿐만 아니라 배우가 에이전트의 능력에 대해 평가하기 어렵기 때문이다.[181] 신용재의 경우 소비자와 공급자 간에 정보의 비대칭이 일어난다. 즉, 공급자는 해당 상품에 대해 잘 아는 반면 소비자는 상대적으로 정보가 부족하다. 이러한 정보의 비대칭은 공급자의 도덕적 해이를 초래하여 부당한 가격이나 부적절한 서비스를 가져올 수 있다.[147]

### 2) 상품 유형에 따른 광고 신뢰도

대체로 탐색재는 유형의 재화일 가능성이 큰 반면에 경험재 또는 신용재는 무형의 서비스일 가능성이 크다. 소비자의 광고에 대한 신뢰도가 탐색재, 경험재, 신용재 속성에 따라 달라지는지를 검증한 연구[161]에 따르면, 소비자들은 신용재보다는 경험재의 광고에 대한 신뢰가 높았으며, 경험재의 광고보다는 탐색재의 광고에 신뢰도가 높았다. 이러한 결과는 소비자가 광고에서 제시되는 탐색재 속성에 비해 경험재 속성에 대해 보다 회의적이고 광고에서 제시되는 객관적 정보에 비해 주관적 정보에 대해 보다 회의적이라는 가설[227]과 일치한다.

### 3) 상품 유형에 따른 전략

상품 유형은 공급자의 전략을 결정하는데 있어서 고려 사항이 된다. 탐색재의 경우 기업에게는 비용우위 전략(cost-leadership strategy)이 적합하다. 탐색재의 경우 소비자가 구매 이전에 대체재 간의 비교가 용이하기 때문이다. 따라서 탐색재의 경우 기업이 비용우위 전략을 취하면 주어진 가격에서 더 높은 이윤을 얻게 되고 가격 경쟁에서도 유리해진다. 경험재의 경우 기업에게는 상품차별화 전략이 적합하다. 상품차별화의 목표는 경쟁 상품과는 차별화되면서 소비자에게는 가격보다 큰 가치를 주는 속성을 제공하는 것이다. 신용재의 경우 기업에게는 평판 구축을 통한 상품차별화가 적합하다.[181]

### 4) 상품 유형의 변화

정보경제학에 따르면, 소비자는 정보탐색의 한계비용이 정보탐색의 한계편익과 동일할 때까지 상품에 대한 정보를 탐색한다. 여기서 탐색의 비용은 탐색에 소요되는 돈과 시간 등을 포함한다. 탐색의 편익은 기존에 고려했던 상품을 대체할 수 있는 우월한 상품을 찾을 가능성, 그리고 열등한 상품을 고려상품군에서 제거함으로써 얻는 위험의 감소를 포함한다.

클라인(Klein)의 상호작용 모형에 따르면, 미디어의 속성(정보 표현의 포맷, 맞춤화 정도, 상호작용성, 신뢰성, 사용자의 통제가능성 등)과 소비자의 특성(상품에 대한 경험 수준, 상품에 대한 지식, 시간의 기회비용, 쇼핑에 대한 태도 등)은 상품의 속성(탐색재 대 경험재)에 영향을 미친다. 이어서 상품의 속성은 탐색의 비용과 편익에 영향을 미친다. 그 다음에 탐색의 비용과 편익은 탐색행위에 영향을 미치고 탐색행위는 구매행위에 영향을 미친다. 상품의 속성에 관한 정보가 구매 이전에 용이하게 제공될 수 있다면 소비자는 그 상품을 탐색재로 생각하게 된다. 상품 속성을 쉽게 판단할 수 있는가에 따른 상품 유형의 구분이 인터넷 환경에서는 변화하고 있다. 인터넷을 통해 상품 정보와 소비자 경험을 쉽게 공유하게 되면서 상품의 속성이 변하고 있다. 기존에는 경험재로 분류될 수 있는 상품이 인터넷을 통한 정보탐색의 효율성이 높아지면서 소비 이전에 상품 속성의 비교 검색이 용이한 탐색재로 변화될 수 있다.[197]

## 5. 혁신의 확산에 관한 이론

새로운 미디어나 새로운 유형의 콘텐츠는 혁신으로 볼 수 있다. 잠재적 이용자가 새로운 미디어, 새로운 유형의 콘텐츠, 새로운 미디어 및 통신 관련 기기 등을 어떻게 채택하는가에 대한 연구는 지속적인 유용성을 갖는다. 혁신의 확산 이론은 한 사회에서 시간의 흐름에 따라 혁신이 어떻게 채택되거나 기각되는지에 대한 설명을 준다. 로저스(E. Rogers)의 혁신의 확산 이론 중에서 대표적인 것으로 혁신의 채택 결정과정 이론, 채택률 이론, 혁신의 인지된 속성에 관한 이론, 채택자 유형의 분류 등이 있다.[253]

### 1) 혁신의 채택 결정과정 이론

혁신의 채택 결정과정 이론에 따르면 사람은 혁신의 채택을 결정하는데 있어서 인식, 설득, 결정, 실행, 확증이라는 다섯 단계를 따른다. 인식 단계에서는 교육 수준이 높을수록, 대중매체에 대한 노출이 많을수록, 그리고 세계주의적 성향이 높을수록 혁신을 더 빨리 인식한다. 설득 단계에서는 혁신의 인지된 특성이 중요하게 작용한다. 결정 단계에서는 혁신을 채택하거나 거부하는 행동이 나타난다. 실행 단계는 혁신을 사용하는 단계를 의미한다. 확증 단계에서 채택자는 혁신에 대한 자신의 경험과 다른 사람들의 정보를 취합하여 채택의 결정을 강화시키거나 반전시키게 된다.

### 2) 채택률 이론

채택률 이론에 따르면 각 시점에서 혁신을 채택한 사람들의 수는 시간이 흐르면서 종 모양의 정규분포곡선을 따르게 된다. 이러한 현상을 누적된 채택자 수의 측면에서 접근하면 S자 모양의 누적 정규분포곡선을 따른다. 누적 정규분포곡선의 모양을 보면 초기에는 느리게 채택자 수가 누적되지만 그 후에 혁신에 관한 대인 커뮤니케이션이 활성화되면서 급격하게 채택자 수가 누적된다. 이 이론의 단점은 논리적 근거가 부족하다는 것이다. 실제로 어떤 혁신을 채택한 사람들의 분포를 각 시점에 걸쳐 추적하여 살펴보면 이 이론에서 제시하는 모형과 어긋날 수 있다. 그러나 이 이론에서 제시하는 모형은 실제로 어떤 혁신을 채택한 사람들의 수의 분포와 비교해 볼 수 있는 준거틀로 삼을 수 있다.

### 3) 혁신의 인지된 속성에 관한 이론

혁신의 인지된 속성에 관한 이론에 따르면, 어떤 혁신의 잠재적 채택자는 그 혁신의 속성에 따라 채택 여부를 결정한다는 것이다. 혁신의 주요 속성으로는 다섯 가지가 있으며, 그 속성도 객관적인 속성이 아니라 개인마다 주관적으로 느낄 수 있는 인지된(perceived) 속성 이다. 그 다섯 가지 속성은 상대적 이점(relative advantage), 부합성(compatibility), 복잡성(complexity), 시험가능성(trialability), 그리고 관찰가능성(observability)이다. 상대적 이점은 해당 혁신이 기존의 것보다 우월하다고 인지되는 정도를 뜻한다. 부합성은 혁신이 현존하는 사회문화적 가치, 기존의 견해, 그리고 잠재적 채택자의 필요성과 일치한다고 인지되는 정도를 뜻한다. 복잡성은 혁신을 이해하거나 사용하기에 어렵다고 느끼는 정도를 뜻한다. 시험가능성은 혁신을 제약이 없이 시험 삼아서 경험해 볼 수 있는 정도를 뜻한다. 관찰가능성은 혁신의 채택에 따른 결과를 관찰할 수 있는 정도를 뜻한다. 상대적 이점, 부합성, 시험가능성, 그리고 관찰가능성은 높을수록 혁신의 확산 속도가 빨라진다. 반면에 복잡성은 높을수록 혁신의 확산 속도가 느려진다.

혁신의 인지된 속성에 관한 이론을 월드와이드웹(WWW)에 적용한 연구가 있다. 이 연구에 따르면 월드와이드웹의 상대적 이점으로는 멀티미디어 및 하아퍼텍스트의 포맷, 부합성으로는 파일전송 프로토콜(ftp)과의 호환성, 복잡성으로는 웹브라우저가 사용하기 용이한 점, 관찰가능성으로는 도메인 이름이 광고에 광범위하게 노출되는 점 등을 들고 있다.[262]

다른 연구[165]에 의하면 혁신의 확산에 영향을 주는 다른 요인들도 있다. 혁신이 사회적으로 가지는 가치, 혁신을 채택하는데 있어서 불확실성을 줄여주는 표준화와 기대되는 수명주기, 혁신에 관한 광고 등은 혁신의 확산 속도를 빠르게 한다. 반면에 혁신의 비용(혁신을 구입하는 비용과 기존의 것에서 혁신으로 전환할 경우에 드는 전환비용)은 혁신의 속도를 늦춘다.

### 4) 채택자 유형의 분류

로저스가 분류한 채택자 유형은 혁신의 확산이 정규분포를 따른다는 가정과 정규분포의 평균에서 표준편차만큼 떨어진 곳에서 변곡점이 나타난다는 논리에 근거하고 있다. 채택의 시점에 따라서 혁신자(innovators)(2.5%), 초기 채택자(ealry adopters)(13.5%), 초기 다수자(early majority)(34%), 후기 다수자(late majority)(34%), 최종 채택자(laggards)(16%)로 분류했다. 이러한 채택자 유형은 널리 사용되고 있으며 여러 연구결과들을 비교할 수 있는 장점이 있다. 그러나 모든 종류의 혁신에 대해 채택자 유형의 비율이 동일해야 하는 논리적 근거는 없다.[213]

# 6. 소비자의 집중화와 분산화

## 1) 이중 위험의 법칙: 집중화 현상

이중 위험의 법칙(law of double jeopardy)은 경험적으로 자주 나타나는 현상으로 일종의 경험적 일반화인데, 특정 시장에서 시장점유율이 높은 브랜드는 구매의 빈도도 높다는 것을 뜻한다. 다시 말하면 시장점유율이 낮은 브랜드는 구매의 빈도도 낮아서 이중의 위험에 노출된다는 것을 의미한다. 이런 현상에 처음 주목한 사람은 사회학자인 맥피(McPhee)였다.[223] 그는 인기가 있는 식당은 단골의 비중이 큰 반면 인기가 없는 식당은 단골의 비중이 작다는 것을 관찰하였다. 이후에 일반 공산품에 대한 연구에서도 이중 위험의 현상이 발견되었는데 시장점유율이 낮은 브랜드가 시장점유율이 높은 브랜드에 비해 반복 구매의 비율이 낮은 것으로 나타났다.[150] 즉, 시장점유율과 반복구매의 비율이 양(+)의 관계로 나타났다. 프로그램(텔레비전 시리즈물)을 대상으로 한 연구에서도 시청률이 낮은 시리즈물은 시청률이 높은 시리즈물에 비해 반복 시청의 비율이 낮은 것으로 나타났다.[261] 즉, 시청률과 반복시청의 비율이 양(+)의 관계로 나타났다.

이중 위험의 법칙은 동질적 상품으로 이루어진 시장에 적용되었을 때 명확하게 나타날 가능성이 높다. 상품차별화가 이루어진 시장일수록 시장점유율 외의 요인이 작용하여 이중 위험의 현상이 명확하게 나타나지 않을 수 있다. 여기서 상품차별화란 수평적 차별화와 더불어 품질의 차이를 의미하는 수직적 차별화도 포함한다.

### 2) 틈새 콘텐츠의 생존: 분산화 현상

방송 분야에서 채널의 수가 크게 증가하고 있다. 이러한 환경에서 방송사의 재원조달 방식 이 광고 수입에 의존하는 방식에서 이용자 요금에 의존하는 방식으로 변하게 되면 소수 취향의 채널이 등장하고 틈새 채널의 비중이 커지는 방향으로 변경된다. 인터넷 사이트도 기하급수적으로 증가하고 있다. 이런 상황에서 소수 취향의 콘텐츠가 생존하려면 두 가지 조건이 필수적이다. 첫째, 이용자 입장에서 검색이 보다 용이해져야 한다. 이는 이용자의 탐색 비용을 낮추게 된다. 둘째, 콘텐츠의 저장비용이 낮아야 한다. 실제로 콘텐츠의 저장비용은 충분히 낮아서 인기가 없는 다수의 콘텐츠상품도 오랜 기간의 디지털 진열을 통해 수입에 적지 않게 기여할 수 있다.[146] 즉, 방송에서는 이용자의 요금에 기반을 두는 비즈니스 모델이 틈새 채널의 생존가능성을 높이는 반면, 인터넷에서는 이용자의 탐색 비용을 낮추는 검색의 용이성이 틈새 콘텐츠상품의 생존가능성을 높이게 된다.

## 7. 매체 환경의 변화에 따른 시청 행태의 변화

### 1) 레퍼토리

채널레퍼토리(channel repertoire)는 개인이나 세대가 규칙적으로 시청하는 채널묶음으로 정의된다.[172] 케이블TV와 같은 다채널방송이 도입되면서 사람은 수많은 채널과 프로그램의 정보를 취합하기에는 정보의 한계와 인지능력의 한계를 갖게 되어 자신의 경험을 바탕으로 만족의 정도가 높은 한정된 수의 채널을 이용하는 행태를 보이게 되었다. 이용할 수 있는 채널의 수가 증가함에 따라 채널레퍼토리에 포함된 채널 수도 증가하지만 그 증가하는 비율은 체감한다.

텔레비전 시청자가 제한된 채널에 대한 충성도를 보이는 현상처럼, 웹사이트에서도 방문하는 사이트가 제한적인 목록에 머무르게 되는데 이를 웹레퍼토리라고 한다. 채널레퍼토리의 개념은 웹, 장르, 프로그램, 앱, 미디어 등으로 적용영역을 확장하면서 웹레퍼토리, 장르레퍼토리, 프로그램레퍼토리, 앱레퍼토리, 미디어레퍼토리 등의 개념으로 확장되어 왔다.

미디어레퍼토리(media repertoire)란 이용자가 규칙적으로 이용하는 매체의 수나 매체의 조합을 말한다. 채널레퍼토리의 개념에서는 수가 중요하지만 선택 가능한 미디어의 수는 10개 내외 정도로 한정되어 있어 조합으로 정의하는 편이다. 미디어레퍼토리의 개념은 다매체 환경에서 다중 미디어 이용자의 매체이용 패턴을 해석하는데 있어서 유용하다.[1] 초기에 미디어레퍼토리의 개념을 활용한 연구결과를 보면 각 미디어 이용량과 인구통계학적 속성을 토대로 7개의 미디어레퍼토리 집단(주류 미디어 중심, TV 중심, 라디오 중심, 휴대전화 중심, 휴대전화-MP3 중심, 인터넷 중심, 다매체 이용)을 도출했다.[1] 최근에는 다양한 매체가 제공하는 특정 콘텐츠를 어떻게 조합하여 이용하는지를 분석하는 연구도 등장하고 있다. 예를 들면, 뉴스 소비에 초점을 맞추어 뉴스 미디어 이용에 대한 미디어레퍼토리를 분석한 연구는 TV, 신문, 인터넷포털, 인터넷뉴스사이트, SNS, 블로그, 팟캐스트의 7개 미디어를 중심으로 3개의 뉴스미디어레퍼토리 집단(전통 미디어 이용, 온라인 뉴스 이용, 뉴스 저이용)을 도출했다.[29]

## 2) 수용자 파편화

지상파방송 위주였던 과거에는 소수의 특정 채널에 시청자가 편중되는 수용자 집중 현상이 일어났다. 그러나 다채널 유료방송의 도입으로 수많은 채널들이 공급되기 시작하면서 여러 채널들로 수용자가 분산되는 수용자 파편화 현상이 일어나게 되었다.[286] 수용자 파편화는 양질의 프로그램에 대한 투자 유인을 감소시킨다. 프로그램 다양성과 프로그램 품질은 상충관계를 가진다. 다양성은 틈새 시청자들을 위한 것인 반면, 프로그램 품질은 대규모 시청자들이 일으키는 규모의 경제에 의해 가능해진다.[138]

### 3) 시청행태의 변화

매체환경이 변하면서 시청행태도 변하고 있다. 예를 들면 몰아보기(binge viewing), 세컨드 스크린(second screen)의 활용, 소셜 시청 등의 현상이 점차 크게 나타나고 있다. 몰아보기는 동영상 콘텐츠를 한꺼번에 이용하는 시청행태를 뜻한다. 몰아보기는 주문형 비디오(VOD)에 의해 촉발된 측면이 크다. 넷플릭스는 '시리즈를 한꺼번에 개봉하기'라는 주문형 비디오의 개봉방식을 주도했다.[8] 이러한 몰아보기는 주로 시리즈로 구성되는 프로그램의 이용에서 주로 나타난다. 주문형 비디오는 시리즈를 구성하는 프로그램의 생존가능성을 높여 준다. 주문형 비디오가 없던 시절에 이러한 유형의 프로그램은 방송 기간이 길어지게 됨에 따라 일부 프로그램을 놓치게 된 시청자가 반복시청을 포기하면서 시청자규모가 지속적으로 감소하게 된다.[164]

세컨드 스크린(second screen)이란 TV 프로그램을 보면서 출연진이나 상품에 대한 정보를 얻거나 프로그램에 대한 반응을 공유하기 위해 사용되는 보조적 기능의 모바일기기를 의미하는데, 스마트폰, 태블릿PC 등을 예로 들 수 있다. 텔레비전과 세컨드 스크린을 연결하면 프로그램은 텔레비전을 통해서 시청하고 관련 정보는 세컨드 스크린을 통해서 얻는다. 그러나 세컨드 스크린의 활용이 시청하고 있는 프로그램과 무관한 행위로 이어지면 시청 몰입도가 줄어들게 된다.[8]

소셜 시청이란 TV 프로그램을 혼자서 보지만 세컨드 스크린을 통해 온라인으로 프로그램과 관련된 대화를 비롯한 사회적 상호작용을 하는 것을 의미한다. 소셜 시청은 정보나 경험을 공유할 때 느끼는 효용을 추가하므로 개인적인 시청에 비해 콘텐츠의 가치를 높일 수 있다.[164]

# 제 5 장 생산자 이론과 경영적 의사결정

## 1. 생산요소

공장, 설비, 노동력, 원자재 등 생산 과정에 투입되는 것을 생산요소라고 한다. 가변 생산요소는 생산량이 늘어남에 따라 증가하는 것으로 노동력, 원자재 등을 들 수 있다. 고정 생산요소는 생산량과 관계없이 일정하게 유지되는 것으로 공장, 설비 등을 들 수 있다. 경제학에서 단기(short-run)란 고정 생산요소의 양이 고정되어 있지만 가변 생산요소의 양은 변할 수 있는 기간을 의미한다. 그리고 장기(long-run)란 기업의 모든 생산요소가 변할 수 있는 기간을 의미한다.

## 2. 한계생산체감의 법칙

총생산은 일정한 양의 가변 생산요소로 생산될 수 있는 생산량이다. 평균생산은 가변 생산요소 한 단위 당 생산량이다. 한계생산은 가변 생산요소를 한 단위 추가할 경우 나타나는 생산량의 증가분이다. 단기에서 생산함수는 한계생산체감의 법칙(law of decreasing marginal product) 또는 수확체감의 법칙(law of diminishing returns)이 적용될 수 있다. 이 법칙은 다른 생산요소의 양은 고정된 상태에서 가변 생산요소의 양을 늘려 나가면 어느 단계 이후에 한계생산이 점점 감소하는 현상을 뜻한다. 예를 들면, 기계의 수가 고정된 상태에서 노동자 수를 늘리면 유휴시간이 생겨서 노동자 일인당 생산량이 줄어들어서 한계생산이 체감하게 된다. 공급 측면에서 일어나는 한계생산체감의 법칙은 수요 측면에서 일어나는 한계효용체감의 법칙과 유사하다.

〈표 5-1〉 노동 투입량과 한계생산

| 노동 투입량 | 0 | 1 | 2 | 3 | 4 | 5 |
|---|---|---|---|---|---|---|
| 총생산 | 0 | 5 | 12 | 20 | 26 | 30 |
| 한계생산 | 0 | 5 | 7 | 8 | 6 | 4 |
| 평균생산 | 0 | 5 | 6 | 6.7 | 6.5 | 6 |

〈표 5-1〉은 노동이라는 생산요소와 생산량의 관계를 보여주고 있다. 노동 투입량의 단위는 1시간, 하루, 또는 다른 노동시간으로 측정할 수 있다. 노동이 2단위가 투입되었을 때 총생산은 12단위가 되고 노동의 평균생산은 6단위가 된다. 노동이 2단위에서 3단위로 증가하면 총생산은 12단위에서 20단위로 증가하여 총생산은 추가적으로 8단위가 증가한다. 이와 같이 노동을 한 단위 추가하여 얻을 수 있는 총생산의 증가분을 노동의 한계생산이라고 한다. 노동단위가 3단위에서 4단위로 증가하면서 총생산은 여전히 증가하지만 한계생산은 줄어들기 시작한다. 따라서 한계생산체감의 법칙이 작용하고 있다.

# 3. 비용극소화

## (1) 등량곡선

등량곡선은 주어진 산출량을 달성할 수 있는 노동과 자본의 조합을 나타낸다. 〈그림 5-1〉에는 각각 $Q_0$, $Q_1$, $Q_2$의 산출량을 달성할 수 있는 세 개의 등량곡선이 있다. 등량곡선은 생산기술을 반영한 생산함수에 의해 도출되는데, 다음과 같은 성질을 가지는 것으로 가정된다. 첫째, 등량곡선은 우하향하는 모양을 가진다. 둘째, 등량곡선은 원점에서 멀어질수록 생산량 수준이 높다. 셋째, 등량곡선은 서로 교차할 수 없다. 넷째, 등량곡선은 원점에 대해 볼록하다. 이는 한계기술대체율(marginal rate of technical substitution)이 체감한다는 것을 의미한다. 동일한 생산량을 유지하면서 노동을 추가로 한 단위 더 고용하기 위하여 감소시켜야 하는 자본의 단위 수를 한계기술대체율이라고 한다.

〈그림 5-1〉 비용극소화 조건

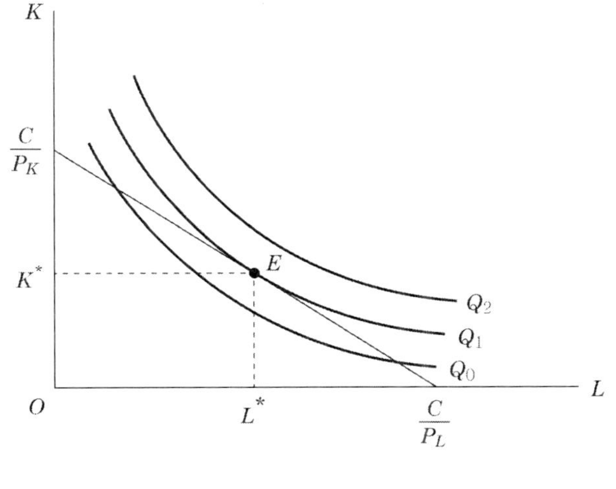

### (2) 등비용곡선

생산자가 직면하고 있는 제약은 사용가능한 총지출(C)의 범위 안에서 노동과 자본을 구입해 생산에 투입하는 것이다. 노동과 자본의 가격을 각각 $P_L$, $P_K$라고 할 때, 생산자가 선택할 수 있는 노동과 자본은 다음의 식을 만족하는 $L$과 $K$의 조합이다.

$$P_L L + P_K K = C \tag{5.1}$$

이 식을 다시 정리하면 〈그림 5-1〉에서 기울기가 $-\frac{P_L}{P_K}$이고 수직축의 절편이 $\frac{C}{P_K}$인 선분으로 표시된다. 이러한 선분을 등비용곡선(iso-cost curve)이라고 한다. 등비용곡선은 총지출에 의해 구입이 가능한 생산요소들의 조합으로 이루어져 있다. 소비자의 예산제약이 예산선으로 나타나는 것과 유사하게 생산자의 지출 제약은 등비용곡선으로 나타난다.

### (3) 비용극소화 조건

생산자의 비용극소화 조건은 등비용곡선의 범위 내에서 가장 큰 산출량을 가져다주는 점을 선택하는 것이다. 그 점에서 등비용곡선과 등량곡선이 접하게 되고 동시에 등비용곡선의 기울기등량곡선의 기울기가 일치한다. 이 접점은 〈그림 5-1〉에서 E로 표시되어 있다. 바로 점 E에서 생산자 균형이 이루어진다.

한계기술대체율은 $MP_L/MP_K$으로 표현되기도 한다. 여기서 $MP_L$은 요소 $L$(노동)의 한계 생산, $MP_K$는 $K$(자본)의 한계 생산을 나타낸다. 비용 극소화를 달성하기 위한 조건은 한계기술대체율와 두 생산요소의 상대가격 비율이 같도록 생산요소를 조합하는 것인데, 식으로 나타내면 다음과 같다. $MP_L/MP_K = P_L/P_K$. 이 식을 다시 정리하면 다음과 같다.

$$\frac{MP_L}{P_L} = \frac{MP_K}{P_K} \tag{5.2}$$

이는 노동 구입에 지출한 돈의 한계생산은 자본 구입에 지출한 돈의 한계생산과 같아야 한다는 것을 뜻한다. 만약에 다른 세 번째 유형의 생산요소가 있다면 비용 극소화를 위해 그 생산요소에 지출한 돈의 한계생산도 동일해야 한다. 식 (5.2)에 나타난 생산자의 비용극소화 조건은 소비자의 효용극대화 조건인 한계효용균등의 법칙과 유사하다.

어떤 생산요소의 가격이 변하면 생산요소 간 대체를 초래한다. 만약에 임금이 인상되었으나 생산요소들의 투입 수준이 변하지 않았다고 가정하면, 노동 구입에 사용되는 마지막 지출액은 자본 구입에 사용되는 마지막 지출액에 비해 총생산에 더 적게 기여하게 된다. 따라서 기업은 비용극소화 조건을 이룰 때까지 노동을 자본으로 대체할 것이다. 즉, 공급자는 가격이 오른 생산요소를 상대적으로 가격이 낮아진 생산요소로 대체하게 된다. 예를 들면, 애니메이션 영화의 증가는 부분적으로 인기 영화배우들의 출연료가 급격히 높아진 것으로 설명할 수 있다. 영화배우의 출연료가 올라가서 그 출연료보다 저렴하게 만들 수 있는 애니메이션 캐릭터로 영화배우를 대체한 것이다.[181]

## 4. 단기에서의 생산비용

고정비용(fixed cost)은 기업이 생산을 하지 않아도 지불되는 고정 생산요소의 비용이다. 장기에서는 고정 생산요소가 존재하지 않으므로 고정비용이 존재하지 않는다. 가변비용(variable cost)은 생산량과 함께 변하는 비용으로 가변생산요소와 관련된 비용이다. 예를 들면 인건비, 원재료 구입비 등을 들 수 있다. 총비용(total cost)은 고정비용과 가변비용의 합을 뜻한다. 한계비용(marginal cost)은 생산량을 한 단위 증가시키는데 추가적으로 드는 비용을 뜻한다. 평균비용(average cost)은 생산량 한 단위당 비용을 뜻하는데, 총비용을 총생산량으로 나눈 값으로 측정한다.

〈표 5-2〉 단기 생산비용

| 총생산량 | 0 | 1 | 2 | 3 | 4 | 5 | 6 | 7 | 8 |
|---|---|---|---|---|---|---|---|---|---|
| 고정비용 | 100 | 100 | 100 | 100 | 100 | 100 | 100 | 100 | 100 |
| 가변비용 | 0 | 80 | 110 | 130 | 160 | 200 | 260 | 350 | 460 |
| 총 비 용 | 100 | 180 | 210 | 230 | 260 | 300 | 360 | 450 | 560 |
| 한계비용 | | 80 | 30 | 20 | 30 | 40 | 60 | 90 | 110 |
| 평균비용 | | 180 | 105 | 76.7 | 65 | 60 | 60 | 64.3 | 70 |

〈표 5-2〉는 가상적인 기업의 단기 생산비용을 나타낸 것인데, 금액 단위는 생략되어 있다. 단기에서는 생산량과 무관하게 고정비용은 변하지 않고 있다. 가변비용은 생산량이 늘어남에 따라 증가하고 있다. 총비용도 생산량이 증가함에 따라 증가하고 있다. 예를 들어 생산량이 8개인 경우에 고정비용 100과 가변비용 460을 합한 560이 총비용이 된다. 한계비용은 생산량이 증가함에 따라 감소하다가 증가하는 모습을 보이고 있다. 예를 들어, 생산량이 2개에서 3개로 한 단위 추가 생산할 때 드는 총비용의 변화는 210에서 230이므로 2개에서 3개로 한 단위 추가 생산할 때 드는 한계비용은 20이다. 평균비용도 감소하다가 증가하는 모습을 보이고 있다. 예를 들어 평균비용은 생산량이 4개 이하인 구간에서 감소하다가 생산량이 5개 또는 6개인 구간에서는 가장 낮은 수준을 보이고 생산량이 7개 이상인 구간에서 증가하고 있다.

〈그림 5-2〉는 〈표 5-2〉에 나타난 자료를 바탕으로 평균비용 곡선과 한계비용 곡선을 나타낸 것이다. 총생산량이 낮은 수준에서는 생산량이 늘어감에 따라 평균비용이 감소하는 현상이 나타나는데 이는 총생산량이 늘면서 고정비용이 분산되는 것에 기인한다. 그러나 생산량이 어느 수준을 넘어서면 고정비용이 분산되는 것보다 한계비용이 커지는 것에 의해 평균비용이 증가하게 된다. 따라서 평균비용 곡선의 모양은 생산량이 증가함에 따라 감소하다가 결국은 증가하는 형태를 취하고 있다. 여기서 유의를 하면서 보아야 할 현상은 한계비용 곡선이 평균비용 곡선의 최저점을 지나는 것이다. 한계비용 곡선과 평균비용 곡선이 만나는 점을 기준으로 왼쪽은 생산량이 증가함에 따라 평균비용이 감소하는 구간이고 오른쪽은 생산량이 증가함에 따라 평균비용이 증가하는 구간이다. 단기에

서 한계비용은 한계생산과 반대방향으로 변한다. 즉, 단기에서 수확체감의 법칙은 한계비용의 체증을 수반한다.

〈그림 5-2〉 평균비용 곡선과 한계비용 곡선

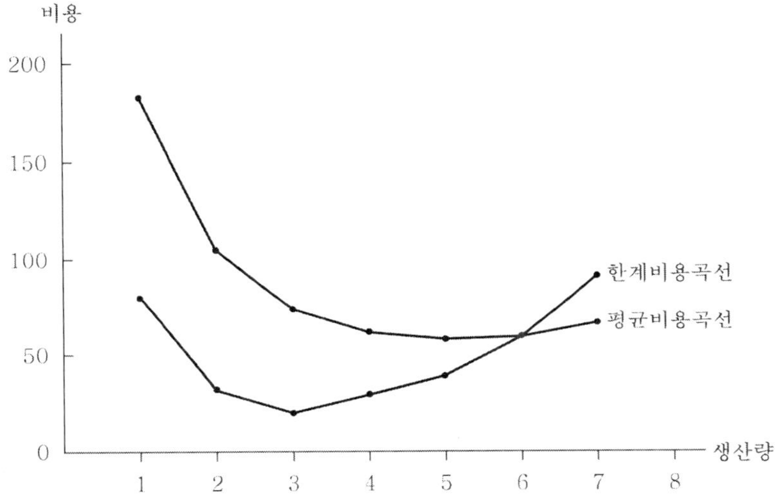


## 5. 장기에서의 생산비용

장기에서 모든 생산요소들은 변화하기에 충분한 기간을 갖는다. 생산자는 장기에서는 최적인 생산요소의 조합을 선택해야 한다. 그 조건은 주어진 생산량을 극소 비용으로 생산하거나 또는 주어진 비용에서 생산량을 극대화하는 것이다. 이러한 조건은 각 생산요소에 사용되는 마지막 지출액이 총생산량에 동일한 추가적 기여를 하도록 하는 것이다.

〈그림 5-3〉 장기 평균비용 곡선

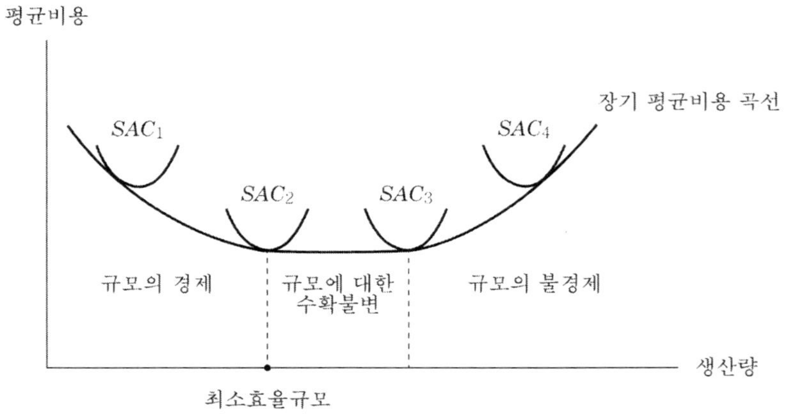


시설 규모가 고정된 경우에는 단기평균비용 곡선을 도출할 수 있다. 장기에서는 선택할 수 있는 시설 규모가 많다. 따라서 장기평균비용 곡선을 도출하기 위해서는 여러 개의 단기 평균비용 곡선에 대한 정보가 필요하다. 〈그림 5-3〉에는 장기 평균비용 곡선이 어떻게 도출되는지 나타나 있다. 장기에는 단기보다 기업들이 더 융통성을 발휘할 수 있으므로 평균비용곡선이 보다 완만하게 나타난다.

장기평균비용 곡선은 시설 규모를 달리하는 각각의 단기평균비용(short run average cost: SAC) 곡선을 아래에서 감싸는 형태를 취한다. 단기평균비용 곡선은 최소한 하나의 생산요소가 고정된 상태의 평균비용을 보여준다. 반면에 장기평균비용 곡선은 최적의 생산요소 조합이 달라지면서 나타나는 최소 평균비용을 보여 준다.

## 6. 규모의 경제

규모의 경제란 생산규모 또는 생산량을 증가시킴에 따라 장기평균비용이 감소하는 것인데, 규모에 대한 수확체증이라고도 한다. 생산량을 증가시켜도 장기평균비용이 일정하게 유지되는 경우는 규모에 대한 수확불변이라고 한다. 생산량을 증가시킴에 따라 장기평균비용이 증가하는 현상은 규모의 불경제 또는 규모에 대한 수확체감이 적용된 경우이다.

규모에 대한 수확체증, 규모에 대한 수확불변, 그리고 규모에 대한 수확체감은 모든 생산요소가 변할 수 있는 장기적 개념인 반면, 수확체감의 법칙은 최소한 하나의 생산요소는 고정되어 있는 경우에 적용되는 단기적 개념이다. 〈그림 5-2〉에서 장기평균비용 곡선은 낮은 생산량 수준에서 규모의 경제, 중간 정도의 생산량 수준에서 규모에 대한 수확불변, 높은 생산량 수준에서 규모의 불경제가 나타나는 U자 모양으로 그려져 있다. 그러나 현실적으로 규모의 불경제가 나타나는 경우는 드물다. 생산량을 줄이는 것이 생산량을 늘리는 경우보다 용이하기 때문이다.

최소효율규모(minimum efficient scale)란 가장 효율적인 생산을 갖출 수 있는 최소의 생산규모를 의미한다. 즉, 장기 평균비용이 최저인 수준에서 나올 수 있는 생산규모다. 생산량이 최소효율규모에 도달할 때까지 규모의 경제가 작용한다. 동일한 시장에 여러 기업이 존재하는 경우 최소효율규모보다 작게 생산하는 기업은 최소효율규모에서 생산하는 기업에 비해 생산비용 측면에서 불리하게 된다.

### 1) 규모의 경제의 발생 원인

규모의 경제가 발생하는 주요 원인은 다음과 같다.[65] 첫째, 생산요소의 비분할성(indivisibility)을 들 수 있다. 이는 생산과정의 생산요소를 일정량 이하로는 구매할 수 없는 경우 또는 생산요소를 분할하여 사용하면 생산이 불가능하거나 그 효율이 현저하게 떨어지는 경우를 뜻한다. 생산요소의 비분할성으로 인한 규모의 경제는 통신산업, 위성방송산업 등과 같이 대규모의 시설투자가 필요한 네트워크산업에서 흔히 볼 수 있다. 둘째, 생산규모가 커질수록 생산설비를 구축하는 비용 측면에서 유리할 수 있다. 이에 대한 근거는 0.6 규칙(0.6 rule)을 들 수 있다. 이 규칙은 설비용량의 증가와 설비구축 비용의 증가 간의 관계가 일정한 관계를 유지한다는 것에서 유래하는데, 설비용량을 두 배로 증가시키는데 드는 설비구축 비용은 1.52배(2의 0.6승) 증가하고, 설비용량을 세 배로 증가시키는데 드는 설비구축 비용은 1.93배(3의 0.6승) 증가한다는 것이다. 0.6이라는 계수는 탱크, 파이프라인 등의 여러 설비에 대한 평균값에 기반을 두고 있다. 이는 체적(volume)과 표면적의 관계와 유사하다.[276] 다시 말하자면, 0.6 규칙이란 설비용량의 증가는 그런 설비를 구축하는 비용의 증가보다 크다는 것을 의미한다. 여기서 설비용량이 커지게 되면 생산량이 커진다는 것을 의미하고 설비구축 비용이 커진다는 것은 고정비용이 커진다는 것을 의미한다. 예를 들면, 극장의 규모를 크게 하여 관람객 규모를 증가시키면 극장의 건축비용도 증가하지만 극장의 규모가 커지는 비율이 건축비용이 커지는 비율보다 높다. 셋째, 생산규모가 커질수록 생산요소의 전문화를 높일 수 있다. 생산규모가 커지면 노동자가 세분화된 업무를 전담하여 생산성을 높일 수 있다. 신문, 방송, 영화, 출판 등과 같은 미디어산업에서도 기업규모가 커지면 업무별로 직원들을 특화시켜서 전문화로 인한 이점을 누릴 수 있는 기회가 크다. 규모의 경제는 생산설비의 규모에 따라 발생하기도 하지만, 구매, 연구 및 개발, 유통, 광고와 같은 활동에서도 나타난다.[69]

### 2) 규모의 경제의 제약

규모의 경제를 활용하는데 있어서 제약조건은 다음과 같다. 우선 상품차별화의 정도가 높은 산업일수록 소비자의 수요가 다양하기 때문에 규모의 경제를 충분히 활용할 수 없다. 둘째, 유연성의 확보가 중요한 산업일수록 규모의 경제를 활용하기 힘들다. 예를 들면, 소비자의 기호가 자주 변하는 경우에는 표준화된 상품의 대량생산보다 다품종 소량생산이 유리하다.[69]

### 3) 규모의 경제와 학습 효과

시간이 지나면서 생산량은 누적되고 그에 따라 경영진과 근로자의 경험이 축적되어 장기평균비용이 하락할 수 있다. 이와 같이 한 기업의 누적된 생산량이 증가할수록 업무에서 얻는 학습이 발생하여 장기평균비용이 감소하는 것을 학습효과라고 한다. 경험곡선(experience curve)이라고도 불리는 학습곡선(learning curve)은 누적생산량과 평균생산비용의 관계를 의미하므로 학습곡선은 장기에 적용된다. 이러한 학습효과는 누적생산량이 아닌 생산량과 평균생산비용의 관계를 의미하는 규모의 경제와 개념적으로 구분된다. 〈그림 5-4〉에서 $AC_1$은 규모의 경제를 갖는 기업의 장기평균비용곡선이다. 생산량이 증가함에 따라 $AC_1$의 곡선 상의 A에서 B로 이동하는 것은 규모의 경제에 의한 평균비용 감소이다. 그러나 $AC_1$의 A에서 $AC_2$의 C로 이동하는 것은 학습효과에 의한 평균비용 감소이다.[243]

〈그림 5-4〉 규모의 경제와 학습효과

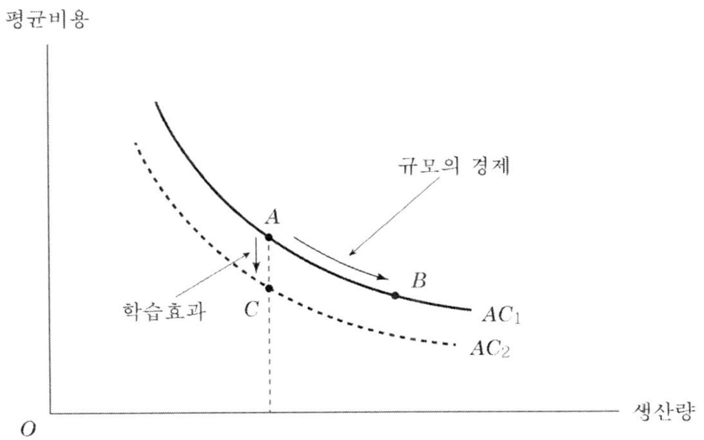


출처: Pindyck & Rubinfeld (2013).

복잡하고 정교하며 노동집약적인 산업에서 학습 효과는 큰 반면에 간단하게 제조할 수 있는 상품을 만드는 산업에서 학습 효과는 크지 않다. 학습 효과는 컴퓨터그래픽을 활용한 애니메이션, 게임 등의 산업에서 크게 나타난다.[181]

## 7. 한계분석을 통한 이윤극대화

총수입은 상품의 판매량에 가격을 곱한 것이다. 평균수입(average revenue)은 총수입을 판매량으로 나눈 값이며 상품 한 단위당 수입을 뜻한다. 평균 수입은 가격과 동일하다. 한계수입(marginal revenue: MR)은 상품 한 단위를 더 판매했을 때 추가로 발생하는 수입을 뜻한다. 한계수입이 양이라는 것은 수요의 가격 탄력성이 탄력적이라는 것을 의미한다. 반면에 한계수입이 음이라는 것은 수요가 가격 탄력성이 비탄력적이라는 것을 의미한다.

〈그림 5-5〉 한계분석과 이윤극대화

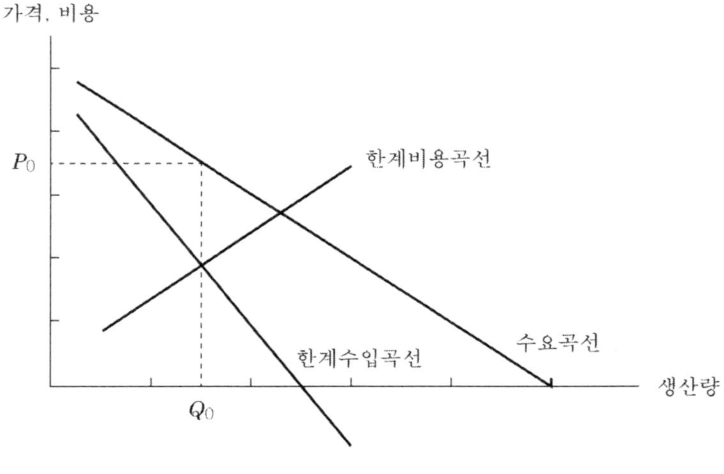


기업은 한계분석을 통해 한계수입과 한계비용을 비교한다. 〈그림 5-5〉에 나타난 바와 같이 한계수입이 한계비용보다 크면 추가적 생산을 통해 이윤을 증가시킬 수 있다. 그러나 한계수입이 한계비용보다 작으면 추가적인 생산은 이윤을 감소시키게 된다. 따라서 이윤을 극대화시키려는 기업은 한계수입과 한계비용이 일치하는 지점에 상응하는 생산량 $Q_0$과 가격 $P_0$을 결정한다. 이윤을 극대화시키는 생산량은 한계수입 곡선과 한계비용 곡선이 교차하는 지점에서 수직으로 내려가면 찾을 수 있다.

신고전경제학의 생산자이론은 기업이 이윤극대화를 추구한다고 가정한다. 그러나 이러한 가정이 주인 대리인 문제(principal agent problem)로 인해 현실에서는 적용되지 않을 수도 있다. 주인 대리인 문제는 주인과 대리인 사이에 생기는 정보의 비대칭 때문에 발생하는 문제를 의미한다.[188] 예를 들면, 경영자(대리인)가 주주(주인)를 대리해서 행동하지만 경영자는 주주보다 더 많은 정보를 알고 있고 주주는 경영자를 완벽하게 감시할 수 없다. 따라서 경영자가 자신의 이익을 위해 기업의 이윤보다는 기업의 규모를 확대시켜서 자신의 보수와 영향력을 높이고자 할 수 있다. 현실적으로 소유와 경영이 분리되어 있는 기업은 이윤극대화 대신에 매출극대화나 다른 목표를 추구할 수도 있다.

## 8. 회계적 이윤과 경제적 이윤

이윤은 회계적 이윤(accounting profit)과 경제적 이윤(economic profit)으로 구분될 수 있는데, 다음과 같이 정의된다.

회계적 이윤 = 총수입 - 명시적 비용 (5.3)

경제적 이윤 = 총수입 - 명시적 비용 - 암묵적 비용 (5.4)

경제주체의 합리적 선택에 적합한 개념은 회계적 이윤이 아니라 경제적 이윤이다. 따라서 기업이나 가계, 또는 정부의 의사결정에 있어서 경제적 이윤이 회계적 이윤보다 적합한 개념이다. 경제적 이윤과 회계적 이윤의 차이는 비용의 차이에 기인한다. 명시적 비용은 실제로 돈이 지불되는 비용인데, 임금, 원재료비, 장비를 임차하는 비용 등이 포함된다. 암묵적 비용은 자기 자신이 소유한 생산요소를 시장에서 거래하여 현금을 얻는 대신에 자신의 사업체를 운영하는데 활용되기 때문에 발생하는 기회비용이다. 암묵적 비용은 자신의 노동에 대한 기회비용, 자신이 소유한 자산에 대한 기회비용 등이 포함된다. 개인기업에서는 암묵적 비용에 자기 노동의 기회비용이 포함되지만, 주식회사에서는 자기노동의 기회비용이 급여 형태로 실제 지불되므로 명시적 비용에 포함된다.[64]

만약 어떤 사람이 콘텐츠 제작업체를 운영할 경우 그 사람은 다른 직장에서 받을 수 있는 임금을 포기하는 것이다. 이것은 암묵적 임금이다. 그 사람이 건물을 소유하고 있는데 그 건물을 자신의 사업체를 위해 사용한다면 시장거래를 통해 얻을 수 있는 임대료를 포기하는 것이다. 이것은 암묵적 임대료이다. 그 사람이 소유하고 있는 토지를 자신의 사업체를 위해 사용하는 것은 시장거래를 통한 지대를 포기하는 것이 된다. 이는 암묵적 지대가 된다. 그 사람이 자신의 자금을 사업체를 운영하는데 투입했다면, 그러한 자금을 은행에 저축하여 얻을 수 있는 이자를 포기하는 것이 된다. 이는 암묵적 이자가 된다. 즉, 암묵적 비용에는 암묵적 임금, 암묵적 임대료, 암묵적 지대, 암묵적 이자 등이 포함된다.

## 9. 증분분석

### 1) 증분분석의 개념

한계분석(marginal analysis)은 생산량 한 단위의 변화가 총수입과 총비용에 미치는 영향과 관련이 있다. 그러나 경제주체의 의사결정은 가격과 생산량을 포함하지 않는 경우도 많아서 한계분석에 적합하지 않은 경우가 많다. 예를 들어 기존 설비를 새로운 유형의 설비로 교체할지 여부 또는 새로운 상품을 출시할지 여부 등을 들 수 있다. 가격과 생산량이 적용되는 경우에도 한 단위로 변화시키는 것이 어려울 수 있다. 예를 들어 방송사가 시리즈물의 프로그램 편수를 12개로 할지 25개로 할지의 여부나 출판사가 1,000부의 추가 인쇄를 결정할지 여부와 같은 경우이다. 증분분석(incremental analysis)은 이러한 경우에 사용될 수 있다. 증분분석은 여러 대안들 중에서 하나를 선택할 때 사용하는 분석이다. 증분분석은 한계분석과 유사하지만 한계분석과는 다르게 최적화(optimization) 분석은 아니다. 이윤극대화를 위한 한계분석은 한계수입=한계비용의 조건을 찾는 반면 증분분석은 순수입(= 증분수입 - 증분비용)이 0이상인 조건을 찾는다. 여기서 증분수입은 다른 대안과 비교한 총수입의 변화이고, 증분비용은 다른 대안과 비교한 총비용의 변화이다.[181]

증분분석에서는 관련비용(relevant cost), 기회비용, 매몰비용(sunk cost)의 개념이 자주 사용된다. 관련비용이란 두 대안 간에 차이가 있으면서 미래에 발생하는 비용이다. 새로운 자산의 비용, 기회비용 등을 예로 들 수 있다. 비관련비용(irrelevant cost)이란 두 대안에서 동일한 비용이다. 매몰비용과 같은 과거의 비용, 감가상각 등을 예로 들 수 있다. 지출한 후에 회수할 수 없는 생산비용, 광고비용, 연구개발비용 등은 매몰비용의 일종이다. 대안들을 비교하는 증분분석에서는 관련비용만을 고려하고 비관련비용은 고려하지 않는다.

기회비용은 한 대안을 위해 다른 대안을 선택하지 않음으로써 생긴 포기된 수입이다. 따라서 기회비용은 비용보다는 포기된 수입으로 이해하는 것이 편리하다. 예를 들면 어떤 사람이 일억 원에 팔 수 있는 토지를 소유하고 있는데, 토지 가격은 변하지 않고 그 토지로부터 생기는 수입이 없다고 가정하자. 이 경우 일억 원을 다른 대안에 활용할 경우에 생기는 수입을 포기하는 것이 된다. 일억 원을 예금할 때 매년 3백만 원의 이자 수입을 얻을 수 있다면 토지를 소유함으로써 생기는 기회비용은 연간 3백만 원이 된다. 다른 예를 들자면, 어떤 사람이 연봉 7천만 원의 직업 A와 연봉 6천만의 직업 B를 선택해야 한다고 가정하자. 이 경우에 직업 A를 선택하는 기회비용은 6천만 원이다.

매몰비용이란 과거에 발생했던 비용으로 현재나 미래의 결정으르 인해 회수될 수 없는 비용이다. 예를 들면, 과거에 어떤 기계를 구입하거나 수리하는데 지출된 금액은 새로운 기계를 구매할 것인가의 여부를 결정하는데 있어서 의미가 없다. 그런 지출액은 매몰비용이며 관련비용이 아니다.[212] 경제주체는 의사결정에 있어서 매몰비용을 고려하지 않는 것이 합리적이다. 예를 들자면, 영화 제작사가 어떤 영화의 제작비로 지금까지 20억 원을 지출했다고 가정하자. 앞으로 영화를 완성하는데 10억 원의 비용이 더 들고 완성된 영화는 25억 원의 수입을 기대할 수 있다고 가정하자. 제작사는 영화를 계속 제작해야 하는가 아니면 포기해야 하는가? 영화를 계속 제작할 것인가 여부를 결정하는데 있어서 기존에 지출한 20억 원을 고려사항에 넣으면, 제작사는 그 영화의 제작을 중단해야 한다. 왜냐하면 30억 원의 비용을 들여서 25억 원의 수입을 올리기 때문이다. 그러나 지금이라는 시점에서 이미 지출된 20억 원은 매몰비용으로 비관련비용이므로 고려할 필요가 없다. 지금부터 영화를 계속 제작하여 완성이 되면 10억 원의 비용이 들고 25억 원의 수입이 발생하므로 영화를 계속 제작하는 것이 합리적 선택이다.

증분분석은 한 대안의 관련수입 및 관련비용을 다른 대안의 관련수입 및 관련비용과 비교한다. 대안 A와 대안 B를 비교하는 경우에 증분비용과 증분수입은 다음과 같이 정의된다.

증분수입 = 대안 A의 관련수입 합계 - 대안 B의 관련수입 합계 (5.5)

증분비용 = 대안 A의 관련비용 합계 - 대안 B의 관련비용 합계 (5.6)

증분수입은 한 대안 대신에 다른 대안을 선택함으로써 나타나는 미래수입의 차이다. 같은 맥락에서 증분비용은 한 대안 대신에 다른 대안을 선택함으로써 나타나는 미래비용의 차이다. 두 대안에서 동일한 비용은 비관련비용(irrelevant cost)이다. 두 대안을 포함하는 의사결정에 있어서 관련비용은 고려되지만 비관련비용은 고려되지 않는다.[212]

### 2) 증분분석의 적용

증분분석은 기존의 장비를 계속 사용할 것인가 아니면 새로운 장비를 구입할 것인가의 선택, 자체생산을 할 것인가 아니면 외부에서 구매를 할 것인가의 선택, 특별주문을 받아들일 것인가 아니면 거절할 것인가의 선택, 구매할 것인가 아니면 임차할 것인가의 선택 등 여러 경우에 사용될 수 있다. 증분분석은 미디어기업을 포함한 다양한 기업의 의사결정 과정에서 사용될 수 있다.

### (1) 자체생산 혹은 외주의 결정

자체생산 혹은 외주의 결정에 증분분석이 활용될 수 있다.[212] 어느 한 기업이 완성품을 생산하는데 있어서 부품들을 조립할 때, 부품을 자체생산할 것인지 구매할 것인지 결정해야 한다. 어떤 부품을 외부에서 구매하는 것을 외주(outsourcing)라고 한다. 〈표 5-3〉은 자체생산과 외주의 두 대안에서 나타나는 관련비용을 보여주고 있는데, 금액 단위는 100만원으로 표시했다. 금액 단위는 다른 단위로 가정해도 증분분석의 결과는 같다.

〈표 5-3〉 두 대안에서의 관련비용

| | 대안 A: 자체생산 | 대안 B: 외주 | 순수입 증가(감소) |
|---|---|---|---|
| 직접재료비 | 50 | 0 | 50 |
| 직접노무비 | 70 | 0 | 70 |
| 변동 제조간접비 | 40 | 0 | 40 |
| 고정 제조간접비 | 60 | 50 | 10 |
| 구입액 | 0 | 200 | (200) |
| 연간 총비용 | 220 | 250 | (30) |

제조간접비는 직접재료비와 직접노무비를 제외한 모든 원가로 상품의 제조과정과 관련된 비용을 뜻한다. 제조간접비는 변동 제조간접비와 고정 제조간접비로 분류된다. 전자는 조업도의 변화와 함께 증감하고, 후자는 조업도와 무관하게 일정 금액이 지속적으로 소요된다. 기업이 어떤 부품 백만 개를 자체생산할 경우 단위당 비용은 총비용을 생산량 단위 수로 나누어 계산하므로 220원(=220 백만원/백만 개)이다. 기업이 외주할 경우 외부 회사로부터 단위당 200원에 구매할 수 있다고 가정하자. 어떠한 의사결정을 내려야 하는가? 언뜻 단위당 220원에 생산하는 것보다 단위당 200원에 구매해야 하는 것이 적절한 것으로 보인다. 그러나 외주할 경우 가변비용은 모두 회피될 수 있고, 고정비용은 60에서 50으로 감소한다고 가정하자. 〈표 5-3〉에 따르면, 기업이 자체생산보다

외주할 경우에 증분비용은 30(백만 원)이 발생하게 된다. 따라서 단위당 구매가격보다 단위당 생산비용이 20원이 높아도 기업은 계속해서 자체생산을 해야 한다. 그 이유는 기업이 부품을 외부에서 구매하더라도 고정비용이 여전히 50(백만 원)으로 남기 때문이다.

그러나 기회비용이 있는 경우에는 다른 결과가 나올 수 있다. 〈표 5-3〉은 부품을 만들기 위해 사용되는 생산능력이 다른 목적으로 전환될 수 없다는 가정에 기반을 두고 있다. 그러나 이러한 생산능력을 다른 방식으로 사용할 기회가 있다면, 그러한 기회비용을 고려해야 한다. 외주를 하게 되면 남게 되는 생산능력을 다른 종류의 상품을 생산하는데 사용하여 추가적인 수입 80(백만 원)을 얻을 수 있다고 가정하자. 이와 같이 포기된 수입은 자체생산을 하는 경우에 발생하는 증분비용이다. 이러한 기회비용은 비교를 위해 대안 A(자체생산)에서 고려되어야 한다. 〈표 5-4〉에 나타난바와 같이 기회비용을 고려하는 경우 외주가 유리하다. 외주를 선택하는 경우에 기업의 순수입은 50(백만 원)이 증가하게 된다.

〈표 5-4〉 두 대안에서의 관련비용: 기회비용을 고려하는 경우

| | 대안 A: 자체생산 | 대안 B: 외주 | 순수입 증가(감소) |
|---|---|---|---|
| 연간 총비용 | 220 | 250 | (30) |
| 기회비용 | 80 | 0 | 80 |
| 총비용 | 300 | 250 | 50 |

### (2) 적자가 나는 부문의 제거

기업은 적자가 나는 사업 또는 상품을 포기해야 하는지 여부를 결정해야 하는 경우도 생긴다. 이러한 경우에도 증분분석이 활용될 수 있다.[212] 예를 들어 어떤 제작사가 영화, 예능 프로그램, 그리고 다큐멘터리를 모두 제작하다가 그 중에서 적자가 나는 부문의 제작을 포기할 수 있다. 축약된 손익계산서를 나타내는 〈표 5-5〉에는 다큐멘터리 부문이 적자를 기록하고 있다. 여기서 적자가 나는 다큐멘터리 부문을 제거하게 되면 순수입 합계는 250에서 300으로 증가할

것으로 생각할 수 있다.

〈표 5-5〉 부문별 손익계산서

| | 영화 | 예능프로그램 | 다큐멘터리 | 합계 |
|---|---|---|---|---|
| 수입 | 800 | 400 | 200 | 1,400 |
| 가변비용 | 500 | 200 | 150 | 850 |
| 고정비용 | 100 | 100 | 100 | 300 |
| 순수입(net income) | 200 | 100 | (50) | 250 |

그러나 다큐멘터리 부문이 제거되면 순수입 합계가 줄어들 수도 있다. 그 이유는 다큐멘터리 부문에 할당되었던 고정비용이 다른 부문들에 의해 흡수되기 때문이다. 예를 들어, 다큐멘터리 부문이 제거되면 그 부문에 할당되었던 고정비용 100이 영화 부문과 예능 프로그램 부문에 의해 각각 반씩 흡수가 된다고 가정하자. 이런 가정 하에서 그 두 부문은 각각 고정비용이 150으로 증가한다. 이 경우에 해당하는 손익계산서는 〈표 5-6〉에 나타나 있다. 여기서 순수입 합계는 적자 부문이 제거되고 나서 오히려 250에서 200으로 줄어 들게 된다. 따라서 합리적 의사결정은 적자 부문을 계속 유지하는 것이다.

〈표 5-6〉 적자 부문이 제거된 후의 손익계산서

| | 영화 | 예능 프로그램 | 합계 |
|---|---|---|---|
| 수입 | 800 | 400 | 1,200 |
| 가변비용 | 500 | 200 | 700 |
| 고정비용 | 150 | 150 | 300 |
| 순수입(net income) | 150 | 50 | 200 |

## 10. 재무적 의사결정: 투자안의 가치 평가

기업의 재무적 의사결정의 기본 원리로는 다음을 들 수 있다.84 첫째, 오늘의 1원은 내일의 1원보다 가치가 크다. 동일한 금액이라도 발생되는 시점이 다를 경우 그 가치도 달라질 수 있는데, 이를 화폐의 시간가치라고 한다. 일반적으로 사람들은 미래의 현금보다는 현재의 현금을 더 선호한다. 둘째, 위험과 수익률은 상충관계를 보인다. 어떤 투자나 자산의 위험이 낮을수록 수익률은 낮다는 것이다. 위험도 낮고 수익률도 높은 자산은 존재하기 힘들다. 주식, 채권, 예금 등 다양한 금융상품은 서로 다른 수익률을 가지고 있는데 그 주된 이유는 위험이 다르기 때문이다. 위험자산의 경우 무위험자산의 수익률보다 더 높은 수익률을 보장해야 투자를 유치할 수 있다. 이 때 위험부담의 대가로 요구받는 추가적인 수익률을 위험 프리미엄(risk premium)이라고 한다. 즉 위험자산의 수익률은 무위험자산의 수익률에 위험 프리미엄을 더한 것이다. 셋째, 투자 대안의 가치를 평가할 경우에 회계적 이익보다 현금흐름을 중시한다. 회계장부에는 이익으로 평가되어도 아직 현금으로 발생된 수익이 아니라면 크게 중시하지 않는다는 것이다.

투자 대안의 가치를 평가하는 방법은 여러 가지가 있으나 순현재가치법(net present value method)과 내부수익률법(internal rate of return method)이 널리 사용된다. 여기에서는 순현재가치법에 중점을 두어 설명하고자 한다. 순현재가치란 투자로부터 기대되는 미래 현금흐름의 현재가치에서 투자지출액의 현재가치를 차감한 값이다. 이러한 순현재가치를 이용하여 투자의 가치를 평가하는 것을 순현재가치법이라 한다. 순현재가치법을 이해하기 위해서는 현금흐름, 미래가치, 현재가치, 순현재가치의 개념을 알아야 한다.

### 1) 미래가치와 현재가치

현금흐름(cash flow: CF)이란 투자로부터 발생하는 모든 현금의 움직임을 말한다. 투자로 인해 들어오는 현금을 현금유입이라 하며, 실제로 나간 현금을 현금유출이라 한다. 현금유입과 현금유출의 차이를 순현금흐름(net cash flow)이라고 한다.

이자가 10%인 경우 현재 100만원을 예금한다면 1년 후 110만원을 받을 것이다. 그러면 10% 이자율 하에서 110만원은 100만원의 1년 후 미래가치(future value: FV)이고 100만원은 1년 후 110만원의 현재가치(present value: PV)가 된다. 이러한 예는 현금흐름이 한번 발생하는 경우에 해당한다. 현금흐름이 여러 기간에 걸쳐 발생하는 경우를 살펴보자. 이 경우에는 복리와 단리의 개념을 이해하는 것이 필요하다. 복리 계산은 여러 기간 동안 원금과 누적된 이자를 그대로 두어 원금은 물론 이자에 대해서도 다시 이자를 계산해 주는 것을 말한다. 단리 계산은 원금에 대해서만 이자를 계산해 주는 것이다. 복리 계산은 이자에 대해서 이자를 계산해 준다는 측면에서 단리계산과 다르다. 어떤 사람이 현재 1000원을 연이자율 10%의 복리로 계산되는 저축을 하였다면 3년 후에 얼마를 받을 수 있는지를 살펴보자. 현재(0년도)에 원금 1000원을 저축하면, 1년도에 원금 1000원과 이자 100원을 합하여 원리금 1100원이 된다. 2년 후에는 1100원에 대해 이자 110원을 합한 원리금 1210원이 된다. 3년 후에는 1210원과 그 이자 121원을 합한 원리금 1331원이 된다. 연이자율이 10%인 경우에 3년 후의 1331원은 현재의 1000원과 동일한 가치가 된다. 연이자율 10%의 단리 계산을 하면 현재 1000원은 3년 후에 원금 1000원과 3회의 이자 3000원을 합한 1300원이 된다. 일반적으로 미래가치와 현재가치는 복리에 의해 계산된다. 이자율이 $r$인 경우에 $n$시점에서의 미래가치는 현재가치 $\times (1+r)^n$이다. 또한 현재가치는 $\dfrac{n\text{시점의 미래가치}}{(1+r)^n}$로 표현된다.

### 2) 순현재가치

어떤 투자안으로부터 매기마다 현금 흐름이 $CF_0, CF_1, CF_2, \cdots, CF_n$ 인 경우 순현재가치(net present value: NPV)는 다음과 같다.

$$NPV = CF_0 + \frac{CF_1}{(1+k)} + \frac{CF_2}{(1+k)^2} + \cdots + \frac{CF_n}{(1+k)^n} = \sum_{t=0}^{n} \frac{CF_t}{(1+k)^t} \qquad (5.7)$$

여기서 $k$는 투자안의 위험이 반영된 자본비용이며 동일한 위험을 지니는 다른 투자 대안에 투자했을 때 기대할 수 있는 수익률이 된다. 자본비용이 증가할수록 순현재가치는 감소한다. $n$은 투자안의 내구연한을 나타낸다. $CF_t$는 t년 말의 현금흐름으로 현금 유출은 음(-)의 부호, 현금 유입은 양(+)의 부호를 갖게 된다. 투자지출액이 오직 현재 시점에서만 발생한다고 가정하면 식 (5.10)에서 $CF_0$은 투자지출액에 해당하므로 현금유출이고 음의 부호를 갖는다. 식 (5.10)는 투자로 인해 발생하는 모든 현금흐름을 묶어서 표현하고 있다.

순현재가치는 다른 방식으로 표현될 수도 있다. 현재 투자지출액을 $I$라 표기하고 그 이후 매기마다 현금 흐름이 $CF_1, CF_2, \cdots, CF_n$ 인 경우 순현재가치는 다음과 같이 표현될 수 있다.

$$NPV = -I + \frac{CF_1}{(1+k)} + \frac{CF_2}{(1+k)^2} + \cdots + \frac{CF_n}{(1+k)^n} = \sum_{t=1}^{n} \frac{CF_t}{(1+k)^t} - I \qquad (5.8)$$

식 (5.7)과 달리 식 (5.8)은 투자로 인한 미래의 현금유입과 현금유출을 별도로 구분함으로써 투자수익에서 투자금을 차감하는 형태를 보인다.

### 3) 순현재가치법의 투자 의사결정 기준

순현재가치법의 투자 의사결정 기준은 다음과 같다. 단일 투자안의 경우 투자안의 순현재가치(순현가)가 0보다 크면 그 투자안은 투자의 가치가 있는 것으로 판단하여 채택하고 0보다 작으면 투자의 가치가 없다고 판단하여 기각한다. 그리고 예산의 제약 등으로 인해 동시에 추진될 수 없는 여러 투자안이 존재하는 경우에는 순현가가 0보다 큰 투자안 중에서 순현가가 가장 큰 투자안을 선택한다.

〈표 5-7〉 두 투자안의 현금흐름

| 연 도 | 0(현재) | 1 | 2 | 3 |
|---|---|---|---|---|
| 투자안 A | -1,000 | 500 | 600 | 700 |
| 투자안 B | -1,000 | 700 | 600 | 500 |

투자안의 내구연한이 3년이고 각 연도말 현금흐름이 〈표 5-7〉과 같을 때 각 투자안의 순현재가치를 계산하여 보자. 자본비용은 10%라고 가정하자. 투자안 A와 B의 순현재가치는 다음과 같다.

$$\mathrm{NPV(A)} = \frac{500}{(1.1)} + \frac{600}{(1.1)^2} + \frac{700}{(1.1)^3} - 1,000 = 476.3 \tag{5.9}$$

$$\mathrm{NPV(B)} = \frac{700}{(1.1)} + \frac{600}{(1.1)^2} + \frac{500}{(1.1)^3} - 1,000 = 507.9 \tag{5.10}$$

독립적 투자안일 경우 두 투자안이 모두 양의 순현재가치를 가지므로 모두 채택하는 의사결정을 내리게 될 것이다. 상호배타적 투자안의 경우라면 두 투자안 중에서 순현재가치가 더 큰 투자안 B를 채택하는 의사결정을 내리게 될 것이다.

### 4) 내부수익률법

순현재가치법과 함께 자주 사용되는 방법이 내부수익률법이다. 내부수익률(internal rate of return: IRR)은 어떤 투자안에 대하여 현금유입의 현재가치와 현금유출의 현재가치를 동일하게 만드는 할인율이다. 즉, 내부수익률이란 투자안의 순현재가치를 0으로 만드는 할인율이다. 순현재가치의 첫 번째 식의 형태로 표현하면 다음과 같다.

$$NPV = \sum_{t=0}^{n} \frac{CF_t}{(1+IRR)^t} = 0 \qquad (5.11)$$

내부수익률을 사용하는 경우에 의사결정 기준은 독립적인 투자안의 경우 내부수익률이 자본비용보다 크면 투자안을 채택하고 내부수익률이 자본비용보다 작으면 투자안을 기각하는 것이다. 상호배타적인 투자안의 경우에는 내부수익률이 자본비용보다 큰 투자안 중에서 내부수익률이 가장 큰 투자안을 선택하는 것이다.

### 5) 순현재가치법과 내부수익률법의 비교

사업이 상호배타적인 경우와 현금흐름의 부호가 여러 번 바뀌는 경우에 순현재가치법과 내부수익률법은 서로 다른 의사결정을 유도할 수 있다. 이러한 경우에는 순현재가치법을 적용하는 것이 바람직하다. 순현재가치법이 내부수익률법에 비해 우수한 것으로 평가되고 있는데, 왜냐하면 할인율(자본비용)이 기간에 따라 변하는 경우에 순현재가치법은 언제나 적용이 가능한 반면 내부수익률법은 적용이 불가능하기 때문이다.[23]

# 제 6 장 시장의 유형

## 1. 시장의 유형과 관련된 특성

주요 시장유형은 완전경쟁, 독점적 경쟁, 과점, 독점이다. 이러한 나열의 순서는 시장 경쟁이 강한 유형부터 약한 유형의 순서로 배치한 것이다. 이와 같은 네 가지 시장유형의 특성을 살펴보기 위해 공급자 수, 상품차별화, 진입장벽, 시장지배력, 시장의 균형 등을 중심으로 살펴보고자 한다.

한 시장에 존재하는 공급자의 수가 많을수록 시장의 경쟁은 강해지는 경향을 갖는다. 그리고 공급자 수는 시장유형을 구분하는 가장 중요한 기준이 된다.[65]

상품차별화란 어떤 공급자가 경쟁 상품과 동일한 용도를 가지지만 다른 속성을 가진 상품을 개발함으로써 그 속성을 좋아하는 소비자에게 매출액을 늘리려는 것을 말한다. 차별화된 상품은 경쟁 상품과 동일한 용도를 가진다는 측면에서 경쟁 상품과의 대체성이 높지만 경쟁 상품과 차별화된 속성을 좋아하는 소비자들에게 시장지배력을 행사할 수 있는 측면에서는 독점적 성격을 가지게 된다.[73]

진입장벽(barriers to entry)이란 새로운 경쟁 기업의 시장진입을 억제하는 것을 뜻한다. 진입장벽은 시장구조에 기인한 진입장벽과 기존기업의 행위에 기인한 진입장벽으로 구분할 수 있다. 구조적 진입장벽은 다음과 같이 세분화된다.[97] 첫째, 법적 진입장벽이다. 정부에 의한 진입규제는 가장 직접적인 진입장벽에 해당한다. 시장 진입을 위한 허가 조건이 어려울수록 진입장벽은 높아진다. 둘째, 시장진입에 필요한 최소한의 자금규모를 들 수 있다. 시장진입에 필요한 최소한의 자금규모가 클수록 진입장벽은 높아진다. 그리고 시장진입의 비용이 진입 후에 회수할 수 없는 매몰비용의 성격을 가질수록, 그리고 이러한 비용을 조달받을 수 있는 자본시장이 비효율적일수록 최소 자금규모에 의한 진입장벽은 높아진다. 셋째, 필수설비의 존재를 들 수 있다. 기존기업이 필수설비를 배타적으로 사용하는 경우 필수설비는 진입장벽으로 작용한다. 필수설비의 예로는 과거 통신산업에서 시내 유선전화망을 들 수 있다. 과거에 시외전화 사업자나 국제전화 사업자는 시내 전화망을 통하지 않고서는 전화가입자에 대한 접근이 불가능했기 때문이다. 넷째, 규모의 경제를 들 수 있다. 일반적으로 기존기업들은 기업규모가 큰 반면 새로운 진입기업들은 기업규모가 작다. 따라서 규모의 경제가 큰 산업일수록 진입기업의 생산비용은 기존기업에 비해 높아서 진입장벽이 높아지게 된다.

행위적 진입장벽도 여러 가지로 세분화할 수 있다.[97] 첫째, 약탈적 가격의 설정을 들 수 있다. 약탈적 가격의 설정은 가격을 낮추어서 경쟁기업의 시장 퇴출을 유도한 후에 다시 가격을 높여서 보다 큰 이익을 얻으려는 의도로 행해진다. 그러나 약탈적 가격의 설정은 경쟁 기업을 시장에서 퇴출시키는 역할뿐만 아니라 잠재적 진입기업의 시장진입을 저지하는 역할도 한다. 둘째, 지적재산권을 들 수 있다. 지적재산권은 그것을 가진 기존기업에게 절대적 비용우위를 초래하므로 잠재적 진입기업에게는 진입장벽으로 작용한다. 셋째, 광고 활동을 들 수 있다. 소비자가 유사한 품질의 상품인데도 신규기업보다 기존기업의 브랜드에 충성도를 보이는 것은 그 브랜드의 광고에 기인할 수 있다. 기존기업은 누적된 광고활동을 통해 획득한 이미지를 활용할 수 있는 반면 새로 진입한 기업은 그러한 브랜드이미지를 쉽게 얻을 수 없다. 따라서 기존기업의 누적된 광고 활동은 잠재적 진입기업에게 진입장벽으로 작용한다. 넷째, 배타적 계약도 진입장벽을 형성하려는 의도를 가질 수 있다. 특히 배타적 계약이 시장지배적 사업자에 의해 이뤄질 때는 진입장벽이 더 높아진다. 다섯째, 폐쇄적 유통구조를 들 수 있다. 과거에 조선일보, 중앙일보, 동아일보로 구성된 전국종합일간신문 3사는 전국적인 자체 배달망을 폐쇄적으로 확보하여 잠재적 진입자의 배달망 구축비용을 높임으로써 진입장벽을 높이는 역할을 하였다. 여섯째, 수요자의 전환비용을 들 수 있다. 예를 들면, 통신서비스 기업이 가입자의 계약해지 과정을 복잡하게 할 경우 그 가입자가 경쟁기업으로 전환하는 비용을 높이게 된다. 이러한 전환비용이 클수록 진입장벽은 높아진다.

시장지배력이란 개별 기업이 다른 기업들의 반응을 고려하지 않은 채 가격을 생산비용 이상으로 설정할 수 있는 능력을 의미한다. 대체로 어떤 기업의 상품에 대한 수요의 가격 탄력성이 낮을수록 그 기업의 시장지배력이 높아진다. 시장의 균형이란 수요량과 공급량이 일치하는 상태를 말한다. 시장의 균형은 단기적 시장 균형과 장기적 시장 균형으로 구분할 수 있다.

## 2. 시장의 유형

### 1) 완전경쟁

#### (1) 기업 수, 상품차별화, 진입장벽 그리고 시장지배력

완전경쟁의 특성은 다음과 같다. 첫째, 매우 많은 수의 소규모 공급자가 존재한다. 둘째, 상품이 동질적이다. 따라서 기업의 브랜드 전략은 의미가 없다. 셋째, 진입장벽이 존재하지 않는다. 넷째, 기업은 시장지배력이 없다. 완전경쟁 시장에서는 다수의 소규모 기업이 동질적 상품을 공급하고 있으므로 개별 기업이 시장의 공급량과 가격에 영향을 미치지 못한다. 어떤 기업이 가격을 올린다면 소비자들은 다른 경쟁기업으로부터 구매하게 된다. 따라서 개별 기업은 시장지배력을 갖지 못하게 되고 시장 가격을 받아들여야만 한다.

### (2) 시장의 균형

완전경쟁에서 시장의 수요곡선은 우하향하는 모양을 갖는다. 그러나 개별기업의 수요곡선은 시장가격 수준에서 수평선이 된다. 시장 가격은 평균수입이면서 한계수입이 된다. 이윤극대화를 추구하는 기업은 한계비용곡선과 수평적인 한계수입곡선이 교차하는 점에서 생산량을 선택한다.

생산비용은 고정비용과 가변비용으로 이루어져 있다. 단기에 생산을 중단하면 가변비용은 지출하지 않아도 되지만 고정비용은 계속 지출된다. 고정비용이 매몰비용이라고 가정하면 총수입이 가변비용보다 작을 때 기업은 단기적으로 생산을 중단하게 된다. 다시 말하자면, 기업은 평균수입(가격)이 평균가변비용보다 작을 경우 단기적으로 생산을 중단한다.

단기적으로 완전경쟁 시장 내의 기업들이 양의 경제적 이윤을 얻게 되면 새로운 기업들이 시장에 진입하게 된다. 음의 경제적 이윤을 얻는 기업들이 있다면 그들은 시장에서 이탈할 것이다. 이러한 조정과정을 거쳐 모든 기업들이 0의 경제적 이윤을 얻게 되면 더 이상의 진입과 이탈이 발생하지 않게 되고 장기균형 상태에 도달한다. 다시 말하자면 기업들은 자유롭게 완전경쟁 시장에 진입하거나 이탈할 수 있어서 장기 균형에서 개별 기업들은 0의 경제적 이윤을 얻는다. 장기균형 상태에서 개별 기업들은 이윤이 극대화될 수 있는 장기평균비용곡선의 최저점에서 생산하게 되고 시장가격은 가장 낮은 장기평균비용과 같아지게 된다.

완전경쟁의 장기 균형에서 가격과 평균비용과 한계비용이 모두 일치되므로 자원배분의 효율성이 이루어진다. 장기 균형에서 개별기업의 경제적 이윤이 0이라는 것은 그 기업이 정상이윤(normal profit)만을 얻는다는 것을 의미한다. 자본에 대한 정상적인 수익을 정상이윤이라고 하는데, 이는 경제 전체에서 사용되는 자본의 평균적 수익률을 뜻한다. 5장에서 설명한 바와 같이 기업의 경제적 비용 안에 정상이윤이 포함되어 있다.

#### (3) 완전경쟁의 조건

경제학에서는 완전경쟁의 조건으로 네 가지를 제시한다. 첫째, 다수의 공급자와 다수의 구매자가 존재하고 이들은 가격을 주어진 것으로 받아들이는 가격수용자(price taker)이어야 한다. 둘째, 상품은 동질적이다. 셋째, 진입의 장벽과 이탈의 장벽이 없어서 시장의 진입과 이탈이 자유롭다. 넷째, 시장에 참여하는 경제주체는 완전한 정보를 갖고 있다. 이 네 가지 조건을 충족하는 시장은 현실에 존재하지 않는 이론적인 시장 형태이다. 여러 세분화된 미디어산업 중에서 어느 분야도 완전경쟁 시장은 아니다. 그러나 완전경쟁은 독점, 과점, 독점적 경쟁의 시장 형태를 비교하고 평가하는 기준으로 사용된다.

### 2) 독점적 경쟁

#### (1) 기업 수, 상품차별화, 진입장벽 그리고 시장지배력

독점적 경쟁의 특성은 다음과 같다. 첫째, 다수의 소규모 공급자가 존재한다. 그러나 완전경쟁에 비해서는 공급자의 수가 적다.[217] 둘째, 상품차별화 현상이 특징적으로 나타난다. 차별화된 상품을 생산하는 기업은 경쟁 상품의 가격보다 높아도 자신의 상품을 구매하는 수요층을 확보하게 되므로 자신의 상품에 대해 시장지배력을 갖게 된다. 영화, 텔레비전프로그램, 신문, 잡지 등과 같은 미디어 상품은 상품차별화가 특징적으로 나타난다. 셋째, 독점적 경쟁에서는 독점이나 과점에 비해서 진입장벽이 낮다. 따라서 기업의 시장진입이 독점이나 과점에 비해서 용이하다.[217] 넷째, 독점적 경쟁에서 기업들은 차별화된 상품을 생산하기 때문에 가격에 대해 어느 정도 영향력을 발휘할 수 있다. 독점적 경쟁도 과점과 마찬가지로 가격이 한계비용보다 높게 설정되어 자원배분의 효율성이 침해된다. 그러나 대체재를 생산하는 기업들이 시장에 많이 존재하므로 각 기업의 시장지배력은 과점에 비해 제한적이다.

### (2) 시장의 균형

차별화된 상품들이 각각 고정적인 수요층을 확보하게 되면 소비자들이 시장 내의 상품들을 완전한 대체재로 보지 않기 때문에 개별 기업이 직면한 수요곡선은 우하향하는 모양을 갖게 된다. 이러한 수요곡선에서 도출된 한계수입 곡선과 한계비용 곡선이 교차하는 점에서 생산량을 선택할 때 단기균형에 도달한다. 독점적 경쟁의 단기 균형에서 기업은 음(-) 혹은 양(+)의 경제적 이윤을 얻을 수 있다.

독점적 경쟁의 장기 균형에서 기업은 0의 경제적 이윤을 얻는다. 독점적 경쟁에서 단기적으로 어떤 기업이 양의 경제적 이윤을 얻게 되면 새로운 기업들이 시장으로 진입한다. 기업의 수가 많아지면 개별기업의 이윤은 감소하게 된다. 마찬가지로 단기적으로 어떤 기업이 음의 경제적 이윤을 얻게 되면 그 기업은 시장에서 퇴출한다. 기업의 수가 줄어들면 개별 기업의 이윤은 증가하게 된다. 이와 같은 조정과정은 각 기업의 경제적 이윤이 0이 될 때까지 계속된다. 기업의 경제적 이윤이 0이 되면 진입이나 퇴출은 중단되고 시장은 장기균형에 도달하게 된다.

이론적 모형에 따르면 독점적 경쟁 시장에서 기업은 장기적으로 경제적 이윤은 0이다. 그러나 이러한 이론적 모형과 달리 현실에서 이러한 결과가 반드시 나타나는 것은 아니다. 시간이 오래 지나도 어떤 기업의 상품차별화를 다른 기업들이 모방할 수 없게 되면 그 기업은 장기적으로 높은 경제적 이윤을 얻을 수 있다.[217]

### (3) 독점적 경쟁의 사례

미국에서 전국적 차원의 라디오방송네트워크산업, 잡지산업, 서적출판산업 등은 독점적 경쟁으로 분류된 바 있다.[107] 라디오 프로그램, 잡지, 서적 등은 각각의 시장에서 서로 차별화되어 생산되고 그러한 시장에서 공급자의 수도 많은 편이다. 국내 PP 시장 중에서 보도 PP, 종합편성 PP, 홈쇼핑 PP의 시장에서는 승인제라는 진입규제로 인해 진입장벽이 높고 소수의 기업만 존재하므로 과점 시장의 성격을 갖는다. 그러나 이러한 PP들을 제외한 일반 PP 시장은 상품차별화가 보편적인 현상이며 진입규제에 있어서 등록제가 실행되고 있기 때문에 비교적 진입이 용이하다. 따라서 일반 PP 시장은 독점적 경쟁의 특성을 지니고 있다. 이러한 시장에서 일시적으로 과다한 이윤은 진입을 유발시켜서 이윤을 떨어지게 만든다. 예를 들면, 영화 장르의 채널은 시청자들이 많이 찾는 채널이어서 다수의 PP가 영화 장르로 진입하게 되었다. 많은 영화 채널들이 등장한 후 영화 채널의 수익성은 낮아지게 되었고 다른 장르의 채널과 비교해 보아도 수익성에서 거의 차이를 보이지 않는 것으로 나타난 바 있다.[45]

### 3) 과점

#### (1) 기업 수, 상품차별화, 진입장벽 그리고 시장지배력

과점의 특성은 다음과 같다.[217] 첫째, 소수의 대규모 공급자가 존재한다. 일반적으로 빅3, 빅4 등과 같은 표현은 그 시장이 과점이라는 것을 반영한다. 상위 4대 기업이 시장에서 차지하는 매출액의 비중이 40%가 넘으면 과점으로 분류하기도 한다. 둘째, 기업들이 동질적인 상품을 공급하기도 하고 차별화된 상품을 공급하기도 한다. 동질적 상품을 공급하는 경우 동질적 과점, 차별화된 상품을 공급하는 경우 차별화된 과점이라고 한다. 공급하는 상품들이 동질적일수록 기업들 간의 상호의존성은 커지게 된다.[64] 셋째, 장기적으로 상당한 진입장벽이 존재하여 기업의 진입이 어렵다. 특히 규모의 경제는 여러 과점 산업에서 핵심적인 진입장벽으로 작용한다. 넷째, 과점에서는 상당한 진입장벽이 존재하고 기업의 수가 적기 때문에 개별 기업들은 가격수용자가 아니라 가격설정자가 되어 시장지배력을 가지게 된다.

#### (2) 시장의 균형

진입장벽으로 인해 과점 시장의 기업들은 단기 균형뿐만 아니라 장기 균형에서도 양의 경제적 이윤을 얻을 수 있다. 그러나 기업의 수가 많아질수록 가격이 한계비용에 접근하게 되고 경제적 이윤의 크기는 줄어들 가능성이 크다.

### (3) 과점의 이론적 모형

과점시장에 있는 각 기업들은 서로 경쟁기업의 가능한 반응을 사전에 고려한 이후에 전략을 수립한다. 이와 같은 기업들 간의 상호의존성은 과점에 관한 단일의 정형화된 과점 모형이 나오지 못하는 배경 요인이 된다. 과점에서 담합의 여부에 따라 크게 세 가지 범주의 과점 모형이 존재한다.[65] 첫째, 과점에서 담합이 없이 개별 기업이 독자적 행동을 한다는 가정 하에 분석하는 모형이다. 이 범주에 속하는 모형으로는 각 기업이 상대방의 생산량을 주어진 것으로 보고 자신의 생산량을 결정한다고 보는 꾸르노(Cournot) 모형이 있다. 그리고 각 기업이 상대방의 가격을 주어진 것으로 보고 자신의 가격을 결정한다고 보는 베르뜨랑(Bertrand) 모형이 있다. 다음으로 굴절수요곡선(kinked demand curve) 모형이 있다. 이 모형의 가정은 어떤 기업이 가격을 인상할 때 경쟁기업은 따르지 않지만 가격을 인하할 때는 경쟁기업도 따라서 내리는 것으로 추측한다는 것이다. 이런 가정 하에서 기업이 직면한 수요곡선에 굴절이 생기고 이로 인해 가격이 안정화된다고 본다. 그러나 현실적으로 과점의 가격은 불안정한 측면이 많다. 둘째, 과점에서 암묵적 담합이 일어난다는 모형이다. 이 범주에 속하는 모형으로는 가격선도 모형(price leadership model)을 들 수 있다. 가격선도 모형은 어떤 기업이 가격을 설정하면 다른 기업들이 이에 따르는 형태로 암묵적 담합이 이루어진다고 본다. 셋째, 과점에서 기업들이 명시적 담합을 통해 하나의 독점기업처럼 행동한다는 모형이다. 이모형에 따르면, 과점시장의 기업들이 카르텔을 형성하면 독점기업과 유사한 방식으로 카르텔 전체의 이윤극대화를 시도한다.

### (4) 과점의 사례

미국에서 텔레비전방송산업은 지역적 차원이나 전국적 차원의 네트워크 방송에서 모두 과점으로 분류된 바 있다. 네트워크방송사 간에는 협조적 행위가 이루어지기도 한다. 예를 들면, 네트워크 방송사는 광고요금, 가맹방송사에 대한 보상체계, 프로그램 제작사에 대한 보상체계 등에 있어서 행위의 일치를 보이는 경향이 있다.[107] 텔레비전방송산업은 진입규제로 인해 방송사의 수가 제한되고 있다. 국내에서도 텔레비전 네트워크 시장은 과점으로 분류할 수 있는데, 방송사들이 상호 간에 경쟁적 반응을 고려하기 때문이다. 예를 들면, 어떤 지상파 방송사가 뉴스나 드라마의 편성시간을 변경하면 다른 방송사는 그 영향을 고려하면서 자신들의 편성 전략을 재검토한다.[9] 또한 국내 텔레비전 네트워크 시장도 외국의 경우와 마찬가지로 엄격한 진입규제에 의해 법적 진입장벽이 높게 형성되어 있다. 국내 이동통신시장도 전국적 시장에서 과점을 이루고 있다. 또한 국내 영화관 시장도 지역시장에서 과점을 이루는 곳이 많이 존재한다.

### 4) 독점

#### (1) 기업 수, 상품차별화, 진입장벽 그리고 시장지배력

경제학에서 독점은 다음과 같이 정의된다. 첫째, 하나의 공급자만 존재하므로 하나의 기업이 시장을 이룬다. 둘째, 독점 기업은 시장 내에 단 하나만 있으므로 독점 기업의 상품은 상품차별화와 무관하다. 그리고 독점 기업의 상품과 가까운 대체재는 존재하지 않는다. 셋째, 진입장벽이 매우 높아서 잠재적 기업의 시장 진입이 봉쇄되어 있다. 따라서 직접적인 경쟁자가 없다. 넷째, 독점기업은 경쟁자가 없어서 공급량의 변화를 통해 상품 가격을 통제할 수 있는 능력이 크다. 즉, 독점기업은 가격설정자이다. 그러나 독점기업도 가격을 인상하면 판매량이 감소하므로 소비자의 반응을 고려해야 한다.

#### (2) 시장의 균형

독점기업이 직면하는 수요곡선은 우하향하는 모양을 갖고 있다. 이윤극대화를 추구하는 독점기업은 한계수입 곡선과 한계비용 곡선이 교차하는 점에서 생산량과 가격을 결정한다. 이러한 균형 상태에서는 가격이 한계비용보다 더 높다. 독점 시장에서는 진입장벽이 높아서 단기뿐만 아니라 장기에서도 독점기업은 양의 경제적 이윤을 얻을 수 있다. 그러나 독점이라고 해서 언제나 양의 경제적 이윤이 보장되는 것은 아니다. 소비자 취향이 변하여 수요가 감소하거나 생산비

용이 급등하는 경우 손실을 보게 된다.[217]

### (3) 독점의 비효율성

독점의 비효율성은 다음과 같은 네 가지를 포함한다.[73] 첫째, 독점은 사회후생의 손실을 뜻하는 자중손실(deadweight loss)을 초래한다. 즉 독점은 높은 가격과 낮은 산출량으로 인해 자원배분의 비효율성을 초래한다. 독점의 비효율성은 완전경쟁과 비교하면 잘 나타난다. 〈그림 6-1〉을 보면 D는 수요곡선을 나타내며 S는 완전경쟁 시장의 공급곡선을 나타낸다. 완전경쟁에서 개별 기업의 공급곡선은 한계비용 곡선과 일치하며 개별 기업들의 공급곡선을 수평으로 합하면 시장의 공급곡선이 된다. 완전경쟁에서는 공급곡선과 수요곡선이 교차하는 $E_c$점에서 균형이 이루어진다. 이 경우에 생산량과 가격은 각각 $Q_c$와 $P_c$이다. 완전경쟁은 소비자잉여와 생산자잉여의 합인 총잉여를 극대화시키기 때문에 자원 배분의 효율성을 달성한다. 소비자잉여는 소비자가 구매 단위에 대해 지불하고자 하는 최고 금액과 실제로 지불한 가격의 차이이다. 완전경쟁에서 소비자잉여는 삼각형 $AP_cE_c$에 해당한다. 생산자잉여는 생산자가 실제로 받는 가격과 비용의 차이로 정의된다. 완전경쟁에서 생산자잉여는 삼각형 $P_cBE_c$이다. 따라서 완전경쟁에서 총잉여는 $AP_cE_c + P_cBE_c$가 된다.

수요곡선이 D인 상태에서 독점 기업은 한계수입곡선 MR을 가진다. 독점의 경우 한계수입 곡선과 한계비용 곡선이 만나는 점에서 균형이 이루어지는데 균형 상태에서 생산량과 가격은 각각 $Q_m$와 $P_m$이 된다. 따라서 독점에서는 완전경쟁에 비해 생산량은 적고 가격은 높다. 이는 자원이 비효율적으로 배분된다는 것을 의미한다. 독점에서 소비자잉여는 삼각형 $AP_mE_m$으로 축소되고 생산자잉여는 사각형 $P_mBCE_m$이 된다. 독점으로 인한 사회후생의 손실은 삼각형 $E_mCE_c$로 나타나는데, 이를 독점에 의한 자중손실이라고 한다. 또한 독점기업은 완전경쟁에서 소비자 잉여였던 사각형 $P_mP_cDE_m$의 면적을 생산자 잉여로 획득한다.

〈그림 6-1〉 완전경쟁과 독점의 비교

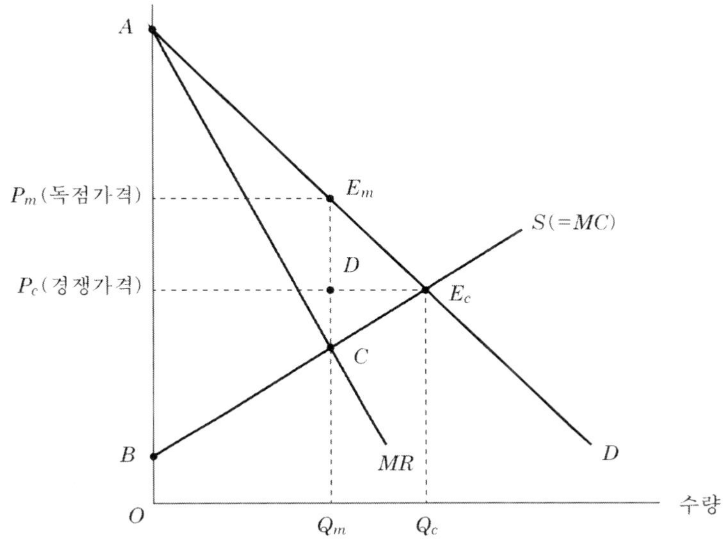


둘째, 독점 기업은 독점 이윤의 유지를 위해 지대추구(rent seeking) 행위를 하게 된다. 지대추구 행위란 전체 사회를 희생시키면서 특정 기업에게 소득이나 부를 이전시키는 행위를 말한다. 따라서 지대추구 행위는 사회적 차원에서 비효율성을 초래한다. 예를 들어 기존의 미디어기업들은 법적 진입규제의 유지 또는 강화를 통해 신규기업의 진입을 억제하고자 하는 유인이 있으므로 관련 규제기관의 관료들에 대한 로비활동에 사회적으로 불필요한 비용을 지출할 수 있다. 셋째, 독점은 X-비효율성(X-inefficiency)을 발생시킬 수 있다. 기업의 내부효율성(internal efficiency)은 기업 내 효율적 자원배분과 경영자의 적절한 관리를 통해 증진될 수 있다. 경쟁적 시장의 기업에 비해 독점 기업은 내부효율성이 저하되어 X-비효율성이 발생한다. X-비효율성은 기업조직의 비효율적 관리와 경영자의 이윤극대화 동기의 부족에서 발생한다.[206] 넷째, 독점은 정부 개입을 야기하므로 독점 기업에 대한 규제의 비용을 수반하게 된다.[246]

### (4) 독점의 효율성

독점의 효율성은 규모의 경제에 의한 비용절감이다.[73] 생산규모가 증대될수록 평균비용이 하락하는 규모의 경제가 나타나는 산업에서는 소규모의 여러 기업들보다 대규모의 독점기업이 더욱 효율적일 수 있다. 전체 시장 수요량을 능가하는 범위까지 규모의 경제가 나타나면 자연독점(natural monopoly) 현상이 나타날 수 있다. 자연독점이란 규모의 경제로 인해 여러 공급자가 생산하는 경우에 비해서 하나의 공급자가 생산하는 경우에 장기평균비용이 더 낮아져서 자연스럽게 특정 산업이 독점이 되는 것을 의미한다. 수도, 전기, 전화 등과 같은 공공서비스산업은 거대한 초기 투자비용을 필요로 하고 산출량이 증가할수록 장기평균비용은 낮아지므로 자연독점이 되는 경우가 일반적이다. 그러나 기술진보에 의한 생산비 구조의 변화로 인해 기존 산업에서 자연독점의 근거가 약화되거나 사라질 수 있다. 과거에 미국의 AT&T나 국내의 한국통신(현재의 KT의 전신)은 자연독점의 논리에 의해 전화서비스 시장에서 독점을 유지할 수 있었다. 그러나 급속한 기술진보에 의해 자연독점의 근거가 되었던 생산비 구조가 변하여 장거리전화 서비스부터 시내전화 서비스에 이르기까지 경쟁이 도입되었다.

### (5) 독점의 사례

국내에서 동일지역 복수SO 정책이 실시되기 이전에 SO들은 각 지역시장에서 독점을 형성했다. 케이블TV 시장은 규모의 경제가 적지 않게 작용하고 진입에 필요한 자본 소요량도 크기 때문에 법적으로 독점을 허용한 것이다. 이러한 논리는 미국에서도 적용되어 지역시장에서 SO의 독점을 허용하였다.

### (6) 독점과 경쟁 입찰

규모의 경제에 의해서 단일 기업이 더 낮은 비용으로 전체 시장의 수요를 충족시킬 수 있다. 그러나 어떤 기업에게 독점을 부여할지를 결정하기 위해서는 경쟁을 도입할 수 있다. 예를 들어, 종합유선방송이 지역적으로 자연독점이라고 가정해서 지역 독점을 부여할 수 있다 하더라도 종합유선방송서비스를 제공할 능력이 있는 많은 기업들이 있다. 이러한 경우 어떤 기업에게 지역 독점을 부여할 것인지 결정하기 위해 경쟁이 도입될 수 있다. 규제 기관은 서비스 품질을 정하고 가격 측면에서 기업들이 입찰하도록 요구할 수 있다. 가장 낮은 가격으로 이러한 서비스를 공급할 수 있는 기업이 경매에서 승자가 된다. 경매에서 경쟁이 치열할 경우 최종적으로 낙찰된 기업은 0의 경제적 이윤을 얻게 되는 완전 경쟁 수준에 근접할 수도 있다. 미국에서는 많은 지역에서 이러한 경쟁 입찰을 이용해 지역 독점을 부여했다.[181] 〈표 6-1〉에는 지금까지 설명한 시장유형의 주요 특성이 축약되어 있다.

〈표 6-1〉 시장 유형의 특성

| 시장 유형 | | 독점 | 과점 | 독점적 경쟁 | 완전경쟁 |
|---|---|---|---|---|---|
| 시장 구조 | 기업 수 | 하나 | 소수 | 많음 | 매우 많음 |
| | 상품 동질성 | 가까운 대체재 없음 | 동질적 혹은 차별화 | 차별화 | 동질적 |
| | 진입장벽 | 매우 높음 | 높음 | 낮음 | 없음 |
| 기업 행위 | 생산량 결정 | MR＝MC | 전략적 결정 | MR＝MC | MR＝MC |
| 시장 성과 | 장기 이윤 | 양(＋)일 가능성이 매우 높음 | 양(＋)일 가능성이 높음 | 0 | 0 |

출처 : 이준구 · 이창용(2015). 229쪽. 일부 수정.

# 제 7 장 시장구조

## 1. 산업조직론: 구조-행위-성과의 분석

산업조직론은 각 산업의 특성을 시장의 구조(structure), 기업의 행위(conduct), 성과(performance)의 측면에서 파악하고 상호 관련성 또는 인과관계를 연구한다. 더 나아가 이러한 세 가지 요인과 더불어 수요 조건, 공급 조건, 규제 등을 반영하는 변수들을 포함하는 연구가 이루어지기도 한다. 미시경제학의 한 분야인 산업조직론이 제공하는 주요 개념과 분석틀은 〈그림 7-1〉에 나타나 있다. 이와 같은 분석틀은 미디어산업뿐만 아니라 다른 여러 산업을 분석하는데 있어서 유용한 개념과 이론적 틀을 제공한다. 환경적 요인에는 수요 조건, 공급 조건, 규제 등이 있다. 이러한 요인들은 산업의 구조, 기업의 행위, 기업 또는 산업의 성과에 영향을 미친다.

〈그림 7-1〉 산업조직의 구성요소

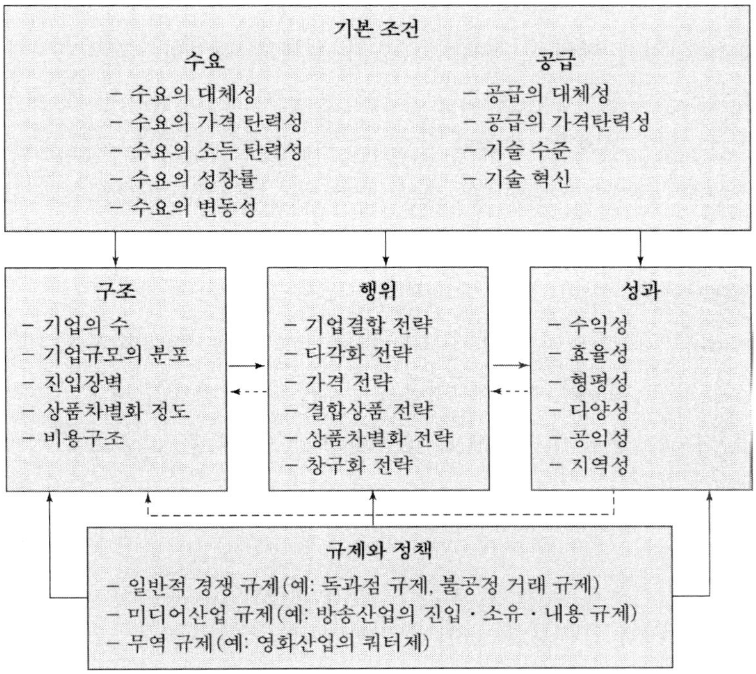


출처: 정갑영(2001). 일부 수정

시장구조는 완전경쟁, 독점적 경쟁, 과점, 독점과 같은 시장 유형으로 구분될 수도 있고 시장집중도를 통해 파악할 수도 있다. 시장의 구조적 특성을 결정하는 주요 요인들은 동일 산업 내 기업의 수, 기업규모의 분포, 진입장벽, 기업의 시장지배력, 상품차별화 등이 있다. 여기서 기업규모의 분포를 제외한 요인들은 6장에서 설명한 바 있다. 기업규모의 분포는 시장집중도를 측정하는데 있어서 핵심적인 자료가 된다.

시장구조는 기업의 행위에 영향을 미친다. 예를 들면 과점 시장에서는 수요의 상호의존성에 따른 전략적 행위가 자주 나타나는 반면 독점적 경쟁 시장에서는 광고 활동이 활발하고 상품차별화 전략이 자주 나타난다. 기업의 행위는 기업결합 전략, 다각화 전략, 가격 전략, 결합상품 전략, 상품차별화 전략, 창구화 전략 등 다양한 형태를 통해 나타난다. 여기서 유의해야 할 것은 시장에서 상품차별화가 이루어진 정도는 시장 구조 또는 시장 유형의 특성으로서의 상품차별화이다. 반면에 개별 기업들이 시도하는 상품차별화는 행위로서의 상품차별화이다.

시장성과를 구성하는 요소로는 수익성, 효율성, 형평성, 다양성, 공익성 등을 들 수 있다. 산업에 따라서 정책적 목표가 성과로 간주될 수 있다. 예를 들면, 지상파방송산업에서는 다양성이라는 정책적 목표가 주요 성과가 될 수 있다. 지역방송의 경우에는 다양성 외에도 지역성 구현이라는 정책적 목표가 주요 성과가 될 수 있다. 민영방송사의 경우에는 수익성이 기업 차원에서 주요 성과 지표가 될 수 있는 반면, 공영방송사의 경우에는 공익성이 기업 차원뿐만 아니라 사회적 차원에서 주요 성과가 될 수 있다.

구조, 행위, 그리고 성과 간의 인과관계를 보면 구조가 행위에 영향을 미치는 인과관계, 그리고 행위가 성과에 영향을 미치는 인과관계가 주로 일어난다. 그러나 다른 경로를 통한 인과관계도 일어날 수 있다. 행위가 구조에 영향을 미치는 인과관계도 일어날 수 있다. 예를 들면 인기채널을 가진 기업과 수직적으로 결합된 유료방송 플랫폼 기업이 다른 유료방송 플랫폼 기업에게 인기채널의 공급을 제한하거나 차별적으로 취급하게 되면 유료방송 플랫폼산업으로 진입을 고려하고 있는 기업의 비용을 높이게 된다. 이는 진입장벽을 높이고 시장의 집중도를 높이게 된다. 성과가 구조에 영향을 미치는 인과관계도 일어날 수 있다. 예를 들면 어떤 뉴미디어산업이 높은 수익성을 보이게 되면 해당 산업으로 진입하려는 기업들이 많아지게 되고 이는 시장의 집중도를 낮추게 된다.

## 2. 시장의 획정

### 1) 관련시장의 획정

경제학에서 시장은 상품이 교환되는 기능을 갖는 추상적 개념이다. 시장은 공급자와 수요자를 모두 반영하는 개념인 반면, 산업은 공급자를 주로 반영하는 개념이다. 그러나 산업조직론에서는 시장과 산업을 혼용하는 경우가 많다.[73] 예를 들면 시장구조는 산업구조, 시장성과는 산업성과 등으로 혼용된다.

시장의 범위란 수요자를 두고 공급자 간의 경쟁이 나타나는 범위라고 할 수 있다. 시장의 범위를 너무 좁게 정의하면 실질적으로 경쟁이 이루어지는 공급자 또는 그 공급자의 상품이 시장의 범위 안에 들어가지 않게 된다. 시장의 범위를 너무 넓게 정의하면 실질적으로 경쟁이 이루어지지 않고 있는 공급자를 시장의 범위 안에 넣게 된다. 따라서 관련시장 획정에 있어서 수요와 공급의 대체성을 잘 파악하지 못하게 되면 관련시장을 과도하게 획정하는 셀로판 오류(cellophane fallacy)나 관련시장을 과소하게 획정하는 역 셀로판 오류(reverse cellophane fallacy)를 초래하게 된다. 따라서 적절한 관련시장의 획정이 중요하다. 셀로판 오류라는 개념이 나오게 된 배경은 실제로 미국에서 셀로판 시장을 획정할 때 너무 넓게 시장을 정의하여 문제가 된 사건에서 유래한다.

여기서는 공정거래법을 적용할 때 이루어지는 관련시장의 획정을 중심으로 설명하고자 한다. 관련시장의 획정은 상품시장, 지역시장, 거래단계(생산단계), 거래상대방의 네 가지 차원에서 이루어질 수 있다. 어떤 상품의 관련시장을 획정하려면 반드시 상품시장, 지역시장, 거래단계의 세 가지 차원을 파악해야 한다. 그러나 거래상대방의 차원은 매우 드문 경우에만 추가적으로 파악한다.

〈표 7-1〉 시장획정의 판단기준

| 거래분야 | 세부적 고려사항 |
|---|---|
| 상품시장 | (1) 상품의 기능 및 효용의 유사성<br>(2) 상품 가격의 유사성<br>(3) 구매자들의 대체가능성에 대한 인식 및 구매행태<br>(4) 판매자들의 대체가능성에 대한 인식 및 관련된 경영의사결정 행태<br>(5) 한국표준산업분류<br>(6) 거래단계<br>(7) 거래상대방 |
| 지역시장 | (1) 상품의 특성 및 판매자의 사업능력(생산능력, 판매망의 범위 등)<br>(2) 구매자의 구매지역 전환가능성에 대한 인식 및 구매지역 전환행태<br>(3) 판매자의 구매지역 전환가능성에 대한 인식 및 관련된 경영의사결정 행태<br>(4) 시간적, 경제적, 법제적 측면에서의 구매지역 전환의 용이성 |

출처: 기업결합심사기준(공정거래위원회고시 제2009-39호)

### (1) 상품시장

상품시장은 "거래되는 특정 상품의 가격이 상당기간 어느 정도 의미있는 수준으로 인상될 경우 동 상품의 구매자 상당수가 이에 대응하여 구매를 전환할 수 있는 상품의 집합"을 말한다(기업결합심사기준 VI.1.가). 상품 간 대체성은 관련시장을 획정함에 있어서 핵심적인 기준이 된다. 상품시장의 획정에 있어서 상품 간 대체성에 기반을 두고 있는 SSNIP(small but significant non-transitory increase in price) 심사방식이 보편적으로 사용된다. 이 방식은 가상적인 독점기업이 상당기간 작지만 유의한 수준으로 가격을 인상할 경우 구매자가 구매를 전환할 수 있는 상품의 집합을 관련시장으로 획정해 나간다. 여기서 작지만 유의한 가격인상에 대해 미국은 5%로 규정하고 있고 유럽에서는 5~10%로 규정하고 있지만 국내에서는 명시적으로 규정하고 있지 않다.[26] SSNIP 방식은 미국 법무부와 연방거래위원회가 1982년에 제시한 수평결합심사 지침에서 소개되었다. 그러나 기술혁신이 급격하게 일어나거나 산업 간 융합이 진행되는 경우에는 SSNIP 방식의 한계점이 드러난다.[7]

〈표 7-1〉에 나타난 바와 같이 상품의 기능이 유사할수록, 가격이 유사할수록, 그리고 구매자 또는 판매자가 상품 간 대체성을 크게 인식할수록 그 상품들은 관련시장에 속할 가능성이 높다. 경우에 따라서는 한국표준산업분류에 의거한 산업의 분류가 시장획정에 사용될 수도 있다. 제조업의 경우 관련시장은 거래단계에 따라 제조, 도매, 소매 등으로 구분하여 획정할 수 있다. 영화산업의 경우 관련시장은 거래단계에 따라 제작, 배급, 상영으로 구분하여 획정한다. 종합유선방송산업의 경우는 주로 PP와 SO로 구분하여 시장을 획정한다. 그리고 특정한 거래상대방 또는 구매자군이 존재하는 경우에는 그러한 구매자군별로 일정한 거래분야가 획정될 수 있다.[6]

### (2) 지역시장

지역시장은 "다른 모든 지역에서의 당해 상품의 가격은 일정하나 특정지역에서만 상당기간 어느 정도 의미있는 가격인상이 이루어질 경우 당해 지역의 구매자 상당수가 이에 대응하여 구매를 전환할 수 있는 지역전체"를 말한다(기업결합심사기준 VI.2.가). 지역 시장 또는 지리적 시장의 범위는 세계적 범위, 전국적 범위, 한 국가 내의 특정 지역의 범위 등 다양하게 획정될 수 있다. 예를 들면, 마이크로소프트 회사의 운영체제(OS) 상품인 윈도우의 경우 세계적 시장으로 획정되고, 국내 위성방송의 경우 전국적 시장으로 획정되고, 국내 종합유선방송의 경우 지역적 시장으로 획정한다.

### 2) 미디어산업과 관련시장의 획정

국내의 신문산업과 유료방송산업에서 시장획정과 관련된 논란이 있었다. 신문은 발행주기에 따라 일간신문과 주간신문으로, 내용에 따라 일반신문과 특수신문으로, 발행·배포 지역에 따라 전국신문과 지역신문으로 구분된다. 과거의 신문법은 일반일간신문 및 특수일간신문을 합하여 하나의 관련시장으로 획정하고 그 시장에서의 시장점유율을 기준으로 시장지배적 사업자를 추정하였다. 과거의 신문법에 드러난 시장획정 관련 문제점으로 두 가지가 지적되었다. 하나는 시장획정의 주요 원칙인 수요의 대체성에 의거하면 특수일간신문과 일반일간신문을 별개의 시장으로 보는 것이 적절하다는 것이다. 다른 하나는 시장지배적 사업자의 추정할 때, 전년도 평균 전국발행부수를 기준으로 시장점유율을 산정하므로 지리적 시장으로서 전국시장을 전제로 하고 있어서 지역신문은 시장지배적 사업자로 추정될 가능성이 없다는 문제가 있다.[59]

국내에서 유료방송시장이 성숙해지면서 중계유선방송, 종합유선방송, 위성방송, IPTV를 수요의 대체성이 약한 분리된 시장들에서 수요의 대체성이 높은 하나의 관련시장으로 판단하게 되었다. 예를 들면, 위성방송의 도입기에는 위성방송 서비스의 요금이 상대적으로 높고 위성방송에 대한 지상파 재전송 규제로 인해 위성방송과 종합유선방송을 하나의 관련시장에 포함시키지 않았으나 위성방송의 요금이 낮아지고 지상파방송의 재전송이 원활하게 이루어지면서 관련시장으로 보게 되었다.

다른 산업에 비해서 미디어산업에서의 시장획정은 어렵다. 예를 들면, 시장획정의 기준으로 상품 간 유사성에 의존하기 어려운 점, 급속한 기술변화에 의해 이전에 결정된 시장획정은 유용성이 약화되어 새로운 사례에 적용하기 힘든 점, 콘텐츠 시장은 가격 차원뿐만 아니라 다른 차원에서도 경쟁이 일어나는 점 등이 시장획정을 어렵게 한다.[153] 또한 미디어산업에서의 시장획정은 양면시장의 특성을 갖고 있는 경우가 많아서 두 개의 시장을 분리시키면서 동시에 연관시켜서 이해해야 한다. 양면시장에 대한 자세한 설명은 14장에서 다루어질 것이다.

### 3) 한국표준산업분류

많은 나라들은 각 나라의 표준산업분류에 의존하여 시장의 범위를 결정하기도 한다. 유엔의 국제표준산업분류에 의거하여 세계 각국은 각자의 특수 상황을 반영한 표준산업분류를 만든다. 1964년에 제정된 한국표준산업분류는 유엔의 국제표준산업분류의 개정과 국내 산업구조의 변화를 반영하기 위하여 그 동안 여러 차례에 걸쳐 개정되어 왔다. 9차 개정은 2008년에, 10차 개정은 2017년에 이루어졌다.

한국표준산업분류는 생산단위(사업체 단위, 기업체 단위 등)가 주로 수행하는 산업 활동을 그 유사성에 따라 유형화한 것이다. 한국표준산업분류의 분류체계는 대분류(알파벳 문자 사용), 중분류(2자리 숫자 사용), 소분류(3자리 숫자 사용), 세분류(4자리 숫자 사용), 세세분류(5자리 숫자 사용)의 5단계로 구성된다. 중분류의 번호는 01부터 99까지 부여하는데 추가할 수 있는 여지를 위하여 번호 여백을 두기도 한다. 소분류 이하 모든 분류의 끝자리 숫자는 0에서 시작하여 9에서 끝나고 9는 기타 항목을 의미한다. 각 분류단계에서 더 이상 하위분류가 세분되지 않을 때는 0을 사용한다.[87] 예를 들면 세분류에서 라디오방송업(6010)과 세세분류에서 라디오방송업(60100)을 들 수 있다. 20017년의 10차 개정에 따른 한국표준산업분류를 요약하면 〈표 7-2〉와 같다.

〈표 7-2〉 한국표준산업분류 단계별 항목 수 비교(제 10차 개정)

| 대분류 | 중분류 | 소분류 | 세분류 | 세세분류 |
|---|---|---|---|---|
| A 농업, 임업 및 어업 | 3 | 8 | 21 | 34 |
| B 광업 | 4 | 7 | 10 | 11 |
| C 제조업 | 25 | 85 | 183 | 477 |
| D 전기, 가스, 증기 및 공기조절 공급업 | 1 | 3 | 5 | 9 |
| E 수도, 하수 및 폐기물 처리, 원료 재생업 | 4 | 6 | 14 | 19 |
| F 건설업 | 2 | 8 | 15 | 45 |
| G 도매 및 소매업 | 3 | 20 | 61 | 184 |
| H 운수 및 창고업 | 4 | 11 | 19 | 48 |
| I 숙박 및 음식점업 | 2 | 4 | 9 | 29 |
| J 정보통신업 | 6 | 11 | 24 | 42 |
| K 금융 및 보험업 | 3 | 8 | 15 | 32 |
| L 부동산업 | 1 | 2 | 4 | 11 |
| M 전문, 과학 및 기술서비스업 | 4 | 14 | 20 | 51 |
| N 사업시설 관리, 사업 지원 및 임대 서비스업 | 3 | 11 | 22 | 32 |
| O 공공 행정, 국방 및 사회보장 행정 | 1 | 5 | 8 | 25 |
| P 교육 서비스업 | 1 | 7 | 17 | 33 |
| Q 보건업 및 사회복지 서비스업 | 2 | 6 | 9 | 25 |
| R 예술, 스포츠 및 여가관련 서비스업 | 2 | 4 | 17 | 43 |
| S 협회 및 단체, 수리 및 기타 개인 서비스업 | 3 | 8 | 18 | 41 |
| T 가구 내 고용활동 및 자가 소비 생산활동 | 2 | 3 | 3 | 3 |
| U 국제 및 외국기관 | 1 | 1 | 1 | 2 |
| 총 21개 | 77 | 232 | 495 | 1,196 |

출처: 통계청 고시 제2017-13호.

10차 개정에서는 대분류 명칭을 '출판, 영상, 방송통신 및 정보서비스업'에서 정보통신업'으로 변경하였다. 정보통신업의 자세한 분류는 〈표 7-3〉에 나타나 있다.

〈표 7-3〉 대분류 J(정보통신업)의 분류체계

| 중분류 | 소분류 | 세분류 | 세세분류 |
|---|---|---|---|
| 58 출판업 | 581 서적, 잡지 및 기타 인쇄물 출판업 | 5811 서적출판업 | 58111 교과서 및 학습서적 출판업 |
| | | | 58112 만화출판업 |
| | | | 58113 일반 서적 출판업 |
| | | 5812 신문, 잡지 및 정기간행물 출판업 | 58121 신문발행업 |
| | | | 58122 잡지 및 정기간행물 발행업 |
| | | | 58123 정기 광고 간행물 발행업 |
| | | 5819 기타 인쇄물 출판업 | 58190 기타 인쇄물 출판업 |
| | 582 소프트웨어 개발 및 공급업 | 5821 게임 소프트웨어 개발 및 공급업 | 58211 유선 온라인 게임 소프트웨어 개발 및 공급업 |
| | | | 58212 모바일 게임 소프트웨어 개발 및 공급업 |
| | | | 58219 기타 게임 소프트웨어 개발 및 공급업 |
| | | 5822 시스템·응용 소프트웨어 개발 및 공급업 | 58221 시스템 소프트웨어 개발 및 공급업 |
| | | | 58222 응용 소프트웨어 개발 및 공급업 |
| 59 영상·오디오 기록물 제작 및 배급업 | 591 영화, 비디오물, 방송 프로그램 제작 및 배급업 | 5911 영화, 비디오물 및 방송 프로그램 제작업 | 59111 일반 영화 및 비디오물 제작업 |
| | | | 59112 애니메이션 영화 및 비디오물 제작업 |
| | | | 59113 광고 영화 및 비디오물 제작업 |
| | | | 59114 방송 프로그램 제작업 |
| | | 5912 영화, 비디오물 및 방송 프로그램 제작 관련 서비스업 | 59120 영화, 비디오물 및 방송 프로그램 제작 관련 서비스업 |
| | | 5913 영화, 비디오물 및 방송 프로그램 배급업 | 59130 영화, 비디오물 및 방송 프로그램 배급업 |
| | | 5914 영화 및 비디오물 상영업 | 59141 영화관 운영업 |
| | | | 59142 비디오물 감상실 운영업 |
| | 592 오디오물 출판 및 원판 녹음업 | 5920 오디오물 출판 및 원판 녹음업 | 59201 음악 및 기타 오디오물 출판업 |
| | | | 59202 녹음시설 운영업 |
| 60 방송업 | 601 라디오 방송업 | 6010 라디오 방송업 | 60100 라디오 방송업 |
| | 602 텔레비전 방송업 | 6021 지상파 방송업 | 60210 지상파 방송업 |
| | | 6022 유선, 위성 및 기타 방송업 | 60221 프로그램 공급업 |
| | | | 60222 유선방송업 |
| | | | 60229 위성 및 기타 방송업 |
| 61 우편 및 통신업 | 611 공영 우편업 | 6110 공영 우편업 | 61100 공영 우편업 |
| | 612 전기 통신업 | 6121 유선 통신업 | 61210 유선 통신업 |
| | | 6122 무선 및 위성 통신업 | 61220 무선 및 위성 통신업 |
| | | 6129 기타 전기통신업 | 61291 통신 재판매업 |
| | | | 61299 그 외 기타 전기 통신업 |
| 62 컴퓨터 프로그래밍, 시스템 통합 및 관리업 | 620 컴퓨터 프로그래밍, 시스템 통합 및 관리업 | 6201 컴퓨터 프로그래밍 서비스업 | 62010 컴퓨터 프로그래밍 서비스업 |
| | | 6202 컴퓨터 시스템 통합 자문, 구축 및 관리업 | 62021 컴퓨터 시스템 통합 자문 및 구축 서비스업 |
| | | | 62022 컴퓨터시설 관리업 |
| | | 6209 기타 정보 기술 및 컴퓨터운영 관련 서비스업 | 62090 기타 정보 기술 및 컴퓨터 운영 관련 서비스업 |
| 63 정보 서비스업 | 631 자료 처리, 호스팅, 포털 및 기타 인터넷 정보 매개서비스업 | 6311 자료 처리, 호스팅 및 관련 서비스업 | 63111 자료 처리업 |
| | | | 63112 호스팅 및 관련 서비스업 |
| | | 6312 포털 및 기타 인터넷 정보 매개 서비스업 | 63120 포털 및 기타 인터넷 정보 매개 서비스업 |
| | 639 기타 정보 서비스업 | 6391 뉴스 제공업 | 63910 뉴스 제공업 |
| | | 6399 그 외 기타 정보 서비스업 | 63991 데이터베이스 및 온라인 정보 제공업 |
| | | | 63999 그 외 기타 정보 서비스업 |

### 4) 콘텐츠산업의 구성요소

공공기관에서 공식적으로 분류하는 것은 아니지만 콘텐츠산업의 가치사슬 구성요소로 콘텐츠, 플랫폼, 네트워크, 단말기, 이용자의 다섯 가지로 나누기도 한다. 〈표 7-4〉에는 콘텐츠산업이라는 생태계를 구성하는 요소가 나타나 있다.

〈표 7-4〉 콘텐츠산업의 구성요소

| 구성요소 | 내 용 |
|---|---|
| 이용자 | 인터넷 이용자, 이동통신 이용자, 디지털단말기 사용자 등 |
| 단말기 | 핸드폰, PDA, PC, 노트북, 스마트폰, TV 등 |
| 네트워크 | 초고속인터넷망, 케이블망, 무선통신망, 위성통신망 등 |
| 플랫폼 | 과금, 인증, QoS 제어, 보안, 웹호스팅, 콘텐츠제작솔류션, 전자서명 등 |
| 콘텐츠 | 영상, 게임, 음악, 출판, 애니메이션, 캐릭터 등 |

출처: 권택민 · 김효용(2015).

## 3. 시장구조의 측정

시장구조란 기업의 수와 규모가 그 시장 내에 어떻게 분포되어 있는가에 의해 파악되기도 한다. 시장구조를 측정하기 위해서는 시장 내에 있는 각 기업의 시장점유율을 측정해야 한다. 시장점유율의 측정변수를 무엇으로 선택할 것인가는 분석의 목적, 자료의 이용가능성, 산업의 특성 등에 달려 있다. 연구자의 선택에 따라 매출액, 자산, 고용자 수 등을 기준으로 측정할 수 있으나 매출액이 가장 자주 사용된다. 미디어산업에서는 매출액 외에도 여러 변수를 기준으로 시장점유율의 측정이 이루어진다. 예를 들면, 지상파방송시장의 경우 시청점유율을, 신문시장의 경우 발행부수를, 종합유선방송시장의 경우 가입자 수를 기준으로 시장집중도의 측정이 이루어지기도 한다.

시장구조의 측정은 한 시점의 자료를 이용하여 측정하는 정태적 집중지표와 여러 시점의 자료를 이용하여 측정하는 동태적 이동지표로 구분할 수 있다. 그러나 자료의 제약으로 인해 정태적 집중지표가 주로 사용된다.

### 1) 시장집중의 정태적 분석: 집중지표

한 시점에서 시장집중도를 측정하는 집중지표는 대체로 다음과 같은 형태를 지닌다.[128]

$$\text{집중지표} = \sum_{i=1}^{n} s_i w_i \tag{7.1}$$

여기서 $s_i$는 기업 $i$의 시장점유율이고, $w_i$는 기업 $i$의 시장점유율에 부여되는 가중치이며, $n$은 기업의 수를 나타낸다.

집중지표의 가중치 부여방식은 해당 집중지표가 기업규모 분포의 변화에 대해 얼마나 민감하게 반응하는가를 결정하는데, 다음과 같은 다양한 종류가 존재한다.[128] 첫째, 자의적으로 기업의 수를 정한 후에 그 기업들에 한해서는 가중치 1이 부과되고 그 외의 기업들에 대해서는 가중치가 0이 부과되는 경우로서 상위기업집중률을 예로 들 수 있다. 둘째, 가중치가 해당 기업의 시장점유율로 부과되는 경우로서 허핀달지수를 들 수 있다. 셋째, 가중치가 해당 기업의 서열로 부과되는 경우로서 홀-타이드만 지수를 들 수 있다. 넷째, 가중치가 시장점유율 로그값의 음수로 부과되는 경우로서 엔트로피 지수를 들 수 있다.

#### (1) 상위기업집중률

상위기업집중률(k-firm concentration ratio: $CR_k$)은 전체 기업 수(n) 중에서 상위 k번째 안에 드는 기업들의 시장점유율을 합하여 계산되며 다음과 같이 측정된다.

$$CR_k = \sum_{i=1}^{k} s_i \tag{7.2}$$

예를 들어 어떤 시장에 4개의 기업이 있고 기업의 시장점유율이 각각 40%, 30%, 20%, 10%인 경우에 $CR_3$은 90%가 된다. 상위기업집중률의 범위는 0에서 1 사이의 값을 가진다. 일반적으로 $CR_4 \geq 50\% (CR_8 \geq 75\%)$이면 고집중, $CR_4 = 34 \sim 49\% (CR_8 = 51 \sim 74\%)$이면 중집중, $CR_4 \leq 33\% (CR_8 \leq 50\%)$이면 저집중으로 간주한다.[140]

상위기업집중률의 장점으로는 계산하기 용이한 점, 자료의 제약으로부터 비교적 자유로운 점, 소수의 기업들이 시장을 지배하는 경우에는 시장구조를 잘 파악할 수 있는 점 등을 들 수 있다. 단점으로는 $k$값의 결정이 자의적인 점, 기업수가 시장집중도에 미치는 효과를 반영하지 못하는 점, 하위 기업들이 시장집중도에 미치는 효과를 파악할 수 없는 점 등을 들 수 있다.[128]

동등규모기업 수(equivalent number of equal size firms: $n_e$)는 시장집중도를 보다 쉽게 이해하기 위한 개념이다.[105] 이 개념은 실제로 계산된 시장집중도를 얻기 위해서 가상적으로 동등한 규모를 가진 기업들이 몇 개가 필요한가를 의미한다. 상위기업집중률의 경우에 동등규모기업 수는 $k/CR_k$로 표현된다. 예를 들어 $CR_4$가 1 또는 100%인 경우에 동등규모기업 수는 $4(=4/1.0)$인데, 시장점유율이 25%인 동등한 규모를 가진 기업의 수가 4개라면 $CR_4$가 1 또는 100%가 된다는 것이다.

### (2) 허핀달지수

허핀달지수(Herfindahl-Hirschman index: HHI)는 각 기업의 시장점유율($s_i$)을 제곱하여 합계한 것으로 다음과 같이 측정된다.

$$HHI = \sum_{i=1}^{n} s_i^2 \tag{7.3}$$

예를 들어 어떤 시장에 4개의 기업이 있고 기업의 시장점유율이 각각 40%, 30%, 20%, 10%인 경우에 HHI는 $0.3[=(0.4)^2+(0.3)^2+(0.2)^2+(0.1)^2]$ 이 된다. 허핀달지수는 시장점유율이 큰 기업일수록 큰 가중치를 부여한다. 허핀달지수는 시장이 경쟁적일수록(시장에 기업 수가 많고 기업의 시장점유율이 균등해질수록) 0에 가까워지고 독점인 경우에는 1이 된다. 허핀달지수는 미디어산업을 비롯한 여러 산업에서 기업결합의 경쟁제한성을 판단하는데 사용된다. 허핀달지수는 1.0을 10,000으로 표시하기도 한다. 미국의 법무부와 연방거래위원회의 수평결합 평가지침(2010년)에서는 허핀달지수가 1,500 미만인 경우 비집중(unconcentrated), 1,500～2,500에 속하는 경우 중집중(moderately concentrated), 2,500 초과인 경우 고집중(highly concentrated) 시장으로 정의한다. 허핀달지수의 단점으로 시장에 있는 모든 기업들의 시장점유율에 대한 자료가 필요하므로 자료의 제약이 크다는 점을 들 수 있다. 허핀달지수의 경우에 동등규모 기업수는 $1/HHI$ 로 정의된다. 예를 들어 $HHI$가 0.2인 경우에 동등규모 기업 수는 5인데, 시장점유율이 20%인 동등한 규모를 가진 기업의 수가 5개라면 $HHI$가 0.2가 된다는 것을 뜻한다.

### (3) 홀-타이드만 지수

홀-타이드만 지수(Hall-Tideman index: HTI)는 다음과 같이 측정된다.[170]

$$HTI = \left(2\sum_{i=1}^{n} i s_i - 1\right)^{-1} \tag{7.4}$$

각 기업의 시장점유율은 해당기업의 순위($i$)에 의해 가중치가 부여되고 있으며 가장 큰 기업의 가중치는 $i=1$이 된다. 작은 기업은 큰 기업보다 높은 가중치가 부여된다. 이 지표에서는 기업의 수가 강조되고 있다.[170] 홀-타이드만 지수는 시장집중도가 낮을수록 0에 가까워지고 독점의 경우에는 1이 된다. 홀-타이드만 지수의 경우 동등규모기업 수는 1/HTI로 정의된다.

### (4) 엔트로피지수

산업조직론 분야에서 시장집중도를 나타내는 엔트로피지수(Entropy index: E)는 다음과 같다.

$$E = -\sum_{i=1}^{n} s_i \log_2 s_i \tag{7.5}$$

이와 같은 엔트로피지수에서 로그의 밑수(base)를 2로 사용하는 대신에 자연로그를 사용하면 다음과 같은 엔트로피지수가 정의된다.

$$E = -\sum_{i=1}^{n} s_i \ln s_i = \sum_{i=1}^{n} s_i \ln(1/s_i) \tag{7.6}$$

이러한 엔트로피지수는 개별기업의 시장점유율에 대한 가중치를 $\ln(1/s_i)$로 정한 것이다. 즉, 기업의 시장점유율이 높아질수록 가중치의 절댓값은 감소한다. 엔트로피지수는 독점의 경우에는 0의 값을 가지고 모든 기업이 균등한 시장점유율을 갖고 있는 경우에는 $\ln(n)$의 값을 갖는다. 이러한 범위는 대부분의 집중지표가 0과 1의 사이의 값을 갖는 것과 차이점이 있다. 이러한 문제를 보완하기 위해 상대적 엔트로피지수(relative entropy index: RE)가 사용되는데 다음과 같다.

$$RE = \frac{E}{\ln(n)} \tag{7.7}$$

여기서 $\ln(n)$은 엔트로피지수의 최댓값을 의미한다. 상대적 엔트로피지수는 0과 1 사이의 값을 갖으며 경쟁이 잠재적 최대수준에 접근하는 정도를 측정한다.[177]

### (5) 타일지수

소득의 분포를 다루는 사회과학에서 엔트로피는 완전한 평등으로부터의 이탈을 의미한다. 불평등을 나타내는 일반화된 엔트로피지수(Generalized Entropy Index: GE)는 다음과 같이 정의된다.[125]

$$GE(\alpha) = \frac{1}{n(\alpha^2 - \alpha)} \sum_{i=1}^{n} \left[ \left( \frac{y_i}{\bar{y}} \right)^{\alpha} - 1 \right] \tag{7.8}$$

여기서 $y_i$는 소득불평등을 다루는 분야에서는 개인 $i$의 소득이나 부를 나타내는데, 시장집중도를 다루는 분야에서는 기업 $i$의 매출액이나 자산을 나타내는데 사용될 수 있다. 양수를 취하는 $\alpha$는 소득 분포의 특정 부분에 대한 지수의 민감도를 반영한다. 즉, 지수에서 $\alpha$가 큰 값이면 상위소득 부분에 더욱 민감해진다. 반면에 $\alpha$가 작은 값이면 하위소득 부분에 더욱 민감해지게 된다.[125] 시장집중도를 측정하는 경우에도 동일한 논리가 적용된다. 일반화된 엔트로피 지수는 $\alpha$값에 따라서 다양한 형태를 가지는데, $\alpha=1$이면 다음과 같이 된다.

$$GE(\alpha=1)=\frac{1}{n}\sum_{i=1}^{n}\left(\frac{y_i}{\bar{y}}\right)\ln\left(\frac{y_i}{\bar{y}}\right) \tag{7.9}$$

이런 지수를 타일지수(Theil index: T)라고 한다.[274] 타일지수는 일반화된 엔트로피지수의 특수한 경우에 해당한다.[126] 타일지수는 경제적 불평등을 측정하는 지표로 사용되지만 시장집중도를 측정하는 지표로도 사용될 수 있다. 타일지수는 0과 $\ln(n)$ 사이의 값을 가진다. 타일지수가 0이면 시장집중도가 최저라는 것을 의미하고 타일지수가 $\ln(n)$이면 기업 수가 $n$으로 주어진 경우에 있어서 시장집중도가 최대라는 것을 의미한다.

타일지수와 같이 일반화된 엔트로피 지수에 속하는 모든 종류의 지수는 그룹 내 요소와 그룹 간 요소로 완전한 분해(perfect decomposition)가 이루진다. 따라서 타일지수도 완전한 분해가 가능하다. 모집단을 몇 개의 그룹들로 구분한 후 그룹 내 불균등도와 그룹 간 불균등도로 분해하면 전체 불균등도(또는 시장집중도)에 대한 그룹 간 불균등도의 기여 정도를 확인함으로써 전체 불균등도가 어떤 요소들에 기인한 것인가를 알 수 있다.

2001년부터 2015년까지 11개의 신문사로 이루어진 전국종합일간신문산업을 대상으로 분석한 연구에 따르면 타일지수는 2007년에는 가장 낮은 시장집중도를 보였으며 그 후에 증가추세를 보였다. 그리고 전국종합일간신문산업을 조중동(매출액 상위 3사)과 기타(나머지 8개사)의 두 그룹으로 구분하여 그룹 간 차이와 그룹 내 차이가 시장집중도에 미치는 기여도를 분석한 결과 그룹 간 차이의 기여도가 2006년에는 67%로 최저 수준을 보이다가 2010년 이후에는 94% 이상의 높은 기여도를 보였다. 이러한 결과는 〈그림 7-2〉에 나타나 있다.[53]

〈그림 7-2〉 타일지수의 연도별 변화 및 분해

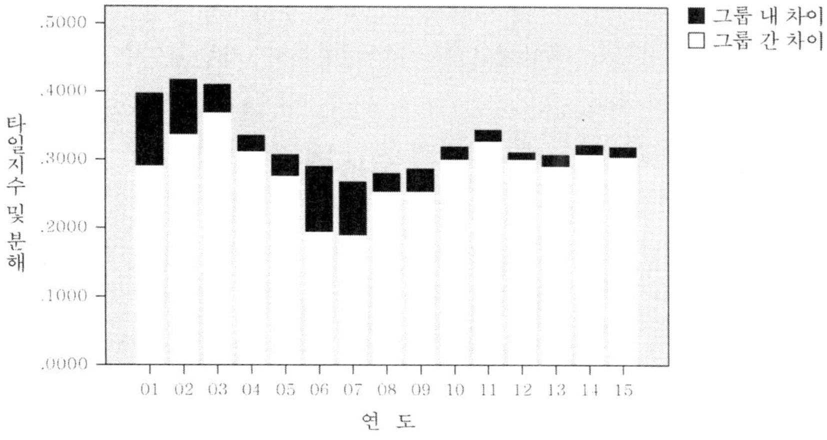


## 2) 시장집중의 동태적 분석: 이동지표

### (1) 시장점유율 총변동량

특정 산업에서의 시장점유율 총변동량(overall market change: TURN)은 진입 및 퇴출 기업들의 시장점유율 합계($TURNE$)와 잔류기업들의 시장점유율 변동분($TURNC$)으로 이루어지는데, 다음과 같이 측정된다.[117]

$$TURN = TURNE + TURNC \qquad (7.10)$$

$$TURNE = (EN + EX)/2 \qquad (7.11)$$

$$TURNC = (CNGN + CNLS) \qquad (7.12)$$

여기서 $EN$은 분석기간 중에 진입한 기업들의 시장점유율 합계를 나타내고 분석기간 종료시점 기준으로 측정된다. $EX$는 분석기간 중에 퇴출된 기업들의 시장점유율 합계를 나타내고 분석기간 시작시점 기준으로 측정된다. $CNGN$은 분석기간에 잔류된 기업들의 시장점유율 증가분을 나타낸다. $CNLS$는 분석기간 중에 잔류된 기업들의 시장점유율 감소분을 나타내며 절대값으로 측정된다.

진입 및 퇴출 기업의 시장점유율 합계는 기업 간 교체성(turnover)을 나타내고 잔류기업의 시장점유율 변동은 기업 간 이동성(mobility)을 나타낸다. 시장점유율 총변동량은 0에서 1 사이의 값을 가지며 1에 가까울수록 기업 간에 시장점유율이 이전되는 정도가 높다는 것을 나타낸다.[117] 2001년부터 2015년까지 국내 전국종합일간신문산업을 대상으로 시장점유율 총변동량을 계산한 결과 0.219로 나타났는데, 국내 다른 산업과 비교하면 낮은 편에 속한다.[53]

### (2) 상대적 위치 변동성

정태적 시장집중도가 동일한 시장에서도 기업들 간에 시장 내에서의 위치의 변동이 작은 경우가 큰 경우보다 시장집중의 폐해에 노출될 가능성이 크다. 잔류기업의 시장 내에서의 위치 변화를 포착하는 '상대적 위치 변동성'은 상관계수와 회귀계수에 의해 측정된다. 상관계수와 회귀계수는 잔류기업의 시장 내 위치 변화를 상이한 각도에서 측정한 것이다.

#### ① 상관계수에 의한 측정

특정 산업 내에서의 기업 간 상대적 위치 변동성은 순위 상관계수 또는 피어슨 상관계수로 측정할 수 있다. 분석이 시작되는 연도의 기업규모의 순위와 분석이 종료되는 연도의 기업규모의 순위가 같다면 두 시점 간의 순위 상관계수는 1이다. 순위 상관계수의 값이 1에 가까울수록 각 기업은 시장 내 자신의 위치를 안정적으로 유지한 것이다. 역으로 순위 상관계수의 값이 1에서 멀어질수록 기업 간 상대적 위치 변동성은 높아진 것이며 동태적 경쟁의 정도가 커진 것이다. 순위 변수가 아니라 시장점유율 변수를 사용한 피어슨 상관계수의 경우도 값이 1에 가까울수록 각 기업은 시장 내에서 상대적 위치를 안정적으로 유지하는 것으로 본다.[136]

#### ② 회귀계수에 의한 측정

회귀계수에 의한 측정은 잔류기업들을 대상으로 한 단순회귀분석을 통해 이루어진다. 이 분석에서는 종속변수를 분석 기간의 종료 시점에서 측정된 시장점유율로 설정하고 독립변수를 분석 기간의 시작 시점에서 측정된 시장점유율로 설정한다. 그 후에 독립변수와 종속변수의 인과관계를 나타내는 회귀계수(기울기)

의 값으로 잔류기업 간 시장점유율의 변화를 분석할 수 있다. 회귀계수의 값이 1이면 기업들의 시장점유율에 변화가 없다는 것을 의미한다. 회귀계수의 값이 1보다 크면 큰 기업이 작은 기업보다 더 성장한 것을 의미하고 1보다 작으면 작은 기업이 큰 기업보다 더 성장한 것을 나타낸다. 따라서 회귀계수의 값이 1보다 작을수록 동태적 경쟁의 정도가 크다는 것을 의미한다.[224] 2001년부터 2015년까지 국내 전국종합일간신문산업을 대상으로 상대적 위치 변동성을 분석하기 위해 회귀계수를 추정한 결과 0.87이 나왔다. 이러한 결과는 2001년에 시장점유율이 낮은 신문사들이 2015년에는 시장점유율을 확대했다는 것을 의미한다.[53]

## 4. 시장구조의 결정요인

시장구조의 결정요인은 기술적 요인, 제도적 요인, 확률적 요인으로 구분할 수 있다.[74] 기술적 요인은 산업 고유의 기술적 특성과 관련된 것으로 산업별 요인이라고도 한다. 예를 들면, 최소효율규모와 같은 기술적 진입장벽, 시장 진입에 필요한 최소한의 자본 규모 등을 들 수 있다. 제도는 국가별로 다르기 때문에 제도적 요인을 국가별 특수 요인이라고도 한다. 제도적 요인은 규제를 통해 진입장벽의 높이를 조절할 수 있다. 기술적 요인과 제도적 요인에 속하지 않는 변수들은 확률적 요인에 속할 가능성이 있다. 예를 들면, 소비자의 기호 변화, 경제 위기 등의 변수 등을 들 수 있다.

### 1) 기술적 요인

#### (1) 규모의 경제

콘텐츠상품의 초판 비용은 일종의 신상품의 개발이므로 연구개발비와 유사하게 간주되고 총비용의 큰 비중을 차지한다. 콘텐츠상품의 한계비용에 해당하는 복제비용은 매우 낮다. 더구나 디지털 콘텐츠를 온라인으로 판매할 경우에 한계비용은 거의 0에 가까워진다. 이러한 비용구조로 인해 콘텐츠의 해외판매는 규모의 경제를 충분히 활용하게 해 주는 경로가 된다. 규모의 경제는 동일한 유형의 미디어상품을 생산하는 미디어기업 간 기업결합을 촉진시키는 주요 동인으로도 작용한다.

규모의 경제가 크게 작용하는 비용구조는 영화, 게임, 책, 신문, 잡지 등의 콘텐츠상품을 생산하는 기업에 공통적으로 적용된다. 콘텐츠를 생산하는 산업 외에도 플랫폼을 기반으로 콘텐츠를 전달하거나 배급하는 산업, 네트워크를 기반으로 하는 산업 등은 규모가 경제가 크게 작용한다. 콘텐츠산업, 플랫폼산업, 네크워크산업 등과 같이 규모의 경제가 큰 산업일수록 시간이 갈수록 집중도가 높아진다. 이는 여러 나라에서 공통으로 발견되는 현상이다.

### (2) 범위의 경제

범위의 경제란 하나의 기업이 두 개 이상의 연관된 상품을 생산하는 비용이 독립적인 기업들이 이 상품들을 각각 생산하는 비용의 합계보다 작을 경우에 나타난다. 범위의 경제가 발생하는 이유는 다음과 같다. 첫째, 상품들이 연관되어 생산된다는 것이다. 애니메이션에서 등장한 캐릭터는 장난감, 게임, 문구 등과 상품으로 개발될 수 있다. 둘째, 여러 종류의 상품을 만드는 생산 과정에서 공통의 생산요소가 사용되어 비용의 절감이 일어난다. 예를 들자면, 어떤 신문사가 동일한 기사를 종이신문과 인터넷신문을 통해 제공하게 되면 두 신문사가 각각 종이신문과 인터넷신문만 제공하는 경우에 비해 기사당 평균 생산비용을 낮출 수 있다.

### (3) 상품차별화

상품차별화 전략은 기업행위의 차원인 반면, 시장에 있는 기업들에 의해서 상품차별화가 이루어진 정도는 시장구조의 차원이다. 다음과 같은 조건을 가진 시장에서는 상품차별화의 정도가 높아진다. 첫째, 소비자의 선호가 다양한 경우를 들 수 있다. 둘째, 진입의 위협이 많아서 기존 기업이 미리 차별화된 상품을 생산하여 진입을 봉쇄하고자 하는 경우를 들 수 있다. 셋째, 이윤율이 높은 시장을 들 수 있다. 이윤율이 높은 시장은 진입기업을 유인하고 진입하는 기업은 상품차별화를 선택할 가능성이 있기 때문이다. 넷째, 상품차별화에 따라 시장수요가 크게 증가하는 경우를 들 수 있다. 상품차별화가 일어나기 쉬운 산업은 기업의 수가 많아지고 독점적 경쟁의 특성을 가지게 된다. 반면에 상품차별화가 많이 일어나면 차별화된 각 상품의 생산규모가 작아지기 때문에 규모의 경제를 충분히 활용할 수 없다.[69,83]

#### (4) 자본소요량

대체로 신규기업은 기존기업보다 확고한 위치를 차지하고 있지 못하므로 자본 조달에 있어서 기존기업보다 불리하다. 따라서 시장에 진입하는데 필요한 자금규모가 클수록 진입장벽은 높아져서 시장집중도가 높아진다.[73]

### 2) 제도적 요인

각종 법률, 진입규제 등과 같은 제도적 요인은 시장구조에 영향을 미친다.[73] 한국의 경우 종합유선방송시장이 특정 기간에 걸쳐 지역적 독점에서 지역적 복점으로 변화된 것이나 위성방송산업이 독점으로 유지되고 있는 것은 진입규제와 같은 제도적 요인이 시장구조에 미치는 영향을 보여주는 사례이다. 그리고 방송광고판매대행 시장이 독점에서 경쟁적 시장으로 시장구조가 변화한 것도 제도적 요인에 기인한다. 1980년에 제정된 언론기본법 이전에는 방송사가 자체적으로 영업부서를 운영하여 광고시간을 판매하여 왔다. 1980년부터 방송광고판매대행 시장은 한국방송광고공사(KOBACO)의 독점체제를 유지했었다. 그런데 2008년에 헌법재판소가 지상파방송광고의 판매대행을 독점하는 것이 헌법상 보장된 직업선택의 자유와 평등권을 침해한다며 헌법불합치 판결을 내렸다. 이에 따라 2012년에 '방송광고판매대행 등에 관한 법률'(미디어렙법)이 제정되고 시행되면서 방송광고판매대행 시장은 경쟁적으로 변하게 되었다.

### 3) 확률적 요인

시장구조는 기술적 요인과 제도적 요인만으로는 설명이 되지 않을 수 있다. 기술적 요인과 제도적 요인에 속하지 않는 변수들은 확률적 요인에 속할 가능성이 있다. 〈그림 7-1〉에서 수요와 공급의 기본조건이 변하는 경우 시장구조의 변화가 일어날 수 있다. 예를 들면 소비자의 기호 변화, 경제위기, 새로운 기술의 도입 등은 시장구조의 변화를 초래할 수 있다. 이러한 요인들은 확률적 요인으로 간주될 수 있다.

## 5. 시장구조와 산업수명주기

상품수명주기(product life cycle)라는 개념은 상품이 시장에 도입되어 퇴출되기까지의 과정을 단계별로 구분하여 단계별 시장의 특성과 기업의 전략을 설명하고 있다.[208] 이 개념을 산업의 관점에 적용한 것이 산업수명주기(industry life cycle) 이론이다. 이 이론은 시장구조를 변화시키는 요인이 산업수명주기와 관련되어 있다고 본다. 산업수명주기 이론에 따른 단계별 시장구조와 성과를 살펴보면 다음과 같다. 첫째, 도입기에 시장구조는 소수의 기업에 의해 지배되는 독과점 구조를 갖는다. 그리고 기업의 이윤은 불안정하다. 둘째, 성장기에 진입이 활발하게 이루어지고 각 기업의 시장점유율이 유동적이며 상품차별화가 나타난다. 그리고 기업의 이윤은 높은 편이다. 셋째, 성숙기에 시장규모가 확대되고 각 기업의 시장점유율이 안정적이며 상품차별화가 정체된다. 그리고 기업의 이윤은 정상이윤의 수준에 접근한다. 마지막으로 쇠퇴기에 대체재가 등장하면서 시장규모가 축소되고 기업 수가 감소한다. 그리고 기업의 이윤은 감소한다.[73]

산업수명주기 이론을 국내 PDA(personal digital assistant)산업에 적용한 연구에 따르면, PDA산업은 이미 네 가지 단계를 겪었다. 국내 PDA산업의 도입기(1997-1999)는 국내에서 PDA 제품이 출시되기 시작하는 시기로 1993년에 이미 도입기가 시작된 미국에 비해 늦게 출발했다. 성장기(2000-2002)는 보급형 PDA의 대중화와 PDA폰의 등장으로 시장이 확대되는 시기였다. 성숙기(2003-2005)는 국내의 중소기업과 대기업, 해외기업들이 치열하게 경쟁하고, PDA폰 중심의 시장구조가 고착화되는 시기였다. 마지막으로 쇠퇴기(2006-2007)는 스마트폰의 등장으로 PDA가 도태되는 시기였다.[32]

# 제 8 장 행위 I

기업의 행위 또는 전략이 수립되는 단위는 기업 단위, 사업부 단위, 기능적 단위가 있다. 기업 단위에서 수립되는 기업전략은 가장 상위의 전략인데, 다음과 같은 전략이 있다. 기업규모와 영업범위를 확대하는 성장전략, 현상유지를 원하는 안정전략, 기업규모나 영업범위를 줄이는 축소전략, 사업부 단위마다 성장, 안정, 축소를 달리하는 혼합전략 등을 들 수 있다. 사업부 단위에서 수립되는 사업전략은 한 기업 내 특정한 사업부의 전략이다. 예를 들면, 원가절감을 통해 산업에서 우위를 차지하려는 원가우위 전략, 상품차별화를 추구하는 차별화 전략, 특정한 고객을 대상으로 하는 집중화 전략 등을 들 수 있다. 각 사업부 내의 기능별 전담부서에서 수립하는 기능별 전략으로는 인적 자원 전략, 생산 전략, 마케팅 전략, 재무 전략, 연구개발 전략 등을 들 수 있다.[34] 이와 같이 조직구조 형태에 따른 전략의 수준과 유형 분류는 주로 경영학 분야에서 나타난다. 여기서는 경제학 관점의 기업의 행위 또는 전략을 위주로 설명하고자 한다.

# 1. 기업결합 전략

기업결합은 합병 및 인수(merger and acquisition: M&A)로 일컬어지기도 한다. 기업결합 전략은 주로 기업집단 또는 기업 차원의 전략이다. 기업집단(business group)이란 동일인이 (또는 특수관계인과 합쳐서) 사실상 사업내용을 지배하는 2개 이상 회사의 집단을 의미한다. 이는 대부분의 전략이 기업 내 사업부 차원의 전략인 것과 대비된다. 기업의 성장은 기업내부의 성장과 기업결합을 통한 성장이라는 두 가지 유형이 있다. 따라서 기업결합 전략은 성장 전략의 일종이다.

기업결합의 유형은 크게 세 가지로 구분할 수 있다. 첫째, 수평결합(horizontal merger)은 동일한 시장 내의 동일한 생산단계에 있는 기업 간 결합이다. 둘째, 수직결합(vertical merger)은 동일한 시장 내의 상이한 생산단계에 있는 기업 간 결합이다. 셋째, 혼합(복합)결합(conglomerate merger)은 상이한 시장에 있는 기업 간 결합을 말한다. 예를 들면, 서울에 있는 SO와 부산에 있는 SO 간의 결합은 동일한 산업의 동일한 생산단계에 있는 기업 간 결합이어서 수평결합으로 생각하기 쉬우나 혼합결합으로 보는 것이 적절하다. 왜냐하면 서로 다른 지역에 있는 SO들은 경쟁이 이루어지는 동일한 지리적 시장에 속하는 기업 간의 결합이 아니기 때문이다.

## 1) 수평결합

### (1) 수평결합의 동기

수평결합의 동기는 두 가지로 압축된다.[73] 하나는 규모의 경제에 따른 효율성의 제고이다. 미디어산업에서 광범위하게 적용되는 규모의 경제는 미디어기업 간 수평결합이 왜 자주 발생하는가를 설명해준다. 다른 하나는 기업규모의 확대

를 통한 시장지배력의 제고를 들 수 있다

### (2) 수평결합의 사회후생효과

수평결합은 결합된 기업의 효율성을 증가시키는 효과와 더불어 그 기업의 시장지배력을 증가시키는 효과를 초래한다.[73] 비용절감과 같은 효율성 증가는 사회후생의 증가를 가져오는 반면 시장지배력의 확대는 시장의 경쟁을 제한하여 사회후생의 감소를 가져온다. 국내에서 공정거래위원회는 기업결합이 초래하는 효율성과 경쟁제한성을 상호 비교하여 기업결합의 승인 여부를 결정한다.

## 2) 수직결합

수직결합은 전방결합과 후방결합으로 구분되기도 한다. 전방결합(forward integration)은 생산단계의 상류에 있는 기업(예: 영화제작사)이 생산단계의 하류 기업(예: 배급사)을 결합하는 것을 의미한다. 후방결합(backward integration)은 생산단계의 하류에 있는 기업(예: 극장)이 생산단계의 상류 기업(예: 배급사)을 결합하는 것을 의미한다.

### (1) 수직결합의 동기

#### ① 거래비용의 절감

기업결합 이전의 두 독립기업 간 거래가 결합 이후에는 기업내부 거래로 변화된다. 수직결합은 기업 간 시장거래에서 발생하는 거래비용(transaction cost)을 기업내부의 거래를 통해 절감시킬 수 있다. 코스(R. Coase)에 따르면, 기업의 위계구조를 통해 경제 행위를 조직화하는 것이 시장거래를 통해 하는 것보다 거래비용이 덜 들기 때문에 기업이 존재한다. 이러한 거래비용의 절감이 수직결합의 동기로 작용하기도 한다.[291]

#### ② 시장지배력의 확대

수직결합은 진입장벽을 높여서 기존 기업의 시장지배력을 보호할 수도 있다. 예를 들면, 모든 능력 있는 제작사가 방송사에 의해 소유되어 있으면, 방송의 배급 부문에 진입하고자 하는 신규기업도 제작 부문과 수직적으로 통합된 회사 구조를 가지고 진입해야 한다. 이는 신규 기업의 시장진입에 필요한 비용을 높이게 되어 진입장벽을 높이는 역할을 한다.[146]

#### (2) 수직결합의 후생효과

수직결합은 수평결합에 비해 시장지배력 확대보다는 효율성 증가가 큰 경우가 많아서 상대적으로 사회후생을 증가시킬 가능성이 크다. 규제기관의 기업결합 심사에 있어서도 수직결합은 수평결합에 비해서 덜 엄격하다.

### 3) 혼합결합

#### (1) 혼합결합의 동기

##### ① 거래비용의 절감

어떤 기업이 다른 산업에 속한 기업과 구입과 조달의 관계를 형성하고 있는 상황에서 그 기업과 혼합결합을 하게 되면 기존의 시장거래에 따른 거래비용을 절감할 수 있다.[73]

##### ② 범위의 경제의 활용

연관된 업종에 있는 기업 간 결합의 경우 두 가지 이상의 상품 생산에 생산요소를 공동으로 활용함으로써 비용절감이 가능하다. 여러 종류의 상품 생산에 있어서 전문성이나 특화된 자원의 사용을 공유할 수 있다. 예를 들면 교차 미디어 소유는 기업으로 하여금 콘텐츠나 배급망을 공유하게 만들어서 효율성을 높일 수 있다. 또한 서로 다른 미디어 간에 교차 프로모션을 할 수 있는 기회도 생긴다. 동일한 콘텐츠를 다른 형태로 재가공하여 유통시키는 범위의 경제는 디지털화로 인해 보다 용이해지고 있다.[146]

##### ③ 위험의 분산

여러 업종의 기업들이 혼합결합을 하면 각 업종의 경기변동이 다르기 때문에 위험분산이 가능하다.[73] 혼합결합을 통한 교차 미디어 소유는 위험을 분산시킬 수 있다.

예를 들면, 광고수입에만 의존하는 미디어기업이 소비자요금에 의존하는 미디어기업과 혼합결합을 하게 되면 광고시장의 경기변동에 따른 위험을 분산시킬 수 있다.[146]

#### ④ 자본의 효율적 이동

서로 다른 산업에 속한 기업들이 혼합결합을 하게 되면 산업 간 자본이동은 기업 내 자본이전으로 변하여 복잡한 절차를 회피할 수 있다. 따라서 혼합결합은 산업 간 자본의 효율적 이동을 가능하게 한다.[73]

#### ⑤ 시장지배력의 제고

혼합결합이 결합된 기업의 시장지배력을 높이는 이유로는 교차보조, 경쟁의 상호자제 등을 들 수 있다. 교차보조의 예를 들자면, 서로 다른 시장에 속한 두 기업이 혼합결합을 하는 경우 수익성이 좋은 시장으로부터 이윤을 얻고 이를 통해 수익성이 낮은 시장에서의 손실을 보충할 수 있다. 이러한 교차보조를 통해 수익성이 낮은 시장에 있는 경쟁 기업은 시장에서 퇴출될 수가 있다. 그렇게 되면 결합된 기업은 그 시장에서 시장지배력이 높아지게 된다. 경쟁의 상호자제란 재벌과 같은 대규모 기업집단 간에 자주 나타난다. 마찬가지로 혼합 결합된 기업들도 다양한 업종을 영위하면서 여러 업종에서 서로 접할 기회가 많아지면 서로 경쟁을 자제할 수 있다.[73]

### (2) 혼합결합의 후생효과

혼합결합도 다른 유형의 기업결합과 마찬가지로 효율성을 높이는 효과와 결합된 기업의 시장지배력을 높이는 효과를 모두 초래할 수 있다. 거래비용의 절감, 범위의 경제의 활용, 위험의 분산, 자본의 효율적 이동은 효율성을 증가시키는데 기여한다. 반면에 혼합결합으로 인해 시장지배력이 커지면 시장의 경쟁을 제한하게 된다. 만약에 교차 미디어 소유가 효율성 증대를 수반하지 않으면서 시장지배력을 높인다면 사회적 후생을 감소시킨다. 〈표 8-1〉에는 기업결합의 유형에 따른 동기 또는 목적이 나타나 있다.

〈표 8-1〉 기업결합의 유형과 목적

| | 수평결합 | 수직결합 | 혼합결합 |
|---|---|---|---|
| 기업결합의 동기 | - 규모의 경제 활용<br>- 시장지배력의 제고 | - 거래비용의 절감<br>- 시장지배력의 제고 | - 거래비용의 절감<br>- 범위의 경제 활용<br>- 위험의 분산<br>- 자본의 효율적 이동<br>- 시장지배력의 제고 |

## 4) 수직결합과 거래비용이론

### (1) 거래비용의 정의

거래비용을 협의로 정의하자면 시장을 통한 거래에 소요되는 비용이다. 거래비용은 적절한 교환의 기회를 발견하기 위한 탐색 및 정보 비용, 거래상대방과의 계약에 이르는데 드는 협상비용, 거래상대방이 계약조건을 준수하는지를 확인하고 유지시키는데 드는 감시 및 실행 비용의 세 가지로 구성된다. 거래비용을 광의로 정의하면 제도적 구조의 발전, 유지 및 보호를 위해 요구되는 자원의 비용이 추가된다.[239,240] 협의의 거래비용은 거래의 지배구조를 연구대상으로 삼는 거래비용이론에 적합하고 광의의 거래비용은 제도를 연구대상으로 삼는 신제도주의경제학에 적합하다.

### (2) 거래의 속성과 거래의 지배구조

코스(R. Coase)에 따르면 기업이 존재하는 이유는 시장을 통한 거래비용이 기업조직을 통한 관리비용에 비해 높기 때문이다.[135] 즉, 시장실패 때문에 기업이라는 내부조직이 생겨난다. 기업의 내부조직이 원료나 부품의 공급, 생산, 판매 등을 담당함으로써 시장거래를 대체하는 경제활동도 관리비용이 발생한다. 예를 들면, 수직결합이나 수직적 다각화를 이룬 기업은 조직관리가 비효율적이거나 또는 경기변동이나 기술변화에 대응하는 조직의 유연성이 떨어지면 관리비용이 커지게 된다.[69] 결국 시장을 통한 거래비용과 기업조직에서 발생하는 관리비용을 비교하여 비용이 상대적으로 낮은 방식으로 경제활동이 조직된다. 즉,

시장을 통한 거래비용이 상대적으로 작으면 시장거래(buy)를 선택하는 반면 거래비용이 상대적으로 크면 내부거래(make)를 선택한다.

경제활동을 조직하는 방식 또는 거래의 지배구조는 크게 보면 시장거래를 의미하는 시장 지배구조(market governance), 내부거래를 의미하는 위계적 지배구조(hierarchical governance)로 대별된다. 보다 세분화하면 전략적 제휴와 같은 관계적 지배구조(relational governance)가 중간에 위치한다.

윌리암슨(O. Williamson)에 의하면, 인간(거래당사자)에 대한 가정과 거래의 속성이 결합하여 거래의 지배구조가 결정된.[292,293] 거래당사자에 대한 가정으로는 제한된 합리성(bounded rationality)과 기회주의(opportunism)를 들 수 있다. 제한된 합리성이란 인간은 의도적으로는 합리성을 추구할 수 있으나 실제로는 필요한 정보를 얻는 과정에서 시간과 비용이 들어가며 정보를 저장하고 활용하는 능력에 한계가 있어서 제한적으로 합리적이라는 것을 말한다. 기회주의란 의도적으로 정보를 불완전하고 왜곡되게 전하여 자신의 이익을 추구하는 것을 말한다. 거래의 속성으로는 자산의 특유성, 불확실성, 거래 빈도 등이 있다.

자산의 특유성(asset specificity)이란 주어진 거래를 유지하고 있는 자산이 그 거래에 특화되어 있는 정도를 말한다. 거래 특유의 자산은 특정한 거래에 맞춰져 있고 거래 당사자의 관계를 벗어나면 자산의 가치를 희생하지 않고서는 쉽게 재배치될 수 없다. 자산 특유성은 네 가지로 세분화된다. 특수한 시설 입지와 관련된 입지 특유성, 특정 용도의 설비와 관련된 물리적 자산 특유성, 특수한 지식이나 기술과 관련된 인적 자산 특유성, 브랜드 자산과 관련된 영업권 자산 특유성(goodwill asset specificity)으로 구분할 수 있다. 콘텐츠제작산업의 경우 창의적 재능이 핵심역량이기 때문에 인적 자산 특유성이 중요하게 작용하는 산업이다. 자산이 비특유적일 경우 새로운 거래는 쉽게 성립될 수 있기 때문에 기회주의에 노출될 가능성이 적어 시장거래가 적합한 반면, 자산이 특유적일 경우 기회주의에 노출될 가능성이 높아져서 내부거래가 적합하다.

불확실성은 광범위한 개념인데, 크게 환경적(environmental) 불확실성과 행태적(behavioral) 불확실성으로 구분된다.[166] 시장거래를 둘러싼 사태를 예측할 수 없어서 사전적으로 계약을 구체화할 수 없을 경우에 환경적 불확실성이 생긴다. 환경적 불확실성은 다시 거래량 불확실성(volume uncertainty)과 기술적 불확실성(technological uncertainty)의 두 가지로 분류된다.[283]

거래량 불확실성은 수급 관계에 있어서 거래량 요구조건을 정확히 예측할 수 있는 능력이 없는 것을 말한다. 기업은 시장의 수급에 따른 변동보다 기업내부의 자체생산에 따르는 변동을 통제할 수 있으므로 거래량 불확실성이 높을수록 시장거래보다 내부거래를 선택할 가능성이 높아진다. 2019년 일본이 한국의 반도체산업에 필수적인 소재의 수급에 제동을 걸게 되면서 거래량 불확실성이 급격하게 높아졌다. 이에 따라 국내 반도체기업들은 시장거래보다는 내부거래에 대한 선호가 현저하게 높아졌다.

기술적 불확실성은 수급관계에 있어서 기술적 요구조건을 정확히 예측할 수 있는 능력이 없는 것을 말한다. 시장거래를 통해 기업은 보다 적절한 기술적 능력을 가진 파트너로 전환할 수 있는 유연성을 지니게 된다. 따라서 기업은 기술적 불확실성이 높을수록 내부거래보다 시장거래를 선택할 가능성이 높아진다.

행태적 불확실성이란 성립된 합의가 준수되었는지 확인하기 어려운 정도를 말한다. 행태적 불확실성은 성과평가의 문제(performance evaluation problem)를 야기한다. 성과평가의 문제는 사후적으로 계약의 이행이 이루어졌는지 확인하기 어려운 것을 의미한다. 기업은 내부거래를 통해 통제의 정도가 커질수록 성과평가 능력을 높일 수 있다. 따라서 기업은 행태적 불확실성이 클수록 시장거래보다 내부거래를 선택할 가능성이 높아진다.[166]

거래 빈도는 거래가 반복되는 정도를 의미한다. 거래 빈도 또는 사용 빈도가 높아질수록 내부거래에 따른 비용을 감소시킬 수 있어서 시장거래보다 내부거래가 유리해진다.[293]

거래비용이론에 따르면 거래의 속성과 거래의 지배구조(시장 지배구조 위계적 지배구조)의 관계는 다음과 같다. 첫째, 자산 특유성이 높을수록 위계적 지배구조가 선호된다.

둘째, 거래량 불확실성이 높을수록 위계적 지배구조가 선호된다. 셋째, 기술적 불확실성이 높을수록 시장 지배구조가 선호된다. 넷째, 행태적 불확실성이 높을수록 위계적 지배구조가 선호된다. 다섯째, 거래빈도가 많을수록 위계적 지배구조가 선호된다. 거래비용이론의 메타분석[166]에 따르면 분석 대상에서 제외된 다섯째 가설을 제외하고, 첫째 가설부터 넷째 가설까지 모두 채택되었다.

전략적 제휴와 같은 관계적 지배구조는 시장이 실패할 때 위계적 지배구조에 대한 대안이 될 수 있다. 전략적 제휴의 유형으로는 연구개발 컨소시엄, 기술제휴, 생산 라이센스, 제품스왑, 연구개발 합작투자, 생산 합작투자, 판매 합작투자, 핵심사업 합작투자를 들 수 있다. 이러한 8가지 유형 중에서 나중에 나열된 것일수록 지분 참여도가 높고 더욱 긴밀한 관계를 의미한다.[69] 관계적 지배구조가 교환의 위험을 완화시킨다는 논리는 경제학적 시각과 사회학적 시각에 따라 다르다.[166] 경제학적 시각은 미래 협력에 대한 보상의 기대가 현재의 협력을 촉진시킨다는 이해 타산적 관계를 강조한다.[115] 반면에 사회학적 접근은 과거의 교환행위로부터 나타난 공유된 가치와 사회적 연결을 통한 호의적인 관계를 강조한다.[282] 관계적 지배구조는 시장 지배구조보다는 불확실성을 덜 효과적으로 다룬다. 왜냐하면 시장 적응과는 달리, 관계적 적응은 상호 합의를 요구하기 때문이다.[294]

거래비용이론의 메타분석[166]에 따르면, 거래의 속성과 거래의 지배구조(시장 지배구조 대 관계적 지배구조)의 관계에 대해 다음과 같은 가설들이 채택되었다. 첫째, 자산특유성이 높을수록 관계적 지배구조는 시장 지배구조보다 선호된다. 둘째, 불확실성(거래량 불확실성, 기술적 불확실성, 행동적 불확실성)이 높아질수록, 시장 지배구조는 관계적 지배구조보다 선호된다.

### (3) 거래비용이론의 적용

거래비용이론에 따르면, 거래비용을 절감하기 위해 생산단계의 전후로 진출하여 수직적 결합 또는 수직적 다각화가 일어난다. 영화산업의 배급 단계와 상영 단계의 수직적 통합은 수직결합이나 수직적 다각화에 의해 이루어진다. 이러한 수직적 통합은 영화산업에서 국내외를 거쳐 보편적으로 나타나는데 그 이유로는 극장이라는 물리적 자산의 특유성이 높다는 것을 들 수 있다. 또한 배급사와 극장 간의 거래빈도가 높다는 특성도 수직적 통합을 선택하는 요인이 된다. 더 나아가 배급사와 극장 간에 수급 관계에 있어서 거래량 불확실성이 작지 않다면 그것도 수직적 통합을 선호하게 하는 요인이 된다.

기업 활동의 일부를 외부에 의존하는 외주(outsourcing)는 기업 내부화에 따른 관리비용보다 시장에서 거래하는 비용이 낮은 것에 기인한다. 애플(Apple)은 아이폰의 생산을 외주에 의존하고 있다. 아이폰과 같이 기술진보가 빠른 제품은 구매기업이 유연성을 확보하는 것이 중요한데, 기술적 불확실성이 큰 환경에서 구매기업이 수직적 통합에 의존하면 많은 비용과 조직상의 비효율성이 발생하기 때문이다. 그러나 외주는 기업의 핵심역량이 아닌 부문에 사용해야 한다.[69]

## 2. 다각화 전략

다각화(diversification)란 한 기업이 여러 업종에 진입하는 것이다. 대체로 가격 전략과 차별화 전략이 사업부 수준의 전략이라면 다각화는 기업 수준의 전략이다.[69]

### 1) 다각화의 유형

다각화의 유형은 두 가지로 구분할 수 있다. 하나는 관련 다각화다. 이는 기업이 자신의 기존 업종과 관련된 사업에 참여하는 것이다. 예를 들면, KBS는 PP시장으로 진입하여 여러 개의 PP채널을 가지고 있다. 이러한 채널들은 이미 방영된 지상파방송 프로그램을 주로 활용하고 있다. 마찬가지로 MBC와 SBS도 각각 여러 개의 PP채널을 가지고 있다. 지역민방 중에서는 유일하게 오비에스경인티브이가 하나의 PP채널(OBS W)을 가지고 있다. 다른 하나는 비관련 다각화다. 이는 기업이 관련되지 않은 사업에 참여하는 것이다. 경향신문사가 음식점 업종에 진출했던 것이나 한겨레신문이 식품유통 업종에 진출했던 것은 비관련 다각화의 예로 들 수 있다. 그러나 이들 신문사는 나중에 이러한 비관련 업종에서 철수하였다.

다각화는 기업 차원에서 파악할 수도 있고 기업집단 차원에서 파악할 수도 있다. 국내 주요 전국종합일간신문사의 다각화를 기업 차원에서 보면 모든 신문사가 다양한 문화행사를 실시하고 일부 신문사들은 주간지, 월간지 등 다른 인쇄매체를 발행하고 있다. 기업집단 차원에서 보면 전국종합일간신문사가 소속된 기업집단은 평균적으로 13개가 넘는 계열사를 가지고 있다. 특히 중앙일보의 경우 계열사가 40개나 된다.[54]

## 2) 다각화의 목적

다각화의 목적은 혼합결합의 목적과도 유사한데 다음과 같은 사항을 들 수 있다.[69] 첫째, 기업성장의 추구를 들 수 있다. 즉 기업규모를 늘리기 위해서 다각화를 추진할 수 있다. 둘째, 위험의 분산을 들 수 있다. 다각화는 개별 사업부문들의 경기순환에서 오는 위험을 감소시킬 수 있다. 셋째, 범위의 경제를 들 수 있다. 유형자원에서 발생하는 범위의 경제는 여러 상품을 생산하는데 투입되는 생산요소의 공동 활용에 기인한다. 예를 들면, 아마존(Amazon)은 고객 데이터베이스를 토대로 사업영역을 서적부터 시작하여, 음악CD, 완구, 게임 등 여러 영역으로 확장하였다. 무형자원에서 발생하는 범위의 경제는 브랜드, 명성, 기술 등이 서로 다른 업종으로 전이되는 것에 기인한다. 조직능력에서 발생하는 범위의 경제는 조직적 역량을 새로 조합하여 신상품을 만들어낼 수 있는 능력에 기인한다. 넷째, 내부시장의 활용을 들 수 있다. 다각화 기업은 여러 사업부에서는 나오는 자금을 통합하는 내부 자본시장과 여러 사업부 간에 인력을 이동시켜 직원을 효율적으로 배치하는 내부 노동시장을 활용할 수 있다. 다섯째, 시장지배력의 확대를 들 수 있다. 다각화된 기업이 시장지배력을 높일 수 있는 근거로는 교차보조의 활용, 다각화된 기업들 간 경쟁의 상호자제 등을 들 수 있다. 여섯째, 수직적 다각화의 경우 거래비용의 절감을 들 수 있다.

기업의 다각화가 성공하려면 기업의 기존 사업과 진입하려는 사업 간에 범위의 경제가 있어야 하고 진입하려는 업종의 수익성이 높아야 한다. 실증적 연구에 따르면 범위의 경제 때문에 관련다각화가 비관련다각화에 비해 더 높은 수익성을 보인다.[236]

## 3. 상품차별화 전략

6장에서 설명한 바와 같이 상품차별화란 경쟁 상품과 동일한 용도나 기능을 가지지만 다른 특성을 가진 상품을 개발함으로써 그러한 특성을 선호하는 소비자로부터 매출액을 높이는 것이다. 상품을 차별화시킨 기업은 차별화된 특성을 선호하는 소비자들에게 가격을 높일 수 있다. 상품차별화는 수요의 가격탄력성을 낮춰서 소비자가 경쟁상품으로 대체할 수 있는 가능성을 줄인다. 이에 따라 상품차별화는 경쟁을 완화시킨다.

상품차별화는 크게 수평적 차별화(horizontal differentiation)와 수직적 차별화(vertical differentiation)로 구분할 수 있다. 수평적 상품차별화는 상품의 디자인, 추가적 기능, 이미지 등에서 경쟁상품과 차이를 추구하는 것이다. 이미지 차별화는 광고 등을 통해 소비자에게 긍정적 이미지를 심어주는 것인데, 미디어상품과 같은 경험재를 구매할 경우에 중요하게 작용한다.[69] 수평적 차별화는 소비자들의 다양한 선호에 의해 상품들이 차별화된다. 반면에 수직적 차별화는 경쟁상품과 비교하여 품질의 차이에 중점을 두는 것이다.

콘텐츠상품의 차별화도 수직적 차별화와 수평적 차별화로 분류할 수 있다. 예를 들면, 뉴스 시장에서 수평적 차별화는 편집의 정치적·종교적·이념적 성향, 뉴스 주제에 대한 지면이나 시간의 배분 등을 통해 일어날 수도 있다.[123,202] 사람은 자신의 기존 신념과 일치하는 정보를 찾는 경향이 있으므로 이념적 차원에서 차별화된 뉴스의 제공은 합리적 전략이 될 수 있다.[123] 예를 들면 보수적 관점의 보도를 하는 종편채널 중에서 JTBC가 보도의 이념적 관점을 차별화하여 중립적 또는 진보적 관점으로 변화한 것은 수평적 차별화로 볼 수 있다. 또한 특정 채널들이 선정적 내용에 초점을 맞추는 것도 수평적 차별화의 일종으로 볼 수 있다.

수직적 차별화는 상품의 품질에 차이를 둔다. 공급량이 한정된 프리미엄 프로그램의 확보 여부는 수직적 차별화를 원하는 미디어기업에게 매우 중요한 사안이다. 이론적으로 수직적 차별화는 품질의 특성만으로 차별화되기 때문에 동일한 가격 조건에서는 모든 소비자들이 품질이 높은 특정 상품만을 선호한다.[16] 이러한 전략은 소비자가 높은 품질과 낮은 품질에 대해 인식을 같이 한다는 전제 하에 가능하다.[123] 그러나 현실적으로 미디어상품의 품질은 종종 평가하기 어렵다. 왜냐하면 미디어상품의 품질에는 여러 차원이 있기 때문이다. 미디어상품의 품질은 전문가에 의해 정의되는 객관적 품질, 이용자 만족에 의거하는 주관적 품질, 사회문화적 목적을 만족시키는 능력으로서의 사회적 품질의 세 가지 차원으로 구분되기도 한다.[250] 이용자 만족에 의거하는 주관적 품질에만 초점을 맞춘다 해도 미디어상품의 품질에 대해 모든 소비자가 인식을 같이 한다고 보기는 어렵다. 따라서 미디어상품의 품질에 대한 소비자의 인식이 유사할수록 수직적 차별화를 통한 매출증대의 가능성은 커질 것이다.

## 4. 번들링

### 1) 번들링의 유형

번들링(bundling)은 묶음상품전략 또는 결합상품전략이라고도 한다. 번들링과 대비되는 개념은 순수개별판매(pure unbundling)이다. 순수개별판매의 경우 상품은 개별적으로만 판매되고 묶음상품은 판매되지 않는다. 번들링의 유형은 크게 기본유형과 특수유형으로 나눌 수 있다. 기본 유형은 순수번들링(pure bundling)과 혼합번들링(mixed bundling)으로 구분된다. 특수유형은 기본유형의 변형이라고 볼 수 있는데, 끼워팔기(tie-in sales), 부가번들링(add-on bundling), 매출리베이트(sales rebates), 그리고 상호쿠폰제(cross couponing)로 분류된다.[263]

### (1) 번들링의 기본 유형

순수번들링이란 개별상품은 판매되지 않고 두 종류 이상의 상품을 하나의 묶음상품으로 만들어 판매하는 것을 의미한다. 국내에서 케이블텔레비전의 도입기에 SO로 하여금 모든 채널들을 묶어서 의무적으로 송신하고 수신료를 15,000원씩 받도록 규제하였다. 각각의 채널을 개별상품으로 본다면 국내 케이블텔레비전 도입기에는 제도적으로 순수번들링만 허용한 것이다. 케이블텔레비전 업계에서는 채널들을 묶은 상품을 티어(tier)라고 부르고, 번들링을 티어링(tiering)이라고 부르기도 한다.

혼합번들링이란 개별상품을 개별가격으로 판매하기도 하고 묶음상품도 특정 가격으로 판매하는 것을 의미한다. 묶음상품 가격은 개별상품 가격의 합보다 저렴한 것이 일반적이다. 예외적인 경우로 프리미엄 번들링은 묶음상품 가격이 개별상품 가격의 합보다 높게 설정된다.[139] 프리미엄 번들링의 예로는 미국에서 고가에 판매되었던 포켓몬스터 카드의 콜렉션 세트를 들 수 있다.

### (2) 번들링의 특수 유형

끼워팔기의 경우 주상품(tying goods)의 구매자는 주상품의 사용에 필요한 하나 이상의 종상품(tied goods)을 동일한 공급자로부터 배타적으로 구입하게 된다.[263] 영화산업에서는 배급사가 극장주에 대해 높은 흥행이 기대되는 영화(주상품)에 그렇지 않은 영화들(종상품)을 끼워서 파는 관행이 성행한 적이 있다. 부가번들링의 경우 선도상품을 구입하지 않는 한 부가상품을 구입할 수 없다. 부가상품 자체는 선도상품과 독립적으로 가격을 갖지 못한다.[168] 매출리베이트란 기업이 소비자가 구입한 자사의 여러 상품에 대한 매출액 합계에 대해 일정한 비율 또는 금액을 할인하여 환불하는 것이다. 그 매출액이 한 종류의 상품으로부터 오는지 여러 종류의 상품으로부터 오는지는 문제가 되지 않는다.[263] 상호쿠폰제란 신상품의 순조로운 도입이나 취약한 상품의 판매증대를 위해 그러한 목표상품과 브랜드 인지도가 높은 상품의 결합을 의미한다. 소비자가 한 종류의 상품을 구입할 때 다른 종류의 상품에 대해 가격을 할인해 주는 쿠폰을 제공하는 것이다. 이러한 상호쿠폰제는 상이한 브랜드를 연결시키는 기능뿐만 아니라 상이한 구매 시점을 연결시키는 기능도 한다.[143]

## 2) 번들링의 목적

번들링을 하는 궁극적 이유는 사업자의 이윤극대화에 있다. 번들링을 하는 목적은 가격차별화, 복잡비용의 감소, 규모의 경제와 범위의 경제의 활용, 거래비용의 감소, 독점력의 확대, 진입장벽의 구축, 경쟁자 간의 공격성 감소 등으로 세분화할 수 있다.[263] 이러한 목적들은 번들링을 통해 이윤극대화에 도달하고자 하는 여러 경로라고 볼 수 있다.

### (1) 가격차별화

소비자들이 어떤 개별상품에 대해 가지는 유보가격(지불할 용의가 있는 최대가격)은 차이가 큰 반면 각각의 개별상품들을 합한 묶음상품에 대해서는 유보가격의 차이가 작다면 그 상품들을 개별적으로 판매하는 것보다 묶음상품으로 판매하는 것이 공급자로서는 적절한 전략이 된다.[266] 왜냐하면 번들링을 통해 소비자 유보가격의 이질성 또는 격차를 축소시킬 수 있고 더 많은 소비자 잉여를 추출함으로써 공급자의 이윤을 증대시키기 때문이다.[104]

〈표 8-2〉 유보가격의 분포

| 구분 | 상품 X에 대한 유보가격 | 상품 Y에 대한 유보가격 |
|---|---|---|
| 소비자 A | 5 | 1 |
| 소비자 B | 2 | 5 |

〈표 8-2〉는 개별상품의 유보가격은 차이가 크고 묶음상품의 유보가격은 차이가 작은 경우를 보여준다. 소비자 A는 상품 X에 대한 유보가격이 5인 반면 소비자 B는 상품 X에 대한 유보가격이 2이므로 상품 X에 대한 유보가격의 차이가 크다. 상품 Y에 대한 유보가격의 차이도 역시 크다. 반면에 상품 X와 Y를

합한 묶음상품에 대한 유보가격에 있어서는 소비자 A는 6이고 소비자 B는 7이므로 차이가 작다. 즉 개별상품에 대한 유보가격의 차이는 큰 반면 묶음상품에 대한 유보가격의 차이는 작다. 이런 조건을 만족시키는 경우 번들링은 공급자의 수입을 높일 수 있다. 순수개별판매를 한다고 가정하자. 이 경우에 X와 Y의 가격을 각각 5로 정하면 X와 Y를 각각 1개씩 판매하게 되므로 공급자의 총수입은 10이 된다. 반면에 순수번들링을 한다고 가정하면 묶음상품의 가격은 6이 적절하고 총수입은 12가 된다. 생산비용을 고려하지 않고 총수입만 고려한다면 순수번들링이 순수개별판매에 비해 우월한 전략이 된다.

번들링이 가격차별화의 목적을 가진다고 하는 이유는 〈표 8-2〉를 보면 알 수 있다. 공급자가 순수번들링을 사용하는 경우 상품 X에 대해서 소비자 A에게는 5에 근접한 가격을 부과하고 소비자 B에게는 2에 근접한 가격을 부과하는 가격차별화를 하는 셈이 된다. 상품 Y에 대해서도 역시 가격차별화의 효과를 갖는다.

영화산업에서 자주 사용되었던 일괄계약(block booking)은 영화 배급사가 극장주에게 여러 영화를 묶어서 단일가격으로 판매하는 끼워팔기의 일종이다. 극장주에 따라 동일한 개별 영화에 대한 유보가격이 다르다면 일괄계약은 가격차별화의 효과를 가지게 된다. 번들링은 소비자 유보가격의 이질성(수요의 이질성)을 감소시키고, 동일한 상품에 대해 소비자별로 가격을 다르게 설정하는 효과를 초래한다. 이러한 가격차별화는 궁극적으로 공급자의 이윤을 증가시키는 역할을 한다.

### (2) 복잡비용의 감소

자동차처럼 수많은 부품 및 선택사항으로 이루어진 상품의 경우 번들링은 선택사항의 복잡성을 단순화시켜서 복잡비용의 감소나 생산비용의 절감을 가져온다. 특히 설치나 조립의 비용이 높은 구성요소들의 번들링은 생산효율성을 높이는 효과가 크다.[152]

### (3) 규모의 경제와 범위의 경제의 활용

번들링은 공급량의 증가를 가져올 수 있으므로 규모의 경제로 인한 비용절감을 초래할 수 있다.[237,245] 비용구조에 있어서 가변비용 대비 고정비용의 비율이 높고 공유하는 비용의 정도가 클수록 번들링으로 인한 비용절감이 크다. 종합유선방송사업자, 통신사업자 등이 유료방송서비스, 인터넷접속서비스, 전화서비스를 묶어서 파는 결합상품의 경우 공급자가 동일한 망을 활용하여 여러 유형의 서비스를 공급한다면 범위의 경제를 활용하는 것이고 결합상품으로 인해 각 서비스의 공급량이 증가한다면 규모의 경제를 활용하는 것이다.

### (4) 거래비용의 감소

번들링을 통해 구매자는 여러 상품을 개별적으로 탐색하고 각 상품의 공급자들과 개별적으로 계약해야 하는 거래비용을 절감할 수 있다. 대량구매 할인이 한 가지 상품의 효율적 거래에 기여하는 것처럼 번들링은 여러 가지 상품을 함께 주문하는데 있어서 효율성을 초래한다.[198]

### (5) 독점력의 확장

전통적인 지렛대 이론(leverage theory)에 따르면 번들링은 시장지배력을 한 상품의 시장으로부터 다른 상품의 시장으로 확장하기 위한 도구로 사용된다. 주상품 시장에서 독점력을 가진 기업이 번들링에 의해 경쟁적인 종상품 시장을 독점화하여 이윤을 증가시킬 수 있다. 주상품의 사용자가 종상품의 주요 소비자일 때만 번들링이 독점력 확장의 수단으로 사용될 수 있다.[247]

전략적 봉쇄(strategic foreclosure) 이론에 의하면, 종상품 시장이 규모의 경제가 존재하는 과점 시장일 경우 주상품 시장의 독점기업이 번들링을 통해 종상품 시장에 있는 경쟁자의 판매를 봉쇄하여 경쟁자를 축출하면 이윤이 증가한다. 즉, 번들링은 동태적 관점에서 과점 시장구조를 독점 시장구조로 변화시킬 수 있다.[287]

마이크로소프트는 컴퓨터 운영체제 시장에서 가지고 있는 독점력을 웹브라우저(Web browser) 시장으로 확장하기 위해 윈도우(운영체제)와 인터넷 익스플

로러(웹브라우저)를 묶음상품으로 만들어 경쟁사의 네비게이터(Navigator)를 웹브라우저 시장에서 축출한 적이 있다. 이는 기업이 번들링을 통해 독점력을 확장시킨 사례에 해당한다. 국내에서는 IPTV 도입 이후에 모바일서비스, 시내전화, 인터넷접속서비스, 유료방송 등 결합상품을 이루는 구성요소가 다양해지기 시작했다. 이러한 결합상품에서 유료방송의 요금이 낮게 책정되면서 통신시장의 시장지배력이 유료방송시장으로 전이되고 있다는 문제가 제기되었다.

#### (6) 진입장벽의 구축

기존기업이 번들링을 하는 경우 잠재적 경쟁자는 하나의 상품에 특화하기보다는 묶음상품을 구성하는 모든 개별상품들에 대한 능력을 갖도록 요구받는다. 따라서 번들링은 신규기업의 진입비용을 높임으로써 진입장벽을 높이는 역할을 한다.[245]

#### (7) 경쟁의 완화

어떤 기업이 두 종류의 상품을 공급하고 있으며, 한 상품의 시장에서는 독점을 유지하고 있고 다른 상품의 시장에서는 경쟁에 직면하고 있다고 가정하자. 이 기업이 번들링을 하지 않으면 경쟁시장에 있는 상품의 가격은 경쟁의 압력에 의해 감소할 수 있다. 그러나 독점시장의 상품과 경쟁시장의 상품을 결합하여 판매하면 그 기업의 묶음상품은 경쟁시장에 있는 기업의 개별상품과 차별화되므로 두 기업 간의 공격성은 감소된다.[130]

### 3) 번들링의 수익성 결정요인

번들링의 유형에 따른 수익성에 영향을 주는 중요한 요인으로는 상품 간의 보완성, 유보가격의 분포, 생산비용 등이 있는데, 대체로 다음과 같은 특성을 보인다.[104,235,257,55] 첫째, 상품 간 보완성이 클수록 순수번들링이 순수개별판매보다 수익성에서 유리하다. 둘째, 생산의 한계비용은 높고 소비자들의 개별상품에 대한 유보가격은 유사할수록 순수개별판매가 유리하다. 셋째, 생산의 한계비용은 낮고 소비자들의 개별상품에 대한 유보가격은 차이가 크지만 묶음상품에 대한 유보가격은 차이가 작을수록 순수번들링이 유리하다. 넷째, 생산의 한계비용은 낮고 소비자들의 개별상품에 대한 유보가격은 차이가 크고 묶음상품에 대한 유보가격도 차이가 클 경우에는 혼합번들링이 유리하다. 이러한 논리를 쉽게 이해하기 위해서 〈표 8-3〉과 같은 상황을 가정해보자.

〈표 8-3〉 유보가격의 분포:

| 구 분 | 상품 X에 대한 유보가격 | 상품 Y에 대한 유보가격 |
|---|---|---|
| 소비자 A | 4 | 1 |
| 소비자 B | 2 | 8 |
| 소비자 C | 7 | 5 |

〈표 8-3〉은 소비자들의 개별상품에 대한 유보가격의 차이와 묶음상품에 대한 유보가격의 차이가 모두 큰 경우를 가정하고 있다. 상품 X에 대한 유보가격이 소비자마다 차이가 크다. 상품 Y에 대해서도 역시 유보가격의 차이가 크다. 묶음상품에 대한 유보가격도 각각 5, 10, 13으로 차이가 크다. 이러한 조건을 갖는 경우에는 혼합번들링이 순수개별판매나 순수번들링보다 공급자에게 유리한 전략이다. 생산비용이 없다는 가정 하에 세 가지 전략을 살펴보면 다음과 같다. 첫째, 순수개별판매를 한다면 상품 X와 Y의 가격은 각각 4와 5로 설정하는 것이 합리적이다. 이 경우에 공급자의 총수입은 두 개의 X를 판매한 수입 8과 두 개의 Y를 판매한 수입 10을 합하여 18이 된다. 둘째, 순수번들링을 한다면 묶음상품의 가격을 10으로 설정하는 것이 합리적이고 소비자 B와 C로부터 총수입 20을 얻게 된다. 셋째, 혼합번들링을 한다면 묶음상품의 가격은 12로 설정하고 X와 Y의 가격은 각각 4와 8로 설정하는 것이 합리적이다. 이 경우에 소비자 A, B, C로부터 각각 4, 8, 12의 수입을 얻어서 총수입 24를 얻게 된다. 결론적으로 개별상품에 대한 유보가격의 차이와 묶음상품에 대한 유보가격의 차이가 모두 큰 경우에는 혼합번들링이 우월한 전략이 된다.

실증적 연구에 따르면, 순수개별판매, 순수번들링, 혼합번들링의 세 가지 유형 중에서 이윤극대화전략(지배전략)은 대체로 혼합번들링으로 나타난다.[134,220,257]

대체로 순수개별판매와 순수번들링은 적지 않은 소비자층을 시장에서 배제하지만 혼합번들링은 배제된 소비자 일부를 구매하게 만들어서 보다 우월한 전략으로 나타난다. 전략적 측면에서도 혼합번들링은 순수번들링에 비해 경쟁자에 대응하여 다양한 전략을 구사할 수 있게 만든다. 대부분의 미디어상품은 낮은 한계비용으로 생산되고 디지털화의 영향으로 배급의 한계비용이 낮아지고 있으므로 미디어기업이 혼합번들링을 적절하게 구사한다면 수익성을 높일 수 있는 기회는 커진다.

## 5. 편성 전략

방송편성은 수용자들이 선호하는 프로그램을 효과적인 시간대에 수용할 수 있도록 프로그램을 선정하고 배열하는 전략적 행위이다. 텔레비전방송사는 편성전략의 4대 요소인 시청자의 인구통계학적 특성, 시청행위, 프로그램 선호도, 방송사 간의 경쟁 및 위험 요소를 활용하여 편성전략을 수립한다.[3]

시청자의 인구통계학적 특성을 활용하는 편성전략으로는 연령 흐름(age flow) 편성전략이 있다. 이는 연령 흐름에 따라 프로그램을 맞춰나가는 전략이다. 예를 들면 오후 3~5시에는 어린이를 대상으로, 오후 5~6시에는 어린이와 청소년을 대상으로, 오후 6~7시에는 모든 연령층을 대상으로 프로그램을 편성하여 텔레비전시청 인구비율(persons using television: PUT)을 증대시키고자 하는 것이다. 텔레비전시청 인구비율이란 텔레비전을 보유하고 있는 전체가구의 총인구 중에서 특정 채널을 보고 있는 시청자의 비율을 말한다.[3]

시청행위를 활용하는 편성전략은 여러 가지가 있는데, 몇 가지를 들면 다음과 같다. 벨트(strip) 편성은 월요일에서 금요일까지 동일한 시간대에 동일한 프로그램을 편성하는 것이다. 이는 습관적 시청행위를 유발시킬 수 있다. 유인(lead-in) 편성은 주시청시간대가 시작되기 직전에 시청자를 유인할 수 있는 프로그램을 편성하여 시청자 흐름을 주시청시간대로 지속시키는 것이다. 텔레비전방송의 시간대는 시청률이 높은 주시청시간대(prime time)와 시청률이 낮은 비주시청시간대로 구분된다. 방송법 시행령에서 정하는 주시청시간대는 평일은 오후 7시부터 오후 11시까지이고 토요일·일요일 및 공휴일은 오후 6시부터 오후 11시까지이다. 해먹(hammock) 편성은 시청자의 지속적 시청을 유도하기 위해 인기 프로그램 사이에 신설 또는 비인기 프로그램을 끼워 넣는 것이다. 시청자는 두 편의 인기 프로그램을 시청하기 위해 채널변경을 자제함으로써 지속적인 시청을 하게 된다. 텐트(tentpoling) 편성은 해먹 편성과 상반되는 것으로, 인기 프로그램 전후에 신설 또는 비인기 프로그램을 편성하는 것이다. 텐트 편성은 해먹 편성과 마찬가지로 프로그램의 지속적 시청을 유지시키는 효과가 있다.[3]

시청자의 프로그램 선호도를 활용하는 편성전략도 다양한데, 몇 가지를 들면 다음과 같다. 체커판(checkerboard) 편성은 벨트 편성에 상반되는데, 주중(월~금)에 각기 다른 프로그램을 동일한 시간대에 매일, 격일, 또는 3일마다 편성하는 것이다. 이는 시청자에게 선택의 폭을 넓혀 준다. 블록(block) 편성은 다양한 장르의 프로그램을 묶어서 특정 시간대에 제공하는 것이다. 예를 들면, 어린이 대상의 시간대에 어린이 대상의 다양한 프로그램을 묶어서 제공하거나 주부 대상의 아침 시간대에 주부 시청자만을 위한 아침 드라마, 토크쇼 등을 묶어서 제공하는 것이다. 군집(cluster) 편성은 특정 장르의 프로그램을 선호하는 시청자 군집을 대상으로 같은 장르의 프로그램을 묶어서 특정 시간대에 제공하는 것이다. 이는 유사한 취향의 시청자 군집을 대상으로 안정적인 시청률을 확보하기 위한 전략이다.[3]

방송사 간의 경쟁 및 위험 요소를 활용하는 편성전략도 다양한데, 몇 가지를 들자면 다음과 같다. 맞대결(head-to-head) 편성은 특정 시간대의 시청률을 선점하려는 의도로 경쟁 방송사의 최고 인기 프로그램과 자사의 최고 인기프로그램을 동일한 시간대에 편성하는 것이다. 맞대결 편성은 시청자 양분화를 초래하여 해당 방송사는 시청률 손실을 감수해야 한다. 따라서 특별한 경우를 제외하고는 맞대결을 피하는 것이 좋다. 직대응(blunting) 편성은 경쟁 방송사와 동일한 장르의 프로그램을 동일한 시간대에 편성하는 것이다. 역대응(counter) 편성은 직대응 편성과 상반되는 것으로 동일한 시간대에 동일한 장르의 프로그램 간의 대결을 피하고 안정된 시청률을 확보하려는 공생 전략이다. 예를 들어 한 방송사에서 여성 시청자들을 겨냥한 프로그램을 편성하면 다른 방송사에서 남성 시청자들을 겨냥한 프로그램을 편성하는 것을 들 수 있다. 역대응 편성은 프로그램 개발의 위험성을 감소시킨다. 가교(bridging) 편성은 경쟁 방송사의 편성에 혼선을 야기하여 시청자 흐름을 단절시키기 위해 경쟁사의 예정 방송시간보다 조금 일찍 프로그램을 시작하거나 조금 늦게 종료하는 것이다. 이는 자사의 시청자가 타 방송사로 이탈하는 것을 방지하기 위한 전략이다.[3]

# 제9장 행위 II

## 1. 가격 전략

### 1) 비용 기반의 가격설정

가격설정에서 전통적인 방식은 상품의 단위당 생산원가에 단위당 부대비용과 기업이 원하는 이윤을 더하여 가격을 설정하는 방식이다. 이를 원가가산 가격설정(cost plus pricing)이라고 한다. 원가가산 가격설정의 문제점으로는 두 가지를 들 수 있다.[181,57] 하나는 수요를 무시하고 있다는 점이다. 단위당 생산원가에는 단위당 고정비용뿐만 아니라 단위당 변동비용이 포함되어 있기 때문에 산출량이 결정될 경우에만 계산할 수 있다. 이러한 산출량을 결정하는 것은 상품에 대한 수요다. 상품에 대한 수요는 소비자와 경쟁자에 의해 결정된다. 최적의 가격설정은 비용과 수요를 함께 고려하는 것이다. 따라서 시장의 수요를 고려하지 않는 원가가산 가격설정은 수요가 급변하는 상황에서 더욱 부적합하다. 다른 하나는 산출량과 무관한 비용을 포함한다는 점이다. 5장의 생산자 이론에 따르면 이윤극대화 가격은 한계비용과 한계수입이 일치되는 산출량 수준에서의 가격이다. 따라서 산출량에 따라 변하는 한계비용은 관련이 있으나 그렇지 않은 고정비용은 가격의 결정과 무관하다.

## 2) 수요 기반의 가격설정: 가격차별화

수요기반의 가격설정의 대표적인 예로는 한계수입과 한계비용이 일치하는 수준에서 단일 가격을 설정하는 것, 가격차별화(price discrimination) 등을 들 수 있다. 가격차별화는 동일한 비용으로 생산된 상품을 서로 다른 가격으로 판매하는 행위를 의미한다. 그러나 상품의 품질 차이로 발생하는 가격 차이는 가격차별로 볼 수 없다. 1920년에 피구(A. Pigou)는 세 가지 종류의 가격차별을 제시했는데, 판매자가 소비자에 관한 정보를 얼마나 갖고 있느냐에 따라 가격차별의 종류가 달라진다. 시장에 있는 각 소비자의 상품에 대한 유보가격(지불할 용의가 있는 최대금액)을 알고 있는 판매자는 1급 가격차별을 시행할 수 있다. 그러나 소비자의 유보가격에 관한 정보가 불충분한 경우에 판매자는 2급 가격차별 또는 3급 가격차별을 시행할 수 있다. 가장 강한 형태의 가격차별이 1급 가격차별이고 가장 완화된 형태의 가격차별은 3급 가격차별이다.[14,37]

### (1) 가격차별화의 전제조건

가격차별이 가능하려면 네 가지 조건들이 충족되어야 한다. 첫째, 공급자가 시장지배력을 가지고 있어야 한다. 시장가격에 영향을 미치지 못하는 공급자는 가격차별을 실행할 수 없다. 둘째, 전체시장을 소비량 또는 소비자 특성에 따라 두 개 이상의 하위시장으로 구분할 수 있어야 한다. 셋째, 서로 다른 하위시장 간에 상품의 재판매가 불가능해야 한다. 만약 가격이 낮은 시장에서 상품을 구입한 구매자가 그 상품을 가격이 높은 시장에서 재판매할 수 있다면 차익 거래를 하려는 구매자들에 의해 시장 간의 가격 차이는 사라지게 된다. 재판매가 불가능하려면 재판매에 소요되는 비용이 커서 시세 차익이 없어야 한다. 넷째, 서로 다른 하위시장 간에 수요의 가격탄력성이 달라야 한다. 수요의 가격탄력성이 동일하면 시장 가격이 같아지게 된다. 일반적으로 수요의 가격탄력성이 낮은 시장일수록 가격은 높게 설정된다. 이는 수요의 가격탄력성이 낮은 시장일수록 가

격을 올렸을 때 발생하는 판매량 감소가 작기 때문이다.[14,37]

극장의 입장권은 어른과 달리 어린이에게 가격을 낮추는 가격차별화이 이루어진다. 위에서 제시된 네 가지 조건이 충족되기 때문이다. 그러나 극장 안에 있는 매점은 가격차별화를 실행하지 못한다. 어른과 어린이 간에 매점 상품의 재판매가 가능하여 세 번째 조건이 충족되지 않기 때문이다.[217]

### (2) 1급 가격차별

1급 가격차별(first-degree price discrimination)은 완전 가격차별(perfect price discrimination)로도 일컬어지는데, 각 단위 상품에 대한 소비자의 유보가격을 실제 가격으로 설정하는 것이다. 따라서 판매자는 각 소비자의 유보가격을 파악할 수 있어야 한다. 유보가격이 높은 소비자부터 차례로 가격을 매긴다면 소비자잉여는 0이 되고 판매자는 총잉여를 모두 흡수하게 된다.

〈그림 9-1〉 1급 가격차별의 후생효과

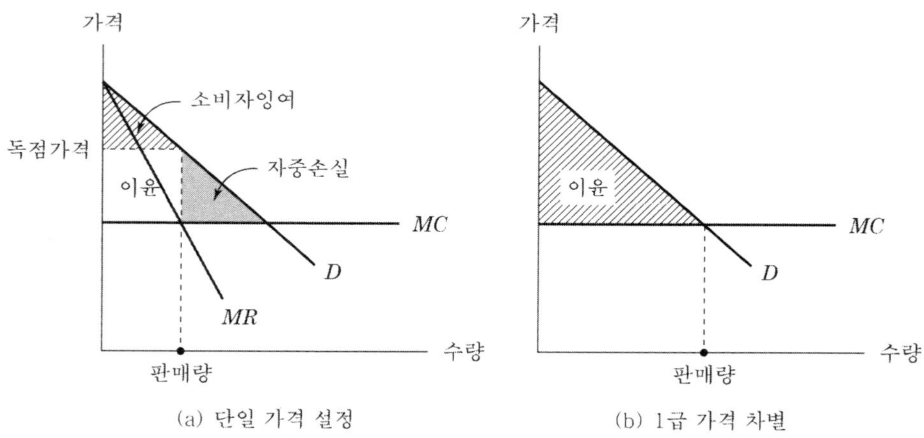


〈그림 9-1〉의 그림 (a)는 독점기업이 가격차별을 하지 않고 단일가격을 설정하는 경우이다. 여기서 총잉여는 생산자잉여(이윤)와 소비자잉여의 합이다. 그림 (b)는 독점기업이 1급 가격차별을 하는 경우다. 여기서 유보가격이 한계비용을 초과하는 모든 수요자에게 각자의 유보가격에 해당하는 가격을 부과하게 된다. 소비자잉여는 0이 되기 때문에 총잉여는 오직 생산자잉여로 구성된다.

두 그림을 비교하면 1급 가격차별은 거래량을 증가시키고 총잉여를 증가시키지만 총잉여는 모두 판매자에 귀속되고 소비자잉여는 사라진다. 1급 가격차별 하에서 자원배분은 완전경쟁 하의 자원배분을 실현시키게 되므로 배분효율성의 측면에서는 1급 가격차별이 독점기업의 단일가격 설정에 비해 우월하다. 1급 가격차별의 예는 현실적으로 찾기 힘들다. 그러나 유사한 예를 찾자면 어떤 판매자가 정가를 표시하지 않은 채 고객의 특성에 따라 가격을 자의적으로 제시한다면 1급 가격차별을 시도하는 행위로 볼 수 있다. 그리고 전자상거래 사업자들도 빅데이터를 통해 고객의 구매습관, 선호, 배경 등을 많이 알게 되면 고객의 유보가격을 어느 정도 파악할 수 있게 되어 1급 가격차별과 유사한 개인별 맞춤가격을 시도할 수 있다.[217]

### (3) 2급 가격차별

2급 가격차별(second-degree price discrimination)은 구매량에 따라 서로 다른 단위당 가격을 설정하는 것이다. 구매량을 소비자가 스스로 결정한다는 점에서 소비자의 자발적 선택에 입각한 가격차별이다.[37] 1급 가격차별은 상품 한 단위마다 다른 가격을 설정하는 반면 2급 가격차별은 상품구매량의 일정 구간마다 다른 가격을 설정한다. 구간별 가격의 설정과 이부가격의 설정은 2급 가격차별의 일종이다.

#### ① 구간별 가격의 설정

구간별 가격의 설정(block pricing)이란 상품의 수요량을 몇 개의 구간으로 나누고 각 구간별로 서로 다른 가격을 매기는 것을 말한다. 〈그림 9-2〉에는 개별 소비자의 수요곡선(d)이 음의 기울기를 가진 것으로 나타나고 있다. 이 경우에 판매자는 처음의 $Oq_1$ 구간에서는 $P_1$의 가격을, 다음의 $q_1q_2$ 구간에서는 $P_2$의 가격을, 그리고 $q_2q_3$ 구간에서는 $P_3$의 가격을 설정하고 있다. 구간별 가격의 설정에서 구매량이 많아짐에 따라 가격을 낮추는 근거는 한계효용체감의 법칙에 있다. 이 법칙은 음의 기울기를 가진 개인별 수요곡선에 반영되어 있다. 소비자의 유보가격은 구입량이 증가함에 따라 감소하는 경향이 있기 때문에 구매량이 많을수록 가격을 낮추는 것은 효과적이다. 구간별 가격의 설정은 전화,

수도 등의 요금체계에서 찾아볼 수 있다.[37]

〈그림 9-2〉 구간별 가격의 설정

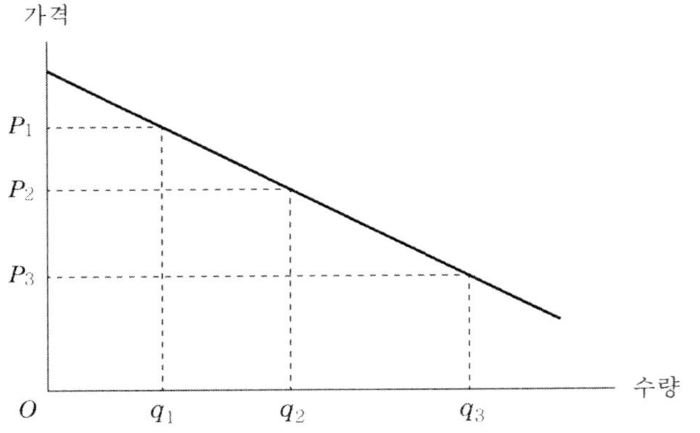


### ② 이부가격의 설정

이부가격(two-part tariff)이란 판매자가 소비자에게 상품을 구매할 수 있는 권리를 일시금으로 부과한 뒤 추가로 소비하는 단위마다 사용료를 부과하는 것이다. 상품을 구매할 수 있는 권리에 대한 가격은 가입비, 입장료, 기본료 등으로 일컬어진다. 이부가격 설정 하에서 개별소비자가 지출하는 총지출액은 두 가지로 구성된다. 하나는 가입비고, 다른 하나는 사용량에 가격을 곱한 금액이다.[37]

판매자의 이윤은 가입비와 사용료를 어떻게 설정하는가에 달려 있다. 〈그림 9-3〉에 개별 소비자의 수요곡선이 d로 나타나 있다. 한계비용곡선은 $P_1$ 수준에서 수평선이라고 가정하자. 사용료를 한계비용 수준($P_1$)에서 결정하면 소비자는 $q_1$을 구입한다. 판매자가 삼각형 $AP_1B$의 면적을 소비자잉여에서 생산자잉여로 전환시키고자 한다면 가입비를 소비자 잉여의 크기만큼 설정해야 한다. 모든 소비자들이 동일한 수요 곡선을 가진다는 가정 하에 이러한 이부가격 방식을 모든 소비자에서 적용시키면 1급 가격차별을 실시한 경우와 같은 독점 이윤을 확보할 수 있다.

〈그림 9-3〉 이부가격

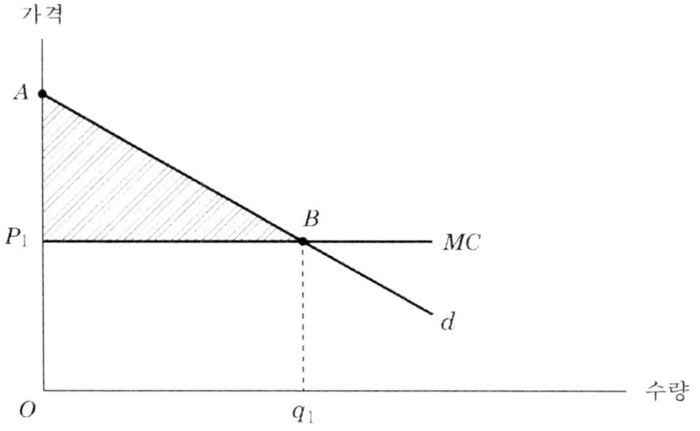


이부가격의 예로는 놀이공원의 요금체계를 들 수 있다. 대부분의 놀이공원은 고정된 입장료를 받은 후에 개별 놀이기구를 이용할 때 별도로 이용요금을 받는다. 어떤 쇼핑클럽은 매장에 있는 상품을 살 수 있는 권리를 주는 명목으로 고정된 회비를 받고 상품을 구매할 때마다 그에 따른 별도의 가격을 청구한다. 통신회사가 매달 기본요금을 받고 통화량에 따라 요금을 별도로 부과하는 것도 이부가격을 설정하는 것이다. 이러한 이부가격의 설정은 판매자들이 소비자잉여의 일부를 가져가기 위해 고안된 것이다.[162]

### (4) 3급 가격차별

3급 가격차별(third-degree price discrimination)이란 소비자의 외형적, 객관적 특성에 입각한 가격차별을 말한다.[37] 전체 시장이 지리적으로 두 개의 하위시장인 A와 B로 구분되어 있다고 가정하자. 〈그림 9-4〉에서 한계비용곡선은 수평선이라고 가정되고 있다. 이윤극대화 원칙은 시장 A에서의 한계수입과 시장 B에서의 한계수입을 각각 한계비용과 일치시키는 것이다. 즉, $MR_A = MR_B = MC$ 의 조건을 만족시키는 산출량을 각각의 시장에서 판매하는 것이다. 시장 A에 비해서 시장 B에서 수요곡선의 기울기가 상대적으로 완만하다. 이는 시장 A에 비해서 시장 B에서 수요의 가격탄력성이 크다는 것을 의미하기도 한다. 따라서 시장 A에는 높은 가격이, 그리고 시장 B에는 낮은 가격이 설정되고 있다. 시장 A에서는 산출량이 $q_A$, 가격은 $P_A$가 된다. 시장 B에서는 산출량이 $q_B$, 가격은 $P_B$가 된다. 따라서 기업의 총생산량은 $Q_T(=q_A+q_B)$가 된다. 여기서는 소비자의 지역이라는 특성에 입각하여 시장이 구분되고 가격이 차별화되고 있다.

〈그림 9-4〉 3급 가격차별

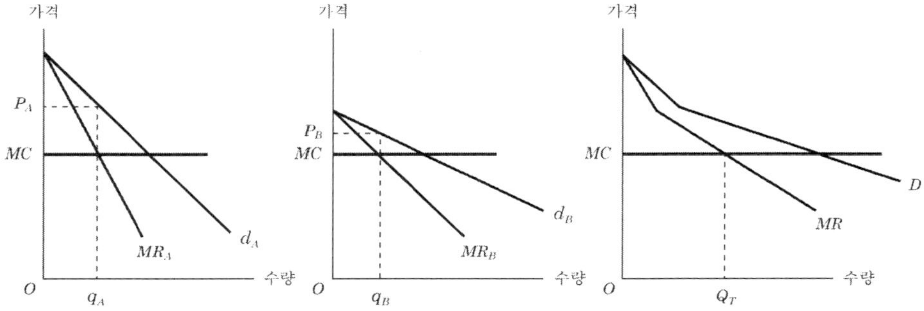


(a) 시장 A (b) 시장 B (c) 기업의 총생산량 결정

3급 가격차별은 소비자들을 수요의 가격탄력성이 서로 다른 집단들로 분리하여 각 집단별로 상이한 가격을 설정하는 전략이다. 수요의 가격탄력성이 낮은 집단에게 비싼 가격을 설정하고 수요의 가격탄력성이 높은 집단에게 저렴한 가격을 설정한다. 예를 들자면 기업들이 신문, 잡지, 온라인을 통해 다양한 할인권을 제공하면서 모든 소비자에게 할인을 하지 않고 할인권을 오려오거나 다운로드 받는 소비자에게만 할인을 해주는 것을 들 수 있다. 이러한 소비자는 대체로 가격탄력성이 높은 소비자이기 때문에 가격을 낮추게 되는 것이다. 반면에 그러한 번거로움을 감수하지 않는 소비자는 대체로 가격탄력성이 낮은 소비자이기 때문에 할인이 되지 않는 가격을 부과하게 되는 것이다.[214] 극장에서 학생할인을 실시하는 것도 소비자의 객관적 특성인 학생 여부에 따른 가격차별이므로 3급 가격차별에 해당한다. 대체로 직장인에 비해 학생이 영화를 관람하는 것에 대한 유보가격이 낮으므로 극장은 가격차별을 통해 보다 많은 학생들을 소비에 참여시켜 이윤을 증가시킬 수 있다.

일반적으로 단일가격을 설정하는 것에 비해 가격차별은 보다 많은 소비자들을 유인하여 기업의 이윤을 높여준다. 그리고 가격차별은 거래량을 증가시켜서 총잉여를 증가시킨다. 그러나 가격차별에 따른 총잉여의 증가는 소비자잉여가 생산자잉여로 이전되는 것에 기인하므로 형평성의 문제를 초래한다.

## 3) 신상품 가격의 설정

신상품 가격의 설정은 신상품이 지속적으로 개발되고 있는 미디어산업에서 중요한 전략이다. 영화, 텔레비전프로그램, 음원, 게임 등의 콘텐츠상품은 신상품으로 간주할 수 있다. 신상품 가격의 설정은 주로 스키밍 가격설정(skimming pricing)과 침투 가격설정(penetration pricing)으로 구분할 수 있다. 이 두 전략은 일반적인 가격전략에서 벗어난 것이다. 일반적인 가격전략은 상품의 도입기에 이윤을 극대화하는 가격(MR＝MC의 조건을 만족하는 산출량에서 수요 곡선상의 가격)으로 설정되고 이후에 수요 조건 혹은 비용 조건이 변화할 경우에만 가격이 변한다.[181]

### (1) 스키밍 가격 설정

스키밍 가격 설정은 상품의 도입기에 높은 가격을 설정하고 시간이 경과함에 따라 가격을 낮추는 방법이다. 스키밍 가격 설정의 논리는 유보가격이 높은 사람으로 하여금 높은 가격으로 구매하게 하고 이후에 가격이 인하되면서 새로운 소비자들을 유도하는 것이다.[181] 스키밍 가격 설정은 다음과 같은 경우에 적합하다.[57] 첫째, 신상품의 가격이 높아도 당분간 경쟁기업이 시장에 진입할 가능성이 낮은 경우이다. 둘째, 신상품의 혁신 정도가 높아서 가격이 높아도 신상품에 대한 수요자가 많은 경우이다. 셋째, 소량생산을 해도 대량생산의 경우에 비해 생산비용이 크게 오르지 않을 경우이다.

### (2) 침투 가격 설정

침투 가격 설정은 낮은 가격으로 상품을 도입하고 지속적으로 인상하는 전략이다. 침투 가격 설정의 논리는 낮은 가격으로 많은 잠재고객의 상품 경험을 유

도하고 그들의 긍정적 경험을 통해 충성스러운 고객이 되면 가격을 인상하는 것이다.[181]

침투 가격 설정은 다음과 같은 경우에 적합하다.[57] 첫째, 수요자들이 가격에 아주 민감해서 낮은 가격으로 상품을 공급하면 시장이 크게 확대되는 경우이다. 둘째, 공급자의 학습효과가 커서 생산경험이 축적될수록 생산비용이 낮아지는 경우이다. 셋째, 신상품에 대한 낮은 가격을 통해 신규기업의 시장진입을 억제할 수 있을 경우이다.

침투 가격 설정은 자주 구매하는 경험재를 도입할 때 고려해야 한다. 경험재를 구매하기 전에 소비자는 소비의 효용에 대해 불확실하다. 대체로 이러한 불확실성은 첫 번째 구매 이후에 해결된다. 따라서 상품의 도입기에 낮은 가격을 통해 잠재적 소비자들로 하여금 상품을 구매하도록 유도한다. 그 후에 많은 소비자들이 충성도가 높은 구매자가 되면 기업은 고객을 잃지 않으면서 가격을 인상할 수 있다. 자주 구매하는 경험재인 신문이나 잡지는 침투 가격 설정이 적합하다. 신문을 새로운 시장으로 확장하거나 새로운 잡지를 시장에 도입할 경우 침투 가격 설정이 사용되기도 한다.[181] 소프트웨어 공급자는 이용자들에게 다운로드를 받은 소프트웨어를 일정 기간 무료로 사용하도록 하다가 이용자들이 그 소프트웨어에 익숙해지는 시기에 유료로 전환하는 경우가 종종 있다. 이러한 현상도 침투 가격을 활용한 것이다.

### 4) 약탈적 가격 설정

시장지배적 기업이 경쟁기업을 시장에서 몰아내기 위해 평균가변비용 이하로 낮은 가격을 부과하면 손실을 입은 한계기업은 시장에서 이탈하게 된다. 결과적으로 시장지배적 기업은 단기에는 가격을 인하하여 손실을 입어도 경쟁기업이 이탈한 후에는 시장을 독점하고 초과이윤을 확보하게 된다. 이와 같이 경쟁기업이 점유하고 있는 시장을 약탈하기 위해 가격을 평균가변비용 이하로 인하하는 행위를 약탈적 가격 전략(predatory pricing)이라고 한다.[113] 약탈적 가격은 경쟁자를 시장에서 축출하고 신규기업의 진입을 억제하기 위한 수단으로 사용된다. 제 1단계에서 약탈기업은 평균가변비용 이하로 가격을 인하한다. 경쟁기업을 시장에서 축출하고 약탈자가 시장을 독점적으로 지배하는 제 2단계에서는 독점가격을 부과한다.[73]

약탈적 가격 전략이 성공하기 쉬운 조건은 다음과 같다. 첫째, 약탈자가 시장 내의 다른 기업에 비해 자금력이 높은 경우이다. 둘째, 약탈자의 호전성이 다른 잠재적 경쟁자에게 잘 알려진 경우이다. 셋째, 가격차별을 실시하기가 용이한 경우이다. 왜냐하면 약탈적 가격이 경쟁자에게 빼앗길 것 같은 소비자 집단에 대해서만 이루어지게 되면 상대적으로 작은 희생을 치르고 가격대응을 할 수 있기 때문이다.[97]

한국을 포함한 대부분의 나라에서 약탈적 가격 설정은 불법이다. 2000년대 초반에 프랑스의 초고속 인터넷 시장에서 프랑스텔레콤(France Telecom)의 계열사가 실행했던 약탈적 가격 설정은 2009년에 유럽법원에 의해 시장지배적 지위를 남용한 것으로 최종판결을 받은 바 있다.[101] 한국에서도 RO와 SO 간의 경쟁이 치열하던 시기에 SO가 매우 낮은 가격의 티어를 활용하여 RO 가입자를 유인하였는데, 이러한 현상을 두고 약탈 가격에 대한 논란이 있었다.

### 5) 제품시스템 가격의 설정

둘 이상의 보완적 상품들이 독립적으로는 소비자들에게 가치가 없지만 합칠 경우 가치가 있다면 제품시스템이다. 소프트웨어에 대한 수요는 하드웨어의 가격에 달려 있으며 하드웨어에 대한 수요는 소프트웨어의 가격에 달려 있다. 하드웨어는 낮은 가격에 판매하고 소프트웨어는 높은 가격에 판매하는 것은 수요가 연관되어 있지 않은 경우에 비해 더 높은 이윤을 발생시킨다. 주상품(tying good)인 하드웨어의 낮은 가격은 하드웨어의 판매를 늘리고 이 결과 종상품(tied good)인 소프트웨어의 판매도 증가시킨다. 판매자가 하드웨어의 가격을 낮게 설정할수록 소프트웨어에 대한 수요곡선은 오른쪽으로 이동한다.[181] 3장에서 상품에 대한 수요의 증가는 보완재의 가격 인하에 기인할 수 있다는 것을 설명한 바 있다

비디오게임기와 그 게임기에서 사용되는 게임소프트웨어는 하나의 제품시스템을 이룬다. 닌텐도가 1980년대에 비디오게임을 처음으로 출시할 때 게임기의 가격을 비용에 근접한 수준으로 낮추었고 게임소프트웨어는 높은 가격을 설정하였다.[181] 유사한 맥락에서 아마존이 단말기인 킨들(Kindle)을 원가 이하인 저가에 제공하고 콘텐츠를 주요 수익원으로 하는 전략을 사용한 바 있다.[8]

## 2. 창구화 전략

### 1) 창구화 전략의 변화 추세

영화를 비롯한 콘텐츠상품을 소비할 수 있는 다양한 매체나 배급 수단을 창구(window)라고 한다. 창구화(windowing)의 시초는 영화이지만 텔레비전프로그램을 비롯한 여러 콘텐츠상품이 창구화 전략을 활용하고 있다. 미국 내에서 극장용 영화의 유통순서는 시기별로 변화가 있었다. 1950년대에는 영화의 유통이 극장에 한정되어서 1차 개봉관 후에 재상영관으로 이어지기만 했다. 1980년대에는 극장 - 지상파 네트워크방송 - 신디케이션 방송 - 기타 시장(학교, 병원, 군대 등)의 배열을 가졌다. 미국에서 신디케이션(syndication)이란 지상파 네트워크 방송사를 거치지 않고 프로그램 제작사에서 네트워크에 가입되지 않은 독립방송국으로 프로그램을 직접 공급하는 것을 말한다. 2000년대 초반에는 극장 - 케이블텔레비전의 프로그램당 지불하는 채널(pay per view: PPV) - 케이블텔레비전의 월정액 영화채널(예: HBO) - 홈비디오 - 지상파 네트워크방송 - 신디케이션(syndication) - 기타의 배열을 나타냈다. 그 후에는 극장 - 인터넷의 주문형 비디오(VOD) - 지상파 네트워크방송 - 케이블텔레비전과 신디케이션 - 기타의 배열을 보이고 있다.[284] 점차로 첫 번째 창구에서 마지막 창구에 이르기까지 소요되는 기간은 단축되고 있다. 창구화는 시기 선택과 매체 선택의 제약요인을 완화시켜서 소비의 가능성을 확대시키는 전략이다.

### 2) 창구화 전략의 목표

창구화 전략의 목표로는 다음을 들 수 있다.[103] 첫째, 보다 많은 창구를 통해 이윤 극대화를 추구하는 것이다. 창구화를 실행하는 목적은 개별 작품단위로 이윤의 극대화를 추구하는 것이지 개별 창구별로 이윤극대화를 추구하는 것은 아니다. 따라서 개별 창구에서는 적자가 되어도, 전체 창구들을 합쳐서 보면 이윤이 극대화되는 것을 목표로 한다. 둘째, 창구의 이동을 통해 잔여수요(residual demand)를 발굴하는 것이다. 창구를 바꿀 때마다 이전의 창구에서 시간 제약이나 높은 가격으로 인해 콘텐츠상품을 소비할 수 없었던 잔여수요를 잡을 수 있다. 이러한 창구의 이동을 계속 진행시키면 대부분의 잠재적 소비자에게 시청기회를 줄 수 있어서 소비자 규모를 극대화할 수 있게 된다. 셋째, 보다 많은 창구를 통해 제작비 규모를 높이는 것이다. 창구화는 제작비 규모에 영향을 미친다. 창구가 하나인 경우에 비해서 여러 개가 있으면 콘텐츠상품의 누적적인 기대수입이 커지게 되므로 제작비 규모를 늘릴 수 있다. 제작비가 커질수록 프로그램의 소구력은 커지므로 보다 많은 시청자를 유인할 수 있는 작품을 만들 수 있다. 따라서 창구화 전략이 실행되는 경우는 그렇지 않은 경우에 비해서 제작비 규모가 크게 늘어난다.[146,235]

### 3) 가격차별화 전략으로서의 창구화 전략

창구화에서 콘텐츠상품의 이동은 유보가격이 높은 소비자 집단으로부터 유보가격이 낮은 소비자 집단으로 이어진다. 이러한 수요의 세분화 과정은 가격이 한계비용을 초과하는 한 계속된다. 여기서 콘텐츠상품에 대한 유보가격이 높은 소비자 집단은 그 콘텐츠상품에 대한 수요의 가격탄력성이 낮은 집단이다. 같은 맥락에서 콘텐츠상품에 대한 유보가격이 낮은 집단은 해당 상품에 대한 수요의 가격탄력성이 높은 집단이다. 즉, 창구화는 소비자의 유보가격에 따라 시차를 두고 콘텐츠상품을 판매함으로써 이윤의 현재가치를 극대화하고자 하는 것이다.

창구화는 가격차별화의 일종이다.[235] 일반적으로 가격차별화는 단일가격에 판매하는 것보다 더 많은 이윤을 공급자에게 가져다준다. 공급자가 수요의 가격탄력성이 서로 다른 소비자 집단들을 서로 다른 시장으로 세분화하여 소비자잉여를 생산자잉여로 전환하여 이윤을 증대시킨다. 또한 가격차별화는 독점적 단일가격을 설정하는 것에 비해 배분적 효율성을 높인다. 창구화는 높은 가격에서는 제외될 수 있는 소비자 집단을 낮은 가격 하에서 소비할 수 있도록 만든다. 따라서 창구화는 독점적 단일가격에서 공급되는 생산량보다 많은 생산량을 초래하므로 자원배분의 효율성을 개선하기도 한다.

### 4) 위험분산 메커니즘으로서의 창구화 전략

창구화는 동일한 콘텐츠상품을 여러 미디어를 통해 판매함으로써 수요의 불확실성으로부터 발생하는 위험을 분산시키고 제작비 투입에 있어서의 위험도 분산시킬 수 있다. 창구화는 국내 창구뿐만 아니라 외국 시장의 창구도 포함한다.[146] 세계 각국에 존재하는 다양한 미디어 창구는 초국적 미디어기업의 창구화 전략을 해외 차원으로 확장시키는 것을 용이하게 해주고 위험분산의 효과를 더욱 크게 만든다.

### 5) 최적 창구화 전략을 위한 고려 사항

창구화가 일반적인 가격차별화와 다른 점은 소비자 집단을 구분하는 주요 기준으로 시간을 사용한다는 것이다. 이윤의 현재가치 극대화를 추구하는 배급자는 매체들의 최적 배열순서와 각 창구에 머무는 최적시간을 결정해야 한다. 이윤극대화를 위해 콘텐츠상품을 배열하는 순서에는 다음과 같은 여러 요인들이 고려된다.[235] 첫째, 각 창구에서 부과되는 일인당 가격이다. 일반적으로 일인당 가격이 높을수록 일인당 이윤이 높다. 프로그램의 매력은 시간이 지나면서 감소하므로 일인당 이윤이 높은 창구를 앞에 두고 일인당 이윤이 낮은 창구는 뒤에 놓는 것이 합리적이다. 영화의 경우 대체로 일인당 가격이 가장 높은 극장 상영

이 첫 번째 창구가 된다. 또한 극장 수입은 이후의 창구에서 영화의 가치를 결정하는 역할을 한다.[284]

둘째, 각 창구에서 모을 수 있는 시청자 수다. 시청자 당 이윤이 모든 창구에서 같다면, 시청자 수가 많은 창구를 앞에 놓는 것이 수입을 극대화시킨다. 예를 들어, 주문형 비디오(VOD)를 통해 영화를 보고자하는 시청자 수가 증가하면 주문형 비디오 출시를 앞당기는 요인이 된다. 일인당 가격과 시청자 수는 각 창구의 시장 규모를 구성하는 요인이다. 대체로 시장 규모가 클수록 매출액과 이윤이 커지게 된다.

셋째, 이자율이다. 이자율은 돈의 기회비용이다. 이자율이 높을수록 미래의 수입에 대한 현재가치는 떨어진다. 따라서 이자율이 높을수록 다양한 창구를 통한 순환속도가 빨라야 한다. 즉 이자율이 높을수록 첫 번째 창구에서 마지막 창구에 이르는 기간을 줄여야 한다.

넷째, 각 창구가 불법복제에 취약한 정도이다. 어떤 창구가 불법 복제에 취약하면 후속 창구에서 잠재적 매출의 손실을 가져오므로 불법 복제에 취약한 매체일수록 뒤에 놓는 것이 일반적이다. 어떤 매체가 불법복제에 취약한 정도가 심하면 그 매체를 통한 배급을 금지시키거나 그 매체에서 머무는 기간을 단축시킨다. 영화제작사들은 불법 비디오 복제가 심각한 나라에서 비디오 출시를 거부하기도 하였다.

다섯째, 콘텐츠상품의 출시 후에 시청자의 관심이 감소하는 비율을 들 수 있다. 콘텐츠상품이 진부화(陳腐化)되는 속도는 장르에 따라 다르다. 예를 들면, 영화나 애니메이션은 텔레비전 드라마 등에 비해 이용 가치가 천천히 저하된다. 반면에 뉴스나 스포츠 프로그램은 정보의 신선함이 중시되기 때문에 이용 가치는 시간의 경과와 더불어 급속도로 저하된다.[103] 따라서 영화나 애니메이션 등의 장르는 창구화 전략에 아주 적합하지만 뉴스나 스포츠 프로그램 등은 창구화 전략에 적합하지 않다. 콘텐츠상품이 진부화되는 속도가 빠르다는 것은 그 상품에 대한 수요의 시간 민감도(time sensitivity of the demand)가 크다는 것이다. 어떤 콘텐츠상품에 대한 수요의 시간 민감도가 클수록 다양한 창구를 통한 순환속도가 빨라야 한다.[235] 더 나아가 수요의 시간 민감도가 아주 크게 되면 창구화에 활용될 수 없다.

## 3. 포트폴리오 전략

한 상품에 집중적으로 투자하는 것보다 분산 투자를 하게 되면 위험이 감소되는데, 이를 포트폴리오 효과(portfolio effect)라고 한다. 많은 상품들을 공급하게 되면 위험이 줄어든다. 영화, TV 프로그램, 음악, 출판 등의 산업은 새로운 상품들을 지속적으로 출시한다는 점에서 위험한 사업이다. 새로운 상품과 관련된 의사결정은 과거의 사례를 참고할 기회가 적어서 위험성이 높아지기도 한다.

콘텐츠상품의 포트폴리오 전략은 여러 미디어에서 폭넓게 사용되고 있다. 불확실성이 큰 산업에서 공통적으로 사용되는 접근이 포트폴리오를 통해 위험을 분산시키는 것이다. 이런 접근은 방송산업에서 오래 전부터 사용되어 왔다. 예를 들면, 텔레비전 방송사는 여러 시청자 유형들을 겨냥하는 여러 프로그램들을 제공한다. 이를 통해 큰 수입이 보장되는 성공작이 나올 가능성을 높이고자 한다. 성공작으로부터 나온 수입은 다른 프로그램들의 비용을 보전하는데 사용된다. 즉, 방송편성에서 개별 프로그램의 성공은 전체 프로그램들의 비용을 균등화하고 위험을 분산시키는데 사용된다.[146]

프로그램들이 성과에서 큰 편차를 보일수록 포트폴리오에 대한 의존은 더욱 강해진다. 포트폴리오 전략은 출판산업과 음악산업에서도 일반적이다. 그런 산업에서의 성과는 예측이 불가능한 유행에 의해 어느 정도 결정되기 때문이다.[146]

대부분의 잡지는 기대수명이 짧다. 따라서 잡지산업에 내재하고 있는 위험을 줄이기 위해서는 잡지출판사는 여러 종류의 잡지를 제공하고 새로운 잡지를 정규적으로 출시해야 한다. 잡지산업은 상품수명주기의 특징을 강하게 갖고 있으므로, 포트폴리오 전략은 상품수명주기의 서로 다른 단계에서 여러 종류의 잡지들을 결합함으로써 수입 흐름을 안정화시킨다.

기업의 규모도 위험 노출의 정도를 결정하는 요인이 된다. 영화산업의 경험법칙은 다수의 영화들 중에서 극소수만이 성공하며 이러한 극소수의 성공에서 나오는 큰 이윤이 다수의 손실을 보충하는 것이다. 이러한 법칙은 매년 다수의 영화를 제작하고 배급하는 할리우드메이저의 경쟁적 우위를 설명해 준다. 다수의 영화가 연속적으로 실패할 확률은 작은 반면 소수의 영화가 연속적으로 실패할 확률은 크다. 따라서 다수의 영화를 제작하는 대규모 영화사는 생존가능성이 큰 반면에 소수의 영화를 제작하는 소규모 영화사는 생존가능성이 작다.[181,146]

공동제작도 자원을 공동으로 출자해 포트폴리오 효과를 발생시켜서 위험을 감소시킨다. 주어진 제작예산 하에서, 공동제작은 각각의 제작사로 하여금 더 많은 프로젝트에 참여할 수 있게 해주어 포트폴리오 효과를 발생시켜서 위험을 감소시킨다.[181]

## 4. 위험회피 전략

프리미엄 콘텐츠의 확보는 수직적 차별화 전략으로 볼 수도 있지만 위험회피의 전략으로 볼 수도 있다. 프리미엄 콘텐츠의 확보는 불확실성을 줄여주고 예측가능한 시청자규모를 기대할 수 있게 한다. 경쟁자의 증가 또는 시청자의 파편화는 이러한 위험회피 전략을 촉진시키는 경향이 있다.[138]

### 1) 미디어산업에서의 수요와 공급의 위험성

미디어기업은 지속적으로 새로운 콘텐츠상품을 만들어내야 한다. 미디어산업은 공급 측면과 수요 측면에서 위험이 높은 특성을 갖는다. 공급 측면을 보면, 새로움과 혁신을 위한 창의적 생산요소의 지속적 필요는 콘텐츠제작을 노동집약적 과정으로 만든다.[146] 공연예술과 같은 문화산업의 수익성을 악화시키는 요인으로 공급 측면에서 보몰의 병(Baumol's cost disease)이 거론된다. 보몰의 병은 노동생산성의 증가가 높은 업종의 임금 상승에 대응하여 노동생산성의 증가가 없거나 낮은 업종에서 임금이 오르는 것을 일컫는 말이다. 공연예술은 과거나 현재나 노동생산성의 증가가 거의 없다. 반면에 제조업과 같은 업종에서는 기술혁신, 자본축적, 규모의 경제 등에 의해 노동생산성이 크게 증가하고 있다. 공연예술과 같은 업종에서는 생산과정의 표준화나 기술혁신에 의해 노동생산성을 증가시키기 어렵다. 노동생산성이 5% 증가하는 경우에 임금이 5% 증가하면 실질 노동비용의 증가는 없는 것이다. 그러나 노동생산성의 증가가 없는 경우에 임금이 5% 증가하면 실질 노동비용은 5% 증가하는 것이다. 공연예술과 같은 업종에서는 노동생산성을 높이는 것이 쉽지 않아 임금을 올리게 되면 실질 비용이 증가하는 것이 된다. 이로 인해 공연예술 서비스의 공급 가격은 물가 수준에 비해 빠르게 상승하여 해당 업종은 위기에 빠지게 된다.[120,121] 문화산업은 노동집약적인데, 노동비용은 다른 것에 비해 더욱 빨리 상승하는 경향이 있다. 예를 들면, 영화산업에서도 주로 스타에 대한 출연료의 상승 때문에 제작비는 지속적으로 상승하고 있다.[146] 이러한 요인은 공급 측면의 위험을 높이는 역할을 한다.

창의적 생산물이면서 경험재 특성을 갖는 미디어상품은 수요의 예측이 어렵다. 따라서 미디어산업에서 수요는 불확실하다. 이러한 수요의 불확실성은 수요 측면의 위험성을 높이게 된다. 결국 공급 측면의 고비용과 수요 측면의 불확실성을 갖는 미디어상품은 높은 위험성을 수반한다. 미디어산업에서는 이러한 위험을 감소시키기 위한 전략이 다양하게 발달해 왔다.

### 2) 미디어기업의 일반적 위험회피 전략

지금까지 설명했던 기업의 행위 중에서 수직결합 전략, 번들링 전략, 포트폴리오 전략은 위험을 감소시키는 역할도 한다. 수직결합을 통해 서로 다른 생산단계를 결합하여 거래비용을 감소시키는 것은 시장의 불확실성에 대비할 수 있는 여력을 준다. 특히 영화산업에서 제작 부문과 상영 부문이 결합되면 관객 확보에 있어서 불확실성을 감소시킨다. 영화산업에서 흥행성이 큰 영화와 작은 영화를 묶어서 파는 일괄계약은 수요 안정화를 위한 목적도 있다. 음반산업에서는 음반에 성공가능성이 큰 곡과 그렇지 못한 곡을 묶어서 파는 번들링도 수요 안정화 전략으로 작용했다. 창구화 전략도 다양한 수익원의 확보를 통해 위험을 분산시킨다.

### 3) 미디어산업 고유의 위험회피 전략

수직결합 전략, 번들링 전략, 포트폴리오 전략 등은 일반 산업에서도 활용되는 위험 회피 전략의 일환으로 볼 수 있다. 더 나아가 미디어산업에서는 산업 고유의 위험회피 전략이 있다. 예를 들면, 창구화 전략은 미디어산업 고유의 전략이다. 이 외에도 다음과 같은 전략은 미디어산업 고유의 위험 회피 전략으로 볼 수 있다. 첫째, 동일한 미디어산업에서 성공했던 상품을 재가공하는 것이다. 예를 들면, 속편의 활용, 포맷의 구매 등을 들 수 있다. 과거에 성공했던 콘텐츠상품의 줄거리와 인기가 있는 캐릭터에 기반을 둔 속편의 활용(예를 들면, 스타워즈 시리즈나 제임스 본드 영화)은 새로운 콘텐츠상품을 개발하는데 내재하는 위험성을 줄이는 방법이다.[146] 위험을 회피하는 또 다른 방법은 외국에서 성공한 프로그램의 포맷을 구입하는 것이다. 포맷은 프로그램의 기본공식 또는 핵심요소를 기술하는 것이다. 포맷의 구입을 통해 방송사는 외국에서 성공했던 프로그램의 국내용 버전을 만들 수 있는 권리를 사게 된다. 포맷은 다양한 장르에서 거래되고 있으며 성장하는 추세이다. 영국은 텔레비전 포맷의 최대 수출국이다. 예를 들면, BBC의 'Strictly come dancing'은 포맷 거래를 통해 미국의 'Dancing with stars'로 만들어졌다.[146] 이 포맷을 따라했던 한국의 방송 프로그램도 비교적 성공을 거두었다.

둘째, 시리즈물을 생산하거나 성공한 장르를 따라하는 것을 들 수 있다. 단일 프로그램에 비해 시리즈물은 포맷과 캐릭터를 반복해서 사용하여 공급자로 하여금 지속적인 혁신과 새로움을 요구하는 산업에 내포하고 있는 위험성과 비용을 줄여준다.[146] 또한 특정 장르가 시장에서 성공하면 동일한 장르의 콘텐츠상품이 일정 기간에 많이 나오는 것도 많은 제작사들이 수요의 불확실성을 줄이려는 전략을 추구하는 과정에서 나온 산물이다.

셋째, 다른 미디어 시장에서 성공한 작품을 재가공하는 것이다. 예를 들면,

문학작품을 시청각 상품으로 만드는 것을 들 수 있다. 실증적 연구에 의하면 많은 할리우드 영화가 문학 작품에 출처를 가지고 있다.[146] 일본에서는 시청률이 높은 텔레비전 드라마가 영화화되는 경우도 적지 않다.

넷째, 스타의 활용을 들 수 있다. 유명 배우나 감독과 같은 스타는 누적된 시장 검증으로 인해 고정 수요층을 확보하고 있다. 또한 스타가 어떤 미디어상품에 참여했다는 것은 그 상품의 제작비와 품질이 높다는 신호를 전달하기도 한다. 따라서 스타의 활용은 경험재 속성을 지닌 미디어상품에 대한 평가를 구매 이전에 높게 만들어 수요의 불확실성을 줄이는 역할을 한다.

다섯째, 미디어상품에 대한 전문가 평가와 예고편을 제공하는 것이다. 잠재적 관객에게 영화의 예고편을 노출시키는 것, 잠재적 소비자에게 음악의 청취기회를 무료로 제공하는 것, 평론가 시장을 활성화시키는 것 등은 잠재적 소비자에게 미디어상품에 대한 선험적 평가의 기반을 제공한다. 이를 통해 수요의 불확실성을 줄이고자 하는 것이다.

여섯째, 콘텐츠 구성에 있어서 대중성을 지향하는 것이다. 대중성을 지향한다는 것은 소비자 규모를 확장하여 안정된 시장을 겨냥한다는 것이다. 할리우드 메이저가 콘텐츠 전략의 일환으로 폭넓은 소구력을 담보할 수 있는 보편적인 주제나 소재를 선택하는 것도 수요안정화 전략의 일환으로 볼 수 있다.

## 5. 전략의 이해를 위한 이론적 관점

기업의 전략을 주로 다루는 학문 분야로는 전략경영을 들 수 있다. 전략경영의 이론적 토대로는 크게 두 가지이다. 하나는 산업조직론인데, 기업의 경쟁이 이루어지는 산업구조가 전략의 맥락과 더불어 전략이 초래하는 성과를 결정한다고 본다. 경쟁우위의 개발이라는 측면에서 산업조직론의 접근을 보면, 외부환경의 분석이 이루어진 후에 경제 전체의 평균수익률을 초과하는 잠재성이 풍부한 산업에서 사업을 시작하는 것이다. 그 다음에 외부 요인을 잘 활용할 수 있도록 전략을 세우고, 선택된 전략을 효과적으로 실행하기 위해 기업의 자산과 기술을 발전시키는 것이다. 다른 하나는 전략의 자원준거 관점(resource based view)인데, 기업이 보유한 내부 자원의 핵심적 가치와 그러한 자원을 관리할 수 있는 기업의 역량을 강조한다. 이 관점은 기업 내부의 자원이 전략의 토대를 제공하고 기업 간 성과의 차이를 초래한다고 본다. 자원준거 관점에 따르면, 기업의 내부 자원과 역량을 확인하고 평가한 후에 그러한 자원과 역량을 활용할 수 있는 산업에서 사업을 시작해야 한다. 그 다음에 그 산업에서의 기회와 관련하여 기업의 자원과 역량을 가장 잘 활용할 수 있는 전략을 선택하는 것이다.[133,175]

전략의 자원준거 관점에 입각하여 자원의 유형을 분류한 연구에 따르면, 자원은 자산 기반(property-based) 자원과 지식 기반(knowledge-based) 자원의 두 유형으로 구분할 수 있다. 자산 기반 자원은 재산권에 기반을 두는 반면 지식 기반 자원은 지식 장벽의 비모방성에 기반을 둔다. 이러한 두 가지 차원을 다시 개별적(discrete) 자원과 체계적(systematic) 자원으로 세분화할 수 있다. 개별적 자원이란 개별적으로 기본 특성을 갖는 것이고 체계적 자원은 시스템을 구성하는 보다 고차원의 특성을 갖는 것이다. 미국의 영화 산업에서 할리우드 메이저 제작사를 대상으로 네 가지 유형의 자원을 적용한 예를 들자면, 개별적 자산기반 자원은 스타에 대한 장기 계약, 체계적 자산기반 자원은 제작사가 소유하고 있는 극장, 개별적 지식기반 자원은 제작 관련 전문 인력, 체계적 지식기반 자원은 대규모 영화 프로젝트의 운영 능력으로 분류하기도 했다.[225]

# 제10장 성 과

## 1. 성과의 유형

성과는 성과가 미치는 범위에 따라 기업 차원의 성과, 산업 차원의 성과, 사회 또는 국가 차원의 성과 등으로 구분할 수 있다. 연구 분야에 따라서 관심을 갖게 되는 성과의 유형도 달라진다. 경제학과 경영학에서는 주로 효율성과 수익성이 자주 사용되는 성과의 유형이다. 미디어연구 분야에서는 주로 다양성과 공익성이 관심을 많이 받고 있다. 이하에서는 경제학, 경영학, 커뮤니케이션 연구에서 주로 사용되는 성과를 위주로 설명하고자 한다.

### 1) 효율성

경제학에서는 효율성을 네 가지로 세분화하고 있다. 배분적 효율성(allocative efficiency)은 사회의 자원이 모든 대안적 사용 중에서 가장 가치가 있는 사용에 할당될 경우에 달성된다. 구체적으로 배분적 효율성은 소비자의 한계편익(가격)이 공급자의 한계비용과 동일해지는 수준에서 자원이 재화와 서비스에 배분되는 것을 의미한다. 일반적으로 시장의 경쟁은 자원의 효율적 배분을 촉진하는 수단으로 인식된다. 생산적 효율성(productive efficiency)은 주어진 기술 수준에서 시장 산출량이 최소의 장기평균비용으로 생산될 경우 달성된다. 동태적 효율성(dynamic efficiency)은 생산비 절감, 품질 향상, 신제품 개발, 신기술 확산 등 혁신을 촉진하는 경우에 달성된다. 배분적 효율성과 생산적 효율성은 기술 수준이 고정되었다고 가정하는 정태적 측면에서 파악하는 반면, 동태적 효율성은 시간이 흐르면서 학습효과, 연구개발 등에 의해 기술 수준이 변하는 것에 초점을 둔다. 거래적 효율성(transactional efficiency)은 시장에서의 거래비용이 과다할 경우 관련부문을 시장거래 대신에 기업내부에서 수행함으로써 거래비용을 감소시키는 경우에 달성된다.

### 2) 수익성

수익성은 일정 기간의 기업이나 산업 차원의 성과를 나타내는데, 이익을 얼마나 창출했나를 주로 측정한다. 산업 차원의 수익성은 기업차원의 수익성을 합산하고 평균을 내어 측정한다. 수익성을 나타내는 지표들은 여러 가지가 있다. 예를 들면, 총자산순이익률, 자기자본순이익률, 매출액순이익률 등을 들 수 있다.

### 3) 형평성

형평성(equity)은 소득분배와 관련이 있는데, 형평성의 정의에 관한 여러 견해가 존재하여 합의된 결론을 도출하기 어렵다. 피케티(T. Piketty)에 따르면, 자본의 수익률이 경제의 성장률보다 높으면 국민소득에서 자본이 차지하는 비중은 커져서 소득분배의 불평등성은 심화된다. 이에 따라 오늘날의 자본주의는 세습자본주의(patrimonial capitalism)로 변질되게 된다. 이에 대한 해결책으로는 전세계적 차원의 자본 과세를 통해 자본의 세후수익률을 낮춰야 한다는 것이다. 자본가들은 자본의 국제이동을 통해 이러한 해결책을 무력화시킬 수 있으므로 국제적 공조시스템이 필요하다고 강조하고 있다.[242,65]

### 4) 지역성

미국과 마찬가지로 국내의 방송산업과 미디어정책에 있어서 지역성은 주요 목표로 설정되어 있다. 국내 학계에서 지역성 개념은 지리적 지역성에서 사회적, 문화적 이해를 공유하는 사회문화적 지역성으로 변화되고 있다.[98] 지역방송 제작자들은 지역성을 담보하는 프로그램 제작이 지역방송의 존재 이유라고 인식하고 있다.[67] 지역성의 개념과 관련하여 지역방송의 역할은 지역의 소식과 정보 전달을 통한 지역의 여론 형성과 선도, 지방정부에 대한 감시와 견제, 지역의 단체와 주민의 연결 통로로서의 역할, 지역사회의 갈등 조정, 지역문화의 보존 및 양성, 지역경제 활성화 등이 거론되고 있다.[62]

### 5) 다양성

여러 국가에서 다양성은 미디어정책의 주요 목표로 설정되고 있다. 예를 들면 미국에서 연방통신위원회(FCC)의 미디어정책 목표는 경쟁, 지역성, 다양성이라는 3가지로 요약된다. 미국에서 다양성의 목표는 시민으로서의 의무를 수행하는 데 필요한 정보를 제공하기 위해 정치적, 사회적 이슈에 대해 다양한 관점을 전달하는 것이다.[209] 나폴리(Napoli)는 다양성을 공급원, 내용, 노출의 세 가지 차원으로 분류하고 있다.[226] 공급원 다양성(source diversity)은 프로그램이나 편성의 다양성, 미디어 소유구조의 다양성, 미디어채널 인력(콘텐츠제작 인력)의 다양성으로 세분화된다. 내용 다양성(content diversity)은 장르의 다양성, 인구(프로그램 등장인물)의 다양성, 의견·사상의 다양성으로 세분화된다. 노출 다양성(exposure diversity)은 무료로 중요한 콘텐츠에 접근이 가능한 정도와 다양한 미디어 시스템을 이용할 수 있는 정도를 의미한다.

의견·사상의 다양성은 관점의 다양성으로 볼 수 있는데, 민주주의의 유지를 위해 필수적이다. 민주주의가 적절하게 작동되기 위해서는 시민들이 다양한 사상과 의견에 근거하여 선택해야 한다. 따라서 다양성은 미디어산업에서 시장의 집중과 소유의 집중을 제한하는 규제의 근거가 된다.

영국의 경우 미디어정책 목표는 다양성보다는 다원성(pluralism)에 큰 비중을 둔다. 영국의 규제기관인 오프콤(Ofcom)은 다원성을 두 가지 측면에서 정의한다. 하나는 다양한 관점이 미디어기업 내에서 그리고 미디어기업 간에 이용 가능하고 소비되는 것을 보장하는 것이다. 다른 하나는 특정 미디어의 소유자가 여론이나 정치적 의제에 지나친 영향력을 미치는 것을 방지하는 것이다. 다원성의 적용 범위와 관련하여 장르로는 뉴스와 시사 프로그램에 국한하고 미디어로는 텔레비전, 라디오, 출판, 온라인이 고려된다.[232] 영국의 다원성의 목표는 미국의 다양성의 목표와 두 가지 차이점이 있다. 하나는 영국의 목표가 콘텐츠의 표현은 물론 소비까지 요구한다는 점이다. 다른 하나는 영국의 목표가 콘텐츠를 다양하게 제공되는 것만으로는 충분하지 않고 특정 프로그램에서 대조적인 관점을 담아야 할 것을 요구한다는 점이다.[209]

### 6) 공익성

공익성이라는 개념도 다양하게 정의된다. 경제학에서 공익성은 주로 사회후생(social welfare)이라는 개념으로 대체된다. 사회후생은 측정이 가능하다고 전제되고 사회적 편익과 사회적 비용의 차원에서 접근된다. 미디어연구에서도 공익성은 중요한 개념이지만 연구자에 따라 다르게 인식되고 있다. 예를 들면, 방송에서의 공익성 개념은 질적으로 우수한 공익적 프로그램을 제공하는 것, 소비자의 선호를 충족시키는 것, 민주주의 유지에 필수적인 여론 형성을 담당하는 공론장 역할을 수행하는 것의 세 가지 시각이 있다. 한국의 방송법에는 공익을 공영방송만의 책무가 아니라 모든 방송사의 책무로 규정한다.[9]

## 2. 기업의 재무적 성과와 재무제표의 이해

기업의 재무적 성과를 분석하는데 있어서는 기업의 재무제표가 필요하다. 재무제표는 기업의 경영활동 상황을 정리한 것인데, 대표적인 재무제표에는 재무상태표(balance sheet), 손익계산서(income statement), 현금흐름표(statement of cash flows) 등이 있다. 금융감독원의 전자공시시스템을 이용하면 주요 기업들의 재무제표를 온라인으로 용이하게 얻을 수 있다. 특히 재무상태표와 손익계산서는 기업의 재무적 성과를 측정하는데 있어서 매우 중요한 정보를 제공하므로 여기서는 이 두 가지 재무제표에 관해서 설명하기로 한다.

### 1) 재무상태표

재무상태표는 특정 시점의 기업의 재무상태를 나타낸다. 특정 시점은 일반적으로 회계연도 말, 반기 말, 분기 말이 된다. 재무상태표는 과거에 대차대조표로 일컬어졌다. 재무상태표의 차변과 대변은 금액이 일치해야 한다. 차변은 재무상태표의 왼쪽에 표현되며 자산 항목이 기록된다. 대변은 재무상태표의 오른쪽에 표현되며 부채 및 자본 항목이 기록된다. 즉, 자산총계는 부채와 자본의 합이 된다. 〈표 10-1〉에는 특정 신문사의 제30기 종료 시점(2017년 12월 31일)의 재무상태표가 나타나고 있다. 재무상태표는 특정 시점을 기준으로 한다. 여기서 제30기는 2017년 1월 1일부터 2017년 12월 31일까지의 기간을 나타낸다.

〈표 10-1〉 신문사의 재무상태표(단위: 백만 원)

| 과 목 | 제30기 | 과 목 | 제30기 |
|---|---|---|---|
| [유동자산] | 39,068 | [유동부채] | 15,004 |
| 당좌자산 | 38,940 | [비유동부채] | 27,119 |
| 재고자산 | 128 | 부채총계 | 42,122 |
| [비유동자산] | 33,283 | [자본금] | 31,138 |
| 투자자산 | 9,150 | [자본잉여금] | 164 |
| 유형자산 | 17,992 | [자본조정] | (2,581) |
| 무형자산 | 305 | [기타포괄손익누계액] | 168 |
| 기타비유동자산 | 5,836 | [이익잉여금] | 1,339 |
| | | 자본총계 | 30,228 |
| 자산총계 | 72,351 | 부채와 자본 총계 | 72,351 |

### (1) 자산

자산은 유동성의 정도에 따라 유동자산과 비유동자산으로 구분된다. 유동성이란 자산 가치의 훼손이 없이 신속하게 현금화할 수 있는 속성을 의미한다. 유동자산은 1년 이내에 현금화할 수 있는 자산이다. 유동자산은 당좌자산과 재고자산으로 분류된다. 당좌자산은 판매과정을 거치지 않고 현금화할 수 있는 자산으로 현금, 단기금융상품, 미수금 등을 들 수 있다. 비유동자산은 1년 이내에 현금으로 전환되거나 판매 또는 소비가 어려운 자산이다. 비유동자산은 투자자산, 유형자산, 무형자산 등으로 구분될 수 있다. 투자자산은 장기에 걸쳐 이자 및 배당수익을 얻거나 다른 기업을 지배 또는 통제할 목적으로 취득한 자산을 말하며, 장기금융상품, 장기투자증권, 장기대여금 등이 포함된다.

### (2) 부채 및 자본

부채는 1년을 기준으로 유동부채와 비유동부채로 분류한다. 유동부채는 통상 1년 이내에 갚아야 하는 부채이며, 매입채무, 단기차입금, 미지급금 등을 포함한다. 비유동부채는 1년 이후에 갚아야 하는 부채이며, 회사채, 퇴직급여충당부채 등을 포함된다.

자본에는 자본금, 자본잉여금, 이익잉여금, 자본조정 등으로 구성된다. 자본금이란 정관에서 확정된 자본금 중 발행이 완료된 주식의 액면가 총액을 말한다. 자본잉여금이란 통상의 영업활동이 아닌 주식의 발행, 증자, 감자와 같은 자본거래에서 발생한 잉여금이다. 이익잉여금은 기업의 영업활동에서 생긴 이익을 원천으로 하며, 배당 등의 형태로 사외로 유출시키지 않고 사내에 유보한 부분이다. 자본조정은 자본의 구성항목 중 어디에 속하는 것인지 불분명하여 자본총계에 가감하는 형식으로 기재하는 항목을 말한다.

## 2) 손익계산서

손익계산서는 기업의 매출, 비용, 이익을 나타내는 재무제표이다. 재무상태표는 한 시점의 기업의 상태를 보여주는 반면, 손익계산서는 일정 기간의 영업활동과 성과를 보여준다. 즉, 재무상태표는 저량 개념에 근거를 둔 것이고 손익계산서는 유량 개념에 근거를 둔 것이다. 이러한 차이를 이해하는 것은 뒤에서 설명하는 분석지표를 이해하고 계산하는데 있어서 중요하다. 〈표 10-2〉는 특정 신문사의 제30기(2017년 1월 1일 ~ 2017년 12월 31일) 동안의 손익계산서를 보여 준다. 손익계산서는 특정 기간을 기준으로 한다.

〈표 10-2〉 신문사의 손익계산서(단위: 백만 원)

| 과 목 | 제30기 |
|---|---|
| 매출액 | 80,831 |
| 매출원가 | 37,659 |
| 매출총이익 | 43,172 |
| 판매비와 관리비 | 42,867 |
| 영업이익 | 305 |
| 영업 외 수익 | 1,155 |
| 영업 외 비용 | 791 |
| 법인세차감 전 순이익 | 669 |
| 법인세비용 | 125 |
| 당기순이익 | 543 |

손익계산서는 매출액에서 제반 비용을 차감해 나가는 형식으로 정리된다. 〈표

10-2>의 경우 매출액 80,831(백만 원)에서 매출원가 37,659(백만 원)을 차감하면 매출총이익이 43,172(백만 원)이 된다. 매출원가는 매출을 실현하기 위한 과정에서 투입된 원자재비 및 인건비를 의미한다. 영업이익은 매출총이익에서 판매비와 관리비를 차감한 후의 이익이다. 판매비와 관리비는 매출원가에 속하지 않는 모든 영업비용을 말한다. 영업이익에서 영업 외 수익을 더하고 영업 외 비용을 차감하면 법인세차감 전 순이익이 구해진다. 영업 외 수익과 영업 외 비용은 영업활동 이외의 활동으로부터 창출된 수익이나 비용을 말한다. 영업 외 수익의 예로는 기업이 소유한 다른 기업의 채권으로부터 발생한 이자수익을 들 수 있다. 영업 외 비용의 예로는 기업이 부채로 조달한 자금에 대한 이자비용을 들 수 있다. 법인세차감 전 순이익에서 법인세를 차감한 것이 당기순이익이다.

### 3) 분석 지표

#### (1) 성장성 지표

성장성 지표는 기업의 자산, 자본, 매출액 등 경영규모와 기업활동의 성과가 당해 연도 중 전년에 비해 얼마나 증가하였는가를 나타낸다. 성장성 지표는 기업의 경쟁력이나 미래의 수익을 창출할 수 있는 능력을 간접적으르 나타낸다. 기업의 성장성은 다음과 같은 지표들로 표현할 수 있다. 이 중에서 자기자본증가율은 성장성뿐만 아니라 재무구조의 안전성도 나타낸다.

총자산증가율 = (당기말 총자산 - 전기말 총자산) × 100 / 전기말 총자산

자기자본증가율 = (당기말 자기자본 - 전기말 자기자본) × 100 /전기말 자기자본

매출액증가율 = (당기 매출액 - 전기 매출액) × 100 / 전기 매출액

### (2) 수익성 지표

수익성 지표는 일정 기간 동안의 기업의 경영성과를 측정하는 비율로서 손익의 관계를 나타낸다. 수익성 지표는 자산이용의 효율성, 이익창출의 능력 등을 평가한다. 저량 개념의 재무상태표 항목과 유량 개념의 손익계산서 항목을 동시에 고려하는 혼합 비율의 경우 재무상태표 항목은 기초 잔액과 기말 잔액을 평균하여 사용한다. 예를 들면, 총자산평균은 기초 총자산과 기말 총자산을 평균한 값이다. 기업의 수익성은 다음과 같은 지표들을 들 수 있다

총자산순이익률 = 당기순이익 × 100 / 총자산평균

자기자본순이익률 = 당기순이익 × 100 / 자기자본평균

매출액순이익률 = 당기순이익 × 100 / 매출액

총자산순이익률(return on asset: ROA)은 총자산의 수익성을 나타낸다. 자기자본순이익률(return on equity: ROE)은 자기자본의 수익성을 나타낸다. 이 비율은 자본조달의 특성에 따라 동일한 자산구성 하에서도 상이한 값을 나타낼 수 있다. 매출액순이익률은 기업의 매출액과 비교하여 이익을 창출하는 능력이 얼마인가를 나타낸다.

### (3) 안정성 지표

안정성 지표는 재무상태표의 각 항목에 해당하는 자산, 부채, 자본의 관계를 나타내는 정태적 비율이다. 안정성 지표는 단기채무를 지불할 수 있는 능력, 경기변동에 대응할 수 있는 능력, 재무구조의 건전성 등을 측정한다. 기업의 안정성은 다음과 같은 지표들을 들 수 있다.

자기자본비율 = 자기자본 × 100 / 총자본

유동비율 = 유동자산 × 100 / 유동부채

부채비율 = 부채 × 100 / 자기자본

자기자본비율은 총자본 중에서 자기자본이 차지하는 비중을 나타낸다. 자기자본은 금융비용을 부담하지 않고 기업이 운용할 수 있는 자본이므로 자기자본비율이 높을수록 기업의 안정성이 높다고 판단한다. 유동비율은 유동부채에 충당할 수 있는 유동자산이 얼마나 되는가를 나타내는 비율이므로 단기채무 상환능력을 나타낸다. 유동비율이 높을수록 기업이 단기채무를 지급할 수 있는 능력은 양호하다고 판단한다. 부채비율은 타인자본인 부채와 자기자본 간의 관계를 나타낸다. 부채비율이 낮을수록 재무구조가 건전하다고 판단한다.

### (4) 활동성 지표

회전율(turnover)이라고도 하는 활동성 지표는 기업이 얼마나 활발하게 특정자산을 활용하였는가를 나타낸다. 일반적으로 회전율은 매출액을 특정자산으로 나눈 값으로 측정된다. 활동성 지표로는 다음과 같은 회전율을 들 수 있다.

총자산회전율 = 매출액 × 100 / 총자산 평균

자기자본회전율 = 매출액 × 100 / 자기자본 평균

총자산회전율은 총자산이 1년 동안 몇 번 회전되었는가를 나타내는 비율로서 기업에 투하한 총자산이 얼마나 활발하게 운용되었는가를 나타낸다. 자기자본회전율은 자기자본의 활용도를 측정하는 지표이다. 여기서 자기자본은 자본총계를 말한다.

### (5) 생산성 지표

부가가치란 외부에서 구입한 가치가 아닌 기업 내부에서 창조된 가치를 말한다. 부가가치의 산출방식은 국가별, 작성기관별로 차이가 있다. 일부 작성기관의 경우 부가가치는 경상이익, 인건비, 순금융비용, 임차료, 세금과공과(조세공과), 감가상각비 등으로 구성된다. 기업의 생산성은 다음과 같은 지표들을 들 수 있다.

부가가치 대 매출액 비율 = 부가가치 × 100 / 매출액

종업원 1인당 부가가치 = 부가가치 / 종업원 수

총자본투자효율 = 부가가치 × 100 / 총자본평균

부가가치 대 매출액 비율은 소득율 또는 부가가치율이라고도 한다. 이 비율은 매출액 중 생산활동에 참여한 생산요소에 귀속되는 소득의 비율을 나타낸다. 종업원 1인당 부가가치는 회계학에서 노동생산성을 나타내는 지표이다. 총자본투자효율은 회계학에서 자본생산성을 나타내는 비율이다. 이 비율은 총자본으로 1년 동안 얼마만큼의 부가가치를 창출하였는가를 나타내는 비율이다. 여기서 총자본은 자산총계를 말한다. 회계학에서는 동일한 개념을 나타내는 여러 용어들이 혼용되고 있다. 예를 들어, 자산(= 자산총계 = 총자본), 자본(= 자본총계 = 자기자본), 부채(= 부채총계 = 타인자본) 등을 들 수 있다.

## 3. 시장유형과 성과의 관계

### 1) 시장유형과 배분적 효율성의 관계

배분적 효율성은 일반적으로 가격이 한계비용과 동일해지면 이루어진다. 완전경쟁에서는 상품의 한계편익(가격)이 한계비용과 같아지므로 배분적 효율성이 이루어진다. 독점적 경쟁이나 과점에서 기업들은 한계비용보다 높은 가격에서 상품을 판매하므로 완전경쟁의 경우보다 산출량이 작아서 자중손실이 발생한다. 그러나 대체로 과점에서는 독점적 경쟁에 비해 시장지배력이 크므로 가격은 높고 자중손실은 크다. 따라서 배분적 효율성은 완전경쟁, 독점적 경쟁, 과점, 독점의 순으로 높다.

여러 나라에서 규제기관은 SO의 지역시장에 독점을 부여하는 것이 일반적이다. 그러나 미국에서는 일부 극소수 지역에 한해 경쟁이 도입되었다. 한국의 경우에는 복수 SO 정책으로 인해 많은 지역 지역에 걸쳐 경쟁이 도입된 바 있다. 여러 실증연구의 결과들을 보면 경쟁이 도입된 지역의 SO 시장은 독점이 유지되고 있는 SO 시장에 비해 유료방송서비스의 요금은 낮아지고 채널의 수는 많아진 것으로 나타났다. 즉, 경쟁의 도입은 배분적 효율성을 높인 것이다.

### 2) 시장유형과 동태적 효율성의 관계

동태적 효율성은 혁신을 통해 달성된다. 경쟁의 정도(시장 구조)와 혁신의 관계에 대한 가설은 다양하게 전개되어 왔다. 슘페터(J. Schumpeter)에 따르면 독점기업은 장기적으로 양의 경제적 이윤을 가지고 있기 때문에 경쟁적인 시장에 있는 기업들보다 혁신을 촉진시킨다. 슘페터의 주요 논지는 경쟁이 심해질수록 혁신을 위한 투자의 원천이 되는 이윤이 부족하여 혁신이 제한된다는 것인데, 이는 경쟁과 혁신 간의 음(-)의 관계로 요약된다. 그 후에 애로우(K. Arrow)는 독점기업은 경쟁적인 시장에 있는 기업에 비해 경쟁의 압력이 없어서 혁신에 대한 유인이 작다고 주장했다.[114] 즉, 경쟁이 혁신을 촉진시킨다는 것인데, 이러한 논지는 경쟁과 혁신 간의 양(+)의 관계로 요약된다. 근래에는 경쟁과 혁신의 관계가 역U자 형태의 관계를 형성한다는 주장[106]이 등장했다. 즉, 경쟁이 약하거나 중간 정도의 수준에서는 경쟁과 혁신의 양(+)의 관계가 나타나지만 경쟁이 일정 수준을 넘게 되면 경쟁과 혁신의 음(-)의 관계가 나타난다는 것이다. 이는 경쟁과 혁신의 관계가 선형관계가 아니라 비선형 관계라는 것을 의미한다. 아직도 경쟁과 혁신 간의 관계에 대해서는 논란이 있으며 경험적 연구결과들도 일관되게 수렴된 상태는 아니다.

### 3) 시장유형과 형평성의 관계

형평성은 다양하게 정의될 수 있다. 형평성을 총잉여의 분배 차원에서만 본다면 시장유형과 형평성의 관계를 어느 정도 파악할 수 있다. 6장의 〈그림 6-1〉에서 설명한 바와 같이 완전경쟁에서는 독점에 비해 소비자잉여가 크다. 시장의 유형이 완전경쟁에서 독점으로 변한다고 가정하면 소비자잉여의 일부가 생산자잉여로 이전된다. 독점기업은 높은 가격을 부과할 수 있는 시장지배력을 이용해 이러한 소비자잉여를 차지해서 장기적으로 양의 경제적 이윤을 갖는다. 독점은 완전경쟁에 비해 형평성이 낮다. 과점 기업은 장기적으로 경제적 이윤을 가질 수 있고 독점적 경쟁의 경우보다 일반적으로 가격이 높다. 따라서 과점에 비해 독점적 경쟁은 소비자에게 더 형평성을 갖는다.[181]

### 4) 시장유형과 다양성의 관계

다양성의 개념은 여러 측면에서 접근할 수 있다. 관점의 다양성에만 초점을 맞춘다면 시장유형과 다양성의 관계를 살펴 볼 수 있다. 독점은 한 가지 상품만을 제공한다는 측면에서 관점의 다양성을 높이는데 있어서 부적합하다. 완전경쟁도 동질적 상품을 제공한다는 측면에서 관점의 다양성을 높이는데 부적합하다. 독점이나 완전경쟁과는 달리 독점적 경쟁이나 과점은 미디어이용자에게 선택의 기회를 제공한다. 그러나 독점적 경쟁은 과점에 비해 보다 많은 대체재가 존재하므로 다양성의 관점에서 이상적이다.[181] 콘텐츠배급과는 달리 콘텐츠제작은 대체로 독점적 경쟁의 특성을 보이고 있다. 이러한 현상은 수익성의 측면에서는 기업에게 불리하지만 다양성의 측면에서는 사회적으로 바람직한 것이다. 지금까지 설명한 시장유형과 성과의 관계는 〈표 10-3〉에 축약되어 있다.

〈표 10-3〉 시장유형과 성과의 관계

| 성과 | 독점 | 과점 | 독점적 경쟁 | 완전경쟁 |
|---|---|---|---|---|
| 배분적 효율성 | 4(가장 낮음) | 3 | 2 | 1(가장 높음) |
| 동태적 효율성 | | 가장 효율적(?) | | |
| 형평성 | 4(가장 낮음) | 3 | 2 | 1(가장 높음) |
| 다양성 | | | 가장 높음 | |

### 5) 시장유형과 문화적 목표의 관계

많은 국가는 문화산업 분야에서 문화적 목표를 중시한다. 독점과 과점의 기업들은 장기적으로 양의 경제적 이윤을 확보할 수 있으므로 문화적 목적과 연계된 정부의 정책에 부응할 수 있다. 기업이 수익성을 희생하면서 정부가 추구하는 문화적 목표에 부응하고자 한다면 장기적인 경제적 이윤은 필수적이기 때문이다. 반면에 완전경쟁이나 독점적 경쟁 하의 기업들은 장기적으로 경제적 이윤을 확보할 수 없으므로, 정부의 보상이 없이는 비영리적인 문화적 목표들을 추구하기 어렵다.[181]

## 4. 시장구조, 행위, 성과의 관계

### 1) 구조와 성과의 관계

시장구조는 시장유형, 시장집중도 등을 포함하는 보다 포괄적인 의미를 지닌다. 따라서 시장유형과 성과의 관계도 시장구조의 성과의 관계로 볼 수 있다. 산업조직론 분야에서는 시장구조와 이윤율의 인과관계가 자주 연구되었다. 여기서 시장구조는 주로 시장집중도로 측정되고 이윤율은 주로 자산이나 자본에 대한 수익률로 측정된다. 시장구조와 성과에 대한 실증적 연구결과는 이론적 예측과 일치하는데, 그 결과들을 요약하면 다음과 같다.[73] 첫째, 어떤 산업의 진입장벽이 높을수록 그 산업의 시장집중도는 높았다. 둘째, 시장집중도가 높은 산업일수록 그 산업의 이윤율은 높았다. 셋째, 경기 변동에 따라 시장집중도와 이윤율의 관계가 변화한다. 시장집중도와 이윤율의 정(+)의 관계는 불황기보다 호황기에 강하게 나타났다. 넷째, 어떤 산업의 진입장벽이 높을수록 높은 이윤율이 오래 지속되었다.

### 2) 행위와 성과의 관계

8장과 9장에서는 기업의 행위에 대해 설명하였다. 기업의 어떤 행위는 효율성을 높이는 효과뿐만 아니라 시장의 경쟁을 제한하는 효과도 동시에 초래할 수 있다. 여기서는 기업의 행위가 성과에 미치는 효과와 더불어 시장의 경쟁을 제한하는 효과도 다루고자 한다.

수평적 결합은 규모의 경제, 수직적 결합은 거래비용의 절감, 혼합적 결합은 범위의 경제라는 경로를 통해 효율성을 높일 가능성이 있다. 비관련 다각화에 비해 관련다각화는 범위의 경제를 활용하거나 거래비용을 절감하는 효율성을 높일 가능성이 크다. 반면에 기업결합 또는 다각화가 기업의 시장지배력을 높여서 시장의 경쟁을 제한하는 효과가 효율성의 증대 효과보다 크다면 시장 차원의 배분적 효율성은 낮아지게 된다.

상품차별화가 진행될수록 소비자의 다양한 선호를 만족시키게 되고 시장의 산출량은 많아지게 된다. 따라서 배분적 효율성을 높이게 된다. 번들링은 복잡비용 감소, 규모의 경제와 범위의 경제 활용, 거래비용 절감 등을 통해 효율성을 개선할 수 있다. 반면에 번들링이 독점력 확장, 진입장벽 구축, 경쟁 완화 등의 목적으로 활용된다면 경쟁을 제한하는 효과가 나타난다.

다매체 다채널 시대에 진입한지 오래되었고 주문형비디오와 인터넷동영상의 소비가 점증하는 시대에 방송사의 전통적인 편성전략의 실효성은 감소하고 있다. 그럼에도 불구하고 동일한 시간대에 시청자가 선택할 수 있는 프로그램 유형이 다양해지는데 도움을 주는 편성전략이 그렇지 않은 편성전략에 비해 다양성 측면에서 바람직할 것이다. 따라서 동일한 시간대에 동일한 프로그램을 편성하는 벨트 편성보다는 동일한 시간대에 다른 프로그램을 편성하는 체커판 편성이, 그리고 경쟁방송사와 동일 시간대에 동일 장르로 편성하는 직대응 편성보다는 동일시간대에 서로 다른 장르로 편성하는 역대응 편성이 다양성을 높일 것이다.

비용기반의 가격 설정에 비해 수요기반의 가격 설정은 배분적 효율성을 높인다. 따라서 수요 기반의 가격설정에 해당하는 가격차별화는 배분적 효율성을 높인다. 약탈적 가격 전략을 실시하는 기업은 시장지배력을 높여서 경쟁을 제한하고 궁극적으로 산출량을 줄이고 가격을 높이므로 시장 차원에서 배분적 효율성을 낮춘다. 신상품가격 설정에는 시간이 경과하면서 가격을 낮추는 스키밍가격 설정과 시간이 경과하면서 가격을 올리는 침투가격 설정이 있다. 행동경제학의 전망이론에 따르면 사람들은 준거 의존성과 손실회피 성향을 갖고 있다. 사람들은 이전의 가격을 준거점으로 느끼기 때문에 시간이 경과하면서 낮아지는 가격을 이득으로 여기는 반면, 시간이 경과하면서 높아지는 가격은 손실로 여기게 된다. 손실회피 성향을 갖는 사람들은 스키밍 가격 체계를 선호하게 된다.

창구화 전략을 실시하게 되면 그렇지 않은 경우에 비해 소비자 규모가 증가하여 배분적 효율성을 높인다. 포트폴리오 전략이나 기타 위험회피 전략은 해당 기업의 위험성은 낮추지만 시장 차원의 효율성에 미치는 효과는 불분명하다.

## 5. 여러 시장들을 고려할 경우의 구조, 행위, 성과의 관계: 다시장 접촉 연구

### 1) 다시장접촉과 상호자제

기업은 종종 두 개 이상의 시장에서 활동한다. 다시장접촉(multimarket contact)은 두 기업이 두 개 이상의 시장에서 서로 만나는 것을 의미한다. PP 산업을 여러 장르로 세분화하는 경우 서로 다른 장르를 제공하는 PP는 서로 다른 시장에 있게 된다고 볼 수 있다. 국내에서는 MPP의 비중이 커서 MPP 간의 다시장접촉은 쉽게 찾아볼 수 있다. 예를 들면, 2017년에 ㈜티캐스트는 8개의 채널을 운영하고 있는데, 그 중에서 "드라마큐브'라는 채널은 드라마 장르에서 다른 PP들의 여러 채널들과 접촉을 하고 있으며, '스크린'과 '시네프'라는 채널들은 영화 장르에서 다른 여러 채널들과 접촉을 하고 있다. ㈜케이비에스엔은 6개의 채널을 운영하고 있는데, 그 중에서 채널 'KBS Drama'는 드라마 장르 시장에서 다른 여러 채널들과 만나고, 'KBS N Sports'는 스포츠 장르 시장에서 다른 여러 채널들과 만나고 있다.

다시장접촉이 일어나면 해당 기업들은 기업 간 상호의존성에 대해 서로 인식하게 되고 경쟁의 상호자제(mutual forbearance)를 초래할 수 있다. 기업들이 여러 시장에서 경쟁할 때 시장의 중복이 상호자제를 초래할 수 있다는 생각은 에드워즈(Edwards)로부터 나왔다.[149] 그는 복합기업들(conglomerates)이 여러 시장에서 서로 만나기 쉬운데, 이러한 다시장접촉은 기업 간 경쟁의 정도를 약화시키게 된다고 보았다. 이러한 현상은 재벌과 같은 대규모 기업집단이 국가경제에서 큰 비중을 차지하는 한국과 같은 상황에서 발생할 가능성이 더욱 크다.

다시장접촉 연구의 주요 초점은 상호자제 가설의 검증이다. 상호자제 가설이란 기업 간 다시장접촉의 정도가 클수록 기업 간 경쟁의 정도는 약해진다는 것이다. 여기서 경쟁의 정도란 시장집중도와 같은 구조적 차원이 아니라 기업의 공격성 정도를 나타내는 행위적 차원이다. 상호자제는 여러 시장에서 접촉하는 기업들이 상호의존성을 인식하게 되고 그로 인해 생기는 암묵적 담합이다. 암묵적 담합은 명시적 담합과는 달리 그 자체로는 불법이 아니다.[187]

### 2) 다시장접촉의 이론적 연구

다시장접촉과 상호자제의 관계를 이론적으로 접근한 연구[127]에 따르면, 시장에 따라 기업의 생산비가 다르거나 규모의 경제가 존재하는 경우에 다시장접촉은 기업이 참여한 시장들 중에서 일부 시장에 특화하도록 만든다. 이러한 특화는 상대방의 우위 영역을 인정해 주는 세력권(spheres of influence)의 발달을 허용하여 해당 기업은 더 높은 가격과 이윤을 유지한다. 다시장접촉 상황에서 경쟁의 정도를 감소시키는 것이 세력권이고 단순히 다시장접촉만으로는 상호자제를 초래하지 않는다. 결론적으로 기업 간 비대칭성 또는 시장 간 비대칭성이 존재하는 경우에 다시장접촉은 기업 간 공격성을 완화시키고 이는 기업의 성과에 긍정적으로 영향을 미친다는 것이다.

다시장접촉이 증가하는 결과로 상호자제가 형성되는 것은 친숙성(familiarity)과 전략적 억제(strategic deterrence)에 기인한다. 다시장접촉의 정도가 높아지면 여러 시장에서 접촉하게 되는 경쟁자의 능력과 전략에 관한 정보가 축적되면서 친숙하게 된다. 이러한 친숙성의 과정은 기업 간 상호의존성을 인식하는 기회를 제공하고 상호자제의 편익에 관한 믿음을 공유시키면서 상호자제를 용이하게 한다. 기업 간 상호자제가 일어나려면 친숙성뿐만 아니라 서로 억제시킬 수 있는 능력을 필요로 한다. 기업 간 보복에 대한 신빙성이 있는 위협이 존재할 때 전략적 억제가 발생한다. 억제가 효과적으로 발휘되려면, 기업들은 서로 손실을 입힐 수 있는 능력과 기회를 가지고 있다는 믿음을 공유해야 한다. 다시장접촉이 증가할수록, 시간적 차원(미래)과 공간적 차원(여러 시장)에서 경쟁자의 공격에 대해 복수할 기회를 넓힘으로써 전략적 억제가 강해진다.[167,187]

상호자제 가설의 전제조건으로 충분한 관측가능성(observability)과 효과적인 기업내부의 공조(intrafirm coordination)를 들 수 있다. 충분한 관측가능성은 상호자제의 위반이 항상 발각될 수 있고 징벌될 수 있다는 것을 의미한다. 관측가능성이 불완전한 시장에서는 상호자제가 발생하지 않을 수 있다. 또한 효과적인 기업내부의 공조가 없으면 다시장접촉은 경쟁을 불러일으키고 상호자제를 어렵게 한다.[301] 효과적인 내부공조란 복합기업의 경우 기업 내의 여러 사업부 간에 공조가 원활해야 하는 것을 의미하고 기업집단의 경우 계열사 간에 공조가 원활해야 하는 것을 의미한다.

### 3) 다시장접촉의 경험적 연구

다시장접촉이 기업의 행위에 미치는 효과를 경험적으로 분석한 연구들을 살펴보면, 다시장접촉이 증가할수록 가격 수준이 높아진다는 연구[304] 다시장접촉이 증가할수록 서비스 품질이 낮아진다는 연구[249] 다시장접촉은 새로운 상품의 도입을 지연시킨다는 연구[300] 등이 있다. 국내 PP를 대상으로 실시한 분석결과[52]에 따르면, 채널 장르로 세분화된 시장에서 MPP 간의 다시장접촉이 증가할수록 MPP들은 비용지출이 수반되는 편성전략과 비용지출이 수반되는 마케팅전략을 서로 자제하는 것으로 나타났다.

반면에 다시장접촉이 기업의 성과에 미치는 효과를 경험적으로 분석한 연구들을 살펴보면 일관된 결과가 나타나지 않고 있다. 다시장접촉이 기업의 이윤에 긍정적 효과를 미친다는 연구결과[137]도 존재하는 반면, 다시장접촉이 기업의 이윤에 영향이 없다는 연구결과[268]도 존재한다.

## 6. 산업 내 그룹의 행위와 성과의 관계: 전략그룹 연구

헌트(M. Hunt)는 동일한 산업 내에서도 기업들 간의 성과에 차이가 존재하는 것에 주목하고 전략그룹(strategic groups)이라는 용어를 창안했다.[185] 전략그룹은 한 산업 내에서 유사한 전략을 추구하는 기업들의 그룹,[244] 유사한 자원을 가지고 유사한 전략을 추구하는 기업들의 집단[171] 등으로 정의된다. 기업의 자원이란 전략을 실행하기 위해 기업에 의해 통제되는 자산, 능력, 조직적 과정, 정보 등을 포함한다. 기업의 자원이 지속가능한 경쟁우위를 확보하기 위해서는 자원이 가치가 있고, 희소하고, 모방이 어렵고, 대체성이 낮아야 한다.[118]

전략그룹이란 분석의 수준에서 산업과 기업의 중간에 위치하고 있으므로 산업에 초점을 맞추는 산업조직론과 기업에 초점을 맞추는 전략경영의 접근방식을 통합한 것이다.[205] 산업을 산업이나 기업이 아닌 그룹 차원에서 분석하게 되면, 집계자료를 사용하는 산업 분석에서 손실되는 기업 차원의 정보를 줄일 수 있는 동시에 개별 기업에 초점을 맞추는 기업 분석에서는 포착할 수 없는 정보를 제공한다. 즉, 유사한 전략을 구사하는 기업들의 성과를 평가할 수 있는 도구를 제공한다.[171] 어떤 산업 내 경쟁구조를 심층적으로 이해하기 위해서는 산업 차원과 기업 차원의 분석뿐만 아니라 산업 내 그룹 차원의 분석도 필요하다.

구조-행위-성과 패러다임의 기원은 산업 간 이윤의 차이에 초점을 맞추고 그 이유를 진입장벽의 존재에서 찾은 것에 두고 있다. 진입장벽의 존재는 시장진입에 있어서 잠재적 진입자의 비용을 의미하고, 진입장벽의 높이는 기업성과의 주요 결정요인이 된다.[221] 이러한 진입장벽의 개념은 산업 내 전략그룹 간 이동에 대해서도 적용되어 이동장벽이라는 개념이 나타났다. 전략그룹 특유의 이동장벽은 다른 산업으로부터의 잠재적 진입뿐만 아니라 동일한 산업 내 다른 그룹으로부터의 잠재적 진입을 막고 그 전략그룹에 소속된 기업들을 보호하는 역할을 한다.[131] 이런 의미에서 전략그룹은 한 산업에서 이동장벽에 의해 분리된 안정적

그조로 정의되기도 한다.[204] 어떤 전략그룹에 속한 기업들은 해당그룹에 소속되지 않은 기업이 상당한 비용, 상당한 경과기간, 또는 불확실성이 없이는 쉽게 모방할 수 없는 전략을 구사한다. 이런 맥락에서 이동장벽이란 전략그룹 밖의 기업이 모방하는 비용을 높이게 하는 투자를 의미한다. 이동장벽은 기업에게 이용가능한 핵심전략의 집합을 의미하며 경쟁자에 대한 상대적인 비용우위를 의미한다.[221,222]

전통적으로 전략그룹 연구는 어떤 산업 내에 전략그룹이 존재하는지, 전략그룹은 어떠한 기업들로 구성되어 있는지, 그리고 전략그룹 간에 성과의 차이는 존재하는지 등에 초점을 맞춘다. 국내 PP를 대상으로 한 전략그룹 연구에 따르면 국내 PP산업은 지상파방송사와 연결된 MPP 위주의 '지상파계열', 기업집단 차원에서 채널다각화 정도가 높은 MPP 위주의 '기업집단 계열', 수익원이 편중된 독립 PP들로 주로 구성된 '수익원 집중화 독립형', 수익원이 다양한 독립 PP들로 주로 구성된 '수익원 다변화 독립형'의 네 개의 전략그룹들로 이루어져 있다. 그러나 이러한 전략그룹 간 성과(수익성)의 차이는 없는 것으로 나타났다. 이는 국내 PP산업에서 전략그룹 간 이동장벽이 낮다는 것을 암시한다.[51]

# 제11장 노동경제학과 미디어산업

## 1. 노동 수요

소비자가 상품을 수요하기 때문에 상품을 생산하는 기업은 생산요소를 수요하게 된다. 따라서 생산요소인 노동에 대한 수요는 상품에 대한 수요에서 발생하는 파생수요(derived demand)이다. 노동에 대한 일정한 시간단위당 보수를 노동의 가격 또는 임금률이라고 한다.

### 1) 기업의 노동 수요

이윤극대화를 추구하는 기업의 입장에서 노동을 한 단위 추가할 때 발생하는 추가수입이 추가비용보다 크면 고용을 늘릴 것이다. 반면에 노동을 한 단위 추가할 때 발생하는 추가수입이 추가비용보다 작으면 고용을 줄일 것이다. 따라서 기업은 노동을 한 단위 추가할 때 발생하는 추가수입과 추가비용이 동일한 수준에 이르면 더 이상의 추가적인 노동 단위를 고용하지 않게 된다. '노동을 한 단위 추가할 때 발생하는 추가수입'을 노동의 한계수입생산(marginal revenue product of labor: $MRP_L$)이라고 하는데 다음과 같은 식으로 표현된다.

$$MRP_L = MP_L \times MR_X \tag{11.1}$$

여기서 $MP_L$은 노동의 한계생산(marginal product of labor)이라고 하는데, 노동을 한 단위 추가할 때 발생하는 상품 $X$의 총생산량의 증가분을 의미한다. $MR_X$은 한계수입(marginal revenue)으로 상품 $X$를 한 단위 추가적으로 생산할 때 발생하는 총수입의 증가분을 뜻한다. 상품 $X$의 시장이 완전경쟁이면, 한계수입($MR_X$)은 시장가격($P_X$)과 같다. 이 경우에 노동의 한계수입생산은 다음과 같이 표현될 수 있다.

$$MRP_L = MP_L \times P_X \tag{11.2}$$

상품시장이 완전경쟁이라고 가정하자. 그리고 노동을 한 단위 추가할 때 상품 두 개가 추가적으로 생산되고 상품의 가격이 10이라고 가정하자. 즉, $MP_L = 2$이고 $P_X = 10$ 이라고 가정하자. 이러한 경우에 노동의 한계수입생산은 20이 된다. 즉 노동 한 단위를 추가로 고용하여 얻을 수 있는 수입은 20이 된다. '노동을 한 단위 추가할 때 발생하는 추가비용'은 노동의 한계비용(marginal cost of labor: $MC_L$)이라고 한다. 노동시장이 완전경쟁이면 노동의 한계비용은 노동의 가격(임금률)이 된다. 노동의 가격($P_L$)을 $w$라고 표현하면 노동시장이 완전경쟁이라는 것은 다음과 같이 표현된다.

$$MC_L = w \tag{11.3}$$

이윤극대화를 위해 기업은 노동을 한 단위 추가할 때 발생하는 추가비용과 추가수입이 동일한 수준에서 고용수준을 정한다. 이러한 이윤극대화 조건은 노동의 한계비용($MC_L$)과 노동의 한계수입생산($MRP_L = MP_L \times MR_X$)이 같다는 것을 의미한다. 노동시장이 완전경쟁이면 $MC_L = w$이고, 상품시장이 완전경쟁이면 $MR_X = P_X$이다. 노동시장과 상품시장이 완전경쟁이라는 가정 하에서 노동의 한계비용과 노동의 한계수입생산이 같다는 이윤 극대화 조건은 다음과 같이 표현된다.

$$w = MP_L \times P_X \tag{11.4}$$

식 (11.4)를 곡선으로 표현하면 노동에 대한 수요곡선이 된다. 노동에 대한 수요곡선은 고용수준이 늘어남에 따라 임금률이 내려가는 우하향하는 모양을 갖는다. 왜냐하면 고용수준이 늘어남에 따라 노동의 한계생산($MP_L$)이 감소하기 때문이다. 고용수준이 늘어나도 노동자들은 고정된 자본(기계나 설비)을 사용하므로 일인당 자본보유량이 줄어든 상태에서 일을 하게 된다. 따라서 추가적인 노동자의 생산량은 줄어든다. 즉, 수확체감의 법칙이 작용한다.

### 2) 시장의 노동 수요

시장의 노동 수요곡선은 대략적으로 개별 기업들의 노동 수요곡선을 수평적으로 합하여 도출한다. 개별 기업의 노동 수요곡선과 마찬가지로 시장의 노동 수요곡선도 우하향하는 모양을 갖는다. 시장의 노동 수요곡선이 음의 기울기를 갖는 모양은 〈그림 11-1〉에 나타나 있다.

### 3) 노동 수요의 임금탄력성의 결정요인

상품에 대한 수요의 가격탄력성의 경우와 마찬가지로 생산요소인 노동에 대한 수요의 가격(임금)탄력성은 노동에 대한 수요량이 가격(임금) 변화에 대해 얼마나 민감하게 반응하는가를 나타낸다. 상품에 대한 수요의 가격탄력성에서 가격은 상품의 가격을 뜻하는 반면, 노동에 대한 수요의 가격탄력성에서 가격은 노동의 가격인 임금률을 뜻한다. 임금 변화에 따른 노동 수요의 민감성은 노동수요의 임금탄력성(wage elasticity)으로 측정하는데 다음과 같이 측정된다.

$$\text{노동에 대한 수요의 임금탄력성} = \frac{\text{노동 수요량의 변화율}}{\text{임금률의 변화율}} \tag{11.5}$$

노동에 대한 수요곡선은 우하향하기 때문에 임금의 증가는 고용의 감소를 초래한다. 따라서 노동에 대한 수요의 임금탄력성은 음(-)의 값을 가진다. 그 절대값이 1보다 크면 임금의 1% 증가는 1%보다 큰 고용의 감소를 가져오고 노동에 대한 수요곡선은 탄력적이라고 한다. 그 절대값이 1보다 작으면 임금의 1% 증가는 1%보다 작은 고용의 감소를 가져오고 노동에 대한 수요곡선은 비탄력적이라고 한다.

노동에 대한 수요의 임금탄력성에 영향을 미치는 결정요인은 힉스-마샬의 파생수요 법칙(Hicks-Marshall laws of derived demand)에 의해 네 가지로 나타난다. 즉, 특정한 종류의 노동에 대한 수요의 임금탄력성은 최종 상품에 대한 수요의 가격탄력성, 총비용에서 차지하는 임금총액의 비중, 다른 생산요소로 노동을 대체할 수 있는 정도, 그리고 다른 생산요소의 공급 탄력성에 의해 영향을 받는다.[151]

### (1) 최종 상품에 대한 수요의 가격탄력성

최종 상품에 대한 수요의 가격탄력성이 클수록 노동에 대한 수요의 임금탄력성도 커지게 된다. 노동에 대한 수요는 최종 상품에 대한 수요로부터 나오는 파생수요의 특징을 가진다. 따라서 노동에 대한 수요의 임금탄력성은 상품에 대한 수요의 가격탄력성에 의해서도 영향을 받는다. 상품에 대한 수요의 가격탄력성이 크다는 것은 상품 가격의 작은 변화에도 상품 수요량의 변화가 크다는 것이다. 상품에 대한 수요의 가격탄력성이 크다고 가정하자. 이 경우에 임금률이 오르면 생산비 상승으로 인해 상품의 가격이 높아지지만 상품 수요의 가격탄력성이 크므로 상품 수요량은 많이 줄어들게 된다. 이에 따라 노동의 수요도 많이 줄어들게 만든다. 따라서 상품에 대한 수요의 가격탄력성이 클수록 노동에 대한 수요의 임금탄력성도 커진다. 만약에 상품에 대한 수요의 가격탄력성이 작은 경우에 임금률이 오르면 상품의 가격이 오르지만 상품 수요량은 조금만 줄어들게 되고 노동의 수요도 조금만 줄어든다. 따라서 상품에 대한 수요의 가격탄력성이 작으면 노동에 대한 수요의 임금탄력성도 작아진다. 최종 상품에 대한 수요의 가격탄력성이 클수록 노동에 대한 수요의 임금탄력성도 커진다는 원리는 기간이 길수록 임금탄력성은 커진다는 원리로 확대할 수 있다. 기간이 길어질수록 상품시장에서의 수요의 가격탄력성은 커지기 때문에 노동에 대한 수요의 임금탄력성도 기간이 길어질수록 커지게 된다.[151]

### (2) 총비용에서 차지하는 임금총액의 비중

총비용에서 임금총액의 비중이 높을수록 노동의 수요에 대한 임금탄력성은 커지게 된다. 만약 총비용에서 차지하는 임금총액의 비중이 90%라면 임금의 10% 인상은 총비용을 9% 증가시키게 된다. 반면에 총비용에서 차지하는 임금총액의 비중이 20%라면 임금의 10% 인상은 총비용을 2% 증가시키게 된다. 전자의 경우와 같이 상품을 생산하는데 드는 총비용 중에서 임금총액의 비중이 높다면 기업은 임금의 변화에 민감한 반응을 보이게 된다. 따라서 총비용 중에서 임금총액이 차지하는 비중이 클수록 노동 수요의 임금탄력성이 커진다. 같은 맥락에서 총비용 중에서 임금총액의 비중이 낮다면 노동 수요의 임금탄력성이 작아진다. 다시 말하자면 기업의 생산이 노동집약적일수록 노동에 대한 수요의 임금탄력성이 높아지게 되는 반면 자본집약적일수록 노동에 대한 수요의 임금탄력성이 낮아지게 된다. 예를 들어, 신문을 발행하는 것은 두 가지 생산 공정으로 이루어지는데, 하나는 노동집약적이며 다른 하나는 자본집약적이다. 신문의 내용을 구성하는 것은 노동 집약적이며, 신문을 인쇄하는 것은 자본집약적이다. 따라서 신문의 내용을 담당하는 기자에 대한 수요는 인쇄를 담당하는 노동자에 대한 수요에 비해서 더 탄력적이다.[181]

### (3) 다른 생산요소로 노동을 대체할 수 있는 정도

다른 생산요소로 노동을 대체할 수 있는 가능성이 클수록 노동에 대한 수요의 임금탄력성은 커지게 된다. 예를 들어, 만약에 자본으로 노동을 쉽게 대체할 수 있다면 임금이 오를 때 기업은 기계와 같은 자본을 늘려서 노동을 쉽게 대체하여 고용의 큰 감소를 초래하게 된다. 자본의 양은 단기적으로 고정되어 있지만 장기적으로는 가변적이다. 따라서 임금 변화 후에 기간이 길어질수록 노동에 대한 수요곡선은 보다 탄력적으로 변할 수 있게 된다. 영화의 스턴트 장면은 스턴트맨을 통해 촬영될 수도 있고 컴퓨터그래픽을 통해 제작할 수도 있다. 스턴트맨에 대한 수요는 컴퓨터, 소프트웨어 등과 같은 자본에 대한 투자에 의해 용이하게 대체될 수 있으므로 장기적으로 탄력적이다. 반면에 창의성을 핵심으로 하는 극작가, 감독 등과 같은 노동자에 대한 수요는 자본으로 대체될 수 없기 때문에 이들에 대한 수요는 비탄력적이다.[181]

#### (4) 다른 생산요소의 공급 탄력성

다른 생산요소들의 공급 탄력성이 클수록 노동 수요에 대한 임금탄력성은 커지게 된다. 임금 인상으로 인해 기업이 기계와 같은 자본으로 노동을 대체하도록 유도했다고 가정하자. 기계에 대한 이러한 수요의 증가는 기계의 공급이 완전탄력적인 경우에만 그 기계의 가격을 불변인 채로 남겨 두게 된다. 그러나 일반적으로 기계에 대한 수요의 증가는 그러한 기계에 대한 가격을 높이게 만든다. 기계 가격의 상승은 기계로 노동을 대체하려는 것을 지연시키거나 어렵게 만든다. 기계와 같은 자본의 공급이 비탄력적이면 자본 수요의 증가는 자본 가격을 높이게 되고 이는 노동을 자본으로 대체하는 과정을 크게 지연시킨다.

### 4) 임금탄력성의 중요성

임금 탄력성은 사적 부문뿐만 아니라 공공 정책에도 크게 영향을 줄 수 있다. 사적 부문에서 노동조합의 협상 전략은 노동에 대한 수요의 임금탄력성에 의해 영향을 받을 수 있다. 노동에 대한 수요가 비탄력적인 민간항공기 조종사의 노동조합은 노동에 대한 수요가 탄력적인 단역배우(엑스트라) 노동조합에 비해 더 공격적으로 협상할 수 있을 것이다. 일정한 임금인상 비율에 대해서 저숙련 노동자들의 경우보다 고숙련 노동자들의 경우 더 작은 고용감소를 발생시키기 때문이다. 노동에 대한 수요가 탄력적일수록 노동조합의 협상력은 약해진다. 최저임금제와 같은 정부정책의 효과도 노동수요의 임금탄력성에 의해 크게 영향을 받는다. 최저임금 인상의 효과는 임금률 변화에 의해 영향을 받는 노동자들에 대한 수요의 임금탄력성에 의해 좌우되기 때문이다.[218] 최저임금제에 의해 직접적으로 영향을 받는 노동자들에 대한 수요의 임금탄력성이 높을수록 최저

임금의 상승으로 인한 고용의 감소가 커지게 된다.

### 5) 노동 수요의 결정요인

노동 수요량의 변화는 노동의 가격(임금률)의 변화에 의해 결정된다. 이러한 변화는 노동 수요곡선상의 움직임에 의해 포착이 된다. 반면에 노동 수요의 변화는 임금률 외의 다른 요인의 변화에 의해 초래되며 노동 수요곡선의 이동에 의해 포착이 된다. 노동 수요의 변화를 초래하는 결정요인으로는 상품에 대한 수요, 노동생산성, 기업의 수, 노동을 제외한 관련 생산요소의 가격 등을 들 수 있다.[218]

#### (1) 상품에 대한 수요

특정한 유형의 노동이 생산하고 있는 상품에 대한 수요의 변화는 다른 조건이 불변이라면 그러한 노동에 대한 수요곡선을 같은 방향으로 이동시킨다. 상품에 대한 수요의 증가는 그러한 상품을 생산하는 노동에 대한 수요곡선을 오른쪽으로 이동시키고, 상품에 대한 수요의 감소는 노동에 대한 수요곡선을 왼쪽으로 이동시킨다. 노동에 대한 수요곡선은 노동의 한계수입생산($MRP_L$) 곡선이다. 즉, $MRP_L = MP_L \times MR_X$ 이다. 상품 $X$에 대한 수요의 변화는 한계수입($MR_X$)에 영향을 미친다. 예를 들어 영화에 대한 수요가 증가하면, 영화 제작사들은 영화의 제작 편수를 늘리고자 한다. 따라서 제작사들은 영화제작과 관련된 노동자들에 대한 수요를 늘리게 된다. 이러한 변화는 영화제작과 관련된 노동자에 대한 시장 수요곡선을 오른쪽으로 이동시키는 것으로 나타난다.

#### (2) 노동생산성

노동생산성이 변하는 것은 노동의 한계생산($MP_L$)이 변하는 것을 의미한다. 노동의 한계생산의 변화는 노동에 대한 수요곡선을 같은 방향으로 이동시킨다. 노동의 한계생산이 증가하면 노동의 한계수입생산이 커져서 노동에 대한 수요곡선을 오른쪽으로 이동시킨다. 그리고 노동의 한계생산이 감소하면 노동에 대한 수요곡선을 왼쪽으로 이동시킨다. 미디어산업의 경우 노동생산성의 증가는 교육훈련시스템의 효율성을 높이고 인재의 역량을 강화시키는 학습생태계의 활성화를 통해 달성될 수도 있고, 새로운 혁신의 도입이나 확산을 통해서도 달성될 수 있다.

### (3) 기업의 수

특정한 유형의 노동을 고용하고 있는 기업들의 수가 변하면 그러한 노동에 대한 수요곡선도 같은 방향으로 이동하게 된다. 어떤 새로운 기업이 노동자들을 채용하기 위해 노동시장에 진입하면 노동에 대한 수요곡선은 오른쪽으로 이동한다. 반면에 어떤 기존 기업이 시장에서 퇴출되면 노동에 대한 수요곡선은 왼쪽으로 이동한다.

### (4) 관련 생산요소의 가격

관련 생산요소는 특정 유형의 노동을 대체할 수도 있고 보완할 수도 있다. 다른 조건이 동일하다면 대체적 생산요소의 가격 증가는 노동 수요를 증가시킨다. 그리고 대체적 생산요소의 가격 감소는 노동 수요를 감소시킨다. 같은 맥락에서 보완적 생산요소의 가격 증가는 노동 수요를 감소시킨다. 그리고 보완적 생산요소의 가격 감소는 노동 수요를 증가시킨다. 예를 들어, 오랜 기간에 걸친 컴퓨터(자본) 가격의 하락은 영상제작 분야에서 컴퓨터 프로그래머 또는 컴퓨터그래픽 디자이너(노동)에 대한 수요를 증가시키게 되었다.

노동과 자본을 대체적 생산요소 관계로 생각하기 쉽다. 그러나 현실적으로 존재하는 다양한 유형의 노동을 생각한다면 이러한 관계는 정교화될 필요가 있다. 예를 들면, 노동이라는 생산요소는 숙련노동과 미숙련노동으로 구분할 수 있다. 여러 실증연구에 따르면 미숙련노동자와 자본은 대체적 생산요소 관계이고 숙련노동자와 자본은 보완적 생산요소 관계로 추정된다. 즉, 기계나 장비의 가격이 하락하면 기업은 미숙련노동자를 기계로 대체하고 기계의 사용이 늘어남에 따라 숙련노동자에 대한 수요도 함께 증가한다. 자본의 가격이 10% 하락하면 미숙련노동자의 고용은 5% 하락하는 반면 숙련노동자의 고용은 5% 상승한다

는 실증연구도 있다.[129]

### 6) 노동 수요 변화의 효과

〈그림 11-1〉은 노동에 대한 수요의 증가가 초래하는 효과와 노동에 대한 수요의 감소가 초래하는 효과를 보여 준다. 먼저 노동에 대한 수요의 증가가 초래하는 효과를 살펴보자. 아무런 변화가 없는 상태에서 시장의 노동에 대한 수요곡선이 $D_1$이고 균형노동량은 $L_1$이고 균형임금률은 $w_1$이라고 가정하자. 상품에 대한 수요의 증가, 노동생산성의 증가, 기업 수의 증가, 대체적 생산요소의 가격 인상, 보완적 생산요소의 가격 인하 등은 노동에 대한 시장 수요를 증가시킨다. 이는 노동에 대한 시장 수요곡선을 $D_1$에서 $D_2$로 오른쪽으로 이동시킨 것으로 표현된다. 이러한 노동에 대한 수요의 증가는 균형임금률을 $w_1$에서 $w_2$로 높이고 균형노동량은 $L_1$에서 $L_2$로 늘리게 한다.

〈그림 11-1〉 노동 수요 변화의 효과

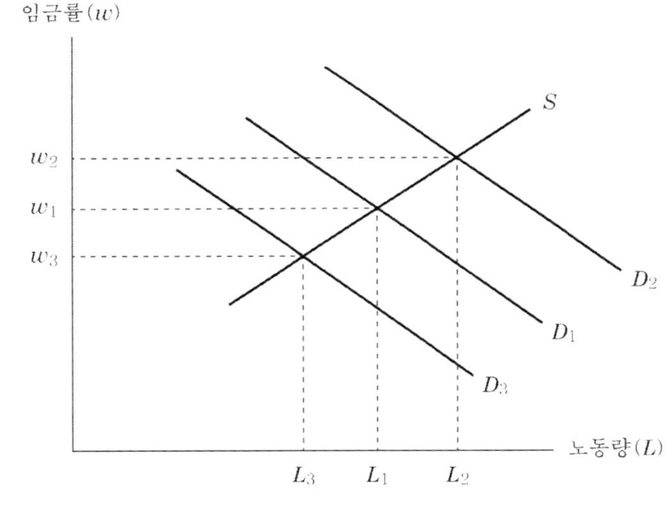


다음으로 노동에 대한 수요의 감소가 초래하는 효과를 살펴보자. 상품에 대한 수요의 감소, 노동생산성의 감소, 기업 수의 감소, 대체적 생산요소의 가격 인

하, 보완적 생산요소의 가격 인상 등은 노동에 대한 시장 수요를 감소시킨다. 이는 노동에 대한 시장 수요곡선을 $D_1$에서 $D_3$로 왼쪽으로 이동시킨 것으로 표현된다. 이러한 노동에 대한 수요의 감소는 균형임금률을 $w_1$에서 $w_3$으로 낮추고 균형노동량은 $L_1$에서 $L_3$으로 줄이게 한다. 결론적으로 노동에 대한 시장 수요의 증가는 균형임금률과 균형노동량을 모두 늘리는 반면 노동에 대한 시장 수요의 감소는 균형임금률과 균형노동량을 모두 낮추게 된다.

## 2. 노동의 공급

### 1) 개별 노동공급

개별 노동공급은 개인의 효용극대화를 위해 개인이 희소한 시간을 어떻게 사용할 것인지 선택한 결과를 나타낸다. 임금률이 변할 때 개인의 노동공급량이 어떻게 변하는가를 보여주는 것이 개인의 노동공급곡선이다. 어떤 개인이 일을 하거나 하지 않거나 무차별하게 만드는 임금률을 유보임금률(reservation wage rate)이라고 한다. 따라서 시장임금률이 유보임금률보다 높으면 개인은 노동시장에 참여하게 된다.[129]

4장에서 상품가격의 변화는 대체효과와 소득효과를 초래한다고 설명했다. 마찬가지로 노동가격(임금률)의 변화도 두 가지 효과를 초래한다. 하나는 대체효과다. 대체효과는 실질소득이 변하지 않는 상태에서 임금률의 상승이 노동시간(노동공급량)을 증가시키는 효과를 말한다. 노동의 가격인 임금률의 상승은 여가의 기회비용을 상대적으로 높이는 효과를 갖는다. 예를 들어 시간당 임금이 만 원이면 5 시간의 여가활동을 하는데 드는 기회비용은 5만 원이지만, 시간당 임금이 3만 원으로 오르면 기회비용은 15만 원으로 증가한다. 대체효과는 상대적으로 비싸게 된 상품을 적게 수요하도록 만드는 것이므로 기회비용이 높아진 여가활동의 시간을 감소시키고 노동의 공급량을 증가시킨다. 다른 하나는 소득효과다. 임금률의 상승은 소비자의 실질소득을 높이는 효과를 갖는다. 임금률이 오르면 이전과 동일하게 노동량을 공급해도 소득이 늘어난다. 소득효과는 여가 시간을 증가시키고 노동시간을 감소시킨다. 대체효과는 노동시간을 증가시키는 반면 소득효과는 노동시간을 감소시킨다. 따라서 대체효과가 소득효과보다 크면 임금률의 인상은 노동시간을 증가시킨다. 반면에 소득효과가 대체효과보다 크면 임금률의 인상은 노동시간을 감소시킨다.[129]

〈그림 11-2〉 개별 노동공급곡선

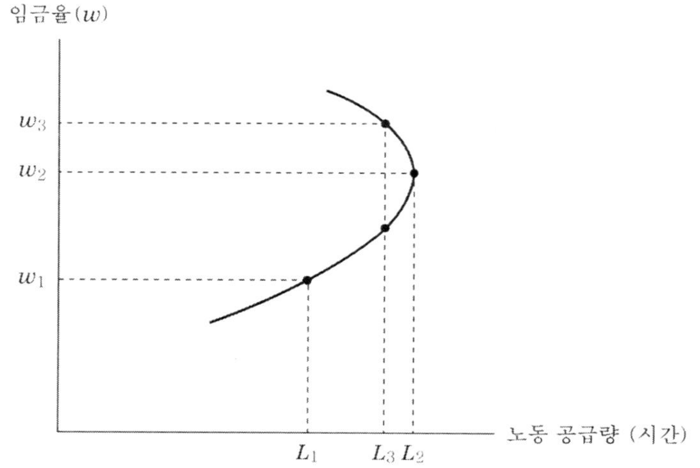


〈그림 11-2〉에는 개인의 노동시간과 임금률 간의 예측된 관계가 그려져 있는데, 이를 개인의 노동공급곡선이라고 한다. 개인은 유보임금률보다 낮은 임금에서는 노동을 공급하지 않는다. 임금률이 유보임금률보다 높으면 노동시장에 진입할 것이다. 그 사람은 일단 노동시장에 진입한 후에 낮은 임금률 수준에서는 임금률의 상승에 따라 노동시간이 늘린다. 따라서 노동공급곡선은 양의 기울기를 갖는다. 이와 같이 양의 기울기를 갖는다는 것은 실질소득이 낮은 수준에서 대체효과가 상대적으로 크다는 것을 의미한다. 그러나 높은 임금률 수준에서 그 사람은 임금률의 상승에 따라 노동시간을 줄인다. 따라서 노동공급곡선은 음의 기울기를 갖는다. 이는 실질소득이 높은 수준에서는 소득효과가 상대적으로 크다는 것을 의미한다. 이러한 형태의 노동공급곡선을 후방굴절 노동공급곡선이

타고 한다.[129] 소득효과가 상대적으로 크게 나타나는 예로는 스타의 높은 보수와 적은 노동시간을 들 수 있다. 극도로 높은 임금률 수준에 있는 연예계 스타들은 대체효과보다는 소득효과의 영향을 강하게 받아서 상대적으로 적은 시간만을 일한다.[181]

## 2) 시장의 노동공급

특정한 유형의 노동에 대한 시장의 공급곡선은 그러한 유형의 노동을 제공하는 개인의 노동공급곡선들을 수평적으로 합산하여 도출한다. 〈그림 11-1〉과 〈그림 11-3〉에 나타난 시장의 노동공급곡선을 보면 개인의 노동공급곡선과는 달리 높은 임금률 수준에서도 임금률의 상승에 따라 노동공급량이 많아지는 것으로 나타난다. 이와 같이 모든 임금률 수준에 걸쳐서 노동공급곡선이 양의 기울기를 보이는 이유는 임금률이 높아짐에 따라 다른 노동시장으로부터 해당 노동시장에 진입하는 사람들이 늘어나고, 새롭게 경제활동에 참여하는 사람들도 늘어나기 때문이다.

임금률의 변화에 따른 노동시간의 변화는 노동의 공급에 대한 임금탄력성에 의해 포착이 된다. 이를 간단히 노동공급 탄력성(labor supply elasticity)이라고 한다. 즉, 노동공급 탄력성은 임금률이 1% 변할 때 노동시간이 몇 % 변하는가를 측정한다. 국내의 2000~2008년 자료를 사용한 연구에 따르면 노동공급 탄력성은 0.23으로 추정되었다.[28] 노동공급 탄력성이 0.23이라는 것은 임금이 10% 오르면 근로시간은 2.3% 증가한다는 것을 의미한다. 이러한 추정치는 절대값의 크기가 1보다 작으므로 노동공급곡선이 비탄력적이라는 것을 나타낸다. 또한 양의 값을 가지므로 대체효과가 소득효과보다 우세하다는 것을 나타낸다.

어떤 직업의 임금률이 변하면 그 직업의 노동공급량이 변한다. 이는 노동공급곡선 상의 움직임에 의해 포착이 된다. 반면에 해당 직업의 임금률 외의 요인은 노동 공급량의 변화가 아니라 노동공급의 변화를 초래한다. 이러한 변화는 노동공급곡선의 이동에 의해 포착이 된다. 여기서 '노동공급량'과 '노동공급'의 용어 차이에 유의해야 한다. 이런 차이는 2장에서 설명한 '상품 수요량'과 '상품 수요'

의 용어 차이와 같은 맥락에서 이해할 수 있다.

### 3) 노동공급의 결정요인

노동의 공급곡선 자체를 이동시키는 요인을 노동공급의 결정요인이라고 한다. 이러한 요인은 다음과 같다.[218] 첫째, 다른 직종의 임금률을 들 수 있다. 특정 유형의 노동을 공급할 수 있는 사람들이 다른 직종에서 받을 수 있는 임금률이 증가하면 해당 노동에 대한 공급은 감소한다. 둘째, 비임금소득을 들 수 있다. 임금 이외의 소득이 증가하면 노동공급은 감소한다. 셋째, 근로 대 여가 간의 선호를 들 수 있다. 여가 대비 근로에 대한 선호가 증가하면 노동공급은 증가한다. 넷째, 일자리의 비임금 측면을 들 수 있다. 일자리의 비임금 측면에 해당하는 근무환경 등이 향상되면 노동공급은 증가한다. 다섯째, 특정 유형의 노동을 제공할 수 있는 공급자의 수를 들 수 있다. 특정한 노동의 유형에 필요한 자격을 갖춘 사람들이 증가하면 노동공급은 증가한다.

### 4) 노동공급 변화의 효과

상품의 경우와 마찬가지로 노동의 경우도 수요곡선과 공급곡선이 교차하는 점에서 균형 임금율과 균형 공급량이 결정된다. 〈그림 11-3〉에서 어떤 직업에 대한 노동공급의 증가는 시장의 노동공급곡선을 오른쪽으로 이동시키는 것으로 나타난다. 이는 균형임금률을 인하시키고 균형노동량을 증가시킨다. 같은 맥락에서 그 직업에 대한 노동공급의 감소는 시장의 노동공급곡선을 왼쪽으로 이동시키며 균형임금률을 높이고 균형노동량을 감소시킨다.

〈그림 11-3〉 노동공급 변화의 효과

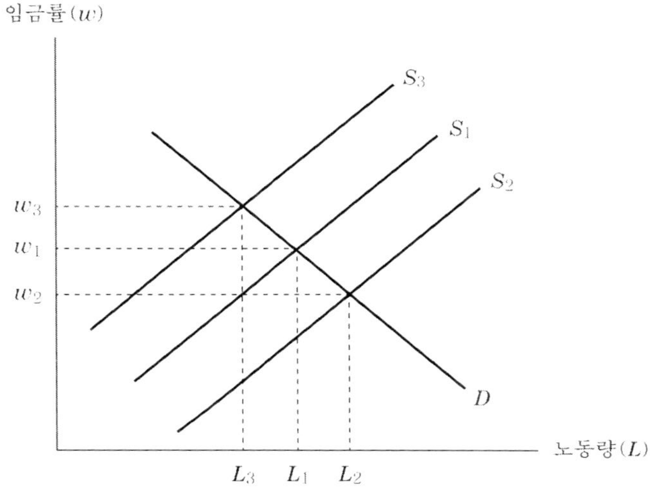


## 3. 경제적 지대와 스타

지대는 원래 토지 사용에 대한 대가를 뜻한다. 이러한 지대의 개념을 일반화하여 공급이 고정된 생산요소에 대한 보수를 뜻하기도 한다. 경제적 지대란 지대의 개념을 더욱 일반화한 것으로 어떤 생산요소의 공급이 비탄력적이기 때문에 추가로 지급되는 보수를 의미한다.[65] 경제적 지대는 토지, 노동, 설비 등 모든 종류의 생산요소 시장에 나타날 수 있다. 어떤 생산요소의 기회비용이란 그 생산요소가 차선의 용도에 사용되었을 때 나타나는 생산요소의 소득을 말한다. 생산요소가 다른 용도로 이전하는 것을 막기 위해 지불해야 하는 최소금액을 경제학에서는 전용수입(transfer earnings)이라고 한다. 따라서 생산요소의 기회비용은 전용수입이다.[37] 노동시장의 경우 노동공급을 유인하는데 요구되는 최소한의 임금률이 전용수입이다. 따라서 노동시장에서 경제적 지대는 생산요소의 소득에서 생산요소의 전용수입을 뺀 금액이다.

〈그림 11-4〉 노동시장에서의 경제적 지대와 전용수입

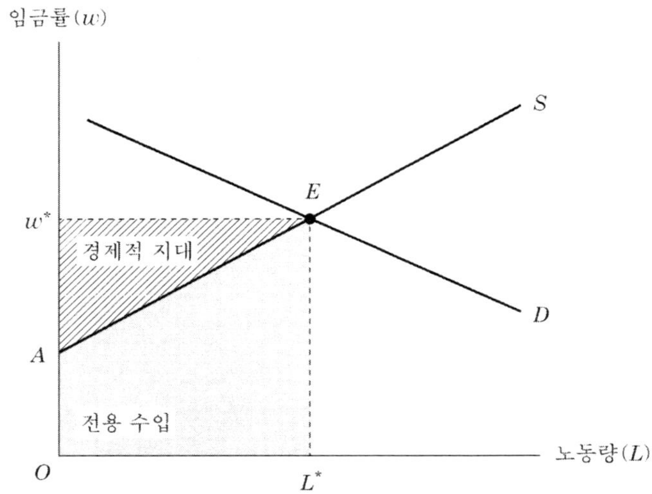


〈그림 11-4〉에서 노동시장의 균형임금률과 균형노동량은 각각 $w^*$, $L^*$이다. 노동시장의 균형 상태에서 노동자 전체의 총임금액은 사각형 $0w^*EL^*$의 면적이다. 노동자의 총임금액은 전용수입(기회비용)과 경제적 지대로 구성된다. $L^*$의 노동을 공급하는데 드는 노동의 전용수입(기회비용)은 사다리꼴 $0AEL^*$의 면적이다. 이는 S 곡선을 노동의 한계비용곡선으로 해석할 수 있기 때문이다. $L^*$의 노동에 대해 지불하고 있는 총임금액은 전용수입을 초과하고 있다. 총임금액(요소 소득)에서 전용수입(기회비용)을 뺀 금액이 경제적 지대다. 일반적으로 노동의 공급곡선의 기울기가 가파를수록 전용수입의 비중이 작아지고 경제적 지대의 비중은 커진다.

상품시장이 완전경쟁이고 장기 균형에 있다고 가정할 경우에 생산자잉여는 노동의 경제적 지대와 자본의 경제적 지대를 합한 금액이다. 따라서 생산자잉여는 기업주가 독차지할 수 없게 된다.[37]

경제적 지대는 현재의 자원배분에는 영향을 미치지 못하지만 미래의 자원배분에는 영향을 미친다. 경제적 지대가 클수록 해당 노동시장으로 진입하려는 사람들이 많아지게 된다. 따라서 경제적 지대는 노동시장의 진입과 이탈에 신호를 보내는 역할을 한다.[37] 연예계 스타의 경제적 지대가 클수록 연예계 스타가 되

고자 하려는 사람들은 많아지고 경쟁은 치열해진다.

## 4. 미디어산업과 노동 시장

### 1) TV 채널 수 증가의 효과

대부분의 국가에서 유료방송이 도입되고 확대됨에 따라 방송채널 수가 급격히 증가했다. 그에 따라 인기가 있는 출연자에 대한 수요가 크게 증가했다. 이는 출연자에 대한 수요곡선을 오른쪽으로 이동시키는 것으로 표현된다. 그러나 출연자의 공급은 부족하기 때문에 공급곡선의 기울기가 증가하다가 궁극적으로 수직선이 된다. 따라서 방송채널 수의 증가로 인해 임금률은 급격히 증가하고 고용량은 약간 증가하였다.[181] 국내에서도 종합편성 채널 네 개가 동시에 도입될 당시에 인기 MC를 포함한 연예인들의 출연료와 인기 작가들의 집필료가 급상승하였으며 제작진의 임금도 상승했다.

### 2) 광고 기반 방송에서의 탤런트에 대한 수요와 공급

광고 기반의 방송은 비용의 부담자와 편익의 수익자가 분리되어 있고, 수익자가 비용에 대한 지불을 의식하지 않아도 된다. 이때 시청자의 수요가 특정 프로그램에 집중됨으로써 특정 공급자(방송국, 프로그램, 또는 탤런트)가 독식할 우려가 있다. 특정 프로그램이나 특정 탤런트에 대한 인기 집중은 시청자 규모가 큰 광고 기반의 방송에서는 일어나기 쉬운 현상이다. 기본적인 메커니즘은 비용의 부담자인 광고주와 편익의 수익자인 시청자의 분리에 의해 수급 불균형이 일어나기 쉽다는 것이다. 재능의 소유자인 탤런트의 공급은 정규분포처럼 재능의 수준이 높은 구간에서는 공급이 적고, 재능의 수준이 중간 정도인 구간에서는 많으며, 재능의 수준이 낮은 구간에서는 공급이 적은 대칭분포가 된다. 반면에 시청자의 수요는 재능이 높은 쪽에 집중된다. 일반적인 거래에서는 높은 품질의 재화에 대해서 높은 대가가 요구되기 때문에 수요량은 억제된다. 반면에 비용 부담자와 수익자가 분리된 광고 기반의 방송에서는 재능의 수준이 높은 탤런트가 출연하는 프로그램에 대해 시청자가 높은 가격을 지불하지 않으므로 스타 탤런트에 수요가 집중된다. 이러한 현상은 재능을 키울 기회를 불평등하게 만든다. 높은 재능을 가진 탤런트 그룹은 일을 얻을 기회가 많기 때문에 학습효과가 축적되어서 그 재능을 키울 기회도 많아진다. 한편 초과공급이 되는 그룹에서는 일을 얻을 기회도 적고 학습효과의 축적도 불확실하다. 그 때문에 재능을 키울 기회조차 격차가 생겨서 양극화 구조는 심해진다.[103]

### 3) 스타의 소득이 높은 이유

어떤 직업군에서는 소수의 사람이 극도로 높은 수익을 올리는 현상이 나타난다. 이러한 슈퍼스타 현상(superstar phenomenon)은 주로 미디어와 관련된 특정 직업군에서 나타난다.[129] 슈퍼스타의 소득은 대부분 경제적 지대로 구성되어 있다. 슈퍼스타의 소득이 높은 이유는 다음을 들 수 있다.181 첫째, 스타의 수가 매우 제한되어 있어서 스타의 공급이 매우 비탄력적이라는 점이다. 즉, 특정한 재능을 가진 생산요소 공급자가 제한적이고 완벽하게 대체될 수 없다는 것이다.[254] 이로 인해 스타가 얻는 소득 중 대부분이 경제적 지대에 해당한다. 둘째, 스타에 대한 매우 강한 수요가 있다는 점이다. 다시 말하자면 스타가 상대하는 시장의 규모가 매우 크다는 점이다. 국제 간 무역장벽이 낮아지고 교류가 활성화될수록 이러한 특성은 더욱 크게 발휘될 것이다. 스타에 대한 강한 수요가 존재하는 것은 본질적으로 새로운 상품에 속하는 콘텐츠상품의 경우 성공 여부가 매우 불확실하기 때문이다. 예를 들어, 새로운 영화에 대해 대중이 어떻게 반응할지 예측하는 것은 매우 어렵다. 이 경우 제작사는 슈퍼스타를 이용하여 슈퍼스타의 고정적이고 규모가 있는 수요층인 팬에게 소구할 수 있다. 관객 동원 능력 측면에서 평범한 배우와 스타급 배우는 매우 큰 격차를 초래한다. 스타의 기용은 개인 브랜드에 대한 충성도를 활용하여 수요의 불확실성에 따른 위험을 줄이면서 기대수입을 증대시키고자 하는 것이다. 셋째, 콘텐츠상품의 생산과 관련된 규모의 경제를 들 수 있다. 한명의 소비자에게 추가로 공급하는데 드는 한계비용은 매우 낮거나 거의 0에 가깝다. 규모의 경제를 활용할 수 있다는 것은 평균비용의 저하와 그에 따른 가격의 인하를 통해 통해 많은 사람들이 스타의 서비스를 소비할 수 있다는 의미이다. 영화나 텔레비전에 슈퍼스타가 많은 이유는 관객 규모 또는 시청자 규모가 크다는 것에 있다. 반면에 연극에 슈퍼스타가 거의 없는 이유는 연극의 관객 규모가 작다는 것에 있다.[65] 넷째, 스타가 생산요소로 투입된 미디어상품이 대규모 소비자에게 유통되는 비용이 낮다는 점을 들 수 있다. 미디어 기술의 발달로 어떤 미디어상품이 유통비용을 거의 들이지 않고 대규모의 시장에 접근하는 것이 보다 수월해지게 되었다. 미디어의 등장은 제작 측면에서 규모의 경제를 가능하게 하는 반면 유통 측면에서도 비용을 획기적으로 줄이는 역할을 한다.

잡지 포브스(Forbes)의 2018년 발표에 따르면 세계적으로 가장 많은 수입을 올린 슈퍼스타 100인의 세전 수입의 합계는 63억 달러에 이른다. 그 중에서 1억 달러 이상의 수입을 올인 슈퍼스타는 11명에 달한다. 이러한 슈퍼스타들을 직업군으로 분류하면 음악인이 38%, 스포츠인이 34%, 배우가 11%, 작가 2%, 코미디안 2%, 마술사 1%, 기타 12%로 나타난다.[159]

### 4) 콘텐츠제작산업의 노동시장

콘텐츠제작산업은 낮은 임금과 고용의 불안정성이 높은 특징을 가지고 있는데, 이러한 특징은 프로젝트 기반 생산방식과 연관된다. 프로젝트 기반 생산방식은 특정한 목적을 달성하기 위해 일시적으로 필요한 자원과 인력을 조직화하는 것이다. 특정 프로젝트가 완료되면 해당 프로젝트 팀은 해산되고 일시적으로 조직된 인력들은 다른 일자리를 찾게 된다. 이러한 생산방식이 정규직보다 비정규직이나 프리랜서를 양산하는 기제로 작용한다. 국내 영상콘텐츠제작산업을 대상으로 조사한 연구에 따르면, 노동시장 내에 높은 진입장벽이 존재하고 있다. 그 이유로는 영상콘텐츠제작 기업들은 인력선발 기준으로 경력과 포트폴리오를 중시하여 창작품이 없는 신참자는 쉽게 참여할 수 없다는 점, 공식적 취업알선 기관이 미성숙하여 구직난을 가중시키고 있는 점, 정보 부족으로 인해 비공식적 구직 경로의 비중이 높은 점 등이 제시되었다. 또한 다른 산업에 비해 이직률도 높은 것으로 나타났는데, 이러한 현상도 주로 프로젝트 기반 생산방식에 기인하고 있다.[42]

### 5) 신고전경제학 노동공급 모형의 한계

지금까지 설명한 노동공급의 모형에 따르면, 노동의 일차적 목적은 소득을 얻어 효용을 증대하고자 하는 것이어서 노동시간을 늘리면 소득 증가로 인안 효용은 증대될 수 있으나 여가시간이 줄어들어 효용이 감소한다. 이러한 제약조건들 하에서 효용이 극대화되도록 노동시간을 결정한다. 그러나 트로스비에 의하면, 예술가의 효용은 여가시간과 소득 외에 문화적 가치에서도 얻는다. 노동자로서의 예술가는 소득을 얻기 위해서만이 아니라 노동 자체에 가치를 부여하여 노동을 한다는 점에서 예술가의 노동은 지금까지 설명한 노동공급 모형으로만 설명하기에는 미흡하다.[31]

# 제12장 광고의 경제학

## 1. 광고의 유형

광고와 유사한 개념으로 홍보(publicity), 공중관계(public relations: PR), 선전(propaganda) 등이 있다. 홍보란 특정 상품이나 기업에 관한 정보가 뉴스 형태로 제공되는 것을 말한다. 그러나 광고와 달리 홍보는 무료이고 신뢰성이 높다. 공중관계란 기업과 사회 간의 원만한 관계를 위한 활동을 말하는데, 홍보, 기업 광고, 기업의 활동을 알리기 위한 간행물 발간, 자선단체 지원 등이 포함된다. 선전이란 목적에 따라 신념이나 행동에 영향을 미치도록 계획된 의견의 표현인데, 부정적 의미로 인식되고 있다.[86]

광고의 유형은 여러 기준에 의해 구분될 수 있다. 목적에 따른 광고 유형으로는 상품광고, 서비스광고, 기업광고, 정치광고, 이슈광고(특정한 사회적 이슈에 대해 광고주의 입장을 밝히는 것), 공익광고 등을 들 수 있다. 그러나 일반적으로 사용되는 광고 유형은 광고가 집행되는 매체에 따른 광고 수형이다.[38] 여기서는 매체에 따른 광고 유형을 살펴보고자 한다.

### 1) 신문광고

일반적으로 신문광고의 전면 규격은 세로 15단, 가로 37cm로 되어 있다. 여기서 세로 1단은 3.4cm이다. 신문광고의 요금은 1단 × 1cm를 기본 단위로 하여 책정된다. 신문광고는 다음과 같이 세분화된다.[11] 첫째, 디스플레이 광고이다. 이는 헤드라인과 본문, 그리고 그림을 담은 광고로 흔히 보는 광고 형태이다. 둘째, 분류 광고이다. 여기에서 상품이나 서비스의 종류에 따라 광고가 제시되며, 광고메시지는 거의 문자로 구성된다. 분류 광고는 주로 개인이나 소규모 상인이 이용한다. 셋째, 전지 광고를 들 수 있다. 신문배급소에서 미리 인쇄된 광고지를 신문지 사이에 끼워서 배달하는데 이러한 광고를 전지광고라고 한다.

신문광고 요금은 광고의 크기와 게재되는 지면 위치에 따라 달라진다. 부고, 공고, 부동산, 학원 등 광고의 내용에 따라서도 요금의 차이가 있다. 기사 안에 돌출되는 형태의 광고는 주목도가 높아서 요금이 매우 높게 책정되고 있다.

### 2) 잡지광고

잡지광고 요금도 신문광고 요금과 마찬가지로 발행부수에 따라서 크게 차이가 난다. 또한 동일한 잡지에서도 광고의 게재 위치에 따라 요금이 다르다. 잡지의 앞표지에 가까울수록 요금이 비싼 편이다. 그러나 가장 요금이 비싼 위치는 잡지의 뒷표지이다.[11]

### 3) 방송광고

방송광고는 TV광고와 라디오광고로 구분할 수 있다. TV광고의 세분화된 유형은 〈표 12-1〉에 나타나 있다.

〈표 12-1〉 TV 광고의 유형

| 광고의 유형 | 의 미 |
|---|---|
| 프로그램광고 | 프로그램의 전후에 방송되는 광고 |
| 토막광고 | 프로그램과 프로그램 사이에 방송되는 광고 |
| 자막광고 | 방송 순서나 방송국 명칭을 고지할 때 나오는 자막 형태의 광고 |
| 시보광고 | 시간을 고지할 때 함께 방송되는 광고 |
| 가상광고 | 프로그램에 컴퓨터그래픽을 이용해 만든 가상이미지 형태의 광고 |
| 간접광고 | 프로그램 안에서 상품을 소품으로 활용하여 노출시키는 광고 |
| 협찬광고 | 프로그램에 협찬을 지원한 광고주명과 협찬 사실을 고지하는 광고 |
| 캠페인광고 | 주로 공익적 메시지를 전달한 후 광고주명을 노출시키는 광고 |
| 일반광고 기타 | 변형 광고, 필러 광고 등 |
| 로딩광고 | IPTV의 VOD를 이용할 때 프로그램 로딩시간 동안 노출되는 광고 |

출처: 한국방송광고진흥공사(2018).

프로그램광고의 경우 순서에 따라 광고요금의 차이가 있다. 프로그램 전에 하는 광고 중에서 가장 끝에 하는 광고와 프로그램 후에 하는 광고 중에서 가장 먼저 하는 광고는 시청자들의 주목도가 높아서 광고요금이 높다.[18] 토막광고(Station Break)는 프로그램광고와 달리 방송권역별로 제한하여 광고를 집행할 수 있기 때문에 지역광고의 비율이 상대적으로 높은 편이다. 다음과 같은 순서를 보면 프로그램광고와 토막광고의 차이를 이해하기 쉽다. 프로그램 시작 타이틀 ⇒ 프로그램 (전) 광고 ⇒ 프로그램 방영 ⇒ 프로그램 (후) 광고 ⇒ 프로그램 종료 타이틀 ⇒ 토막광고 ⇒ 프로그램 시작 타이틀.

2010년에 방송법 시행령 개정을 통해 가상광고와 간접광고(Product Placement: PPL)가 허용되었다. 그러나 간접광고의 경우 어린이프로그램과 보도프로그램에서는 허용하지 않고 있다.[18] 간접광고는 영화에서 먼저 활성화되었는데, 1980년대 말부터 할리우드 메이저 스튜디오들은 간접광고를 담당하는 부서를 운영하기 시작했다. 영화 분야에서 간접광고의 유형은 시각적 배치(visual placement: 상품, 서비스 또는 로고가 화면에서 보이는 것), 청각적 배치(spoken placement: 목소리가 상품, 서비스 또는 기업을 언급하는 것), 이용 배치(usage placement: 배우가 상품, 서비스를 사용하거나 기업과 관련된 활동을 하는 것)으로 구분되기도 한다.[284]

협찬광고는 제작협찬이라고도 하며 캠페인광고는 캠페인협찬이라고도 한다. '일반광고 기타'에는 케이블TV에서 집행하는 광고 중 일반광고(프로그램 광고)를 제외한 광고 유형으로 광고주의 상품을 특화시켜 프로그램 내 또는 타이틀 제작 시 노출시키는 변형광고, 협찬사 상품을 클로즈업하여 노출시키는 필러광고 등이 있다. 〈표 12-1〉에 나타난 광고 유형은 TV광고의 유형을 망라한 것인데, 라디오광고의 유형은 프로그램광고, 토막광고, 시보광고의 3가지로 볼 수 있다.[18,38]

2015년에 방송법 시행령 개정을 통해 '방송광고 총량제'가 도입되었다. 방송광고 총량제란 광고 유형별로 광고 시간과 광고 횟수를 규제했던 기존의 규제 방식을 벗어나 광고(프로그램광고, 중간광고, 토막광고, 자막광고, 시보광고)의 시간과 횟수를 방송사 자율에 맡기고 전체 광고의 총량만 규제하는 제도를 말한다. 중간광고는 프로그램 중간에 나오는 광고인데, 유료방송에는 이미 중간광고가 허용돼 있다. 그러나 지상파방송에서는 스포츠 프로그램에 한해 중간광고를 허용하고 있으나 다른 프로그램에 대해서는 아직 시행되지 않고 있다. 가상광고와 간접광고는 광고총량제에서 제외된다. 광고총량의 허용기준은 매체별로 차이가 있다(방송법 시행령 제59조). 지상파방송사업자는 매 방송프로그램 편성시간당 최대 18%이고, 종합유선방송, 위성방송, PP, 그리고 지상파DMB는 매 방송프로그램 편성시간당 최대 20%이다.

### 4) 온라인광고

온라인광고(인터넷, 모바일)는 크게 디스플레이광고, 검색광고, 리워드앱광고 등으로 분류된다. 디스플레이광고란 배너, 동영상 등의 형태로 웹페이지에 노출되는 광고를 말한다. 검색광고는 포털의 검색서비스를 통해 광고주의 웹사이트를 노출시키는 광고를 말한다. 리워드앱광고란 사용자가 모바일 앱을 설치한 후에 광고를 보면 이에 대한 대가를 주는 방식의 광고를 말한다.[91]

### 5) 옥외광고

옥외광고는 크게 빌보드광고, 교통광고, 엔터테인먼트광고, 그리고 기타 광고로 분류된다. 빌보드광고는 야립(도로변의 광고 입간판), 옥상광고/네온광고, 전광판으로 세분화된다. 교통광고는 지하철, KTX, 공항, 버스, 택시, 고속도로 휴게소 등에서의 광고를 의미한다. 엔터테인먼트광고는 스포츠 경기장, 극장, 쇼핑몰 매장 등에서의 광고를 말한다. 기타 광고는 서비스업소 매장 내 광고, 대학이나 아파트와 같은 생활네트워크에서의 광고 등을 포함한다.[91]

## 2. 광고매체

### 1) 광고매체별 장단점

광고매체의 종류는 크게 인쇄매체, 방송매체, 뉴미디어 등으로 구분할 수 있다. 광고매체의 장단점을 매체 고유의 특성을 중심으로 설명하면 다음과 같다.[18,38,86]

신문매체의 장점으로는 상품과 기업에 대한 자세한 정보를 제공할 수 있어서 구독자를 논리적으로 설득할 수 있는 점이다. 이로 인해 고관여 이성적 상품의 광고매체로 적합하다. 또한 특정 사건과 행사 등의 시점에 맞춘 광고와 속보성 광고가 가능하다. 그리고 광고의 제작이나 집행에 있어 제약이 작고 신속하게 진행된다. 단점으로는 신문광고의 수명이 짧다는 점이다. 그리고 독자들이 고령화되고 있어서 젊은 층에게 광고가 도달되기 어렵다.

잡지매체의 장점으로는 수용자 세분화로 인하여 광고효과가 높다는 것이다. 대부분의 잡지는 세분화된 독자층을 가지고 있어서 특정 계층에 광고를 노출시켜야 할 경우에 유용하다. 또한 잡지는 발행 간격이 길고 보관이 가능하므로 광고수명이 길다. 그리고 여러 사람이 돌려가면서 읽을 수 있어서 발행부수보다 많은 사람들이 광고에 노출될 수 있다. 단점으로는 긴 발행주기로 인해 신속한 광고게재가 어렵다는 점이다. 그리고 전반적으로 구독자 수가 적어서 광고의 도달률이 낮다. 한국ABC협회가 집계하는 잡지분야 인증부수통계에 의하면, 유료부수가 2만부를 넘는 곳은 183개 회원사 중에서 4곳에 불과하다. 2013년의 10곳에 비해 크게 감소한 것이다.[24]

TV매체의 장점으로는 시청자의 주목을 잘 유도하여 메시지의 이해도와 기억률이 높다는 점이다. 그리고 광고메시지가 단기간에 광범위하게 도달할 수 있다. 단점으로는 자세한 정보의 전달이 어렵고 표적소비자를 구별하기 어렵다는 점이다. 그리고 광고물에 대한 사전심의를 거쳐야 하고 광고의 중단, 수정, 교체 등이 쉽지 않다. 또한 광고제작비와 광고요금이 높아서 중소광고주에게는 부담이 크다. 이러한 특성은 주로 유료방송보다는 지상파방송에서 나타난다.

라디오매체의 장점은 메시지가 청취자의 상상력을 자극하여 다양한 연상을 불러일으킨다는 것이다. 그리고 가사, 운전, 업무, 공부 등을 병행하면서 광고청취가 가능하므로 광고에 대한 거부감이 낮다. 단점으로는 시각적 표현이 불가능하여 다채로운 광고 제작이 어렵다는 점이다. 그리고 배경적 매체로 사용되므로 광고에 대한 주목도가 낮고 광고메시지의 이해도와 기억률도 낮다. 따라서 많은 반복이 필요하다. 또한 광고를 통해 자세한 정보를 제공하는 것이 어렵다. 따라서 광고시간의 초반에 브랜드를 자주 언급하는 것이 효과적이다.

인터넷매체의 장점으로는 우선 상호작용성을 들 수 있다. 전통적 매체와는 달리 인터넷은 광고주와 소비자 간의 정보교환을 가능하게 한다. 소비자는 광고 노출 후에 의견을 표현할 수 있고 광고주는 용이하게 소비자반응을 파악할 수 있다. 그리고 텍스트, 오디오, 동영상 등 멀티미디어 특성을 이용한 광고를 제작할 수 있다. 또한 개인화된 맞춤형 광고가 가능하며, 광고효과 측정이 정교하고 신속하게 이루어질 수 있다. 단점은 공신력이 낮으며, 과장광고와 허위광고가 많다는 것이다. 또한 개인정보의 유출 가능성으로 인한 보안성 문제가 있다. 이러한 인터넷매체의 장단점은 주로 PC 기반의 온라인광고를 전제로 하여 설명한 것이다. 휴대전화를 매개로 하는 모바일광고는 이용자의 위치와 시간에 근거하여 위치 및 시간 기반의 광고가 가능하다. 각 매체별 광고의 장단점은 〈표 12-2〉에 정리되어 있다.

〈표 12-2〉 각 매체광고별 주요 장단점

| | 신문 | 잡지 | TV | 라디오 | 인터넷 |
|---|---|---|---|---|---|
| 장점 | 자세한 정보 제공 | 시장세분화 용이 | 광고 기억률 높음 | 광고 거부감 낮음 | 상호작용성 이용 |
| | 광고의 시의성 높음 | 광고수명 길 | 광고 도달률 높음 | 청취자 상상력 자극 | 맞춤형광고 가능 |
| 단점 | 광고수명 짧음 | 광고의 시의성 낮음 | 자세한 정보 전달 곤란 | 시각적 표현 불가능 | 광고 공신력 낮음 |
| | 젊은 층 도달 어려움 | 광고 도달률 낮음 | 표적시장 구별 곤란 | 광고 기억률 낮음 | 개인정보 유출 가능성 |

그러나 매체별 광고의 특성은 급속한 기술발전과 뉴미디어의 지속적 등장으로 인해 점차 경계가 모호해지고 있다. 예를 들면, 디지털케이블TV, IPTV 등은 TV방송 매체이지만 디지털기술로 인해 전통적인 TV방송광고와는 차별화된 상호작용적 광고가 가능하다. 2016년에 디지털 옥외광고물(digital signage) 설치가 합법화되었는데, 디지털 옥외광고물도 전통적인 옥외광고의 특성을 초월하여 상호작용성과 멀티미디어 기능을 살릴 수 있어서 오히려 인터넷광고와 유사하게 진화하고 있다.

### 2) 광고회사 관점에서의 매체

광고회사들은 재무관리의 편의를 위해 광고매체를 ATL(above the line)과 BTL(below the line)로 구분한다. ATL은 전통적인 4대 매체(신문, 잡지, TV, 라디오)를 이용한 광고활동을 말하는 반면, BTL은 4대 매체를 제외한 활동을 의미한다.[18] BTL에는 인터넷광고 등과 같은 뉴미디어 광고, OOH(out of home) 광고로 일컬어지는 옥외광고, 우편과 전화 등을 사용하는 직접반응광고, 구매가 이루어지는 현장에 광고물을 설치하는 구매시점(points of purchase: POP)광고, 빠른 소비자반응을 유도하기 위해 쿠폰과 리베이트 등을 이용하는 세일즈프로모션, 사람 간의 상호작용을 통해 상품을 판매하는 인적 판매, 공중관계(PR), 이벤트 등이 포함된다.

### 3) 인터넷매체의 부상과 전통적 매체의 탈중개화

전통적으로 신문사와 방송사 등은 콘텐츠를 수용자에게 제공하고 수용자의 주목은 신문사나 방송사에 의해 광고주에게 판매되고 광고수입은 콘텐츠제작에 투자되어 왔다. 이러한 광고 수입의 재배분 과정은 콘텐츠 개발을 위한 자원의 이용을 보장하였다. 그러나 포털, SNS 등의 사업자는 전통적 미디어와 소비자 사이의 중개적 위치를 차지하게 되면서 소비자의 주목을 수익으로 전환하는 전통적 미디어의 역할을 대신하게 되었다. 이에 따라 전통적 미디어의 탈중개화는 가속화되고 있다. 맞춤화된 선택에 의한 미디어이용이 확대됨에 따라 전통적 미디어가 수행하는 콘텐츠 패키징의 기능이 약화되고 있다. 광고수입이 콘텐츠제작에 투자하지 않는 중개상에 의해 흡수되는 것은 뉴스를 비롯한 콘텐츠를 생산하는 기업뿐만 아니라 광고대행사에도 부정적 영향을 준다. 광고주는 포털과 직접적으로 계약을 할 수 있으므로 검색광고의 성장은 광고대행사 업무의 필요성을 줄인다. 따라서 인터넷매체는 전통적 매체와 광고대행사가 수행했던 부가가치창출의 기능을 약화시키고 있다.[146]

## 3. 광고시장의 수요와 공급

〈그림 12-1〉에는 광고에 대한 수요곡선과 공급곡선이 그려져 있다. 광고에 대한 공급곡선은 광고매체에 따라 그 기울기가 달라질 수 있다. 지상파방송 매체의 경우 한정된 방송시간과 광고시간에 대한 규제로 인해 광고공급량이 제한되어 있어서 광고공급의 가격(요금)탄력성이 상대적으로 낮은 편이다. 반면에 잡지와 같은 매체의 경우 광고지면의 확대가 용이하고 광고 규제도 약한 편이

므로 광고공급의 가격(요금)탄력성이 상대적으로 높다.

〈그림 12-1〉 광고 시장의 수요와 공급

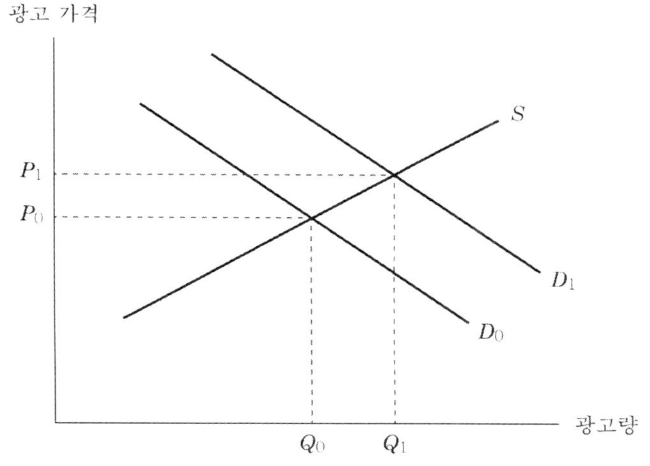


광고가격(광고요금)은 광고에 대한 수요곡선 상의 위치를 결정한다. 광고가격이 낮아지면 광고수요량이 늘어나고 광고가격이 높아지면 광고수요량이 줄어든다. 광고가격의 변동은 광고에 대한 수요곡선 상에서의 움직임을 의미한다. 반면에 광고에 대한 수요곡선 자체의 이동은 광고에 대한 보완재나 대체재의 변화에 의해 초래될 수 있다. 예를 들면 광고에 대한 보완재의 품질 상승이나 가격 인하, 그리고 광고에 대한 대체재의 가격 상승 등은 해당 광고에 대한 수요곡선을 우측으로 이동시키게 된다.

광고의 보완재란 그 광고와 함께 끼워 팔리는 콘텐츠를 들 수 있다. 즉, 콘텐츠와 광고는 보완재다. 광고메시지에 노출되는 사람의 수는 그 광고와 함께 끼워 팔리는 콘텐츠의 이용자 수에 달려 있으며, 이러한 이용자 수는 콘텐츠의 가격(이용료 또는 가입비)에 달려 있다. 콘텐츠의 가격이 낮을수록 광고에 대한 수요곡선은 우측으로 이동되어 균형광고량과 균형광고요금은 높아진다.[181] 그리고 콘텐츠의 품질이 높아져도 광고에 대한 수요곡선을 우측으로 이동시키게 되어 균형광고량과 균형광고요금이 높아진다.

어떤 광고의 대체재란 경쟁관계에 있는 매체의 광고를 들 수 있다. 광고매체

A와 광고매체 B가 경쟁관계에 있다고 가정하자. 그 경우에 매체 B의 광고요금이 높아지면 매체 A의 광고에 대한 수요곡선은 우측으로 이동하게 되어 매체 A의 균형광고량과 균형광고요금이 증가하게 된다.

〈그림 12-2〉는 양면시장에 있는 신문사의 입장에서 살펴본 것이다. $D_C$는 콘텐츠(신문기사)에 대한 수요곡선을 나타내고, $MR_C$는 콘텐츠의 한계수입곡선을 나타낸다. $MC$는 신문을 생산하는 한계비용이다. 신문사가 광고를 게재하지 않고 콘텐츠만을 판매한다면 신문사의 이윤극대화 가격은 $P_1$이 되고 발행부수는 $Q_1$이 된다. 왜냐하면 그 발행부수에서 $MR_C$와 $MC$가 일치하기 때문이다.

〈그림 12-2〉 광고가 신문의 구독료와 발행부수에 미치는 효과

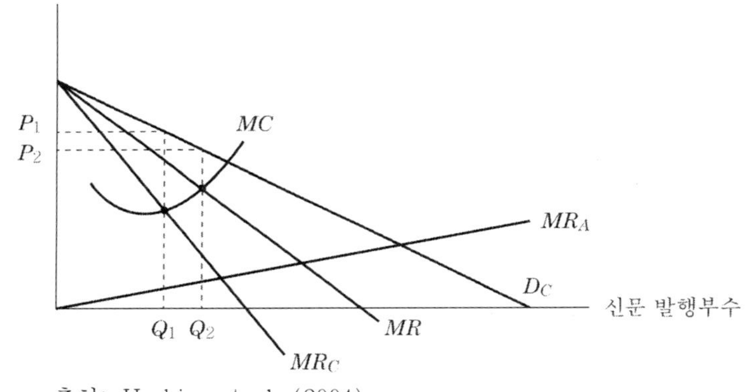

출처: Hoskins et al. (2004)

$MR_A$는 광고의 한계수입을 나타낸다. $MR_A$가 양(+)의 기울기를 가지는 이유는 발행부수가 증가함에 따라 신문의 광고요금이 오르기 때문이다. $MR$은 콘텐츠의 한계수입과 광고의 한계수입을 합한 것이다. 즉, $MR = MR_C + MR_A$ 이다. 신문사가 콘텐츠와 광고를 함께 판매하면 $MR$과 $MC$가 일치하는 점에서 이윤극대화 가격과 발행부수가 형성된다. 이 경우에 신문가격(구독료)은 $P_2$로 감소하고 신문의 발행부수는 $Q_2$로 늘어난다. 즉, 광고를 판매하지 않는 경우에 비해서 광고를 판매하는 경우 구독료는 낮아지고 발행부수는 늘어난다. 이러한 논리는 잡지의 경우에도 적용되고, 더 나아가 콘텐츠시장과 광고시장을 갖는 다

른 유형의 양면시장에도 적용된다.

발행부수가 광고요금에 대한 유일한 결정요인은 아니다. 광고요금은 매체이용자의 소득이나 소비가능성이 클수록 높아지는 경향이 있다. 또한 광고주의 프로그램 선호도 영향을 미친다. 예를 들면, 텔레비전방송 광고요금의 결정요인으로 프로그램의 특성에 주목한 연구에 따르면, 광고주가 선호하는 코미디 장르가 시청자가 선호하는 뉴스 장르에 비해 광고요금이 높았다. 이 연구에서는 광고 수요의 가격(요금)탄력성을 -2.9로 측정하였는데, 이는 과거에 비해 가격(요금)탄력성이 높아진 것이고 광고 수요의 대체성이 커진 것이다.[288]

## 4. 광고의 역할

### 1) 광고의 역할에 관한 세 가지 경제학적 관점

광고의 역할과 관련하여 세 가지 경제학적 견해가 존재한다.[116] 첫째, 광고는 설득적이라는 견해가 있다. 광고의 설득적 역할을 강조하는 관점[163]에 따르면, 광고는 소비자 선호를 변화시키고 이미지에 기반을 둔 상품차별화를 과다하게 창출한다. 광고는 상품차별화를 통해 소비자의 브랜드 충성도를 높이므로 광고된 상품에 대한 수요의 가격탄력성을 낮춘다.

둘째, 광고는 정보를 제공한다는 견해가 있다. 광고의 정보적 역할을 강조하는 관점에 따르면, 광고가 정보를 전달함으로써 상품에 대한 수요에 영향을 미친다는 것이다.[227,228] 광고가 상품의 속성에 대한 정보를 제공하지만 이러한 속성을 평가하는 방식을 변화시키지는 못한다고 본다. 대부분의 시장에서는 소비자가 탐색비용으로 인해 상품의 존재 유무, 상품의 가격과 품질 등에 관한 정보를 불완전하게 갖고 있으므로 비효율성이 초래된다. 그러나 광고는 정보의 부족으로 인한 시장의 비효율성을 완화시킨다. 광고로 인해 소비자는 상품의 가격이나 판매처 등과 같은 직접적 정보를 얻는다. 또한 어떤 공급자가 비용을 지출하여 광고활동을 하는 것으로부터 소비자는 광고된 상품의 품질이 높다는 신호를 받을 수 있다. 이는 일종의 간접적 정보에 해당한다. 이와 같이 소비자는 광고를 통해 직접적 정보와 간접적 정보를 얻게 되므로 광고는 광고된 상품에 대한 수요의 가격탄력성을 높이게 된다.

셋째, 광고는 보완적이라는 견해가 있다. 광고의 보완적 역할을 강조하는 관점[122]에 따르면, 광고는 광고된 상품의 소비와 보완적인 관계로 소비자 선호에 반영되어 있다. 예를 들어, 소비자들은 사회적 위신에 가치를 두는데, 어떤 상품이 적절히 광고될 경우 그 상품의 소비는 소비자에게 사회적 위신을 높이는 작용을 한다. 보완적 관점에 따르면, 설득적 관점과는 달리 광고는 소비자 선호를 바꾸지 않으며, 정보적 관점과는 달리 광고가 반드시 정보를 제공하는 것은 아니다.

## 2) 광고와 구조-행위-성과의 관계

설득적 관점에 따르면, 광고는 시장의 효율성에 대한 위협이며 시장을 반경쟁적으로

만든다. 반면에 정보적 관점에 따르면, 광고는 시장의 효율성을 높이고 시장을 경쟁적으로 만든다. 이 두 관점은 광고와 다른 변인들(시장의 구조, 기업의 행위, 기업의 성과)의 관계에 대해 상이한 설명을 제공하고 있다.[199]

첫째, 광고와 시장구조의 관계에 대해 두 시각은 상이한 설명을 제공한다. 설득적 관점에 따르면, 잠재적 진입자는 기존기업들이 이미 구축해 놓은 브랜드 충성도를 극복해야 하므로 광고투자를 상대적으로 높여야 하는 반면 기존기업들은 시장의 경쟁으로부터 보호된다. 광고에 의해 축적된 브랜드 충성도는 시장진입을 위축시킨다. 더 나아가 광고에 있어서 규모의 경제가 존재하면 대기업일수록 광고비 지출이 용이하므로 기존의 대기업에 의한 진입장벽의 효과는 더 커진다. 정보적 관점에 따르면, 신규 진입자는 광고를 통해 상품의 존재와 가격 등의 정보를 제공하므로, 광고는 시장진입을 용이하게 한다. 따라서 광고는 진입장벽을 낮춘다.[251]

둘째, 광고와 기업행위의 관계에 대해서도 두 관점은 상이한 설명을 한다. 설득적 관점에 따르면, 광고로 인해 상품에 대한 수요의 가격탄력성이 낮아지므로 가격은 높게 설정되고 품질경쟁의 가능성은 낮아진다. 정보적 관점에 따르면, 더 좋은 품질을 가진 기업들이 광고를 더 많이 하게 된다.[227,228,229] 광고로 인해 매출이 커지면 기업은 규모의 경제를 통해 비용을 절감하고 가격을 낮출 수 있다. 따라서 광고에 의한 정보제공은 가격을 낮추고 품질을 높이는 압력으로 작용한다.

셋째, 광고와 기업성과의 관계에 대해 살펴보자. 설득적 관점은 높은 가격에 따른 높은 이윤이 광고비를 지출한 기업에게 귀속된다고 본다. 즉, 광고는 이윤을 높인다는 것이다. 정보적 관점에 따르면, 광고가 진입장벽을 낮추고 시장경쟁을 높여서 이윤을 낮추게 하지만 동시에 광고로 인한 효율성의 증가는 이윤을 높이게 된다. 따라서 광고가 이윤에 미치는 효과는 불분명하다고 본다.

〈표 12-3〉 광고의 영향: 설득적 관점과 정보적 관점의 비교

| 광고의 영향 | 설득적 관점 | 정보적 관점 |
|---|---|---|
| 가격탄력성에 미치는 영향 | 가격탄력성 낮춤 | 가격탄력성 높임 |
| 구조에 미치는 영향 | 진입장벽 높임 | 진입장벽 낮춤 |
| 행위에 미치는 영향 | 가격 상승 | 가격 하락 |
| 성과에 미치는 영향 | 이윤 상승 | 이윤에 대한 효과 불분명 |

## 5. 광고에서의 규모의 경제

광고에서의 규모의 경제는 두 가지 차원에서 나타날 수 있다. 하나는 광고량 증가에 따라 매출증가 효과가 체증하는 것이다. 다른 하나는 광고량 증가에 따라 광고단가가 감소하는 것인데, 광고량이 증가하면서 광고의 대량구매에 따른 할인의 혜택을 보거나 전국적 광고매체에 대한 접근성이 높아지기 때문이다.[116]

광고에 있어서 규모의 경제는 진입의 위협으로부터 기존기업을 보호하므로

진입장벽을 높이는 역할을 한다.[264] 그러나 광고에서의 규모의 경제가 작용하지 않아도 기존기업의 누적된 광고지출은 신규진입자에 높은 진입비용을 부과하게 되므로 진입장벽을 높이게 된다. 실증연구들을 보면, 광고에서의 규모의 경제를 밝혀낸 연구[238]과 광고에서의 규모의 비경제를 밝혀낸 연구[259]가 혼재하고 있다.

광고에서의 규모의 경제라는 개념은 광고반응함수라는 개념과 혼동된다. 광고반응함수는 광고의 투입물이 증가하면 산출물이 증가한다는 관계를 반영하는데, 산출물은 광고로 인한 인지적 반응, 태도적 반응, 행동적 반응 등으로 측정된다.[270]

## 6. 상품수명주기와 광고

신상품의 도입은 상품수명주기의 시작을 의미한다. 상품수명주기의 전반기(상품의 도입 및 성장 단계)에 매출성장률은 높고, 신규기업과 소비자들이 시장에 진입하고, 소비자들은 경쟁적 상품의 속성들에 대해 평가하기 어려운 상태에 있게 된다. 반면에 상품수명주기의 후반기(상품의 성숙 및 쇠퇴 단계)에 매출성장률은 정체되거나 감소하고, 기업이나 소비자의 진입이 거의 없고, 소비자들은 경쟁적 상품에 대해 잘 알게 된다.[272]

상품수명주기와 광고의 관계를 다룬 연구들은 세 가지로 분류할 수 있다. 첫째, 수요의 광고탄력성은 상품수명주기의 후반기보다는 전반기에 높다.[296] 수요의 광고탄력성이 높다는 것은 광고지출의 효과가 높다는 것을 의미하므로 후반기보다 전반기에 광고지출의 효과가 높다는 것을 의미한다.

둘째, 광고지출은 상품수명주기의 후반기보다 전반기에 높다. 예를 들면, 신상품이 매출에서 차지하는 비중이 높은 기업일수록 '광고 및 판촉 집약도'(=광고 및 판촉 지출액/매출액)가 높다. 왜냐하면 상품유형이 새롭고 소비자에게 친숙하지 않은 경우에 마케팅 노력이 더 요구되기 때문이다.[158]

셋째, 정보적 광고내용은 상품수명주기의 전반기에 더 효과적인 반면, 정서적 광고내용은 상품수명주기의 후반기에 더 효과적이다. 왜냐하면 상품수명주기의 후반기보다 전반기에 소비자들은 상대적으로 상품에 관한 정보가 부족하므로 광고에 더 의존하기 때문이다.[271] 이러한 연구결과들은 〈표 12-4〉에 나타나 있다.

〈표 12-4〉 상품수명주기와 광고의 관계

| 광고의 특성 | 상품수명주기의 전반기 | 상품수명주기의 후반기 |
|---|---|---|
| 수요의 광고탄력성 | 높음 | 낮음 |
| 광고의 지출 | 높음 | 낮음 |
| 광고의 내용 | 정보적 내용이 효과적 | 정서적 내용이 효과적 |

## 7. 최적 광고지출의 조건

독점기업의 이윤극대화를 위한 최적 광고지출액의 조건은 다음과 같다.

기업의 광고집약도 = 수요의 광고탄력성 / 수요의 가격탄력성 (12.1)

이를 도프만-스타이너(Dorfman-Steiner) 조건이라고 한다.[145] 여기서 기업의 광고집약도는 해당 기업의 '광고지출액/매출액'으로 측정한다. 수요의 광고탄력성은 '상품수요량의 변화율/상품에 대한 광고지출액의 변화율'로 측정하는데, 이는 광고지출의 변화에 따른 수요의 민감도를 나타낸다. 수요의 광고탄력성이 클수록 동일한 광고지출에 대해 판매가 더 크게 증가하는 것이다. 수요의 가격탄력성은 3장에서 설명한 바와 같이 '상품수요량의 변화율/상품가격의 변화율'로 측정하는데, 상품가격의 변화에 따른 수요의 민감도를 나타낸다.

도프만-스타이너 조건에 따르면, 광고집약도를 결정할 때 기업이 고려해야 할 두 가지가 있다. 첫째, 수요의 광고탄력성이다. 즉, 수요나 매출이 광고지출의 변화에 얼마나 반응하는가를 고려해야 한다. 도프만-스타이너 조건은 광고에 대한 소비자반응이 민감한 업종일수록 기업의 광고집약도가 크다는 것을 의미한다. 일반적으로 소비재가 생산재에 비해 광고집약도가 높은데, 이는 생산재의 구매자보다 소비재의 구매자가 광고에 민감하게 반응하는 것을 의미한다. 둘째, 수요의 가격탄력성이다. 즉, 수요가 가격의 변화에 얼마나 반응하는가를 고려해야 한다. 다시 말하자면 기업이 광고예산을 책정할 때 가격 변동에 대한 소비자의 반응을 고려해야 한다. 그 이유는 광고지출액과 동일한 금액을 가격 인하에 사용하여 판매량이 더욱 늘어나면 광고비를 지출하는 것이 비효율적이기 때문이다. 즉, 판매가 광고지출의 변화보다 상품가격의 변화에 보다 민감하게 반응하는 경우 이는 매출액 대비 보다 낮은 비중을 광고지출액에 할당해야 한다.[146]

라이트(M. Wright)는 도프만-스타이너 조건과는 달리 기업의 최적 광고지출액의 조건으로 다음과 같은 공식을 제시했다.[299]

$$\text{최적 광고지출액} = \text{수요의 광고탄력성} \times \text{총이윤} \qquad (12.2)$$

예를 들면, 수요의 광고탄력성이 0.10이라면 최적 광고지출액은 총이윤의 10퍼센트라는 것이다. 식 (12.2)에 따르면 수요의 광고탄력성이 높을수록 또는 총이윤이 높을수록 최적의 광고지출액은 많아지게 된다.

## 8. 광고집약도

광고집약도란 기업, 산업, 국가의 세 가지 차원에서 정의될 수 있다. 기업 차원의 광고집약도는 어떤 기업의 매출액 대비 그 기업의 광고지출액의 비중, 산업 차원의 광고집약도는 어떤 산업의 매출액 대비 그 산업의 광고지출액의 비중, 국가 차원의 광고집약도는 국내총생산 대비 총광고지출의 비중으로 정의된다. 이러한 세 가지 차원의 광고집약도는 서로 다른 수준에 있는 변인들의 영향을 받는다.[49]

### 1) 기업 차원의 광고집약도

기업 차원의 광고집약도는 기업의 자본구조가 건전할수록 높아진다. 기업의 자본구조가 취약하거나 재무건전성이 낮아지면 기업의 존립에 필수적인 지출에서 멀어지는 비용이나 투자부터 줄이고자 하는 유인을 갖는다. 기업들은 특히 불황 시기에 광고지출을 줄이고자 하는 유인이 강하게 나타난다. 국내 기업들을 대상으로 조사한 연구에 따르면, 기업의 자기자본비율이 높을수록 광고집약도는 높다.[49] 또한 광고되는 상품의 품질이 높을수록 광고집약도는 높다는 가설이 있다. 품질이 높은 상품의 생산자는 반복 구매와 신규 구매를 유도하기 위해 광고를 많이 하는 반면에 품질이 낮은 상품의 생산자가 광고를 많이 하면 소비자에게 약점을 노출시키는 기회를 많이 제공하기 때문이다.[183]

### 2) 산업 차원의 광고집약도

산업 차원의 광고집약도는 여러 가지 변수들의 영향을 받는다. 예를 들면, 시장 구조에 따라 광고집약도가 달라진다. 시장집중도가 약한 수준에서는 시장집중도와 광고집약도의 관계는 양(+)의 관계이지만 시장집중도가 일정 수준을 지나 독과점이 심하게 되면 시장집중도와 광고집약도는 음(-)의 관계를 보인다는 가설이 있다.[269] 대체로 소비재산업이 생산재산업에 비해 산업 차원의 광고집약도가 높다. 왜냐하면 생산재산업에서는 상품에 관한 구매자의 지식과 전문성이 높은 경우가 많으므로 대중매체를 통한 광고의 설득효과는 약하고 전시나 영업사원을 통한 전략이 적절하기 때문이다.[290] 상품의 구매빈도도 광고집약도에 영향을 미친다. 구매빈도가 높을수록, 마케팅 커뮤니케이션은 더욱 연속성을 요구하게 되므로 광고집약도는 높아진다.[303]

넬슨(Nelson)은 탐색재에 비해 경험재의 경우에 광고집약도가 높다는 실증적 결과를 제시하고 있다.[228] 이러한 결과는 상품의 속성에 따라 광고가 제공하는 정보 유형에 차이가 있다는 것과 관련이 있다. 탐색재의 광고에는 상품의 품질에 대한 직접적 정보가 많은 반면, 경험재의 광고에는 직접적 정보가 거의 없다. 탐색재의 광고는 상품에 대한 직접적 정보를 제공함으로써 판매를 증가시키는 반면, 경험재의 광고는 판매자의 명성을 증가시킴으로써 판매를 증가시킨다. 실증적 연구에 의하면, 경험재 속성이 강한 미디어 관련 산업에 속한 기업은 그렇지 않은 기업에 비해 광고집약도가 높은 것으로 나타났다.[49]

한국표준산업분류(8차 개정)의 대분류 업종을 기준으로 광고집약도를 살펴보면 어업은 0.03%, 광업은 0.04%, 제조업은 0.75%, 건설업은 0.28%, 도매 및 소매업은 0.65%, 부동산 및 임대업은 0.37%, 오락, 문화 및 운동 관련 산업은 1.20% 등으로 나타났다.[95,44] 그러나 세분화된 업종을 살펴보면 보다 세밀한 결과가 나온다.

〈표 12-5〉 산업 차원의 광고집약도

| 산업분류: 소분류 | 광고집약도(%) |
|---|---|
| 낙농제품 및 아이스크림 | 5.87 |
| 기타 식품 | 3.33 |
| 음료 | 5.33 |
| 직물직조업 | .09 |
| 출판업 | 2.74 |
| 의약품 | 4.21 |
| 화학섬유 | .08 |
| 유리 및 유리제품 | .13 |
| 금속 주조업 | .03 |
| 선박 및 보트건조업 | .08 |
| 전기업 | .04 |
| 육상여객 운송업 | .02 |
| 통신업 | 1.90 |
| 데이터베이스 · 온라인 정보제공 | 2.60 |
| 광고업 | .53 |
| 방송업 | 1.43 |

〈표 12-5〉는 산업별 평균 광고집약도(2002년~2007년)가 매우 높은 업종과 매우 낮은 업종을 위주로 선별한 것이다. 여기서 광고집약도는 한국표준산업분

류(8차 개정)의 소분류 업종을 기준으로 한국은행의 경제통계시스템 자료에 근거하여 계산한 것이다. 낙농제품 및 아이스크림, 음료, 의약품, 기타 식품 등 주로 소비재산업은 높은 광고집약도를 보이고 있는 반면, 금속주조업, 전기업 등 생산재산업은 낮은 광고집약도를 보이고 있다.

### 3) 국가 차원의 광고집약도

국가 차원의 광고집약도는 제도적 영향을 크게 받는다. 여기서 제도에 대한 신제도주의경제학의 시각을 살펴보는 것은 유용할 것이다. 윌리암슨(O. Williamson)은 사회 분석의 수준으로 문화와 같은 비공식제도, 게임의 공식적 규칙과 관련된 공식제도, 게임의 운영과 관련된 거버넌스, 가격과 산출물에 초점을 맞추는 자원배분이라는 네 가지 수준을 들고 있다.[295] 신제도주의경제학은 공식제도와 거버넌스에 초점을 맞춘 반면, 신고전경제학은 자원배분에 초점을 맞추어 왔다. 신제도주의경제학에 의하면, 제도는 유인을 통해 인간 행동을 지배하는 공식적, 비공식적 법칙이고, 선택의 범위를 정의하고, 생산과 거래비용을 결정하며, 경제행위의 실행가능성과 성과에 영향을 미친다.[231] 제도의 주요 기능은 불완전한 정보와 불확실성의 세계에서 예측 가능한 행동을 통해 교환을 용이하게 하여 인간 상호작용의 거래비용을 낮추는 것이다.[240] 제도는 공식제도와 비공식제도로 구성된다. 비공식제도는 문서화되지 않은 관습, 규범, 전통, 도덕적 가치 등을 의미하는 반면, 공식제도는 문서화된 법률, 규제, 규칙 등을 의미한다.[239] 경험적 연구[50]에 따르면, 비공식제도의 측면에서 경제적 교환을 촉진시키는 문화가 발달한 국가일수록 광고집약도가 높다. 그리고 공식제도의 측면에서 경제적 자유가 높은 국가일수록 광고집약도가 높다. 이러한 결과는 거래비용을 줄이고 경제적 상호작용을 활성화하는 방향으로 비공식제도가 진화되거나 공식제도가 추진될수록 시장을 확대하고 생산을 증가시킴으로써 광고활동이 증가된다는 것을 의미한다.

경기변동과 광고지출의 관계를 분석한 연구[142]에 따르면, 국내총소득의 1% 변화는 동일한 방향으로 광고지출액의 1.4% 변화를 수반하는 것으로 나타났다.

즉, 광고지출은 경기변동에 매우 민감하게 반응하여 경제의 호황과 불황을 과장된 형태로 반영한다. 따라서 국가 차원의 광고집약도는 경제 호황기에는 높고 경제 불황기에는 낮다.

〈표 12-6〉 국가별 광고지출액 순위 (단위: 억 달러)

| 순 위 | 2006년 | | 2016년 | |
|---|---|---|---|---|
| | 국 가 | 광고비 | 국 가 | 광고비 |
| 1 | 미국 | 1,734 | 미국 | 1,908 |
| 2 | 일본 | 441 | 중국 | 750 |
| 3 | 중국 | 210 | 일본 | 419 |
| 4 | 독일 | 200 | 영국 | 242 |
| 5 | 영국 | 162 | 독일 | 220 |
| 6 | 프랑스 | 108 | 브라질 | 130 |
| 7 | 이탈리아 | 100 | 프랑스 | 114 |
| 8 | 스페인 | 81 | 호주 | 114 |
| 9 | 호주 | 78 | 한국 | 113 |
| 10 | 한국 | 74 | 캐나다 | 91 |
| 11 | 캐나다 | 70 | 이탈리아 | 80 |
| 12 | 브라질 | 48 | 인도네시아 | 76 |
| 13 | 네덜란드 | 46 | 인도 | 73 |
| 14 | 스위스 | 38 | 스위스 | 60 |
| 15 | 벨기에 | 32 | 스페인 | 58 |
| 16 | 태국 | 28 | 아르헨티나 | 53 |
| 17 | 그리스 | 26 | 러시아 | 49 |
| 18 | 러시아 | 25 | 벨기에 | 45 |
| 19 | 스웨덴 | 24 | 멕시코 | 43 |
| 20 | 멕시코 | 24 | 네덜란드 | 43 |
| 상위 20위 합계 | | 3,549 | | 4,679 |
| 전 세계 합계 | | 3,983 | | 5,371 |

출처: ZenithOptimedia(2017.9.)

〈표 12-6〉에 나타난 바와 같이 광고지출액 기준으로 보면 한국은 2006년에 세계 10위에서 2016년에 9위로 한 계단 올라갔다. 중국의 광고지출액은 2006년에 일본의 절반 수준에 못 미쳤으나 2016년에는 일본을 크게 앞지르고 있다. 2008년 금융위기의 영향을 상대적으로 크게 받은 유럽 국가들은 대체로 순위가

떨어지고 있는 반면 인도네시아와 인도 등은 20위권에 새로 진입하였다.

〈표 12-7〉 한국의 연도별 총광고비와 광고집약도

| 연 도 | 총광고비(억 원) | 광고집약도(%) |
|---|---|---|
| 1980 | 2752 | 0.71 |
| 1985 | 7393 | 0.88 |
| 1990 | 20001 | 1.07 |
| 1995 | 49513 | 1.24 |
| 2000 | 58534 | 1.01 |
| 2005 | 70539 | 0.82 |
| 2010 | 86207 | 0.73 |
| 2015 | 107270 | 0.69 |

출처: 제일기획(2016)

〈표 12-7〉을 보면 한국의 광고집약도는 1980년대에 증가 추세를 보이면서 1990년대 중반에 정점에 이르고 있다. 그러나 1997년 외환위기의 여파로 인해 1998년에 광고집약도는 0.72%까지 떨어지게 된다. 그 후에 약간의 회복을 보여 2000년에 광고집약도는 1.01%까지 상승했다. 이후에 광고집약도는 1%를 넘지 못한 채 하향 추세를 보이고 있다.

## 9. 매체기획

매체기획(media planning)은 광고메시지를 소비자에게 가장 효율적으로 전달하기 위해 광고매체의 공간과 시간을 구성하는 일련의 의사결정 과정이다. 매체기획의 과정을 이해하는 것은 기업이나 광고대행사의 광고전략을 이해하는 데 필요하다. 매체기획의 과정은 환경분석, 매체목표 설정, 매체전략 설정, 매체실행, 결과평가의 다섯 단계로 구분된다.[18]

### 1) 환경분석

환경분석은 매체기획에 영향을 미칠 수 있는 환경적 요인을 분석하는 것이다. 환경적 요인에는 마케팅환경, 마케팅믹스 등이 있다.[18]

마케팅환경의 분석은 세 가지로 구분된다. 첫째, 소비자분석을 통해 표적수용자(target audience)를 파악한다. 둘째, 경쟁자분석을 통해 경쟁자의 매체전략을 파악한다. 셋째, 시장분석을 통해 시장의 규모, 시장점유율의 변화, 시장의 유행 등을 분석한다.[18]

마케팅믹스(marketing mix)는 마케팅 목표를 달성하기 위해 상품(product), 유통(place), 가격(price), 촉진(promotion)의 전략들을 결합시키는 것이다. 상품 전략을 위해서는 상품의 특성, 상품수명주기, 상품의 재구매주기 등을 분석한다. 상품의 장점, 속성 등과 같은 상품의 특성은 광고메시지의 주제가 된다. 상품수명주기의 도입기에는 상품을 알리는 것이 중요하므로 도달률(reach)을 극대화하는 것이 필요하다. 도달률이란 광고에 한번 이상 노출된 표적수용자의 백분율을 말한다. 성장기에는 소비자들에게 상품의 장점 등을 이해시키고 호감도를 높이기 위해서 빈도(frequency)에 초점을 맞춘다. 빈도란 광고에 노출된 표적수용자의 평균 노출횟수를 말한다. 성숙기에는 소비자들이 브랜드를 잊지 않도록 반복 광고가 필요하므로 빈도가 역시 중요하다. 쇠퇴기에는 매출감소의 원인을 파악하여 그에 맞는 전략을 수립해야 한다. '잔존 전략'의 경우 상품의 새로운 용도를 알리는 반면 '철수 전략'의 경우 광고를 최소한으로 집행한다. 재구매 주기(repurchase cycle)란 소비자가 상품을 구매한 후 다음에 구매할 때까지 걸리는 평균 기간을 말한다. 재구매 주기가 짧은 상품은 지속적으로 광고하는 것이 적합한 반면 긴 상품은 특정 시점에 집중적으로 광고를 하는 것이 적합하다.[18] 가격의 설정은 기본적으로 수요와 공급을 통해 형성되지만 마케팅 전략의 일환으로 결정되기도 한다.[38] 유통 전략을 위해서는 유통 지역에 따라 전국적 광고매체와 지역적 광고매체를 고려하는 것이 필요하다. 촉진 전략을 위해서는 중간상과 소비자 중에서 누구를 표적으로 하여 판매를 촉진할 것인지 결정해야 한다. 중간상을 표적으로 한다면 중간상들이 이용하는 업계지와 같은 매체를 선택해서 광고를 하거나 인적 판매(personal selling)에 치중한다. 반면에 소비자를 표적으로 한다면 대중매체 광고에 치중한다.[18]

## 2) 매체목표 설정

매체목표는 비용제약 하에서 최대한의 잠재고객에게 가장 효율적인 방법으로 메시지를 전달하는 매체의 조합을 찾는 것이다.[124] 매체목표의 요소는 표적시장, 광고집행 지역, 광고캠페인 기간, 유효빈도와 유효도달률의 결정 등이 있다.[18]

### (1) 표적시장

표적시장은 시장세분화를 거쳐 핵심시장을 확정하는 것이다. 시장세분화에는 크게 네 가지 방법이 있다. 첫째, 시장을 국가, 도시 등과 같은 지리적 단위를 통해 구분하는 지리적 세분화가 있다. 둘째, 나이, 성별, 소득, 직업 등의 변수를 통해 구분하는 인구통계학적 세분화가 있다. 셋째, 생활양식, 개성 등과 같은 심리적 변수를 통해 구분하는 심리학적 세분화가 있다. 넷째, 상품의 구매 이유, 충성도 등의 상품과 관련된 행동을 통해 구분하는 행동적 세분화가 있다.[38]

### (2) 광고집행 지역

광고집행 지역을 선정하는데 있어서 브랜드개발지수(brand development index: BDI)와 제품군개발지수(category development index: CDI)를 고려하는 것이 유용한데, 다음과 같이 측정된다.

$$BDI = \left(\frac{\text{전국 대비 해당 지역의 브랜드 판매율}}{\text{전국 대비 해당 지역의 인구 비율}}\right) \times 100 \qquad (12.3)$$

$$CDI = \left(\frac{\text{전국 대비 해당 지역의 제품군 판매율}}{\text{전국 대비 해당 지역의 인구 비율}}\right) \times 100 \qquad (12.4)$$

브랜드개발지수와 제품군개발지수가 모두 높은 지역은 매출의 잠재력이 큰

지역을 의미하며 모두 낮은 지역은 광고하기에 부적합한 지역을 의미한다.[124]

#### (3) 광고캠페인 기간

광고캠페인 기간을 결정하는데 있어서는 소비자의 구매결정이나 구매시점에 맞추어서 하는 것이 중요하고 경쟁사의 광고시간대를 피하여 광고혼잡(clutter)을 줄이는 것이 필요하다.[11]

#### (4) 유효빈도, 유효도달률 그리고 총노출량

도달률은 인지도와 관련이 있고, 빈도는 호감도, 구매의도 등과 관련이 있다. 광고목표가 상품의 인지도를 높이는 것이라면 매체목표는 도달률에 초점을 맞추어야 한다. 광고목표가 호감도, 구매의도 등을 높이는 것이라면 매체목표는 빈도에 초점을 맞추어야 한다.[18]

유효빈도(effective frequency)란 특정 효과(인지, 태도, 행동 등)를 얻기 위해 필요한 반복노출의 빈도다.[18] 브랜드점유율이 낮을수록 또는 구매주기가 짧을수록 높은 유효빈도가 필요하다.[124]

유효도달률(effective reach)이란 유효빈도 이상으로 매체비히클에 노출된 표적청중의 비율이다.[18] 총노출량(gross rating points: GRP)은 모든 매체비히클에 노출된 사람들의 비율을 모두 합한 값으로, 도달률×빈도로 측정된다. 예를 들면, 300 GRP를 구매하는 것은 100%의 시장에 3회 노출되거나 50%의 시장에 6회 노출되는 것 등을 의미한다.[124]

### 3) 매체 전략

매체전략에서는 매체의 선택, 매체믹스(media mix), 매체스케줄링(media scheduling), 매체비히클(media vehicle) 등을 결정한다.[18]

### (1) 매체선택 전략

매체선택 전략은 매체목표를 달성하기 위해 필요한 광고매체를 선택하는 것이다. 매체선택 단계는 매체군(media class) 선택, 매체비히클 선택, 매체유닛(media unit) 선택의 3단계로 구성된다. 매체군은 매체의 유형을 의미하는데, TV, 라디오, 신문, 잡지 등을 예로 들 수 있다. 매체비히클은 각 매체 내의 구체적인 프로그램이나 종류를 말하는데, TV의 경우 SBS 8 뉴스, 신문의 경우 한겨레 등을 예로 들 수 있다. 매체유닛은 비히클에 운행되는 광고의 크기, 길이, 게재 위치 등이다. 예를 들면 TV의 경우 광고의 길이인 15초, 20초, 30초가 유닛이다.[18]

### (2) 매체믹스 전략

매체믹스 전략은 매체의 특징을 고려하여 총광고예산을 각 매체별로 할당하는 것이다.[38] 한 개의 매체만을 활용하지 않고 매체믹스를 활용하는 목적은 매체습관이 다양한 표적수용자에 대한 도달 범위를 넓히고 각 매체의 특성을 활용하여 시너지 효과를 높이기 위한 것이다.[18] 매체믹스에서 고려해야 할 요소는 우선 매체별 이용자를 조사하여 표적수용자에게 도달할 수 있는 최적의 매체를 선정하는 것이다. 그리고 광고의 집행시기에 매체가 이용가능한지를 조사하는 것이다. 마지막으로 매체의 계절성을 고려한다. 예를 들면, 여름휴가 기간에는 대체로 매체활용률이 떨어진다는 것을 고려해야 한다.[38]

### (3) 매체비히클의 결정

매체비히클은 비용 효율성에 따라 판단하여 선정한다.[38] 비용 효율성을 평가하는 지표는 매체에 따라 달라진다. 방송매체의 경우의 시청률 1%를 얻는데 소요되는 비용인 CPRP(cost per ratings point)가 자주 사용되는데 다음과 같이 측정된다.[124]

$$CPRP = \frac{\text{광고 시간의 비용}}{\text{프로그램 시청률}} \tag{12.5}$$

예를 들면, 광고비용이 5천만 원이고 프로그램 시청률이 5%이면 CPRP는 천만 원이 된다. 인쇄매체의 경우 표적수용자 천 명에게 도달하는 비용을 나타내는 CPM(cost per thousand)을 주로 활용하는데 다음과 같이 측정된다.[124]

$$CPM = \frac{\text{광고 공간의 비용}}{\text{판매부수}} \times 1{,}000 \tag{12.6}$$

예를 들면, 광고비용이 천만 원이고 판매부수가 10만 부이면 CPM은 10만 원이 된다. CPM은 비용 효율성을 과대평가하거나 과소평가할 수 있다. 예를 들면, 판매부수가 표적시장을 넘어서는 경우 과대평가가 발생한다. 반면에 잡지를 구매하지 않고 읽는 사람들이 많은 경우 CPM은 과소평가된다. 이런 경우에 잡지사는 발행부수당 열독률(readers per copy)에 근거한 방법을 사용하고자 한다. CPM은 유사한 매체비히클을 비교하는데 유용하지만 이질적인 매체를 비교하게 되면 그 유용성이 떨어진다.[124] 인터넷 매체의 경우 클릭당 비용(cost per click) 또는 다운로드당 비용(cost per download) 등이 활용된다.[38]

### (4) 매체스케줄링 결정

매체스케줄링이란 어느 정도의 광고량을 어떤 기간에 보내야 할지를 결정하는 것이다. 매체스케줄링의 종류는 네 가지를 들 수 있다. 첫째, 지속형(continuity)은 광고캠페인 기간에 일정한 비율의 광고량을 지속적으로 집행하는 것이다. 지속형은 광고구매가 수월하지만 매출의 변화에 민감하게 대응하지 못한다 둘째, 집중형(burst)은 광고량을 특정 기간에 집중시키고 나머지 기간에는 광고를 하지 않는 것이다. 집중형은 광고의 집행기간에 강한 단기적 효과를 기대할 수 있는 반면에 광고 공백 시기에 경쟁사의 광고에 대응할 수 없다. 셋째, 비월형(flighting)은 광고캠페인 기간에 휴지기와 집행기를 번갈아 가면서 실시하는 것이다. 비월형은 비용 대비 효과를 높일 수 있는 반면 광고 공백 시기에 경쟁사의 광고에 대응할 수 없다. 넷째, 맥동형(pulsing)은 광고캠페인 기간에 계속 광고를 유지하면서 특정 시기에 추가적으로 광고량을 늘리는 것이다. 맥동형은 판매의 계절성과 경쟁사의 광고에 대응할 수 있는 반면 비용이 가장 많이 든다.[18,38]

### 4) 매체실행

매체실행은 매체구매(media buy)와 매체집행(media execution)의 과정이다. 매체구매는 광고 스케줄을 구매하는 것이고 매체집행은 광고를 구매한 지면과 시간대에 보내는 것이다.[18]

### 5) 결과의 평가

결과의 평가는 광고노출 후 효과를 평가하는 것을 말하는데, 사후기획(post-planning) 단계라고도 한다. 결과의 평가는 이후의 매체기획에 참고자료로 활용한다.[18]

## 10. 광고 효과

광고 효과는 시장변화에 대한 효과와 소비자반응 변화에 대한 효과로 구분된다. 마케팅 목표는 시장변화에 대한 효과와 연결되며, 광고목표는 소비자반응 변화에 대한 효과와 연결된다.[38]

### 1) 시장변화에 대한 효과

시장변화에 대한 효과는 광고가 집행되기 전과 후를 비교하여 매출액, 시장점유율, 이익 등의 변화를 나타낸다. 그러나 광고만으로 매출의 변화를 설명하기에는 한계가 존재한다. 왜냐하면 광고는 매출 변화에 영향을 미치는 여러 변수들 중의 하나에 불과하고 소비자의 광고에 대한 반응은 광고가 집행되고 나서 일정 기간이 지난 후에 발생하기 때문이다.[38]

### 2) 소비자반응 변화에 대한 효과

광고에 대한 소비자반응은 크게 인지, 감정, 행동 측면으로 구성된다. 인지적 반응은 소비자가 광고노출 이후 브랜드의 존재를 알게 되는 인지(awareness)와 브랜드에 대해 이해하게 되는 지식(knowledge)으로 구성된다. 감정적 반응은 소비자가 알고 있는 브랜드에 대해 긍정적 반응을 나타내는 호감(liking)과 가장 좋아하는 선호(preference)로 구성된다. 행동적 반응은 소비자가 알고 있거나 호감을 갖고 있는 브랜드 중에서 구매를 결심하는 확신(conviction)과 실제구매로 구성된다. 소비자 반응이 상품의 존재를 알게 되면서 상품에 대한 지식이 형성되고, 이러한 지식을 바탕으로 상품에 대한 호감이 생기고 더 나아가 해당 상품을 선호하게 되며 이를 통해 구매에 대한 확신이 형성되고 마지막으로 구매를 한다는 계층적 효과 모형(hierarchy of effects model)은 1960년대에 나왔다. 그러나 이후 여러 경험적 연구를 통해 인지-감정-행동의 반응이 반드시 순차적으로 진행되지는 않는 것으로 나타났다.[38]

## 11. 국내 광고산업의 주요 사업자

### 1) 광고대행사

광고대행사는 제작 수수료와 함께 매체 수수료를 광고주로부터 받아 사업을 한다. 제작 수수료는 광고물 제작비용에 광고대행사의 수익을 포함하여 청구하는 것으로부터 나온다. 매체 수수료는 광고주로부터 광고비를 받아 매체사에게 전부 지급한 후 매체사로부터 수수료를 받는 것으로부터 나온다. 광고주가 광고대행사에 광고제작, 매체구매, 효과분석 등의 업무를 의뢰하면, 광고대행사는 인쇄광고를 집행하기 위한 지면은 매체사에서, 방송과 온라인 광고를 집행하기 위한 시간대 및 공간은 미디어렙에서 구매하게 된다. 이 과정에서 미디어렙은 매체사로부터 매체 판매에 따른 수탁 수수료를 받으며, 광고대행사는 매체사 또는 미디어렙으로부터 매체대행에 따른 수수료를 받는다.[38]

국내 주요 종합광고대행사에 해당하는 삼성그룹의 제일기획, 두산그룹의 오리콤, 롯데그룹의 대홍기획, 태평양그룹의 동방기획, 현대그룹의 금강기획 등이 70년대와 80년대에 창립되었다. 국내 종합광고대행사 시장의 특성은 계열(인하우스) 광고대행사의 비중이 외국과 비교하여 높다는 점이다. 계열 광고대행사는 대규모 기업집단에 속해 있어서 광고물량 영업 경쟁에서 자유로우며 안정적으로 회사를 유지할 수 있다. 그러나 부당한 계열사 지원이 가능하다는 문제점도 존재한다. 외환위기 이후 다국적 광고대행사가 국내에 진출하여 국내의 광고대행사 시장을 상당 부분 차지하였다.[38]

### 2) 미디어렙

1981년부터 지상파방송사가 광고를 직접 판매하지 않고 한국방송광고공사(KOBACO)가 광고판매 업무를 대행해 왔다. 이러한 제도는 방송사의 편성에 광고주가 미칠 영향력을 차단한다는 취지로 도입되었다. 2008년에 헌법재판소가 한국방송광고공사의 방송광고 판매 독점에 대해 헌법불합치 결정을 내렸고, 2012년에 [방송광고판매대행등에관한법률(미디어렙법)]이 국회를 통과했다. 2012년 8월에 방송통신위원회는 SBS가 설립한 미디어렙 미디어크리에이트를 허가함으로써 지상파방송의 광고시장에 복수 미디어렙 체제를 도입했다. 한국방송광고진흥공사가 KBS, MBC를 맡고 있으며, 미디어크리에이트가 SBS를 맡고 있다. 4개의 종편들도 의무적으로 미디어렙을 통해 광고영업을 해야 했기 때문에 국내에는 방송매체의 미디어렙 6개가 설립, 운영되었다.[90] 온라인광고의 경우 다양한 미디어렙사가 존재하고 있다.[38]

# 제13장 미디어상품의 국제유통

## 1. 무역이론

### 1) 절대우위이론

절대우위(absolute advantage)란 어떤 국가가 같은 생산요소를 사용하여 다른 국가에 비해 상품을 더 생산할 수 있는 것을 의미한다. 국가 A와 B가 각각 상품 X와 Y를 생산하여 교환하는 경제를 가정하자. 〈표 13-1〉에 나타난 바와 같이 국가 A와 B가 X를 생산하는데 필요한 노동의 단위가 각각 5와 10이고 Y를 생산하는데 필요한 노동의 단위는 각각 10과 5라고 하자. 이러한 경우에 국가 A는 X의 생산에 절대우위가 있고 국가 B는 Y의 생산에 절대우위가 있다.

〈표 13-1〉 재화를 생산하는데 필요한 노동 단위: 절대우위의 경우

| | 상품 X | 상품 Y |
|---|---|---|
| 국가 A | 5 | 10 |
| 국가 B | 10 | 5 |

아담 스미스(Adam Smith)의 절대우위이론에 따르면, 두 나라가 두 가지 상품을 생산하고 각 나라는 두 상품 중에서 서로 다른 한 상품에 대해 절대우위를 가지는 경우 각 나라가 절대우위에 있는 상품에 특화하여 수출하고 그렇지 않은 상품을 수입하게 되면 서로 무역 이득을 얻게 된다. 절대우위이론은 자유무역의 이론적 기초를 최초로 제공했다.

### 2) 비교우위이론

비교우위(comparative advantage)란 어떤 국가가 어떤 상품을 다른 국가에 비해 상대적으로 더 저렴하게 생산할 수 있는 것을 의미한다. 〈표 13-2〉에 나타난 바와 같이 국가 A와 B가 X를 생산하는데 필요한 노동의 단위가 각각 8과 7이고 Y를 생산하는데 필요한 노동의 단위는 각각 10과 6이라고 하자. 이러한 경우에 국가 A는 X와 Y의 생산에 있어서 모두 절대 열위에 있으나 비교우위에 있는 X의 생산에 전문화하고 국가 B는 X와 Y의 생산에 있어서 모두 절대우위가 있으나 비교우위에 있는 Y의 생산에 전문화하여 서로 교환하는 것이 교환하지 않는 것보다 서로에게 이득이 된다.

〈표 13-2〉 재화를 생산하는데 필요한 노동 단위: 절대우위와 비교우위의 경우

| | 상품 X | 상품 Y |
|---|---|---|
| 국가 A | 8 | 10 |
| 국가 B | 7 | 6 |

리카도(D. Ricardo)의 비교우위 이론에 의하면, 각 나라가 비교우위를 가진 상품의 생산에 전문화하여 수출하고 비교열위에 있는 상품을 수입하면 국제무역에 참여하는 국가들은 서로 이득을 보게 된다. 이러한 논리는 어떤 국가가 모든 상품에 있어서 절대우위를 가지고 있는 경우에도 적용된다.

### 3) 핵셔-올린 정리

헥셔-올린 정리(Hecksher-Ohlin theorem)는 두 가지의 명제를 가지고 있다. 제1 명제는 요소부존이론(theory of factor endowment)으로 알려져 있다. 이는 무역발생의 원인이 되는 국가 간 비교생산비의 차이가 나는 이유를 두 가지로 보고 있다. 하나는 국가 간에 생산요소의 부존상태가 다르다는 것이다. 이에 따라 노동이 풍부하고 자본이 희소한 국가에서는 노동의 가격인 임금이 싸고 자본의 가격인 이자가 비싼 반면 자본이 풍부하고 노동이 희소한 국가에서는 이자가 싸고 임금이 비싸다는 것이다. 다른 하나는 재화에 따라 생산요소의 투입비율이 다르다는 것이다. 노동의 투입비율이 높은 노동집약재의 경우 노동이 풍부한 국가가 생산하는 것이 생산비가 상대적으로 저렴하다. 반면에 자본의 투입비율이 높은 자본집약재의 경우 자본이 풍부한 국가가 생산하는 것이 생산비가 상대적으로 저렴하다. 결과적으로 노동이 풍부한 나라는 노동집약재의 생산에 특화하여 노동이 부족한 나라로 수출하고, 자본이 풍부한 나라는 자본집약재의 생산에 특화하여 자본이 부족한 나라로 수출하게 된다는 것이다.[72]

제2 명제는 요소가격균등화 이론(theory of factor price equalization)으로 알려져 있다. 이는 국제무역이 이루어지면 생산요소의 국제적 이동이 없어도 국가 간 생산요소의 가격은 균등화된다는 것이다. 국제무역으로 인해 노동풍부국이 노동집약재의 생산에 특화하게 되면, 기존의 자본집약재 생산에 투입되었던 생산요소의 일부분은 노동집약적 산업으로 이동된다. 이에 따라 노동에 대한 수요는 증가하여 임금은 상승하고 자본에 대한 수요는 감소하여 이자는 하락한다. 반면에 국제무역으로 인해 자본풍부국은 자본집약재의 생산에 특화하게 되면, 기존의 노동집약재 생산에 사용되었던 생산요소의 일부분은 자본집약적 산업으로 이동된다. 이에 따라 자본에 대한 수요는 증가하여 이자는 상승하고 노동에 대한 수요는 감소하여 임금은 하락한다. 즉, 무역 전에 임금이 낮고 이자가 높던 노동풍부국은 무역으로 인하여 임금이 상승하고 이자가 하락하는 반면 무역 전에 이자가 낮고 임금이 높던 자본풍부국은 임금이 하락하고 이자가 상승한다.

결국 무역 당사국 간에는 무역으로 인하여 임금과 이자는 점차 균등화된다는 것이다.[72]

### 4) 산업 내 무역에 관한 연구

비교우위이론이나 핵셔-올린 정리와 같은 전통적인 무역이론은 국가 간 생산요소 부존의 차이를 바탕으로 산업 간 무역(inter-industry trade) 현상을 설명한다. 즉, 노동이 상대적으로 풍부한 국가는 노동집약재를 전문화하여 수출하고 자본이 상대적으로 풍부한 국가는 자본집약재를 수출하는 현상을 잘 설명하고 있다. 그러나 전통적인 무역이론은 생산요소의 부존상태가 유사한 국가 간에 동일한 산업에 속하는 상품의 무역이 일어나는 현상을 충분히 설명하지 못하고 있다. 1970년대의 실증적 연구[169]에 의해 OECD 국가들 간에 산업 내 무역(intra-industry trade) 현상이 확인되었다. 그 후에 산업 내 무역에 관한 연구들이 많이 축적되었다. 규모의 경제와 상품차별화가 결합되면 산업 내 무역 현상을 설명할 수 있다. 상품차별화는 동일한 산업에서 상품의 다양화를 촉진시킨다. 반면에 규모의 경제는 한 국가에서 차별화된 상품의 생산을 특화하도록 촉진시킨다. 따라서 상품차별화와 규모의 경제가 결합되면 여러 국가의 동일한 산업 내에서도 차별화된 상품의 무역을 가능하게 만든다. 각 나라의 생산요소 부존비율의 차이가 작아질수록 산업 간 무역보다 산업 내 무역의 비중이 높아지게 된다.[74] 오늘날 산업 내 무역은 국제무역의 새로운 패러다임으로 자리를 잡고 있다. 방송프로그램의 무역과 같은 콘텐츠상품의 무역은 산업 간 무역뿐만 아니라 산업 내 무역의 관점에서도 살펴보아야 전반적인 무역의 특성을 살펴볼 수 있다.

## 2. 자유무역의 효과

자유무역의 긍정적인 경제적 효과로는 다음을 들 수 있다.[78] 첫째, 비교우위에 따른 생산과 무역으로 인해 무역 당사국은 무역 이전에 비해 소비가 가능한 상품들이 많아져서 사회후생의 수준이 높아진다. 둘째, 무역을 통해 무역 당사국은 상대적으로 저렴하게 생산할 수 있는 상품에 특화하여 규모의 경제를 활용할 수 있다. 셋째, 무역은 세계의 많은 기업들과 경쟁을 하게 만드는데, 이를 통해 혁신과 기업의 효율적 경영에 대한 유인이 강화된다. 넷째, 무역은 상품에 대한 기술, 노하우 등을 국제적으로 이동시켜서 사회전반에 걸쳐서 긍정적 변화를 초래할 수 있다.

자유무역의 부정적인 경제적 효과로는 다음을 들 수 있다.[78] 첫째, 자유무역을 통한 국가 간 분업이 상호 간에 이득을 발생시켜도, 그 이득의 배분에 있어서 이해관계가 대립될 수 있다. 둘째, 무역을 하게 되면 국제경쟁력이 있는 산업은 확장되고 그렇지 않은 산업은 축소된다. 축소되는 산업의 인력과 자원이 확장되는 산업으로 이동되어야 하는데, 이에 대한 조정은 용이하지 않고 많은 비용을 유발시킨다. 셋째, 어떤 국가가 무역을 통해 소수의 산업 분야에 특화하게 되면 다양한 산업을 발전시키지 못하게 되고 해외의존도가 높아져서 국가의 자립능력이 취약해진다. 이러한 부정적 효과들은 자유무역을 제한하는 보호주의를 정당화하는 근거로 사용될 수 있다.

그러나 미디어산업의 보호주의와 관련하여 보다 설득력이 있게 정당화될 수 있는 근거는 문화적 이유에 있다.[146] 국내에서 제작된 미디어상품의 이용은 긍정적인 외부성을 초래한다. 예를 들면 전통문화의 유지와 전승, 국가적 정체성의 강화, 자국의 관점에서 사회현상을 이해하는 능력의 제고 등을 들 수 있다. 많은 국가들은 자국 문화산업의 발전이 고유의 가치와 생활방식의 보존에 필수적이며 국가의 생존에 필수적이라고 주장한다. 그러나 미국은 문화산업을 오락산업(entertainment industries)으로 간주하고 오락산업에서 생산되는 상품이 일반 상품과 다르지 않다고 본다. 이러한 관점의 차이는 미국과 다른 국가들 간 무역협상에서 지속적인 갈등을 유발했다.[181]

## 3. 무역의 규제

### 1) 관세

무역규제는 크게 관세(tariff)와 비관세장벽(non-tariff barriers)을 들 수 있다. 관세는 수입품의 가격이나 수량을 기준으로 부과되는 세금이다. 관세는 과세부과의 기회에 따라 수입관세와 수출관세로 구분하기도 하고, 과세부과의 목적에 따라 재정수입이 목적인 재정관세와 산업보호가 목적인 보호관세로 구분하기도 한다. 또한 과세부과의 방법에 따라 종가세(ad valorem duties)와 종량세(specific duties)로 구분하기도 한다. 종가세는 가격을 과세표준으로 하여 관세를 부과하는데, 과세의 부담이 공평한 반면 과세가격을 산출하기 어렵다는 문제가 있다. 종량세는 수량을 기준으로 관세를 부과하는데, 과세방법이 간단한 반면 물가변동에 따른 세율의 적용이 불가능하다는 문제가 있다.[89]

킨들버거(Kindleberger)에 따르면, 관세의 경제적 효과는 여덟 가지로 분류된다.[196] 여기서는 그 중의 일부를 〈그림 13-1〉를 통해 살펴보고자 한다. 무역이 없는 경우 국내의 수요와 공급에 의해 가격은 $P_0$이 되고 국내 공급량은 $Q_0$이 된다. 관세의 부과 없이 자유롭게 무역이 이루어지는 경우 국내에서는 국제시장의 가격인 $P_1$에서 국내의 수요량은 $Q_1$이 된다. $P_1$의 가격에서 국내 공급자들은 $Q_2$만큼 공급하게 된다. 이 때 수입량은 $(Q_1 - Q_2)$가 된다. 수입량 단위당 관세가 $t$라고 하자. 이러한 관세가 부과되는 경우 수입상품의 가격은 $P_2(= P_1 + t)$가 된다. 이 가격에서 국내상품의 공급량은 $Q_3$가 되고 수입량은 $(Q_4 - Q_3)$이 된다.

〈그림 13-1〉 관세와 수입할당제의 효과

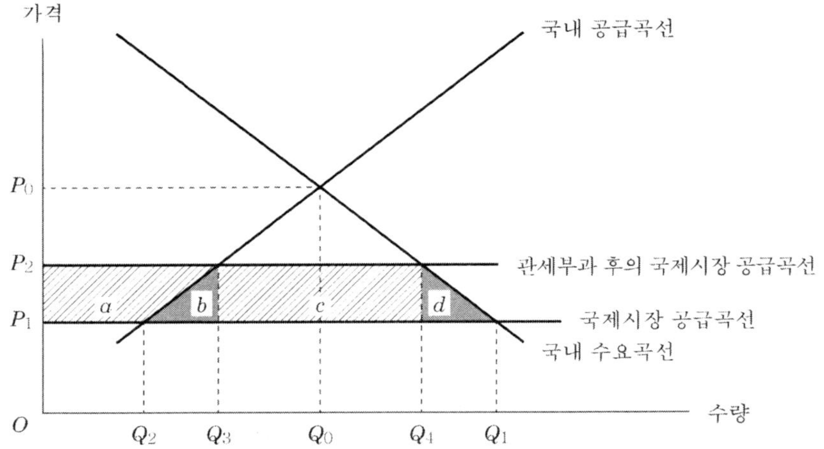


관세부과 전의 자유무역 상태와 관세부과 후의 상태를 비교하면 몇 가지 효과가 드러난다. 우선 관세로 인한 수요억제 효과가 나타난다. 수요량이 $(Q_1 - Q_4)$ 만큼 줄었기 때문이다. 그리고 국내 생산량증가 효과가 나타난다. 국내 공급량이 $(Q_3 - Q_2)$ 만큼 증가했기 때문이다. 또한 $c$에 해당하는 관세 수입으로 재정수입 효과가 나타난다. 그리고 관세로 인해 소비자잉여의 재분배 효과가 나타난다. 관세로 인해 소비자 잉여는 $(a+b+c+d)$ 만큼 줄어든다. 여기서 $a$는 소비자잉여에서 국내의 생산자잉여로 바뀌게 되고, $c$는 관세수입으로 바뀌게 된다. $(b+d)$는 관세부과로 생긴 사회후생의 감소를 나타낸다.

## 2) 비관세장벽

비관세장벽은 그 형태나 효과가 매우 다양하여 정의를 내리기 어려운데, 대체로 관세가 아닌 여러 인위적 수단을 총칭한다. 비관세장벽의 특징으로는 유형이 다양하고 비공개적이기 때문에 그 경제적 효과를 측정하기 어렵다는 점, 정보의 부족과 제도운영의 변칙으로 인해 불확실성이 높다는 점, 특정 국가에 대해 선별적으로 이용된다는 점, 국가 간 협상을 통해 철폐하기가 곤란하다는 점 등을 들 수 있다.[72]

비관세장벽은 크게 두 가지로 구분된다. 하나는 무역을 제한할 목적으로 고안된 직접적 수단이다. 직접적 수단은 다시 양적 수단(예: 수입할당제), 재정 수단(예: 수출보조금), 행정 수단(예: 수입허가)로 세분화된다. 다른 하나는 다른 정책 목적을 달성하기 위해 수행되는 과정에서 무역에 영향을 주는 간접적 수단이다. 간접적 수단은 다시 재정수단(예: 공기업에 대한 보조금)과 행정수단(예: 보건 및 안전 규제)으로 구분된다.[72]

비관세장벽의 예를 들자면, 중국에서 수입게임 승인과정을 들 수 있다. 중국의 게임 시장에 진입하려면 저작권을 획득하고 판호(版号)를 부여받아야 한다. 출판물을 대상으로 발급한 판호를 게임과 소프트웨어에도 적용하는데, 승인과정에서 국내외 기업 차별과 지연을 통해 상당수의 외국 게임들이 판호 획득에 어려움을 겪고 있다.[75] 2016년에 사드(고고도 미사일 방어체계)의 한국 배치를 계기로 등장한 한한령(限韓令)도 중국 내에서 한국 콘텐츠상품의 유입과 한국 연예인의 중국활동 등을 제한하거나 금지하는 비관세장벽이다.

수입할당제는 비관세장벽의 일종이다. 수입할당제란 특정 상품에 대해 수입 총량을 정하고 나라별 또는 수입업자별로 할당량을 결정하여 그 한도 내에서 수입을 승인하는 제도이다. 〈그림 13-1〉에서 $(Q_4 - Q_3)$에 해당하는 수입할당을 실시한다고 가정하자. 이 경우에 가격은 $P_2$가 되고 수요량은 $Q_4$가 되어 단위당 $t$만큼 관세를 부과할 때의 가격 및 수요량과 일치하게 된다. 즉, 수입할당제는 관세 부과와 마찬가지로 수입품의 가격을 높이고 국내 생산량을 증가시킨다. 수입할당제가 관세 부과와 다른 점은 $c$에 해당하는 관세 수입이 외국 공급자에게 들어가게 되는 것이다. 따라서 수입할당으로 인한 사회후생의 손실은 $(b+c+d)$가 된다.

방송산업에서 수입할당제 또는 쿼터(Quota)는 외국제작물을 방영하는 방송시간에 대한 상한선을 정하거나 국내제작물을 방영하는 방송시간에 대한 하한선을 정하는 방식으로 나타난다. 쿼터는 외국제작물에 대한 수요를 국내제작물에 대한 수요로 이전시킴으로써 국내제작물의 생산에 도움을 준다. 그러나 쿼터로 인해 국내 프로그램가격이 수입 프로그램가격보다 높게 되면 방송사의 비용구조에 부정적으로 영향을 미칠 수 있다.[146]

### 3) 수입할당제로서의 국내제작 프로그램의 의무편성

내용규제 중에는 국내제작 프로그램의 의무편성이 포함된다. 국내제작 프로그램의 의무 편성의 규제 의도는 문화정체성의 유지와 국내 콘텐츠산업의 보호를 위한 것이지만, 수입할당제의 일반적인 경제적 효과를 가진다. 국내의 방송법은 방송사업자들이 프로그램 장르에 상관없이 매 반기 채널별 전체방송시간 중 일정 비율 이상을 국내제작 프로그램으로 편성하도록 규정하고 있다(방송법 제71조 제1항). 또한 방송법 시행령과 프로그램 편성고시에 따르면 방송사업자별로 다르게 규정하고 있다. 방송사업자에는 KBS, MBC, SBS와 같은 종합편성을 하는 지상파방송사업자, EBS와 같은 전문편성을 하는 지상파방송사업자, 지상파DMB사업자, SO, 위성방송사업자, PP 등이 있다. 여기서는 종합편성을 하는 지상파방송사업자의 경우를 중심으로 살펴보고자 한다. 첫째, 채널별로 전체방송시간의 80% 이상을 국내제작물로 편성해야 한다(프로그램 편성고시 제3조 제1항). 둘째, 장르별 쿼터제도 적용하고 있다. 채널별로 각 장르의 전체방송시간 중에서 일정 비율 이상을 국내제작물에 할애하여야 한다. 영화는 25% 이상, 애니메이션은 45% 이상, 대중음악은 60% 이상을 적용하고 있다(방송법 제71조 제2항, 방송법 시행령 제57조 제2항). 셋째, 국가별 쿼터제도 적용하고 있다. 방송법은 다양성을 위하여 1개 국가 제작물의 편성비율 상한제도 두고 있다(방송법 제71조 제4항). 영화, 애니메이션, 대중음악의 장르에서 각각 1개 국가 제작물의 편성비율을 수입물의 80% 이하로 제한한다(프로그램 편성고시 제8조 제1항).

## 4. 미디어상품의 국제유통의 흐름

### 1) 미디어상품의 국제유통의 결정 요인: 문화적 할인과 국내시장 규모의 차이

미디어상품의 국제무역에 있어서 흐름을 결정하는 두 가지 주요 요인은 수출국과 수입국 간 문화적 할인과 수출국과 수입국 간 국내시장 규모의 차이에 있다.[180] 문화적 할인이란 문화상품이 문화가 다른 사회나 국가에서 소비될 때 생기는 문화상품 소구력의 감소를 의미한다.[182]

문화적 할인의 존재와 국내시장 규모의 차이가 미디어상품의 최적 제작비에 어떠한 영향을 미치는가를 살펴보기 위해 다음과 같은 가정들을 도입해 본다.[180] 첫째, 두 국가만 존재한다. 여기서 국가 A는 시장규모가 크고 국가 B는 시장규모가 작다. 둘째, 40%의 문화적 할인율이 적용된다. 셋째, 각 나라의 미디어상품 제작비용은 100이다. 마지막으로 시장규모가 큰 국가 A는 자국 내의 시장에서 100이라는 수입을 얻을 수 있고 시장규모가 작은 국가 B는 자국 내의 시장에서 10이라는 수입을 얻는다.

이러한 가정 하에서 각 국가에서 제작된 프로그램이 자유로운 무역을 통해 거래된다면 기대할 수 있는 매출액은 다음과 같다. 국가 A에서 제작된 프로그램의 매출액은 $106[=100+(1-0.4)\times10]$ 으로 기대할 수 있는데, 국가 A에서 100의 매출을 올리고 국가 B에서 6의 매출을 얻기 때문이다. 자국 A에서는 문화적 할인율이 0%이므로 원래 가치의 손실이 없이 100이라는 매출을 얻게 된다. 그러나 외국 B에서 6의 매출을 얻는다. 그 이유는 국가 B의 시장규모가 작으므로 최대한 10의 매출을 얻을 수 있는 상황에서 문화적 할인율 40%가 적용되어서 원래 가치의 60%에 해당하는 가격을 받게 되기 때문이다.

반면에 국가 B에서 제작된 프로그램의 매출액은 $70[=(1-0.4)\times100+10]$

을 기대할 수 있다. 국가 A에서 60의 매출을 얻고 국가 B에서 10의 매출을 올릴 수 있다. 국가 A에서 60의 매출을 올리는 이유는 국가 A의 시장규모가 커서 최대한 100의 매출을 얻을 수 있는데, 문화적 할인율 40%가 적용되어서 원래 가치의 60%에 해당하는 가격을 받게 되기 때문이다. 국가 B에서 10의 매출을 얻는 이유는 국가 B의 시장규모가 작아서 10의 매출을 얻을 수 있는 상황에서 자국이므로 문화적 할인율 0%가 적용되어서 원래 가치에 해당하는 가격을 받기 때문이다.

결론적으로 100이라는 동일한 제작비를 투입하여 프로그램을 만들어도 국내시장의 규모에 따라 기대할 수 있는 매출액이 달라진다. 이러한 결과가 함의하는 것은 내수시장이 큰 국가 A에서는 제작비가 많이 드는 프로그램이라도 제작할 유인이 생기는 반면 내수시장이 작은 국가 B는 그러한 프로그램을 제작할 유인이 없다는 것이다. 즉, 국내시장 규모가 클수록 높은 제작비가 드는 프로그램을 생산할 유인이 생긴다. 여기서 제작비의 차이는 미디어상품의 품질의 차이를 반영한다. 36( =106-70)이라는 매출액의 차이는 시장규모의 차이와 문화적 할인이라는 두 가지 요인이 결합하여 생겨난 효과다. 국내시장의 규모 또는 동일한 언어를 쓰는 언어시장의 규모가 클수록 수익 기반이 크므로 동일한 문화적 할인율이 적용된다고 가정하면 국내시장 규모가 클수록 경쟁적 우위가 커진다.

만약 문화적 할인이 적용되지 않는 상품이고 자유로운 무역이 이루어진다면 국가 A나 국가 B에서의 수입은 동일할 것이고 생산의 유인에 있어서 차이를 보이지 않게 된다. 즉, 문화적 할인이 적용되는 상품과 그렇지 않은 상품의 국제유통은 서로 다른 특성을 보이게 된다. 문화적 할인이 적용되는 미디어상품의 경우 국가 간 시장규모의 차이가 클수록 규모의 경제 효과가 증폭된다.

### 2) 미국이 미디어상품의 국제무역을 주도한 이유

미국이 미디어상품의 국제유통에서 시장지배적인 위치를 차지하고 있는 이유는 다음과 같다. 첫째, 미국이 최대규모의 언어시장과 국내시장을 가진 것에 기인한다. 언어시장 또는 국내시장의 규모가 커지면 제작비 규모가 커지게 되고 따라서 미디어상품의 품질이 높아질 가능성이 크다. 미디어상품의 경우 제작비 규모와 품질의 관계가 반드시 비례한다고 단정할 수는 없고 예외적인 경우도 있다. 그러나 제작비와 품질의 관계가 양(+)의 관계를 보일 것으로 추정하는데 무리가 없다. 그렇지 않다면 제작비를 높일 이유가 없기 때문이다. 즉, 대체로 제작비 규모는 품질을 높이고 품질은 소비자효용을 높이게 된다. 언어시장의 규모는 동일한 언어를 사용하는 인구 수에 일인당 소득을 곱해서 측정할 수 있다. 영어권 시장에는 미국을 비롯하여, 영국, 캐나다, 호주, 뉴질랜드, 남아공 등 여러 국가가 있으며 비교적 일인당 소득 수준도 높다. 만약에 중국어권 시장의 규모가 영어권 시장의 규모를 추월하게 되면 미디어상품의 국제유통에서 미국 주도의 일방적 흐름을 바꾸게 될 것이다.

둘째, 미디어상품의 무역에서 문화적 할인이 존재하는 것에 기인한다. 국내시장 규모가 큰 국가는 문화적 할인이라는 장벽이 없는 큰 국내시장과 그러한 장벽이 존재하는 작은 해외 시장을 갖는다. 반면에 국내시장 규모가 작은 국가는 문화적 할인의 장벽이 없는 작은 국내시장과 그러한 장벽이 존재하는 큰 국외 시장을 갖게 된다.[285] 이런 의미에서 문화적 할인은 일종의 무역장벽으로 작용하는데 국내시장 규모가 큰 국가에 대해 상대적으로 유리하게 작용하는 비대칭적 효과를 나타낸다. 문화적 할인율은 무역 쌍방 간에 동일할 것으로 생각하기 쉽지만 현실적으로 미국의 문화상품은 외국에서 상대적으로 낮은 문화적 할인율을 받고 있다. 이는 미국의 제작사들이 미디어상품에 특화한 역사가 길고 외국의 소비자들의 취향에 민감하게 반응해 온 전통을 가지고 있는 반면에 미국은 외국의 미디어상품에 덜 노출되어서 문화적 무역장벽이 높기 때문이다.[178,180]

셋째, 미국이 가진 경쟁우위의 일부는 집적의 경제와 관련이 있다. 아날로그 영화산업의 초기에 미국 캘리포니아 남부의 건조한 기후는 영화산업에 유리한 입지적 조건으로 작용했다. 이러한 역사적 배경은 경로의존성을 통해 다양한 영상제작 관련 기업들과 관련 인력들이 할리우드를 중심으로 근접한 지리적 영역 내에 모이게 되었다. 마샬(A. Marshall)은 개별기업이 격리되어 있는 경우보다 기업들의 집적이 더 효율적인 이유로 세 가지를 제시했다.[200] 그러한 이유 중의 하나는 공급자를 지원하기 위한 서비스가 전문화되고 다양해진다는 것이다. 신상품의 개발은 전문화된 장비와 전문화된 지원서비스를 사용해야 하는데, 기업들이 지리적으로 군집을 이루면 다양하고 전문화된 지원서비스를 받을 수 있다. 다른 하나는 기업들이 지리적으로 모이게 되면 공동 노동시장(labor market pooling)이 형성된다는 것이다. 기업들이 지리적으로 집중되어 있으면 전문화된 능력을 가진 노동자를 위한 공동시장이 창출될 수 있다. 이러한 공동 노동시장은 노동자의 실업을 줄이고 기업의 노동력 부족을 경감시킨다. 마지막으로 지리적 집적으로 인해 지식 창출 및 확산이 용이해진다는 것이다. 산업이 특정 지역에 집중되어 있으면 개별적인 인적 접촉이 용이해지고 이를 통해 지식과 아이디어의 확산이 효과적으로 일어나게 된다. 이러한 세 가지 요인들이 할리우드에 근거를 둔 영상제작 관련 산업의 국제적 경쟁력을 높이는데 기여했다

넷째, 영화나 텔레비전 프로그램 내용을 국내 취향을 겨냥한 내용, 외국 취향을 겨냥한 내용, 세계적으로 통용될 수 있는 보편적 내용으로 구분할 수 있다면 할리우드 제작자들은 그들의 콘텐츠상품에 이미 보편적 내용과 외국 취향을 겨냥한 내용을 적절하게 반영해 왔다. 이러한 내용적 혼합은 국내시장만을 겨냥한다면 최선은 아니지만 국내 및 국외시장을 모두 고려한 수입극대화 전략이다.[230] 이러한 전략도 수직적 통합과 마찬가지로 수요의 불확실성을 감소시키는 역할을 한다.

## 5. 미디어상품의 수출가격

미디어상품의 수출가격은 다음과 같은 특성을 지닌다. 첫째, 영화, 텔레비전 프로그램 등과 같은 미디어상품의 수출가격은 각각의 해외시장에서 상이한 가격을 설정하는 가격 차별화의 특성을 보인다. 가격차별화를 가능하게 하는 조건은 9장에서 설명한 바 있다. 국내 프로그램인 '별은 내 가슴에'는 동일한 계약조건(외국의 지상파 방송에서 3회 노출)에서 캄보디아에 비해 태국에서 4배가 높은 프로그램 편당 가격을 설정했으며 다른 계약조건(외국의 지상파 방송에서 4회 노출)에서는 싱가포르에 비해 대만에서 대해 더 높은 가격을 설정했다.

둘째, 프로그램의 제작비가 클수록 수출가격이 높아진다. 미디어상품의 제작비가 클수록 그 미디어상품의 품질 또는 인기도는 높아지는 것이 일반적이다.[289] 제작비 규모가 커질수록 소구력이 증가하지 않는다면 제작비 규모를 증가시킬 유인이 거의 없기 때문이다.

셋째, 수입국의 시장규모가 클수록 수출가격이 높아진다. 시장규모가 큰 국가에 대해서는 고가로 판매하고 시장규모가 작은 국가에 대해서는 저가로 판매하는 것이 일반적이다. 국내 방송사의 수출 프로그램을 대상으로 조사한 연구에 따르면 수입국의 시장규모(국내총생산)가 클수록 수출가격이 높아지는 것으로 나타났다.[43]

넷째, 수입국에서 적용되는 문화적 할인율이 높을수록 수출가격은 낮아진다. 예를 들면, 미국의 텔레비전 프로그램은 비영어권 국가보다 영어권 국가에서 보다 높은 수출가격이 형성되었는데 그 이유는 같은 영어권에서는 문화적 할인율이 낮으므로 프로그램의 소구력이 국경을 넘어도 크게 감소하지 않기 때문이다. 반면에 수출하는 미디어상품이 수입국의 문화에 부적합하게 되면 문화적 할인율은 커지고 수출가격도 낮아지게 된다.[219] 문화적 할인은 가격뿐만 아니라 시장점유율에도 영향을 미칠 수 있다. 미국 영화가 세계 영화시장에서 큰 비중을 차지하는 상황에서 어떤 나라와 미국과의 문화적 거리가 멀수록 미국 영화의 문화적 할인율이 높아지게 되므로 그 나라에서 자국 영화의 국내시장 점유율이 높아질 가능성이 크다. 경험적 연구에 따르면, 이러한 가설이 지지되는 것으로 나타났다.[233]

다섯째, 수입국 구매자들의 경쟁이 치열할수록 수출가격은 높아진다. 특정 프로그램에 대한 공급은 한정되어 있음에도 불구하고 수요 측면에서 경쟁이 일어나면 가격은 상승하기 마련이다. 과거에 올림픽 경기나 월드컵 경기의 중계권을 두고 국내 방송사 간의 경쟁이 치열할수록 중계권료가 급등하였던 사례가 있다. 이러한 경험이 국내에서 방송사 간의 경쟁을 줄이고 국내 이용자들의 효용을 높이기 위해 국민적 관심사가 큰 국제적 경기에 대해 보편적 시청권을 도입한 계기로 작용하였다.

여섯째, 미디어상품의 수출가격은 덤핑(dumping)에 해당하지 않는다. 국제무역에서 덤핑은 불공정 무역행위로 간주된다. 세계무역기구의 반덤핑 협정은 회원국 모두에게 적용된다. 덤핑은 어떤 상품의 수출가격이 비용보다 작거나 수출국의 내수시장 가격보다 작을 경우에 해당한다. 수출가격이 비용 이하일 것이라는 조건에서 미디어상품에 적용될 수 있는 비용은 복제본을 추가로 생산해서 외국에 배급하는데 드는 한계비용이다. 대체로 미디어상품의 수출가격은 외국시장에 공급하는데 드는 한계비용을 초과한다. 더구나 텔레비전 프로그램의 경우 판매되는 것은 프로그램 자체가 아니라 외국의 각 방송사에 대해서 특정 지역에서 특정 매체를 통해 특정 기간에 걸쳐 프로그램을 전송할 수 있는 권리를 파는 것이다. 수출가격이 내수판매 가격 이하일 것이라는 조건과 관련하여 미디어상품의 경우에는 해외 시장에서 문화적 할인이 적용되어 가격이 내수판매 가격보다 낮게 설정된다. 미디어상품은 한계비용이 낮다는 특성과 문화적 할인의 적용을 받는다는 특수성으로 인해 덤핑의 두 가지 조건에 위배되지 않는다.[181]

## 6. 미디어상품 국제유통의 변화

미국은 영화와 텔레비전 프로그램의 국제유통에서 주도적인 위치에 있어 왔다. 그러나 미국의 국내총생산이 세계에서 차지하는 비중이 점차적으로 감소함에 따라 미디어상품의 국제유통에서 새로운 움직임이 나타나고 있다. 그러한 변화 중의 하나는 장르별로 세분화된 시장을 중심으로 국제무역을 주도하는 국가들이 등장하고 있다는 점이다. 이러한 변화는 소비자 취향의 다양성, 전문화로 인한 편익, 규모의 경제의 활용 등과 관련이 있다. 세계적으로 소비자 취향이 다양해지면서 미디어산업에서는 여러 틈새 영역이 존재하게 된다. 미디어상품의 세분화된 특정 유형에 특화하여 그 상품 분야에서 국내시장 뿐만 아니라 해외시장으로 시장을 확대하여 제작비를 올려서 품질을 높이고 규모의 경제를 활용하고자 하는 현상이 나타나고 있다. 예를 들어, 일본은 애니메이션에서 그리고 영국은 시대극과 다큐멘터리에서 성공을 거두고 있다.[181]

또 다른 변화로는 권역별로 우위를 보이는 국가들이 등장하고 있다. 이는 문화적 할인과 관련이 있다. 일부 국가들은 자신이 속한 권역 시장에서 일부 미디어상품 분야에서 비교우위를 키워 나가고 있다. 예를 들어, 한국은 아시아 지역을 대상으로 드라마 위주의 텔레비전 프로그램에서 성공을 거두고 있다. 브라질과 멕시코는 아메리카 권역에서 텔레비전 프로그램을 수출하는데 성공을 거두고 있다. 이집트는 아랍 권역에서 영화와 텔레비전 프로그램을 주도하고 있다. 이러한 현상이 일어나는 이유는 생활방식과 언어의 유사성으로 인해, 한 권역의 제작사가 다른 권역에 있는 제작사보다 더 낮은 문화적 할인을 겪기 때문이다.[181]

이와 유사한 맥락에서 설명할 수 있는 현상으로는 동일한 언어를 사용하는 국가 간 텔레비전 프로그램의 유통은 서로 다른 언어를 사용하는 국가 간 유통에 비해 활발하다는 것을 들 수 있다. 예를 들면, 서유럽 내에서 국가 간 프로그램 유통의 패턴을 보면 불어권, 독어권 등 동일한 언어시장 내의 유통이 그렇지 않은 경우에 비해 활성화되어 있다. 한국의 드라마와 오락 프로그램이 북미, 유럽, 아프리카 등의 권역에 비해 아시아 권역에 주로 수출이 되는 이유는 아시아 권역에서 문화적 할인이 상대적으로 작게 작용하는 것에도 기인한다.

## 7. 콘텐츠산업에서의 수출입

1장에서 설명한 콘텐츠산업의 분류에 따른 수출과 수입을 살펴보면 〈표 13-3〉과 같이 나타난다. 국내 콘텐츠산업의 수출액은 약 88억 달러로 나타났다. 산업별 수출액의 비중을 보면 게임(67.2%)이 압도적으로 높고, 그 뒤를 이어 캐릭터(7.5%), 지식정보(7.0%), 음악(5.8%), 방송(4.1%) 등이 있다. 전체 콘텐츠산업의 수입액은 약 12억 달러를 기록했는데, 산업별 수입액의 비중을 보면 광고(26.8%)가 가장 높고, 그 뒤를 이어 출판(21.9%), 게임(21.8%), 캐릭터(14.3%) 등이 있다.

〈표 13-3〉 콘텐츠산업의 현황 : 2017년 기준

| 구 분 | 수출액(백만 달러) | 수입액(백만 달러) |
|---|---|---|
| 출판 | 221 | 264 |
| 만화 | 35 | 7 |
| 음악 | 513 | 14 |
| 게임 | 5,923 | 263 |
| 영화 | 41 | 43 |
| 애니메이션 | 145 | 8 |
| 방송 | 362 | 110 |
| 광고 | 93 | 322 |
| 캐릭터 | 664 | 172 |
| 지식정보 | 616 | 1 |
| 콘텐츠솔루션 | 202 | 1 |
| 합계 | 8,814 | 1,204 |

출처: 문화체육관광부(2019)

방송프로그램의 수출입에 대해서 살펴보면, 2004년부터 한국의 방송프로그램의 수출은 수입을 초과하기 시작했다. 그 이후 수출과 수입의 격차는 갈수록 벌어지는 추세를 보이고 있다. 그리고 방송프로그램의 수출에서 PP의 방송프로그램이 차지하는 비중이 급속하게 증가하고 있는 추세를 보이고 있다. 〈표 13-4〉에 나타난 바와 같이 방송프로그램의 수출을 구성하는 요소는 방송프로그램뿐만 아니라 타임 블럭 및 포맷 판매, 비디오/DVD 판매 등을 포함한다. 여기서 타임블럭 판매란 외국방송사의 특정 방송시간대에 국내프로그램만을 방송하도록 방송시간대를 판매하는 형태를 띤다. 포맷은 프로그램을 구성하는 제반 형식으로 저작권을 가지는 고유한 프로그램 형식이다. 2017년에 수출액 2억 8,600만 달러 중에서 방송프로그램의 수출은 약 2억 3,100만 달러이고 타임블럭 및 포맷 판매는 약 4,200만 달러를 차지하였다. 2017년의 수입액 1억 200만 달러 중에서 타임블럭 및 포맷의 구매는 약 20만 달러에 지나지 않고 나머지는 모두 방송프로그램의 수입이다.

〈표 13-4〉 방송프로그램 수출입 추세 (단위: 백만 달러)

| 구 분 | | | 2003년 | 2005년 | 2010년 | 2015년 | 2017년 |
|---|---|---|---|---|---|---|---|
| 수출액 | 총 계 | | 36 | 122 | 171 | 302 | 286 |
| | 방송 프로그램 | 지상파방송사 | 27 | 103 | 122 | 164 | 124 |
| | | 방송채널사용사업자 | 0.7 | 3 | 5 | 51 | 106 |
| | 타임블럭 및 포맷 판매 | | - | - | 21 | 69 | 42 |
| | 비디오/DVD | | 5 | 10 | 20 | 0.8 | 0.1 |
| 수입액 | 총 계 | | 55 | 43 | 102 | 140 | 102 |
| | 방송프로그램 | | 54 | 43 | 102 | 139 | 102 |
| | 타임블럭 및 포맷 구매 | | - | - | 0.3 | 0.8 | 0.2 |

출처: 방송통신위원회(2018)

2017년에 지상파방송사의 방송프로그램의 국가별 수출을 보면 일본(4,833만 달러), 대만(2,194만 달러), 중국(1,108만 달러), 홍콩, 미국, 베트남, 싱가포르의 순으로 나타났다. 2017년에 PP의 방송프로그램 수출은 일본(3,362만 달러), 홍콩(1,171만 달러), 대만(1,132만 달러), 싱가포르(1,132만 달러), 미국, 태국, 말레이시아 등의 순서로 나타났다. 2017년에는 한한령으로 인해 전년도에 비해 중국에 대한 수출액이 크게 줄어든 특징을 보이고 있다. 2017년에 지상파 방송 프로그램의 국가별 수입을 보면 영국(290만 달러), 미국(153만 달러), 프랑스 등의 순서를 나타내어 영국의 비중이 가장 크다. 2017년에 PP의 방송프로그램 수입은 미국(8,241만 달러), 일본(771만 달러), 중국(241만 달러), 싱가포르, 영국 등의 순서를 보이고 있어서 미국의 비중이 압도적으로 크다.[35]

## 8. 미디어상품의 수출전략

미디어상품의 수출전략을 위해서는 다음과 같은 사항을 고려하는 것이 필요하다. 첫째, 국제유통에 적합한 미디어를 선택해야 한다. 미디어 유형에 따라 세계화에 적합한 영역과 그렇지 않은 영역이 존재한다. 국제유통에 적합한 미디어 유형은 음악, 영화, 잡지, 온라인 서비스, 텔레비전방송 등이다. 텔레비전방송의 경우에도 드라마와 오락 프로그램은 국제유통에 적합한 반면 시사 및 뉴스 프로그램은 국제유통에 부적합하다. 국제유통에 부적합한 미디어 유형은 신문, 라디오방송 등이다. 그러나 신문 중에서도 경제 뉴스는 제한적인 범위에서 국제유통이 가능하다. 예를 들면, 다우존스와 월스트리트저널은 유럽과 아시아에서도 발행된다.[110]

둘째, 문화적 할인이 낮은 장르를 선택하는 것이 필요하다. 미디어상품의 수출전략의 실효성을 높이기 위해서는 문화적 할인율이 낮은 장르에 집중하는 것이 필요하다. 문화적 할인율이 낮은 장르로는 음악, 애니메이션, 게임, 다큐멘터리 등을 들 수 있다. 음악 장르 중에서도 가사가 있는 가요에 비해 가사가 없는 경음악이 문화적 할인이 낮고, 다큐멘터리 장르 중에서도 역사 다큐멘터리에 비해 자연 다큐멘터리가 문화적 할인이 낮다. 국내에 들어온 해외관광객의 수요가 많아서 흥행에 성공했던 공연예술 작품인 '난타'는 문화적 할인이 낮은 요소를 적절하게 활용하였다. 한국어로 된 대사나 가사는 외국인이 이해하기 어렵다는 것을 인식하고 대사와 가사가 없는 타악기 위주의 공연을 통해 문화적 할인을 낮춘 것이 성공요인 중의 하나로 볼 수 있다.

셋째, 규모의 경제, 네트워크 외부효과 등이 크게 작용하는 미디어 분야에 대한 정부의 전략적 지원을 통해 비교우위를 후천적으로 가지게 하는 것도 필요하다. 이러한 분야는 또한 선점효과가 크게 작용한다. 더 나아가 학습효과까지 작용된다면 획득한 비교우위를 지속적으로 유지하는데 유리하게 작용한다.

넷째, 제작비 규모를 늘려서 미디어상품의 품질을 제고함으로써 해외시장을 공략하기 위해서는 국제 공동제작을 하는 것도 고려해 볼 수 있다. 국제 공동제작의 장점으로는 자금을 공동으로 마련할 수 있다는 것, 파트너 국가에서 공동제작에 따른 장려금이나 보조금을 받을 수 있다는 것, 파트너가 속한 국가의 시장에 접근하기가 용이하다는 것 등을 들 수 있다. 이러한 장점은 모두 제작비 규모를 높이게 하는 요인이기도 한다. 그 외의 장점으로는 파트너 국가의 저렴한 투입요소를 사용할 수 있다는 것, 위험부담을 감소할 수 있다는 것 등을 들 수 있다. 그러나 국제 공동제작은 파트너 간의 협상과 제작과정에서 거래비용을 높일 뿐만 아니라 미디어상품의 문화적 정체성을 살리기 힘들다는 단점을 가진다.[179] 영국에서 제작된 영국의 영화는 대체로 미국과 공동제작된 것이 많다. 이러한 영화는 주로 미국자본이 투입되고 영국시장뿐만 아니라 미국을 비롯한 세계시장을 겨냥해서 제작되는 경우가 많다.[25]

# 제14장 네트워크와 플랫폼의 경제학

## 1. 네트워크 효과: 수요 측면

개별 수요곡선을 수평적으로 더함으로써 시장 수요곡선을 도출하기 위해서는 어떤 개인의 수요가 다른 사람들의 수요에 의해 영향을 받지 않는다는 것이 전제되어야 한다. 이는 개인의 수요가 사회적 맥락과 분리되었다는 전제를 의미한다. 어떤 사람의 수요가 다른 사람들의 수요에 의해 영향을 받는다면 네트워크 효과(network effect)가 존재한다고 한다. 어떤 상품을 쓰는 사람들은 일종의 네트워크를 형성하여 서로 수요에 영향을 줄 수 있다. 네트워크효과가 존재할 경우에는 각 개인의 수요량의 합이 시장 전체의 수요량과 다를 수 있다. 서로 영향을 주고받는 과정에서 시장의 수요량이 더 커질 수도 있고 더 작아질 수도 있다. 이는 개별 수요가 사회적 맥락과 연관되었다는 것을 의미한다.[65]

네트워크효과의 예로 유행효과(bandwagon effect)와 속물효과(snob effect)를 들 수 있다. 유행효과란 어떤 사람이 특정 상품에 대한 수요를 결정할 때 다른 사람들의 수요를 따라하는 것이다. 유행효과가 나타나는 경우에는 해당 상품을 소비자 규모가 클수록 그 상품에 대한 수요가 늘어나게 된다. 속물효과란 어떤 상품의 소비자 규모가 커짐에 따라 그 상품에 대한 수요가 줄어드는 것이다. 비싼 유명브랜드의 상품을 구매하는 이유는 그 상품의 소비자 규모가 작은 것에 기인할 수도 있다. 이런 경우에는 어떤 상품의 소비자 규모가 클수록 그 상품에 대한 수요가 줄어든다. 속물효과는 유행효과와는 반대로 어떤 상품에 대한 수요를 네트워크효과에 의해 작아지게 만든다.[65]

## 2. 네트워크 외부성

외부효과 또는 외부성(externality)이란 어떤 경제주체의 생산이나 소비가 상응하는 보상이나 비용을 지불하지 않으면서 제3자에게 주는 영향을 의미한다. 외부성에는 외부경제(external economy)와 외부불경제(external diseconomy)가 있다. 긍정적 외부성 또는 외부경제란 제3자에게 편익을 주는 것이고 부정적 외부성 또는 외부불경제란 제3자에게 해를 끼치는 것이다. 어떤 사람이 책을 읽고 나서 유용한 간접 경험과 지식을 얻게 되고 일상적인 대화에서 이러한 유용한 지식을 전달한다면 이는 소비에 있어서의 외부경제가 일어나는 것이다. 어떤 사람이 지나치게 폭력적인 동영상을 본 후에 불안감을 느끼게 되고 이로 인해 주변 사람에게도 불안한 분위기를 조성했다면 이는 소비에 있어서의 외부불경제가 발생하는 것이다. 아름다운 나무들과 꽃이 있는 수목원 옆에 야외식당이 있고 야외식당은 수목원으로 인해 고객들이 많아져서 매출이 높아졌다면 이는 생산에 있어서의 외부경제가 일어난 것이다. 공장에서 나오는 오염물질로 인해 공장 옆에 있는 식당의 매출이 줄어든다면 이는 생산에 있어서의 외부불경제가 일어난 것이다.

어떤 상품을 소비하는 소비자의 편익이 그 상품을 소비하는 다른 소비자들의 수에 의해 영향을 받는 경우 네트워크 외부성이 있다고 한다. 통신, 방송, 인터넷포털 등과 같은 네트워크산업은 네트워크 외부성이 존재한다. 그러나 네트워크외부성은 네트워크산업에 속하지 않은 재화와 서비스에서도 발생할 수 있다. 동일한 인터넷접속 서비스를 이용하는 사람들의 수가 늘어남에 따라 인터넷접속 속도가 느려지는 부(-)의 네트워크 외부성도 존재하지만 양(+)의 네트워크 외부성이 보다 자주 나타는 현상이다. 양의 네트워크 외부성은 직접적 효과와 간접적 효과로 구분된다.[195]

### 1) 직접 네트워크 외부성

직접 네트워크 외부성(direct network externalities)이란 어떤 네트워크 상품에 대한 소비자의 편익이 동일한 네트워크 상품을 사용하는 사람들의 수에 의해 영향을 받는 상황을 말한다. 예를 들면, 전화서비스 확산의 초기에는 가입자 규모가 작았다. 따라서 전화통화로 연결되는 사람들의 수가 적어서 가입자들의 편익 수준이 낮았다. 그러나 전화서비스의 신규 가입자가 늘어나면서 해당 전화네트워크의 기존가입자들은 직접적으로 편익의 수준이 증가하게 된다. 직접 네트워크 외부성이 작용하는 상품에는 팩스기기도 포함된다. 팩스기기를 이용함으로써 발생하는 편익은 팩스기기를 이용하는 사람들의 수에 따라 증가한다.[195]

직접 네트워크 외부성이 존재하게 되면 한 소비자가 네트워크에 가입함으로써 생기는 사회적 편익은 그 소비자의 사적 편익보다 크게 된다. 따라서 네트워크 상품에 대한 시장수요는 가격뿐만 아니라 해당 네트워크 규모에 대한 소비자들의 기대에 의해서도 영향을 받는다. 직접 네트워크 외부성이 존재하는 경우에는 해당 네트워크 상품에 대한 수요곡선이 우하향하는 것이 아니라 우상향하다가 우하향하는 종 모양으로 나타날 수 있다.[148] 직접적 네트워크 외부성과 유사한 맥락을 갖는 가설로는 메칼프의 법칙(Metcalfe's law)이 있다. 이 법칙에 따르면 통신 네트워크의 가치는 그 네트워크에 접속하는 이용자 수의 제곱에 비례한다. 그러나 이러한 법칙이 실제로 적용되는가는 반박되고 있으나 이 법칙의 근본적인 논리는 유지되고 있다.[146] 즉, 직접 네트워크 외부성으로 인해 개인의 사적 편익의 합보다 사회적 편익이 높다는 것이다.

## 2) 간접 네트워크 외부성

간접 네트워크 외부성(indirect network externalities)이란 한 상품에 대한 소비자의 편익이 동일한 상품이 아니라 다른 상품을 사용하는 소비자의 수에 의해 영향을 받는 상황을 말한다.[195] 간접 네트워크 외부성은 보완재로 구성되는 제품시스템 시장에서 자주 발생한다. 하드웨어와 소프트웨어로 구성된 제품시스템 시장에서는 하드웨어의 판매량이 많아지면 그 하드웨어에서 활용되는 소프트웨어 가격을 낮추게 되므로 간접 네트워크 외부성이 나타난다. 예를 들면, 게임기기가 많이 팔리면 그 게임기기에서 활용되는 게임소프트웨어의 가격이 낮아지고 종류도 다양해진다. 컴퓨터의 운영시스템(OS)과 그 운영시스템에서 구동되는 소프트웨어도 일종의 제품시스템인데 어떤 특정한 운영시스템의 사용자 수가 증가함에 따라 그 운영시스템에서 구동되는 소프트웨어들의 가격이 낮아지고 다양한 종류가 출시된다.[195] 직접 네트워크 외부성이 동일한 재화나 서비스를 사용하는 네트워크 내에서 발생하는 효과인 반면 간접 네트워크 외부성은 서로 다른 재화나 서비스를 사용하는 두 개의 네트워크 간에 발생하는 효과이다. 따라서 간접 네트워크 외부성을 교차 네트워크 외부성(cross network externalities)이라고도 한다.

최근에는 간접 네트워크 외부성도 쌍방적이냐 일방적이냐에 따라 세분화하고 있다. 쌍방적(bilateral) 간접 네트워크 외부성이란 서로 다른 두 그룹이 각각 서로 다른 한 그룹의 규모가 증가하는 것으로부터 편익을 얻는 상황을 말한다. 일방적(unilateral) 간접 네트워크 외부성이란 어느 한 그룹만 다른 그룹의 규모가 증가하는 것으로부터 편익을 얻을 수 있는 상황을 말한다.

## 3. 네트워크시장의 주요 특성

네트워크시장의 주요 특성으로는 다음을 들 수 있다. 첫째, 소비의 선택에 있어서 수요자 간의 상호의존성이 존재한다. 네트워크 외부성이 존재한다는 것은 네트워크시장에서 소비자들의 소비선택에 있어 상호의존성이 존재한다는 것을 의미한다. 개별 소비자들의 선택은 다른 소비자들의 선택행위에 영향을 주면서 동시에 받는다. 소비자들은 가격과 품질이 유사하다면 시장점유율이 높거나 높을 것으로 예상되는 재화나 서비스를 선택하게 된다. 따라서 네트워크 외부성이 존재하는 시장에서는 네트워크를 구성하는 이용자 수가 중요한 경쟁적 우위가 된다.

둘째, 잠금효과(lock-in effect)를 들 수 있다. 소비자가 어떤 상품에 익숙해지려면 노력과 시간이라는 학습비용이 들게 된다. 이러한 학습비용이 커질수록 다른 대체적인 상품으로 이동할 경우에 발생하게 되는 전환비용이 커진다. 전환비용은 소비자를 특정한 상품에 구속시키는 데 기여한다. 이에 따라 나중에 도입된 상품이 품질이 우월해도 품질이 열등한 기존상품을 대체하기 어렵게 된다. 전환비용이 커질수록 소비자로 하여금 기존에 이용하고 있는 상품을 계속 사용하도록 하는 잠금효과가 커지게 된다. 잠금효과를 나타내는 사례를 들자면, 나중에 도입된 드보락(Dvorak) 자판에 비해 기술적으로 열등했던 쿼티(QWERTY) 자판의 사례를 들 수 있다. 쿼티 자판은 타자 속도를 느리게 해서 기계식 타자기의 끼임 문제를 방지하기 위해 설계되었다. 그러나 속도가 느린 쿼티 자판은 지금까지 표준으로 남아 있다. 그 이유는 쿼티 자판이 시장을 선점해서 많은 사람들이 이것을 이용할 수 있도록 훈련을 받게 되면서 학습비용이 들었던 반면에 새로운 방식의 자판에 익숙하기 위해서는 추가적으로 많은 시간과 노력이 필요하게 되면서 드보락 자판으로 전환하는 비용이 컸기 때문이다.[260]

페이스북과 같은 서비스는 사용자가 자신의 개인적 자료, 접속되는 친구 등을 올리고 축적하게 만든다. 이렇게 올린 자료를 다른 사이트로 이동하는 것은 용이한 것이 아니다. 따라서 사용자가 축적한 자료가 많을수록 전환비용은 높아지게 된다.[146] 유사한 맥락에서 포털의 성공요인 중의 하나로 포털이용자의 디지털자산이 포털사이트에 축적되도록 하는 것이 필요하다고 제시되고 있다. 예를 들면, 블로그나 미니홈페이지도 개인적으로 정보를 올리거나 비용을 투자하여 꾸밀 경우 사용자의 디지털자산이 축적된다. 온라인게임의 경우도 사용자가 게임을 할수록 투자한 시간과 비용에 상응하여 레벨이 상승하거나 사용자의 게임 내 자산이 축적된다. 이와 같이 이용자 스스로 축적한 콘텐츠나 자료가 많아지게 되면 전환비용을 높임으로써 다른 대체적인 서비스로 전환하기 어렵게 된다.[79]

셋째, 선점효과 또는 선점자의 이익(first mover's advantage)을 들 수 있다. 어떤 상품에 대한 높은 수요는 경쟁상품보다 우월한 그 상품의 내재적 특성에 기인할 수도 있지만, 소비자규모가 크고 호환성 측면에서 문제가 상대적으로 작을 것으로 소비자가 인지한 것에 기인할 수도 있다. 더 많은 사람들이 채택한 상품에 대해 소비자가 더 높은 가치를 느끼는 네트워크 시장에서는 공급자가 초기에 시장을 선점하는 것이 중요하다.[146] 선점효과는 네트워크 시장에서 경쟁우위를 차지하는 요소로 간주된다. 선점효과가 발생하는 이유로는 네트워크 외부성의 존재, 잠금효과, 생산에 있어서의 규모의 경제 등을 들 수 있다. 이러한 요인들은 네트워크 시장에서 시장집중도를 높이는 요인이기도 하다.

넷째, 승자독식 현상을 들 수 있다. 네트워크 외부성이 존재하는 시장은 그렇지 않은 시장에 비해 기술의 표준화 경쟁을 거쳐 궁극적으로 하나의 표준이 시장을 지배하는 표준의 독점화 현상 또는 쏠림현상(tipping)이 나타나서 승자가 시장을 독식하는 현상이 나타날 수 있다. 제품시스템은 상호보완적인 하드웨어와 소프트웨어로 구성된다. 대체로 한 시스템의 소프트웨어는 다른 시스템의 하드웨어에서 사용할 수 없다. 비디오카세트 시장에서 VHS 방식이 베타 방식을 물리치고 사실상의 표준이 된 후에 시장을 지배하게 된 것은 승자 독식의 사례를 보여 준다.[260]

# 4. 네트워크시장에서의 가격전략

## 1) 이용기반 가격설정

네트워크시장에서 사용되는 가격설정으로는 이용기반 가격설정(usage-based pricing)과 접근기반 가격설정(access-based pricing)을 들 수 있다. 이용기반 가격설정은 이용량에 따른 요금을 설정하는 것인데, 이용에 따른 요금을 부과할 경우에 추가되는 거래비용이 낮은 경우나 가격차별화를 활용할 수 있는 경우에 유용하다. 이용기반 가격설정은 이용패턴을 이동시키고자 하는 정책이나 수요관리의 차원에서도 이용될 수 있다. 예를 들어, 네트워크서비스 수요량이 많은 혼잡한 시간대에 요금을 높이고 혼잡하지 않은 시간대에 요금을 낮추면 이용시간을 분산시켜서 추가적인 네트워크 설비의 구축비용을 회피할 수 있다. 따라서 혼잡한 네트워크시장에서 효율적으로 네트워크 설비를 사용할 수 있게 만든다. 이용기반 가격설정은 서비스의 가격을 특정한 개인적 가치에 연결하는 경향이 있으므로 두 가지 경제적 함의를 갖는다. 첫째, 서비스의 생산과 할당을 효율적으로 만든다. 둘째, 가격차별을 허용함으로써 공급자에게 보다 큰 이윤을 허용한다. 이용기반 가격설정의 단점으로는 가입자규모에서 발생하는 네트워크외부성과 관련된 가치를 고려하지 않는다는 점이다.[119]

## 2) 접근기반 가격설정

접근기반 가격설정은 이용량과 관계없이 가격을 균일하게 설정하는 것이다. 접근기반 가격설정은 이용에 따른 요금을 부과할 경우에 추가되는 거래비용이 높은 경우에 유용하다. 왜냐하면 접근기반 가격설정은 거래를 단순화시켜서 거래비용을 줄이기 때문이다. 그리고 네트워크서비스의 가치에 관한 불확실성이 있는 경우에도 유용하다. 왜냐하면 접근기반 가격설정은 서비스에 대한 개개인의 사용가치가 불확실할 때 개개인의 사용가치를 합산하여 평균을 도출할 수 있게 만드는데, 이는 이용자가 느끼는 서비스 구매의 위험을 줄이는 효과가 있기 때문이다. 접근기반 가격설정은 네트워크서비스 확산의 초기단계에서 확산의 속도를 높이고자 할 때 적절하다. 또한 접근기반 가격설정은 공공재의 공급과 관련된 경우에도 사용할 수 있다. 예를 들면, 국내 공영방송의 재원으로 사용되는 시청료는 일종의 접근기반 가격설정으로 볼 수 있다. 접근기반 가격설정의 단점은 서비스의 사용과 그에 따른 비용의 직접적 연결을 제거함으로써 과소비를 조장할 수 있다는 점이다. 따라서 배분적 효율성의 달성을 어렵게 만든다. 그리고 접근기반 가격을 통해서는 효율적인 가격차별화를 실시하는 것이 어렵다.[119]

## 5. 양면시장의 조건과 정의

### 1) 양면시장의 필요조건

양면시장(two-sided markets)의 필요조건으로 세 가지 조건이 제시되고 있다.[155,156] 첫째, 둘 이상의 구분되는 고객군이 존재해야 한다. 예를 들면, 쇼핑몰에서의 소매점주와 소비자, 신용카드 가맹점주와 신용카드 소지자, 소프트웨어 개발자와 소프트웨어 이용자 등을 들 수 있다. 반면에 해당 거래의 경우에만 고객군이 구분되는 경우도 있다. 예를 들면, 이베이(eBay) 이용자는 거래에 따라 구매자가 되기도 하고 판매자가 되기도 한다.

둘째, 한 측면의 고객군이 다른 측면의 고객군과 연결되면서 간접 네트워크 외부성이 존재해야 한다. 예를 들면, 어떤 신용카드를 지닌 소지자의 편익은 그 카드를 많은 가맹점에서 사용할 수 있을수록 커지게 되고, 가맹점도 자신이 채택한 카드가 많은 소비자에 의해 사용될수록 편익이 커지게 된다. 비디오게임

개발자도 게임이용자가 많은 비디오게임 콘솔을 더 높이 평가하게 되고 게임이용자도 보다 많은 게임이 있는 콘솔을 더 높이 평가하게 된다. 교차 네트워크 외부성 또는 간접 네트워크 외부성은 어떤 고객군의 시장에서 고객의 규모, 상품의 다양성과 품질 등이 증가함에 따라 다른 고객군의 편익이 증가하는 것을 의미한다.

셋째, 중개자(intermediary)인 플랫폼은 서로 다른 고객군 간에 발생하는 외부성을 내부화하는 것이 필요하다. 만일 거래당사자가 중개자인 플랫폼을 거치지 않고 쌍방거래를 할 수 있으면, 플랫폼 사업자는 간접 네트워크 외부성을 내부화할 수 없게 된다. 그러나 거래상대방에 대한 정보를 얻는데 소요되는 비용, 협상과 계약에 수반되는 비용, 무임승차자 문제 등으로 인해서 현실적으로 쌍방간 직접거래에 의해 외부성을 거래당사자의 것으로 내부화하는 것은 어렵다.

〈그림 14-1〉 양면시장의 조건

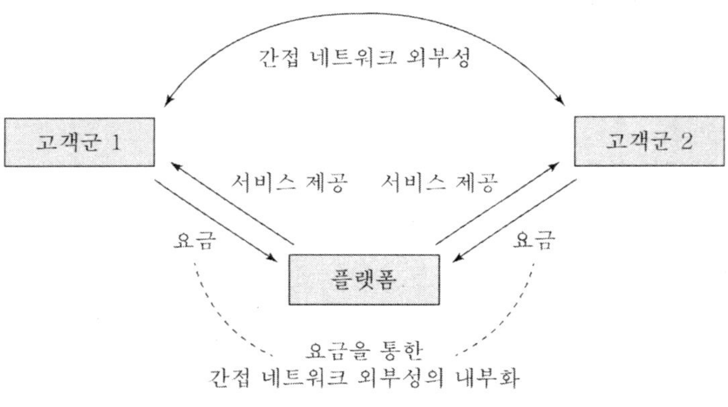


## 2) 양면시장의 정의

양면시장은 다음과 같이 정의되기도 한다.[252] 플랫폼이 시장의 한 측면에서 높은 가격을 부과하고 동일한 양만큼 다른 측면에서 가격을 낮춤으로써 거래량에 영향을 미친다면 그 시장은 양면시장이라고 정의되기도 한다. 즉, 가격수준(price level)을 동일하게 유지해도 가격구조(price structure)에 의해 거래량이 변하면 양면시장이라는 것이다. 여기서 가격수준이란 플랫폼이 양측에 부과하는 가격의 합을 나타내고 가격구조란 가격이 양측에 어떻게 분배되는지를 나타낸다. 이러한 정의는 가격구조의 중요성을 강조하고 있다. 플랫폼이 양 측면의 시장을 활성화시키기 위해서는 가격구조를 적절하게 설계하는 것이 핵심적 과제이자 중요한 전략이 된다.

### 3) 양면시장의 판단 기준

양면시장의 판단 기준으로 다음과 같은 사항을 제시되기도 한다.[60] 첫째, 서로 다른 두 그룹이 존재해야 한다. 한 측면의 그룹을 중개자가 통합하였거나 내부화한 경우에는 단면 시장이 된다. 예를 들면 판매자와 중개자를 통합한 인터넷쇼핑몰은 단면시장이다. 반면에 판매자 그룹과 구매자 그룹이 중개자와 별도로 존재하는 인터넷 오픈마켓은 양면시장에 해당한다. 그리고 서로 다른 두 그룹이 고정적으로 존재하지 않는 전화서비스도 단면시장이다. 전화서비스 시장에는 직접 네트워크 외부성이 존재하지만 간접 네트워크 외부성은 발생하지 않는다. 둘째, 두 그룹을 연결하는 플랫폼이 존재해야 한다. 셋째, 최종재를 거래하는 시장이어야 한다. 자동차조립과 같이 한 측면이 중간재를 공급하는 경우는 양면시장이 아니라는 것이다. 넷째, 교차 네트워크 외부성이 존재해야 한다. 다섯째, 거래당사자가 외부성을 거래당사자의 것으로 내부화하는 것이 불가능해야 한다.

### 4) 양면시장과 가치사슬의 구분

제조-도매-소매-최종소비자의 일반적인 가치사슬에서 소매상의 경우 도매상과 최종소비자를 양쪽에 두고 있지만 양면시장에 있지는 않는다. 이와 같은 일반적 가치사슬에서는 플랫폼이 존재하지 않고, 도매상과 최종소비자가 상호작용도 하지 않기 때문이다.[82] 가치사슬, 생산단계, 거래단계 등은 유사한 개념이다. 가치사슬은 부가가치의 창출과 관련하여 경영학 분야에서 주로 사용한다. 생산단계는 생산의 순서와 관련하여 경제학 분야에서 자주 사용하며 거래단계는 거래의 측면을 강조하는 법학 분야에서 자주 사용되는데, 이 두 개념은 혼용된다.

### 5) 플랫폼의 정의

생산전략, 기술경영, 산업조직론 등의 여러 분야에서 개별적으로 플랫폼 관련 연구를 진행해오고 있어 플랫폼에 대한 일반적인 정의는 존재하지 않는다.[80] 양면시장과 관련하여 플랫폼은 둘 이상의 고객군이 상호작용하는 매체로서 네트워크 외부성을 발생시키는 것으로 정의할 수 있다.[252] 또한 플랫폼은 서로 다른 고객군이 거래나 상호작용을 원활하게 할 수 있도록 제공된 물리적, 가상적, 제도적 환경으로 정의되기도 한다.[60]

## 6. 양면시장의 유형

양면시장은 양면플랫폼이라는 용어와 혼용되기도 한다. 양면시장 또는 양면플랫폼은 다음과 같은 유형으로 구분될 수 있다.[156] 첫째, 거래소(exchanges)를 들 수 있다. 거래소는 상호거래를 원하는 서로 다른 두 고객군을 연결시켜서 상호이익이 되는 거래가 성사되도록 도와준다. 거래소는 구매자 측으로 하여금 가능한 한 저렴한 가격으로 구매할 수 있게 하고 판매자 측으로 하여금 가능한 한 높은 가격을 받을 수 있게 해는 역할을 하게 된다. 따라서 거래소는 시장을 조성하는 역할을 한다.

거래소는 다음과 같이 세분화할 수 있다. 우선 중매서비스나 구인구직서비스와 같은 상대찾기(matchmaking)를 들 수 있다. 예를 들면, 링크드인(LinkedIn), 사람인, 잡코리아 등과 같은 사이트나 앱은 상대찾기에 해당하는 플랫폼이며 구인자시장과 구직자시장을 연결시킨다. 그리고 경매, 부동산거래, 주식거래 등과 같은 전통적인 거래(traditional exchanges)를 들 수 있다. 마지막으로 독자와 저자를 연결시키는 출판사, 여행자와 여행관련기관을 연결시키

는 여행서비스 등과 중개서비스(brokerage services)를 들 수 있다.[156]

거래소 유형의 플랫폼은 한 측면의 참여자들에게 다른 측면의 참여자들을 탐색할 수 있는 수단을 제공하고 거래를 성사시킬 수 있는 기회를 제공한다. 양 측면의 참여자의 수가 많아지게 되면 적절한 상대를 찾을 확률이 높아진다. 따라서 플랫폼은 이러한 확률을 높이기 위해 양 측면의 참여자 규모를 확대하고 참여자들을 선별함으로써 양 측면의 참여자들에게 편익을 제공하게 된다. 거래소 유형의 경우 요금은 각 측면의 한계비용과는 무관하다. 양면 모두에서 요금을 받을 수도 있고 한 측면에서만 요금을 받을 수도 있다. 한국과 달리 미국의 경우 부동산거래는 부동산 판매자에게만 요금을 받는다. 또한 이베이(eBay)와 같은 플랫폼은 거래상품의 판매자에게만 요금을 받는다.[156]

둘째, 광고기반 미디어(advertising-supported media)를 들 수 있다. 광고기반 미디어는 잡지, 신문, 지상파방송, 인터넷포털 등을 포함한다. 광고기반 미디어는 제작하거나 구매한 콘텐츠를 통해 콘텐츠이용자들을 끌어낸다. 그리고 이용자는 광고주를 끌어들이기 위해 사용된다. 광고주는 콘텐츠이용자 수가 많은 플랫폼을 더 높게 평가하므로 이용자와 광고주 간에 간접 네트워크 외부성이 존재한다. 즉, 광고기반 미디어는 콘텐츠이용자를 구축하고 콘텐츠이용자와 광고주를 연결시키는 역할을 한다. 광고기반 미디어는 대부분의 수입을 광고주로부터 얻는다. 대체로 신문과 같은 인쇄미디어는 독자들에게 인쇄와 유통의 한계비용보다 낮은 비용으로 제공된다. 경우에 따라서 무료로 이용자에게 제공되고 하는데, 예를 들면 전화번호부와 무료신문을 들 수 있다.[156] 광고기반 미디어는 상호작용하는 양면시장을 갖는다. 여기에는 보조를 주는 측면(예: 광고주시장)과 보조를 받는 측면(예: 이용자시장)이 존재한다. 이용자가 많을수록 광고주의 편익은 높아진다. 그러나 광고 또는 광고주가 많아진다고 이용자의 편익이 높아지지는 않는다. 대체로 광고기반 미디어는 쌍방적이 아닌 일방적인(unilateral) 간접 네트워크 외부성이 존재한다.

셋째, 거래체계(transaction system)를 들 수 있다. 거래체계에 해당하는 플랫폼으로는 신용카드(신용카드 회사)를 들 수 있다. 어떤 신용카드의 채택 여부를 결정할 때 소비자는 그 카드를 받는 가맹점의 수를 고려할 것이다. 반면에 가맹점은 카드의 채택 여부를 결정할 때 그 카드를 소유한 소비자의 수를 고려할 것이다.[156] 카드가맹점의 수가 많아질수록 카드이용자의 편익은 증가하고 카드이용자가 많을수록 카드가맹점의 편익도 증가한다. 따라서 쌍방적인 (bilateral) 간접 네트워크 외부성이 존재한다.

넷째, 소프트웨어 플랫폼을 들 수 있다. 소프트웨어 플랫폼은 애플리케이션 개발자에게 여러 서비스를 무료 또는 낮은 가격으로 제공한다. 소프트웨어 플랫폼은 애플리케이션 개발자들이 프로그램 코드를 작성하는 번거로움을 줄여주고 여러 유사한 업무에서 발생하는 중복 비용을 줄이게 해 준다. 예를 들면, 소프트웨어 플랫폼인 구글 플레이 마켓은 안드로이드(Android) 앱 개발자에게 다양한 모바일앱 개발을 쉽게 도와주는 개방된 응용프로그램인터페이스(API)를 배포하고 개발자 사이트를 통해 개발자에 대한 지원을 하였다. 소프트웨어 플랫폼은 다양한 애플리케이션 프로그램을 통해 이용자규모를 신속하게 늘려서 간접 네트워크 외부성을 높이고자 한다.

플랫폼의 근원적 역할은 구성원들이 서로 상대방을 찾고 상호작용하는 거래비용을 줄여 줌으로써 상호작용이나 거래로부터 편익을 실현시키는 것이다. 플랫폼은 상대찾기, 이용자나 시청자의 구축, 거래비용 절감 등을 통해 이러한 역할을 수행한다. 서로 다른 유형의 플랫폼은 이러한 행위에 있어서 개입의 정도를 달리한다. 소프트웨어 플랫폼 유형은 주로 중복 비용을 줄이고, 광고기반의 미디어 유형은 주로 수용자를 구축하고, 거래소 유형은 주로 상대찾기를 한다. 그러나 대부분의 플랫폼은 중복의 제거를 통한 비용절감, 이용자 구축, 상대찾기의 세 가지 기능을 적절히 혼합하여 거래비용을 최소화한다.[156]

지금까지 설명한 양면시장의 네 가지 유형의 분류가 완벽한 것은 아니다. 기술의 진보와 시장의 변화에 따라 유형 분류가 달라질 수 있다. 양면시장의 유형 분류가 적절하려면 최소한 두 가지 원칙이 지켜져야 한다. 하나는 실제로 존재하는 어떠한 양면시장도 네 가지 유형에 포함되어야 한다는 것이다. 즉, 총망라의 원칙이 지켜져야 한다. 다른 하나는 어떠한 양면시장의 사례도 동시에 서로 다른 유형에 속할 수 없어야 한다는 것이다. 즉, 배타성의 원칙이 지켜져야 한다. 애플의 앱스토어나 구글의 플레이스토어는 초기에 앱개발사와 스마트폰 사용자를 연결하는 소프트웨어 플랫폼 유형이었으나 점차적으로 콘텐츠제공자와 콘텐츠이용자를 연결하는 거래소 유형으로 그 역할을 확대하고 있다. 따라서 양면시장의 진화에 따른 양면시장의 유형분류에 대한 재검토가 필요할 것이다.

## 7. 양면시장에서의 가격

플랫폼은 양면시장으로부터 서로 연결된 수요에 기반을 두고 이윤을 극대화하고자 한다. 양면시장에서의 최적 가격은 크게 세 가지에 의존한다. 각각의 측면 시장에서의 수요의 가격탄력성, 각각의 측면 시장에서의 한계비용, 양 측면 사이의 간접 네트워크 외부성의 정도를 들 수 있다.[156,252,258] 첫째, 양면시장에서의 가격은 각각의 측면 시장에서의 수요의 가격탄력성에 의해 결정된다. 보조를 하는 시장(예: 포털에 광고를 의뢰하는 광고주 시장)에서는 수요의 가격탄력성이 낮으므로 높은 가격이 설정되는 반면, 보조를 받는 시장(예: 포털이용자 시장)에서는 수요의 가격탄력성은 높으므로 가격이 낮거나 무료가 된다. 둘째, 양면시장에서는 가격이 한계비용에 의해 결정되지 않는 것이 일반적이다. 양면시장에서의 이윤극대화를 위한 합리적인 가격설정을 위해 어떤 한 측면 시장에서는 가격이 한계비용보다도 작을 수 있고 심지어 음수가 되어 보조금을 지급받을 수도 있다. 이러한 현상은 약탈적 가격으로 볼 수 없다. 왜냐하면 양면시장에서는 교차 네트워크 외부성으로 인해 한 측면 시장에서의 손실이 다른 측면 시장에서의 이윤에 의해 보충이 되기 때문이다. 예를 들면, 인터넷포털 서비스의 이용가격이 그러한 서비스를 제공하는데 드는 평균 가변비용보다 낮은 무료이지만 약탈적 가격으로 간주하지 않는다. 셋째, 한 측면 시장에서의 가격 인상이 다른 측면 시장에서의 수요량을 조금만 감소시켜도 교차 네트워크 외부성에 의해 해당 측면 시장의 수요량을 감소시키게 되며 이러한 파급 효과는 순환되게 된다. 따라서 최적가격의 설정은 교차 네트워크 외부성의 강도에 의존한다.

## 8. 양면시장의 특성과 규제

### 1) 양면시장의 특성

경험적 관찰에 의하면 양면시장에서는 다음과 같은 특성이 발견된다.[156] 첫째, 플랫폼에 기반을 두는 산업은 독점이거나 독점에 가까운 경우가 거의 없다. 둘째, 최소한 한 측면에서는 멀티호밍(multi-homig)이 일어나는 것이 일반적이다. 양 측면의 구성원이 하나의 플랫폼만을 이용하지 않고 복수의 플랫폼을 함께 이용하는 경우를 멀티호밍이라고 한다. 오직 하나의 플랫폼만 이용하는 경우는 싱글호밍(single-homing)이라고 한다. 셋째, 수평적 차별화가 일반적이다. 즉, 서비스의 품질이 아니라 서비스의 다양성을 통해 경쟁적 관계에 있는 양면 플랫폼 간의 차별화가 일어난다. 넷째, 비대칭적 가격의 설정이 일반적이다. 적지 않은 경우에 플랫폼은 한 측면에서 한계비용보다 작거나 영에 가까운 가격을 설정한다. 따라서 많은 양면 플랫폼은 한 측면에서 보조를 하고 다른 측면에서 이윤을 얻는다.

### 2) 양면시장과 규제

양면시장의 정의와 관련하여 학계에서는 아직 합의에 도달하지 못한 상태다. 특히 양면시장의 세 가지 필요조건 중에서 세 번째 조건인 간접 네트워크 외부성과 관련하여 학계에서는 세 가지 견해가 존재한다. 첫째, 쌍방적인 간접 네트워크 외부성이 있어야 양면시장이라는 것이다. 둘째, 일방적인 간접 네트워크 외부성만 있어도 양면시장이라는 것이다. 마지막으로 간접 네트워크 외부성이 필요하지 않다는 것이다.[210] 유럽연합의 경쟁당국은 첫 번째 견해를 받아들인다. 즉, 광고기반 미디어는 광고가 많을수록 미디어이용자의 효용이 증가하는 것이 아니므로 일방적인 간접 네트워크 외부성을 지닌다. 따라서 유럽연합의 규제기관은 광고기반 미디어에 대해서 양면시장으로 판단하지 않는다.[210] 그러나 아직까지 학계에서는 둘째 견해에 무게를 두고 있다.

양면시장의 정의에 대해 보다 폭넓은 합의가 이루어지면 양면시장에서의 규제체계는 보다 구체화될 것이다. 양면시장에서는 교차 네트워크 외부성에 의해서 최적가격이 한계비용보다 낮을 수도 있다. 따라서 양면시장에서는 시장의 획정, 시장지배력의 평가, 불공정행위의 판단 등에 대한 기준이 단면시장에서의 그것과는 달라져야 한다.[155,60] 예를 들면 양면시장에서는 관례적으로 사용되는 방식과는 다른 방법으로 시장점유율을 계산해야 한다.[60]

## 9. 플랫폼 시장구조의 결정요인

양면시장에서 중개자 역할을 하는 플랫폼의 규모를 크게 만드는 요인은 플랫폼을 운영하는 기업의 규모를 크게 만들고 해당 플랫폼 시장에서 기업의 수를 줄이는 효과를 갖는다. 따라서 플랫폼의 규모에 긍정적 효과를 미치는 요인은 플랫폼 시장의 집중도를 높이는 요인이 된다. 플랫폼 규모에 영향을 미치는 요인으로는 다음을 들 수 있다.[156]

첫째, 간접 네트워크 외부성을 들 수 있다. 양 측면 간의 간접 네트워크 외부성이 클수록 플랫폼의 규모가 커지게 된다. 따라서 덜 경쟁적인 플랫폼 시장을 초래한다. 한 측면의 고객군이 많은 플랫폼은 다른 측면의 고객군에게 더욱 가치가 있게 된다. 예를 들면, 보다 큰 이용자 규모를 가진 소프트웨어 플랫폼은 개발자에게 더욱 가치가 있게 되고, 개발자가 많을수록 소프트웨어 플랫폼은 이용자에게 더욱 가치가 있게 된다. 시장을 선점하는 플랫폼 기업은 간접 네트워크 외부성의 선순환 과정을 나타내는 긍정적 피드백의 결과로 인해 해당 산업에서의 비중이 점점 커지게 된다.

둘째, 규모의 경제를 들 수 있다. 많은 플랫폼의 경우, 플랫폼을 제공하는데 드는 고정비용이 크다. 따라서 산출량의 수준이 많아짐에 따라 일정 범위 내에서 규모의 경제를 초래한다. 예를 들면, 신용카드 회사의 경우 네트워크를 구축하여 발전시키고 유지하는 비용은 거래량과 무관할 수 있으나 거래량이 많을수록 고정비용은 분산되어 거래당 평균비용의 절감이 일어나게 된다.

셋째, 혼잡(congestion)을 들 수 있다. 플랫폼의 혼잡은 플랫폼 규모에 부정적 영향을 미친다. 네트워크의 규모가 커진다고 반드시 좋은 것은 아니다. 예를 들면 네트워크의 규모가 커질수록 거래상대방이나 거래상품을 찾는 탐색비용이 커지게 된다. 그리고 네트워크의 사용이 그 용량을 초과하게 되면 해당 네트워크의 이용자는 혼잡을 경험하게 된다.[119] 쇼핑몰과 같은 물리적 플랫폼에서 구매자의 수가 많아지면  혼잡을 초래하게 되어 거래비용을 높이게 된다. 쇼핑몰의 물리적 규모를 크게 만들면 혼잡이 줄어들 수 있으나 탐색의 비용이 높아진다. 적절한 거래상대방 찾기를 최적화하기 위해서는 물리적인 플랫폼의 크기를 제한하고 양 측면의 고객군을 선별하는 장치가 필요하다.

넷째, 플랫폼 차별화를 들 수 있다. 플랫폼들은 품질의 수준을 서로 달리함으로써 수직적 차별화를 할 수도 있다. 이 경우에 소비자는 자신의 소득 수준과 품질에 대한 상대적 수요에 따라서 높거나 낮은 품질을 선택하게 된다. 예를 들면 쇼핑몰도 품질의 수준에 따라 차별화될 수 있다. 플랫폼은 특정한 고객층을 겨냥한 속성을 기준으로 수평적 차별화를 할 수도 있다. 예를 들면, 다양한 잡지들은 서로 다른 취향을 가진 독자층을 겨냥하는 차별화를 해 오고 있다. 플랫폼 차별화는 플랫폼 규모에 부정적 영향을 미치므로 플랫폼산업을 보다 경쟁적으로 만들게 된다.

다섯째, 멀티호밍을 들 수 있다. 플랫폼이 수평적 차별화를 하게 되면 고객들이 여러 플랫폼을 사용하는 멀티호밍을 초래할 수 있다. 구성원들은 경쟁적 플랫폼의 서로 다른 속성에 이끌려서 각각의 플랫폼을 함께 사용할 수 있다. 예를 들면 신용카드의 경우 카드소지자는 여러 개의 신용카드를 사용하고 있으며 가맹점도 여러 종류의 신용카드를 받아들인다. 광고기반 미디어도 양면에서 멀티호밍을 가진다. 예를 들면 이용자와 광고주는 여러 개의 방송채널을 이용하는 것이 일반적이다. 이러한 멀티호밍은 시장구조의 집중도를 낮춘다. 〈표 14-1〉에는 플랫폼 시장구조의 결정요인이 나타나 있는데, '+'는 시장집중도를 높이는 요인을 의미하고, '-'는 시장집중도를 낮추는 요인을 의미한다.

〈표 14-1〉 플랫폼 시장구조의 결정요인

| 결정요인 | 플랫폼의 규모 및 시장집중도에 미치는 효과 |
|---|---|
| 간접 네트워크 외부성 | + |
| 규모의 경제 | + |
| 혼잡 | - |
| 플랫폼 차별화 | - |
| 멀티호밍 | - |

출처: Evans & Schmalensee (2008), 재구성

## 10. 공급 측면의 네트워크

### 1) 방송 네트워크

방송 네트워크는 두 가지 핵심 기능을 한다. 하나는 방송 네트워크가 가맹방송사들의 프로그램 공유를 통해 각 방송사의 시청자 일인당 비용 또는 청취자 일인당 비용을 낮추게 하는 것이다. 즉, 규모의 경제를 활용할 수 있게 만든다. 다른 하나는 광고판매에 있어서 함께 그룹을 이룬다는 것이다. 전국광고를 원하는 광고주는 네트워크와 계약을 하면 일일이 지역 방송사와 계약을 해야 하는 거래비용을 줄일 수 있다. 이는 지역방송사의 방송광고에 대한 광고주의 수요를 증가시킨다.[146]

### 2) 잡지출판 네트워크

잡지출판은 오랫동안 국제적 사업으로 존재했다. 유럽의 기업들은 초국적 잡지출판과 브랜드를 발전시키는데 있어서 가장 활동적이다. 잡지의 국제화 성공이 오랜 기간 유지되고 있다는 것은 잡지가 국제적 확장에 적합한 미디어로서의 특성을 가지고 있다는 것을 반영한다. 잡지에 대한 국제적 독자층을 넓히기 위해 잡지출판의 모기업은 여러 해외지역에 있는 출판회사와 파트너십을 통해

잡지의 여러 국제적 버전을 출판하는 전략을 자주 채택한다. 방송 네트워크와 마찬가지로 여러 해외지역의 잡지출판사들이 네트워크를 이루는 가장 중요한 경제적 동기는 동일한 콘텐츠를 공유하여 각 기업의 독자 일인당 비용을 감소시키는 것이다. 네트워크의 모든 참여자는 콘텐츠제작에서의 규모의 경제뿐만 아니라 전문성의 공유, 브랜드의 공유 등으로부터 혜택을 본다. 그러나 핵심적 브랜드를 보호하는 것과 지역파트너에게 편집의 재량을 허용하는 것의 균형을 맞추는 것은 초국적 잡지출판 기업의 주요 과제이다.[146]

## 11. 긴 꼬리 경제

80 대 20의 법칙이라고 하는 파레토의 법칙은 경제학자 파레토(V. Pareto)가 인구의 20%가 전체 부의 80%를 차지하고 있다는 부의 불균형 현상을 밝혀냈던 것에 유래를 두고 있다. 파레토 법칙의 사례로는 상위 20%의 고객이 전체 수익의 80%를 차지하는 것, 기업의 핵심 상품 20%가 전체 매출의 80%를 차지하는 것 등을 들 수 있다. 이러한 파레토 법칙은 핵심 상품에 집중하는 기업 전략의 주요 근거가 된다.

파레토 법칙과 상반된 현상인 긴 꼬리 경제(long tail economy)는 앤더슨(C. Anderson)이 2004년에 쓴 기사에서 유래하는데, 비인기 상품 또는 틈새 상품이 오프라인 시장에서는 사소한 것으로 간주되었으나 온라인 시장에서는 무시할 수 없다는 것을 의미한다. 긴 꼬리 경제를 시각적으로 표현하자면, 가로축을 인기 상품의 순서대로 나열하고 세로축을 판매량으로 나타낼 경우 비인기 상품의 매출액은 긴 꼬리 형태로 나타난다. 이러한 긴 꼬리 형태를 갖는 비인기 상품의 매출액이 오프라인 시장에서는 작은 비중을 차지하지만 온라인 시장에서는 큰 비중을 차지한다는 것이다. 예를 들면, 비인기 도서의 판매에서 큰 수입을 얻는 아마존(Amazon), 소규모 광고주로부터 큰 광고수입을 얻는 구글의 애드센스(AdSense), 비인기 음원으로부터 큰 수입을 얻는 애플의 아이튠스(iTunes), 틈새 상품으로부터 큰 수입을 얻는 넷플릭스(Netflix) 등을 들 수 있다. 이러한 현상이 나타나는 원인은 온라인 시장의 특성상 공간적 제약이 사라지고 전시 비용이 줄었으며 간편한 검색을 통해서 원하는 상품을 용이하게 찾을 수 있게 되고 선택의 폭이 확대된 것에 기인한다.[111]

콘텐츠상품을 비롯한 여러 종류의 상품에 대한 긴 꼬리 경제를 가능하게 하는 요소로는 세 가지가 제시되고 있다.[112,184] 첫째, 생산 수단의 보편화를 들 수 있다. 예를 들면, 디지털 비디오카메라, 음악과 영상의 편집 소프트웨어, 블로그 사이트 제작 및 운영 도구 등이 다양하게 출시되고 보편화되고 있다. 생산수단의 보편화로 인해 보다 많은 생산자가 나오게 되고 이용 가능한 콘텐츠상품은 확장된다. 이는 틈새 상품에 대해 수요를 확장시키게 된다. 둘째, 온라인 유통수단의 보편화를 들 수 있다. 정보기술은 상품 유통의 온라인 채널을 확장하고 그 유통비용을 획기적으로 낮추었다. 아마존(Amazon), 이베이(eBay), 넷플릭스(Netflix), 유튜브(YouTube) 등과 같은 플랫폼 사업자는 온라인 유통 수단의 보편화를 가져오고 소비자들이 보다 효과적으로 용이하게 틈새상품에 도달하게 하는데 핵심적인 역할을 담당했다. 셋째, 필터(filters)를 통한 수요와 공급을 연결을 들 수 있다. 구글의 검색엔진, 아이튠즈(iTunes)의 추천, 구전효과, 블로그, 고객 리뷰 등과 같은 필터의 이용이 확장되면서 상품 수요의 분포는 인기 상품의 머리 부분에서 비인기 상품 또는 틈새 상품의 꼬리 부분으로 확장된다.

콘텐츠의 디지털화에 따라 콘텐츠는 지속적으로 보존 및 재사용이 가능해졌다. 따라서 상품의 생명주기가 길어져서 지속적인 매출 가능성을 갖게 되었다.[8] 긴 꼬리 경제가 의미하는 틈새시장의 가능성은 소규모 콘텐츠 생산자가 온라인 유통망을 통해 작지만 지속적인 매출을 얻을 수 있다는 것을 의미한다. 그리고 콘텐츠 소비자의 다양한 취향이 충족될 기회도 커지게 된다는 것을 의미한다.

# 제15장 미디어산업의 규제

## 1. 시장의 실패

시장의 실패(market failure)란 시장을 통해 효율적인 자원배분이 이루어지지 못하는 것을 말한다. 시장의 실패는 정부개입의 근거를 제공한다. 방송에서 시장의 실패는 두 가지 차원에서 사용된다. 하나는 자원을 효율적으로 배분하는 데 있어서 수요와 공급의 시장 체계에 의한 실패를 의미한다. 다른 하나는 다양성, 민주주의의 유지, 지역성 등 사회적으로 바람직한 목적을 추구하는 데 있어서 시장의 실패를 의미한다.[146] 전자의 경우의 예를 들자면, 지상파방송이 시청자가 직접적으로 가격을 지불하는 가격기구에 의존했다면 이윤을 추구하는 사적인 방송사는 서비스를 공급하지 않았을 것이다. 그 이유는 방송서비스를 제공받는 사람들을 확인할 방법이 없고 방송서비스에 대해 지불하지 않고자 하는 사람들을 배제할 방법이 없어서 시장의 가격기구가 제대로 작동할 수 없기 때문이다.[146] 경제학자들은 시장의 실패가 일어나는 주요 원인으로는 외부성의 존재, 공공재, 불완전경쟁 등을 제시한다.

## 1) 외부성

2장에서 설명한 바와 같이 어떤 경제주체의 행위가 본인 의도와 무관하게 다른 경제주체에게 편익이나 비용을 초래하지만 이에 대한 보상을 받거나 비용을 지불하지 않는 경우 외부성이 나타난다. 시장의 가격기구에 맡겨 놓을 경우 부정적 외부성은 사회적으로 최적 수준보다 과다하게 나타나고 긍정적 외부성은 사회적으로 최적 수준보다 과소하게 나타난다. 따라서 외부성이 존재하는 경우 자원은 비효율적으로 배분되어서 시장의 실패가 일어난다.

### (1) 외부성이 없는 경우 사회적으로 최적인 생산량

〈그림 15-1〉에서 $S$는 완전경쟁 시장의 공급곡선을 나타내고 $D$는 수요곡선을 나타낸다. 공급곡선 $S$는 사적 한계비용(marginal private cos) 곡선으로 공급자의 한계비용을 보여 준다. 외부비용이 없는 경우, 사적 한계비용은 사회적 한계비용(marginal social cost)이 되므로 공급곡선 $S$는 사적 한계비용 곡선이면서 사회적 한계비용 곡선이 된다. 수요곡선 $D$는 수요자의 한계편익을 나타내는 사적 한계편익(marginal private benefit) 곡선이다. 외부편익이 없는 경우, 사적 한계편익은 사회적 한계편익(marginal social benefit)이 되므로 수요곡선 $D$는 사적 한계편익 곡선이면서 사회적 한계편익 곡선이 되기도 한다. 외부성이 없을 경우에 수요곡선 $D$와 공급곡선 $S$가 만나는 점에서 최적의 배분적 효율성이 달성된다. 이 때 균형가격은 $P_0$이고 균형생산량은 $Q_0$이 된다.

### (2) 외부비용이 있는 경우 사회적으로 최적인 생산량

어떤 기업이 상품을 많이 만들어 낼수록 공해의 배출로 인한 사회적 피해를 발생시키지만 이에 대한 보상을 하지 않는 경우를 생각해보자. 다시 말하자면 상품이 추가적으로 생산됨에 따라 관련된 외부 한계비용(marginal external cost)이 발생하는 경우를 가정하자. 이 경우에는 사회적 한계비용은 사적 한계비용과 외부 한계비용의 합이 된다. 외부편익이 없다고 가정하면 사적 한계편익은 사회적 한계편익이 된다.

〈그림 15-1〉 외부비용이 있는 경우 사회적으로 최적인 생산량

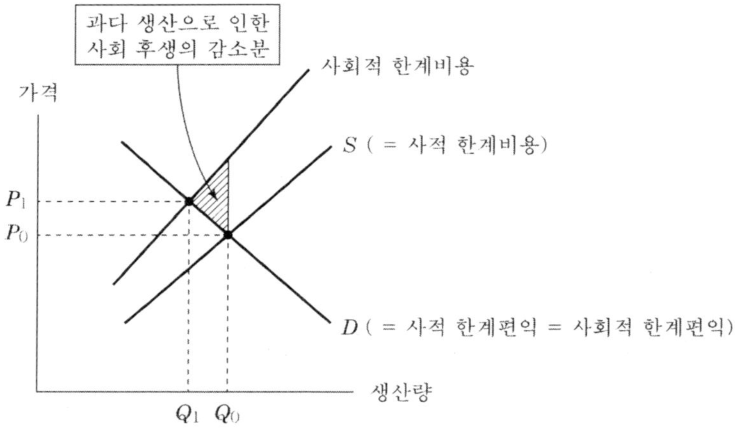


〈그림 15-1〉을 보면 외부비용만 존재하는 경우에 수요곡선 $D$와 사회적 한계비용 곡선이 만나는 점에서 최적의 배분적 효율성이 달성된다. 이 때 가격은 $P_1$이고 생산량은 $Q_1$이 된다. 그러나 정부의 개입이 없이 시장에 맡겨 두게 되면 수요곡선 $D$와 공급곡선 $S$가 만나는 점에서 균형이 이루어지게 되므로 사회적으로 최적인 생산량인 $Q_1$보다 많은 생산량인 $Q_0$까지 생산하게 된다. 즉, 부정적 외부성이 존재하는 경우에는 사회적으로 최적 수준보다 과다한 생산이 이루어지게 된다.

### (3) 외부편익이 있는 경우 사회적으로 최적인 생산량

어떤 기업이 상품을 공급함에 따라 외부 한계편익(marginal external benefit)이 발생하는 경우를 생각해보자. 이 경우에는 사회적 한계편익은 사적 한계편익과 외부 한계편익의 합이 된다. 외부비용이 없다고 가정하면 사적 한계비용은 사회적 한계비용이 된다.

〈그림 15-2〉 외부편익이 있는 경우 사회적으로 최적인 생산량

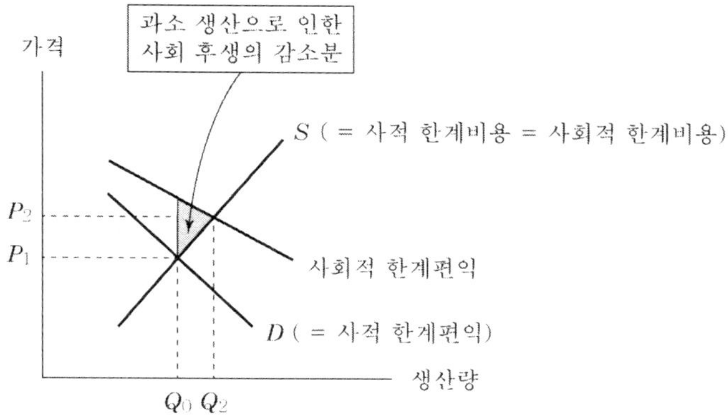


〈그림 15-2〉를 보면 외부편익만 존재하는 경우에 사회적 한계편익 곡선과 공급곡선 $S$가 만나는 점에서 최적의 배분적 효율성이 달성된다. 이 때 가격은 $P_2$이고 생산량은 $Q_2$가 된다. 그러나 시장에 맡겨 두게 되면 수요곡선 $D$와 공급곡선 $S$가 만나는 점에서 균형이 이루어지게 되므로 사회적으로 최적인 생산량 $Q_2$보다 적은 생산량인 $Q_0$까지 생산하게 된다. 즉, 긍정적 외부성이 존재하는 경우에는 사회적으로 최적 수준보다 과소한 생산이 이루어지게 된다.

가치재(merit goods)는 외부편익이 커서 시장가격에서 개인들의 자발적인 선택에 의해 구매하는 양보다 더 많이 제공되는 것이 바람직하다고 정부가 판단하는 재화를 의미한다. 따라서 국가가 소비자의 주권에 개입하게 된다. 규제기관은 공영방송사에 대해서 가치재라고 여겨지는 프로그램 유형을 제공하도록 요구하는 것이 일반적이다. 대체로 이러한 프로그램은 상업적 방송사에 의해서는 과소하게 공급되기 때문이다.[140] 가치재 개념은 예술과 문화에 대한 공적 지원을 정당화하는데 있어서 논리적 근거를 제공하기도 한다.[146]

## 2) 공공재

2장에서 설명한 바와 같이 순수공공재는 소비의 비경합성과 비배제성을 갖고 있다. 소비의 비경합성은 소비자에게 공공재를 공급하는 한계비용이 0이라는 의

미로 확장될 수 있다.[174] 배분적 효율성의 관점에서 한계비용이 0인 경우에는 가격을 0으로 설정하여 가능한 한 많은 사람들이 소비하게 함으로써 소비자잉여를 최대로 만드는 것이 바람직하다. 공공재를 효율적으로 배분하는 것은 공공재의 한계편익이 공공재의 한계비용과 동일하게 되는 점까지 생산하는 것이다. 그러나 가격을 0으로 설정하면 이윤을 추구하는 공급자는 생산할 유인을 갖지 못하게 된다. 소비의 비배제성도 무임승차자의 문제로 인해 시장의 가격기구를 통한 배분을 불가능하게 한다. 따라서 시장의 가격기구를 통해 순수공공재를 공급하고자 한다면 사회적으로 최적인 수준보다 작게 공급되거나 아예 공급이 이루어지지 못하기 때문에 비효율적이다. 즉, 순수공공재가 지니고 있는 소비의 비경합성과 비배제성은 시장의 실패를 일으키는 원인이 된다.

### 3) 불완전 경쟁

완전경쟁에서는 효율적인 자원배분이 이루어진다. 그러나 불완전경쟁 상태에 있는 독점이나 과점에서는 시장지배력을 가진 기업이 더 많은 이익을 얻기 위하여 높은 가격을 설정하고 사회적으로 최적인 생산량보다 적게 공급하고자 한다. 따라서 자원이 비효율적으로 배분된다. 특히 미디어산업에서는 시장집중도가 높아지면 배분적 효율성이 저해될 뿐만 아니라, 대안적 매체의 공급을 억제함으로써 다양한 사상과 의견의 표출을 막아서 민주주의의 실현에 부정적 영향을 초래할 수 있다.

## 2. 정부의 개입

### 1) 유인의 제공

시장실패를 다루는 정부개입의 유형은 유인의 제공, 정부에 의한 공공재의 공급, 독과점 규제 등으로 구분할 수 있다. 외부성을 다루는 정부의 유인 제공은 주로 세금 또는 보조금을 통해 이루어질 수 있다. 다시 말하자면, 부정적 외부성 또는 외부비용을 발생시키는 재화나 서비스에 대해서는 추가적인 세금을 부과하거나, 긍정적 외부성 또는 외부편익을 발생시키는 재화나 서비스에 대해서는 보조금을 지불하거나 세금을 감면하는 것이다.

〈그림 15-1〉은 외부비용에 상응하는 세금을 부과하면 외부비용이 내부화되어 사적 한계비용은 사회적 한계비용과 동일하게 되는 것을 보여준다. 이러한 세금의 부과는 가격을 $P_0$에서 $P_1$로 상승시키고 생산량은 사회적으로 최적 생산량인 $Q_1$로 감소시킨다. 〈그림 15-2〉에서 외부편익에 상응하는 보조금을 지급하면 이러한 외부편익이 내부화되어 해당 시장에서의 사적 한계편익은 사회적 한계편익과 동일하게 된다. 그런 보조금이 지급되면 생산량은 $Q_0$에서 사회적으로 최적 생산량인 $Q_2$로 증가하게 된다. 유럽의 많은 국가들은 미디어상품의 수입을 제한할 뿐만 아니라 자국 내의 미디어상품 제작자에게 보조금을 제공한다. 수입할당제와 달리 국내제작자를 지원하기 위한 보조금은 무역장벽을 세우지 않으면서 국내제작물의 다양성을 확대하기 때문에 무역을 덜 왜곡시키는 수단으로 간주되고 있다.[146]

세금은 사적비용과 사회적비용 간의 차이를 제거하는 수단이고 보조금은 사적편익과 사회적편익 간의 차이를 제거하는 수단이다. 그러나 외부비용 또는 외부편익은 측정하기 어렵기 때문에 적절한 세금 또는 보조금의 규모도 결정하기가 어렵다. 따라서 외부비용에 상응하는 세금의 부과나 외부편익에 상응하는 보조금의 지불 대신에 간접적인 방식으로 규제가 실시된다. 예를 들면, 폭력적 또는 선정적 묘사와 관련된 내용의 규제는 프로그램의 내용이 발생시키는 외부비용을 줄이려는 차원의 규제로 볼 수 있다. 그리고 지상파방송사가 일정 시간을 교양 장르와 같은 특정 유형의 프로그램에 할애해야 한다는 내용규제는 외부편익을 가진 프로그램의 공급을 증대시키는 규제로 볼 수 있다.[181]

### 2) 정부에 의한 공공재의 공급

공공재의 특성으로 인해 시장의 실패가 일어나면 정부가 공공재를 직접 생산하거나 공기업을 설립하여 경영함으로써 시장의 실패를 치유하고자 한다. 정부는 공공재의 최적 생산량을 결정하고 직접 공급할 수 있다. 정부가 공공재를 직접 생산하여 국민에게 공급하는 예로는 국방서비스, 치안서비스 등을 들 수 있다. 국방서비스처럼 순수공공재의 특성을 갖는 경우에는 정부가 직접 공급하는 경우가 일반적이다. 정부가 공기업을 경영하는 예로는 우편산업처럼 사회에 미치는 영향력이 큰 경우, 전력산업처럼 규모의 경제가 커서 자연독점의 특성이 있는 경우 등을 들 수 있다.[65]

영국의 BBC, 캐나다의 CBC, 일본의 NHK, 호주의 ABC와 같은 공영방송사에 대한 정부의 지원은 공공서비스 방송이 공공재라는 근거에서 정당화되고 있다.[140] 국내의 KBS와 같은 공영방송사도 시청료로 재정지원을 받는다. 디지털 시대로 접어들면서 공공서비스 방송의 역할은 프로그램 생산자로서의 역할과 프로그램 구매자로서의 역할이라는 두 가지 측면에서 새롭게 조명을 받고 있다. 프로그램 생산자로서 공영방송사의 역할은 시장에서의 성공이 불확실하고 위험성이 높은 분야를 개척하는 것이다. 위험성이 높은 분야에 대해서 민영방송사는 투자를 기피한다. 이러한 분야의 공공투자는 민간부문의 위축을 초래하지 않고, 오히려 위험성을 낮추기 때문에 민간부문 투자를 유인한다. 즉, 공공부문은 민간부문이 주저하는 위험성이 높은 분야를 개척함으로써 민간부문과 위험을 공유하여 위험성을 낮출 수 있다. 애플의 아이폰이 스마트기기로 발전하는 과정에서 정부재원의 지원을 받았듯이 각국의 정부는 혁신을 위해 중요한 역할을 수행하고 있다. 즉, 공공부문은 민간부문의 위험성을 감소시키는 역할뿐만 아니라 새로운 기회가 생성될 수 있도록 조치를 취하는 것이다.[215] 프로그램 구매자로서 공영방송사의 역할은 프로그램의 질적 기준을 설정하고 소비자에게는 공영방송사에 대한 신뢰를 바탕으로 프로그램에 대한 질적 수준에 대한 탐색비용을 줄여주는 것이다.[174]

### 3) 독과점 규제

불완전경쟁으로 인한 시장의 실패에 대한 정부개입은 시장집중도가 높은 산업에 속한 기업들을 대상으로 한 규제를 통해 나타난다. 독과점 시장에 대한 규제의 수단으로 많은 국가들은 각국에 맞는 경쟁법을 통해 독과점으로 인한 폐해를 줄이고자 한다. 국내에서는 주로 「독점규제 및 공정거래에 관한 법률」(공정거래법)을 통해 독과점으로 인한 폐해를 줄이고자 한다.

## 3. 규제이론과 정부실패

정부의 규제가 어떤 의미를 갖는지에 대한 여러 견해가 존재하는데, 대표적으로 공익이론(public interest theory)과 포획이론(capture theory)이 있다. 공익이론은 정부개입이 공익의 보호를 위해 제도화된다고 본다. 정부는 외부비용을 발생시키는 재화나 서비스에 대해서는 세금을 부과하거나 그러한 재화나 서비스의 공급을 줄이기 위한 규제를 도입한다. 반면에 외부 편익을 제공하는 재화나 서비스에 대해서는 보조금을 제공하거나 그러한 재화나 서비스의 공급을 증진시키기 위한 규제를 도입한다. 어떤 재화나 서비스의 공급에 대한 비용-편익 분석(cost-benefit analysis)이 정부개입을 지지하게 되면, 정부가 직접 공급을 담당하거나 민영 사업자를 통해 공급할 수도 있다. 비용-편익 분석이란 정부가 개입하는 사업이 사회적 후생을 증가시킬 수 있는가를 판단할 수 있도록 비용과 편익의 항목을 확인하고 계량화한 후에 편익이 비용보다 큰 경우에 그 사업에 타당성을 부여하는 것이다. 공익이론에 따르면 정부는 공공재가 사회적으로 최적 수준에서 공급되도록 개입한다는 것이다.[181]

규제의 포획이론에 따르면, 특정한 산업계나 직업군에 속한 이익집단의 수요에 의해 정부개입이 이루어진다. 규제기관은 자신이 규제하는 산업에 포획되어 그 산업의 이익을 위해 해당 산업의 이익집단이 요구하는 방식으로 규제를 설계한다는 것이다. 특정 산업계 또는 직업군에 속하는 이익집단이 규제로부터 얻을 수 있는 편익은 네 가지 수단을 통해서 발생할 수 있다. 그러한 수단은 보조금, 진입규제, 가격규제, 그리고 대체재와 보완재에 대한 규제를 들 수 있다. 규제기관이 소수의 이익집단에 포획되어 그들의 이익을 위한 규제를 만들어 내는 경우에 공적 자원의 배분의 왜곡된다.[267]

공익이론과 포획이론은 정부개입의 특정 측면을 설명하는데 선별적으로 적용할 수 있다. 공익이론은 방송산업에서 외부편익을 발생시키는 프로그램을 진흥시키고자 하는 규제와 부합한다. 반면에 포획이론은 방송산업에서 진입규제를 설명할 경우에 적절한  사례가 다수 존재한다. 예를 들어, 오랜 기간 동안 캐나다의 방송규제기관(CRTC)은 케이블 텔레비전산업에 포획되어서 진입규제를 통해 위성방송과의 경쟁을 지연시키는데 기여했다.[181] 국내에서도 위성방송과 같은 새로운 미디어가 도입되는 경우에 기존의 사업자들에 의한 반대에 의해 새로운 미디어가 안착하는데 시간이 지연되는 사례가 있었다. 국내 이동통신산업과 관련된 규제에 대해 포획이론을 적용한 연구에 따르면, 「이동통신 단말장치 유통구조 개선에 관한 법률」(단말기유통법) 형성 과정에서 특정 기업에 의한 포획현상이 발생하였다. 이로 인해 본래의 취지와 달리 수정된 법률이 시행됨에 따라 단말기 할부금의 증가, 이동통신사의 영업이익 증가, 소비자의 권리 위축 등이 일어났다.[15]

정부개입이 시장실패의 문제를 해결하기 위한 것이지만 의도했던 문제의 해결에 실패하거나 자원배분의 효율성을 낮출 수 있다. 정부개입으로 인한 비용이 편익보다 큰 경우에 정부실패(government failure)가 발생한다. 정부실패는 시장실패와 대비되는 개념이다. 정부실패가 존재할 수 있으므로 시장실패가 존재한다는 이유만으로 정부개입을 정당화시키지는 못한다. 정부실패의 원인으로는 다음과 같은 사항이 제시된다. 첫째, 시장은 가격을 통해 생산하는 비용과 수입을 연결시키는 반면에 정부개입을 통한 산출물의 공급량과 가치는 생산비용과 분리되어 결정된다. 따라서 정부개입으로 인해 과다한 자원이 소요되거나 과다한 공급량이 산출되어 비효율적일 수 있다. 둘째, 정부조직은 대부분의 영역에서 소비자로부터의 신호가 없거나 경쟁자가 없기 때문에 경쟁적 유인이 약하다. 셋째, 정부개입은 의도하지 않은 효과를 발생시킬 수 있다. 왜냐하면 정부는 정보의 한계로 인해 결과를 정확히 예측하기 어렵고 현실과 거리가 먼 정책수단을 사용할 수 있기 때문이다. 넷째, 정부개입을 통해 소수에게 권한이 부여된다. 이로 인해 정부개입으로 인한 편익과 비용이 각각 다른 그룹에게 귀속될 수 있다.[298,66]

## 4. 독과점 규제

미디어산업에 속하는 여러 세분화된 하위 분야는 대체로 시간이 갈수록 시장집중도가 높아지는 경향을 띤다. 이는 공급 측면의 규모의 경제와 더불어 수요측면의 네트워크효과에 기인한다. 이런 상황은 규제의 딜레마를 제공한다. 경쟁이 효율성으로 이끄는 수단이지만 한편으로는 경쟁을 촉진시키고자 하는 소유규제가 규모의 경제와 네트워크 효과를 충분히 활용하지 못하게 만들 수 있기 때문이다.[146] 일반적으로 독과점 규제는 어떤 기업 행위가 초래하는 효율성증대효과와 경쟁제한 효과를 비교하여 이루어지게 된다. 이하에서는 독과점 규제의 대표적 유형인 기업결합 규제, 담합 규제, 시장지배적 지위의 남용에 대한 규제를 중심으로 살펴보고자 한다.

## 1) 기업결합 규제

독과점 규제를 강조하는 사람들은 「독점규제 및 공정거래에 관한 법률」을 독점규제법이라고 부른다. 그러나 일반적으로는 공정거래법이라는 약칭이 사용된다. 인수 및 합병에 대해 공정거래법에서는 주로 기업결합이라는 용어를 사용한다. 기업결합은 효율성을 높이는 긍정적 효과와 더불어 시장의 경쟁을 제한하는 부정적 효과를 초래할 수 있다. 시장의 경쟁을 제한하는 효과로 인해 기업결합에 대한 규제가 존재한다.

### (1) 경쟁제한성의 판단

기업결합으로 인한 경쟁제한성은 관련시장에서 미래에 발생할 수 있는 경쟁제한의 폐해를 의미한다. 공정거래법에는 기업결합을 이룬 회사의 시장점유율의 합계가 다음의 세 가지 조건을 모두 충족할 경우에 그 기업결합에 대해 경쟁을 실질적으로 제한하는 것으로 추정한다(공정거래법 7조 4항). 첫째, 시장지배적 사업자의 추정요건에 해당해야 한다. 즉, 한 사업자의 시장점유율이 50% 이상이거나 셋 이하의 사업자들의 시장점유율 합계가 75% 이상이어야 한다. 다만 여기서 시장점유율이 10% 미만인 사업자는 제외한다. 둘째, 당해 거래분야에서 1위여야 한다. 셋째, 2위 기업이 가지는 시장점유율과의 차이가 25% 포인트 이상이어야 한다.

공정거래위원회는 경쟁제한성을 추정하는 경우에도 심사기준에 따라 다른 사항들과 함께 검토하여 경쟁제한성을 판단하고 있다. 그리고 기업결합의 유형에 따라서 경쟁제한성 판단에서 고려하는 사항이 달라진다. 기업결합의 유형은 수평결합, 수직결합, 혼합결합으로 구분할 수 있다. 〈표 15-1〉에 나타난 바와 같이 공정거래위원회는 수평결합의 경쟁제한성 판단에 있어서 시장집중도 분석을 출발점으로 본다. 그 후에 결합회사의 경쟁제한성, 경쟁사업자 간의 공동행위 가능성, 해외경쟁의 도입수준, 신규진입의 가능성, 유사품 및 인접시장의 존재 여부 등을 고려한다. 〈표 15-1〉에서 〈표 15-3〉까지 '+'는 경쟁제한성을 높이는 요인을 의미하고 '-'는 경쟁제한성을 낮추는 요인을 의미한다.

〈표 15-1〉 수평결합의 경쟁제한성 판단기준

| 판단기준 | 고려 사항 |
|---|---|
| 기업결합 전후의 시장집중 | - 기업결합 후에 다음의 경우가 아니면 경쟁제한성이 있다고 판단함. ① HHI〈1,200일 것. ② 1,200≤HHI〈2,500이고 △HHI〈250일 것. ③ HHI〉 2,500이고 △HHI〈150일 것. 여기서 △HHI는 기업결합으로 인한 HHI의 증분을 의미함. |
| 결합회사의 경쟁제한성 | 결합회사의 점유율 합계(+)<br>- 경쟁자 상품으로의 구매전환 가능성(-) |
| 공동행위 가능성 | - 공동행위의 용이성(+), 공동행위 감독의 용이성(+) |
| 해외경쟁의 도입 수준 | - 수입품 비중의 증가(-), 국제가격의 상승(+) |
| 신규진입의 가능성 | - 법적·제도적 진입장벽(+), 진입에 필요한 자금규모(+) |
| 유사품 및 인접시장의 존재 | - 유사품 시장의 존재(-), 인접 시장의 존재(-) |

출처: 기업결합심사기준 VII.1. 일부 내용을 수정.

수직결합의 경쟁제한성을 판단하는데 있어서는 〈표 15-2〉에 나타난 바와 같이 시장의 봉쇄효과, 경쟁사업자 간 공동행위 가능성 등을 고려한다.

〈표 15-2〉 수직결합의 경쟁제한성 판단기준

| 판단기준 | 고려사항 |
|---|---|
| 시장의 봉쇄효과 | - 경쟁사업자가 대체적인 공급선·판매선을 확보할 가능성(-)<br>- 진입장벽의 증대(+) |
| 경쟁사업자 간 공동행위 가능성 | - 결합 이후 경쟁사업자에 관한 정보입수의 용이성(+)<br>- 과거 부당한 공동행위의 존재(+) |

출처: 기업결합심사기준 VII.2. 일부 내용을 수정.

혼합결합의 경쟁제한성을 판단하는데 있어서 〈표 15-3〉에 나타난 바와 같이 잠재적 경쟁을 저해하는 효과, 경쟁사업자를 배제하는 효과, 진입장벽이 증대되는 효과 등을 고려한다. 이 중에서 특히 잠재적 경쟁의 저해 여부를 중점적으로 고려한다.

〈표 15-3〉 혼합형 기업결합의 경쟁제한성 판단기준

| 판단기준 | 고려사항 |
|---|---|
| 잠재적 경쟁 저해 | - 결합된 회사가 결합 전에 잠재적 경쟁자인 경우(+)<br>- 다른 잠재적 진입자의 존재(-) |
| 경쟁사업자 배제 | - 기업결합으로 사업능력이 증대되어 가격과 품질 외의 요인으로 경쟁사업자를 배제할 수 있는 경우(+) |
| 진입장벽 증대 | - 기업결합으로 시장진입을 위한 최소자금 규모가 증가(+) |

출처: 기업결합심사기준 VII.3. 일부 내용을 수정.

### (2) 효율성증대 효과의 판단

공정거래법은 경쟁을 제한하는 기업결합을 원칙적으로 금지하지만, 기업결합으로 인한 효율성증대 효과가 경쟁제한으로 인한 폐해보다 큰 경우 또는 회생이 불가능한 회사와의 결합인 경우에는 예외적으로 허용하고 있다. 그러나 현실적으로 회생이 불가능한 회사와의 결합은 아직까지 이루어지지 않고 있다.

〈표 15-4〉에 나타난 바와 같이 심사기준에서는 기업결합으로 인한 효율성증대 효과를 생산 · 판매 · 연구개발 등에서의 효율성증대 효과와 국민경제 전체에서의 효율성증대 효과로 구분하고 있다.

〈표 15-4〉 효율성증대 효과의 판단기준

| 판단기준 | 고려사항 |
|---|---|
| 생산 · 판매 · 연구개발 등에서의<br>효율성증대 효과 | - 규모의 경제, 생산설비 통합 등을 통한 생산비 절감<br>- 판매조직 통합을 통한 판매비 절감<br>- 기술의 보완 등을 통한 생산기술 및 연구능력 향상 |
| 국민경제 전체에서의<br>효율성증대 효과 | - 고용 증대<br>- 지역경제 발전<br>- 전후방 연관 산업 발전<br>- 에너지의 안정적 공급 등 국민경제생활에 기여 |

출처: 기업결합심사기준 VIII.1. 일부 내용을 축약.

기업결합심사기준에 따르면 효율성증대 효과로 인정받기 위해서는 세 가지 요건을 모두 충족하여야 한다. 첫째, 당해 기업결합 외의 방법으로는 달성하기 곤란해야 한다. 즉, 기업결합 특유의 효율성이 존재해야 한다. 둘째, 가까운 시일 내에 발생할 것이 명백해야 한다. 이는 효율성의 입증 가능성과 관련된 조건이다. 셋째, 당해 기업결합이 없었더라도 달성할 수 있을 효율성증대 부분을 포함하지 않아야 한다.

각국의 규제기관은 각자의 후생기준에 근거하여 효율성증대 효과를 판단한다. 주로 사용되는 기준은 소비자잉여 기준, 총잉여 기준, 공익 기준 등이 있다. 소비자잉여 기준은 효율성증대 효과에 있어서 소비자잉여의 증분만을 고려한다. 이 경우에는 가격뿐만 아니라 상품의 품질이나 다양성 등과 같은 비가격 요소도 고려한다. 총잉여 기준은 소비자잉여와 생산자잉여의 합인 총잉여의 증분만을 고려한다. 공익 기준은 총잉여의 증분 외에 다양한 사회적 편익의 증분을 고려한다. 공익과 관련된 사회적 편익으로는 기술진보, 국제경쟁력, 고용, 지역경제, 환경, 국가안보 등을 들 수 있다.[85]

〈표 15-5〉 후생기준의 비교

| 비교 사항 | 소비자잉여 기준 | 총잉여 기준 | 공익 기준 |
|---|---|---|---|
| 고려하는 효율성의 범위 | 좁음 | 중간 | 넓음 |
| 규제기관의 자의적 판단 가능성 | 낮음 | 중간 | 높음 |
| 사회후생을 증가시키는 기업결합의 금지 가능성 | 높음 | 중간 | 낮음 |

〈표 15-5〉에 나타난 바와 같이, 소비자잉여 기준은 규제기관의 자의적 판단의 가능성을 낮추는 장점이 있다. 반면에 공익 기준은 사회후생을 증가시키는 기업결합을 금지할 가능성이 상대적으로 낮다. 국내의 기업결합심사기준에 나타난 효율성증대 효과의 판단 기준은 공익기준이다. 그러나 효율성증대 효과의 후생기준과 관련하여 공정위의 의결, 고등법원의 판결, 그리고 대법원의 판결은 상이한 접근방식을 보여 왔다.[48]

### (3) 시정조치

경쟁을 제한하는 기업결합을 시정하기 위한 조치는 구조적 조치와 행위적 조치로 구분할 수 있다. 기업결합이 일정한 거래분야에서 경쟁을 실질적으로 제한하거나 제한할 우려가 있는 경우에는, 공정위가 결합회사에 대하여 당해 행위의 중지, 주식의 처분, 임원의 사임, 영업의 양도, 시정명령을 받은 사실의 공표,

기업결합에 따른 경쟁제한의 폐해를 방지할 수 있는 영업방식 또는 영업범위의 제한, 기타 시정조치를 명할 수 있다(공정거래법 16조 1항). 이러한 조치들 중에서 구조적 조치에 해당하는 것으로는 기업결합의 중지, 주식의 처분, 임원의 사임, 영업의 양도를 들 수 있고, 행위적 조치에 해당하는 것으로는 영업방식 또는 영업범위의 제한을 들 수 있다.[6] 구조적 조치는 불가역적이며 위험성을 수반하는 반면, 행위적 조치는 지속적 규제와 감독을 필요로 한다.[33]

#### (4) 미디어산업에서의 심결 사례

공정거래위원회의 심결(심의·의결) 사례를 보면, 동일한 지역시장에 있는 SO 간의 수평결합에 대해 수신료 인상을 제한하는 시정조치를 내린 사례가 다수 있다. 그리고 홈쇼핑 PP와 SO 간의 수직결합에 대해서 경쟁사업자에 대한 부당한 거래거절이나 차별적 취급을 하지 않도록 시정조치를 내린 사례도 다수 있다.[48]

### 2) 담합 규제

공정거래법에서는 담합(collusion)이나 카르텔(cartel) 또는 짬짜미 대신에 '부당한 공동행위'라는 법률적 용어를 주로 사용한다. 여기서는 담합이라는 용어를 주로 사용하고자 한다. 담합의 긍정적 측면은 경우에 따라 파멸적 경쟁을 회피할 수 있는 점, 산업합리화나 불황극복을 위한 담합의 경우 기업 도산과 대량 해고를 방지할 수 있는 점 등이 있다. 그러나 담합의 부정적 측면은 가격의 상승을 초래하는 점, 원가절감이나 경영합리화에 대한 유인을 감소시키는 점, 잠재적 경쟁자의 시장진입을 방해하는 점 등 다양하다.[41,100] 담합의 폐해는 독점의 폐해보다 심각하다. 독점은 시장지배적 지위가 남용되었을 때 폐해가 나타나며 규모의 경제와 같은 효율성을 수반하기도 한다. 반면에 담합은 규모의 경제를 초래하지 않고 자원배분의 비효율을 초래하며 담합 참여자에게 혁신의 유인을 약화시킨다.[99]

담합이 나타나기 쉬운 시장구조의 조건은 다음과 같다. 첫째, 시장집중도가 높은 산업이다. 이러한 산업에서는 소수의 기업만이 존재하므로 기업 간 합의가 쉽게 이루어질 수 있다. 둘째, 기업 간에 생산비용의 구조가 유사한 산업이다. 비용구조가 유사하면 기업들의 가격 수준도 유사하게 되어 담합의 유인이 큰 반면, 비용구조가 상이하면 각 기업이 선호하는 가격 수준이 달라져서 담합이 어려워진다. 셋째, 진입장벽이 높은 산업이다. 신규기업이 용이하게 진입할 수 있는 산업에서는 담합이 이루어지기 힘들다.[73] 외국에 비해 국내에서 담합의 발생 빈도가 높다. 그 이유로는 국내의 주요 산업이 대기업 주도의 과점인 점, 정부기관의 행정지도가 보편화되어 있는 점, 사업자단체가 담합을 조장하는 수단으로 작용할 수 있는 점 등이 거론되고 있다.[99]

### (1) 담합의 유형

공정거래법은 어떤 사업자가 계약, 협정, 결의 또는 기타 방법으로 다른 사업자와 공동으로 부당하게 경쟁을 제한하는 행위를 금지하고 있다(19조 1항). 공정거래법에서 금지하고 있는 부당한 공동행위의 유형은 〈표 15-6〉에 나열되어 있다.

〈표 15-6〉 담합의 유형

| 담합 유형 | 내 용 |
|---|---|
| 가격 담합 | 가격을 결정 · 유지 또는 변경 |
| 거래조건 담합 | 거래조건을 결정 |
| 공급제한 담합 | 생산 · 출고 · 수송 또는 거래를 제한 |
| 시장분할 담합 | 거래지역 또는 거래상대방을 제한 |
| 설비제한 담합 | 설비 신 · 증설이나 장비도입을 방해 |
| 종류 · 규격제한 담합 | 상품 또는 용역의 종류나 규격을 제한 |
| 영업수행 · 관리 담합 | 영업 주요부문을 공동으로 관리하기 위한 회사 등을 설립 |
| 입찰 담합 | 낙찰자, 낙찰가격 등을 결정 |
| 기타 담합 | 다른 사업자의 사업활동 또는 사업내용을 방해하거나 제한 |

### (2) 경쟁제한성의 판단

공정거래법상 부당한 공동행위가 성립하려면 세 가지 요건이 필요하다. 첫째, 둘 이상의 사업자가 존재해야 한다. 둘째, 합의가 존재해야 한다. 합의가 존재하면 합의 내용에 따른 행위가 없어도 부당한 공동행위가 성립한다. 그러나 개별 사업자의 독자적 판단에 따른 결과로 사업자들의 행위가 일치되는 경우에는 합의로 간주하지 않는다. 셋째, 담합의 경쟁제한성이 인정되어야 한다.

담합의 경쟁제한성 판단과 관련하여 미국에서는 당연위법의 원칙(per se illegal)과 합리의 원칙(rule of reason)이 형성되었다. 당연위법의 원칙이란 일정한 유형의 행위는 경험칙에 근거하여 경쟁제한성이 명백하므로 경쟁제한성에 대한 입증이 없이도 위법성을 인정하는 것이다. 주로 경성 담합으로 구분되는 가격 담합, 공급제한 담합, 시장분할 담합 등에 적용된다. 합리의 원칙이란 행위가 실제로 시장에 미치는 경쟁제한 효과와 효율성증대 효과를 비교하여 위법성을 판단하는 것이다. 당연위법의 원칙은 행정적 비용의 절감, 사업자의 예측가능성 제고, 법집행의 자의성 감소 등의 장점을 가진다. 반면에 합리의 원칙은 환경의 변화나 사건의 고유성에 따른 유연한 법집행이 가능한 점, 피고에 대한 공정한 청문의 기회를 허용하는 점 등의 장점을 가진다.[77]

〈표 15-7〉 담합의 경쟁제한성 판단

| 판단 단계 | 고려사항 |
|---|---|
| 공동행위의 성격 | - 경성 담합은 시장분석이 없어도 위법으로 판단<br>- 연성 담합은 경쟁제한 효과가 불분명하면 추가심사 |
| 경쟁제한 효과 | - 관련시장의 획정<br>- 시장점유율 산정: 시장점유율이 20% 이하인 경우 심사종료<br>- 시장지배력 심사: 시장점유율, 해외경쟁 도입, 진입가능성 등을 고려<br>- 참여사업자 간 경쟁제한의 수준 심사: 담합의 존속기간, 자산에 대한 통제, 참여사업자 간 경쟁허용 수준 등을 고려<br>- 경쟁제한효과가 없다고 판단되면 심사종료 |
| 효율성증대 효과 | - 효율성의 실현방법, 효율성의 크기 등을 고려 |
| 비교 형량 | - 효율성 증대 효과가 경쟁 제한 효과를 상쇄하는지 여부 검토 |

출처: 공동행위심사기준(공정거래위원회 예규 제49호)으로부터 재구성

### (3) 담합에 대한 제재

공정거래법은 담합의 합의에 대한 사법적 효력을 부인한다. 공정거래법상 담합에 대한 제재는 크게 행정적 제재(시정조치, 과징금 등), 형사적 제재(징역, 벌금 등), 민사적 제재(손해배상 등)로 구분된다.

#### (4) 행정지도와 담합

통신산업과 미디어산업은 재화의 공공성과 시장의 고집중도로 인해 규제산업의 특성이 강하다. 이러한 규제산업에서는 규제기관의 행정지도가 오히려 담합의 형성에 기회를 제공하는 경우가 적지 않았다. 공정거래위원회는 「행정지도가 개입된 부당한 공동행위에 대한 심사지침」을 제정했는데, 이 지침의 원칙은 행정지도가 담합의 원인인 경우에도 위법하다는 것이다.

#### (5) 심결 사례

공정거래위원회의 담합에 대한 심결 사례를 보면 피심인의 적격성, 산업의 현황, 행위 사실의 인정, 경쟁제한성의 판단, 과징금부과의 근거 등의 단계를 거친다. 1981년부터 2007년까지 통신산업과 미디어산업에서 발생한 담합의 유형 중에서 가격 담합이 70%가 넘는 비중을 차지하고 있다. 특히 통신산업의 경우 담합의 반복이 심한 편이다. 그 이유로는 규모의 경제성이 커서 소수의 기업이 시장을 지배하고 있는 점, 제공하는 서비스가 비교적 동질적이고 비용구조의 차이도 작아서 담합의 형성이 용이한 점, 사업자들의 행동을 합치시킬 수 있는 역할을 하는 행정지도가 자주 발생한다는 점 등을 들 수 있다.[47]

### 3) 시장지배적 지위의 남용행위에 대한 규제

시장구조가 집중화되고 있는 통신산업과 미디어산업에서 시장지배적 지위의 남용 가능성은 점증하고 있다. 시장지배적 지위의 남용에 대한 규제 체계는 관련시장의 획정, 시장지배적 사업자 여부의 판단, 남용행위 여부의 판단, 제재 수준의 결정 등의 순서를 지닌다. 여기서는 시장지배적 사업자 여부의 판단, 시장지배적 지위의 남용행위의 유형, 그리고 미디어산업에서 일어난 시장지배적 지위의 남용 사례를 살펴보고자 한다.

### (1) 시장지배적 사업자 여부의 판단

시장지배적 사업자란 일정한 거래분야의 공급자나 수요자로서 단독으로 또는 다른 사업자와 함께 상품이나 용역의 가격, 수량, 품질, 또는 기타 거래조건을 결정·유지 또는 변경할 수 있는 사업자를 말한다(공정거래법 2조 7항). 어떤 사업자를 시장지배적 사업자로 추정하기 위해서는 $CR_1$이 50% 이상이거나 $CR_3$이 75% 이상(여기서 시장점유율이 10% 미만인 사업자는 제외)이어야 한다(공정거래법 4조).

### (2) 시장지배적 지위의 남용행위

시장지배적 지위의 남용행위의 유형은 〈표 15-8〉에 나타난 바와 같이 여섯 가지로 구분할 수 있다(공정거래법 제3조의 2 제1항). 이러한 유형들 중에서 가격남용, 부당한 출고조절, 그리고 소비자이익 저해는 착취적 남용행위에 속하는 반면 사업활동 방해, 신규진입 제한, 경쟁사업자 배제는 배제적 남용행위에 속한다.[58] 착취적 남용행위의 부당성은 거래상대방이나 소비자의 이익 침해 여부에 중점을 두는 반면, 배제적 남용행위의 부당성은 경쟁제한성 여부에 중점을 둔다.[68]

〈표 15-8〉 시장 지배적 지위의 남용행위의 유형

| 남용행위 유형 | 공정거래법 내용 |
|---|---|
| 가격남용 | 상품의 가격이나 용역의 대가를 부당하게 결정·유지 또는 변경 |
| 부당한 출고조절 | 상품의 판매 또는 용역의 제공을 부당하게 조절 |
| 사업활동 방해 | 다른 사업자의 사업활동을 부당하게 방해 |
| 신규진입 제한 | 새로운 경쟁사업자의 참가를 부당하게 방해 |
| 경쟁사업자 배제 | 부당하게 경쟁사업자를 배제하기 위하여 거래 |
| 소비자이익 저해 | 소비자의 이익을 현저히 저해할 우려가 있는 행위 |

### (3) 심결 사례

경험적 연구에 의하면, 미디어산업에서는 시장지배적 지위의 남용행위가 다른 산업에 비해 자주 일어난다. 자주 일어나는 남용행위 유형은 사업활동 방해, 경쟁사업자 배제, 소비자이익 저해이다. 그 중에서도 사업활동 방해의 빈도가 높다. 예를 들면, SO가 홈쇼핑채널에 대한 송출을 중단한 사건, 인터넷포털이 동영상 공급업체에 대해 동영상 상영 전에 광고를 금지시킨 사건, 마이크로소프트사의 결합판매 등을 들 수 있다. 경쟁사업자 배제의 예로는 오픈마켓 사업자가 자신의 경쟁사와 거래하고 있던 사업자들에게 경쟁사와의 거래를 중단하도록 요구한 사건 등을 들 수 있다. 소비자이익 저해의 예로는 SO가 저렴한 티어의 가입자를 비싼 티어의 가입자로 전환시킬 목적으로 저가 티어에 편성되었던 인기 채널들을 고가 티어로 변경한 사건 등을 들 수 있다.[46]

## 5. 불공정거래 행위의 규제

### 1) 공정거래법상 불공정거래 행위의 규제

공정거래법은 공정한 거래를 저해할 우려가 있는 행위를 불공정거래 행위라고 하여 이를 금지하고 있다. 따라서 사업자는 직접 불공정거래행위를 하거나 계열사 또는 다른 사업자로 하여금 불공정거래 행위를 하도록 해서는 안 된다(공정거래법 23조). 공정거래법은 불공정거래행위의 금지를 시장지배적 지위의 남용 금지, 기업결합의 제한, 부당한 공동행위의 금지 등과 함께 동법의 4대 지주의 하나로 규정하고 있다. 시장지배적 지위의 남용과 불공정거래 행위는 행위의 유형에 있어서 중복되는 경우가 있다. 그러나 시장지배적 지위의 남용은 시장집중도가 높은 시장에서 시장지배적 지위를 가진 사업자에게 적용되는 반면, 불공정거래 행위는 모든 사업자에게 적용된다. 따라서 시장지배적 지위의 남용 금지는 불공정거래 행위 금지에 대해 특별법적 지위에 있게 되어 우선적으로 적용된다.[6]

특수한 사업분야 또는 특정한 행위에만 적용되는 특수 불공정거대 행위에 대해서는 그 세부기준이 별도로 고시되고 있다. 이러한 특수 불공정거래행위에는 신문업에 있어서의 특수 불공정거래 행위가 포함되어 있다. 이에 대한 자세한 내용은 「신문업에 있어서의 불공정거래행위 및 시장지배적지위남용행위의 유형 및 기준」(공정거래위원회고시 제2015-15호)에 나타나 있다. 모든 사업분야에 공통적으로 적용되는 일반 불공정거래 행위에 대해서는 〈표 15-9〉에 나타난 바와 같이 아홉 개의 유형을 규정하고 있다(공정거래법 제23조 1항 및 동법 시행령 제36조 1항 별표1).

〈표 15-9〉 일반 불공정거래 행위의 유형

| 유 형 | 내 용 |
|---|---|
| 거래거절 | 사업자가 정당한 이유 없이 거래의 개시를 거절하거나, 계속적인 거래관계를 중단하거나, 거래하는 상품이나 용역의 수량·내용을 현저히 제한함. |
| 차별적 취급 | 거래상대방에 대해 가격, 기타 거래조건을 차별하여 경쟁자나 거래상대방의 지위를 약화시키는 행위. |
| 경쟁사업자 배제 | 경쟁자를 배제하기 위해 상품이나 용역을 공급원가보다 현저히 낮은 가격으로 공급(부당염매) 또는 부당하게 높은 가격으로 구입(부당고가매입). |
| 부당한 고객유인 | 과대한 이익의 제공, 거래조건에 대한 고객의 오인, 계약성립의 저지 등을 통해 부당하게 경쟁자의 고객을 자기와 거래하도록 유인함. |
| 거래강제 | 끼워팔기 또는 회사 임직원으로 하여금 상품이나 용역을 구입·판매하도록 강제하는 행위 등을 통해 경쟁자의 고객을 자기와 거래하도록 강제함. |
| 거래상 지위 남용 | 거래상 지위를 부당하게 이용하여 거래상대방에게 거래상 불이익을 줌 |
| 구속조건부 거래 | 거래상대방의 거래지역 또는 거래상대를 제한함으로서 사업활동을 부당하게 구속하는 조건으로 거래함. |
| 사업활동 방해 | 다른 사업자의 기술을 부당하게 이용하거나 인력을 부당하게 채용하는 행위, 거래처의 이전을 방해하는 행위 등을 통해 사업활동을 방해하는 행위. |
| 부당한 지원행위 | 부당하게 특수관계인 또는 다른 회사에 대하여 자금, 자산, 인력 등을 지원하거나, 거래단계를 추가하여 지원함. '부당 내부거래'라고도 함. |

## 2) 방송법상 금지행위의 규제

통신산업 분야에서는 1996년에 전기통신사업법에 금지행위 규정을 신설하였다. 부가통신사업으로 분류된 IPTV 분야에서는 2009년에 IPTV법이 제정되면서 금지행위 규제가 도입되었다. 방송 분야에서는 2012년에 방송법 개정안이 시행되면서 금지행위 규제가 도입되었다. 공정거래위원회는 공정거래법을 통해 거의 모든 산업 분야에 걸쳐 불공정거래행위를 규제할 수 있다. 그러나 방송과 통신 분야에서 불공정거래 행위에 대한 규제는 공정거래법, 전기통신사업법, 방송법, IPTV법 등이 주로 적용된다. 공정거래법의 위반 행위는 일반 경쟁당국인 공정거래위원회의 관할인 반면, 다른 3개 법률의 위반 행위는 전문 규제기관인 방송통신위원회의 관할이다.[5]

방송법에 따르면, 방송사업자·중계유선방송사업자·음악유선방송사업자·전광판방송사업자·전송망사업자는 사업자 간의 공정한 경쟁 또는 시청자의 이익을 저해하거나 저해할 우려가 있는 행위를 하거나 제3자로 하여금 이를 하게 하여서는 아니 된다(방송법 제85조의2 제1항). 이러한 금지 행위는 〈표 15-10〉에 나열되어 있다.

〈표 15-10〉 방송법상 금지행위의 유형

| 구 분 | 내 용 |
|---|---|
| 1항 1호 | 정당한 사유가 없는 채널·프로그램 제공이나 필수설비 접근의 거부·중단·제한 또는 채널편성의 변경 |
| 1항 2호 | 적정한 수익배분의 거부·지연·제한 |
| 1항 3호 | 방송시청의 방해 또는 서비스제공 계약체결의 방해 |
| 1항 4호 | 부당한 시청자차별 |
| 1항 5호 | 이용약관 및 이용계약의 위반 |
| 1항 6호 | 시청자정보의 부당한 유용 |
| 1항 7호 | 홈쇼핑PP가 납품업자에 대해 상품판매 방송의 일정 및 제작비용에 대한 불공정한 결정·취소·변경 |
| 1항 8호 | 방송프로그램 출연자에 대한 정당한 사유 없는 출연금지 |

방송법상 금지행위 위반에 대한 방송통신위원회 심결의 일부 사례를 살펴보면 다음과 같다. SO가 PP에게 프로그램사용료 지급을 지연하고 그에 따른 지연이자도 미지급한 행위가 나타났다(2호 위반). 또한 SO가 방송상품을 판매하는 과정에서, 거짓으로 고지하거나 중요사항을 고지하지 않은 행위(3호 위반), 합리적 기준이 없이 이용요금을 차별한 행위(4호 위반), 가입자의 가입의사를 확인하지 않고 방송상품을 판매하는 행위(5호 위반) 등이 나타났다. 그리고 7개 홈쇼핑PP가 상품판매방송 제작비의 전부 또는 일부를 납품업체들에게 부당하게 전가한 행위도 발견되었다(7호 위반).

## 6. 규제와 구조-행위-성과

공정거래법에 의한 기업결합 규제는 행위적 시정조치를 통해서 기업의 행위에 영향을 미치기도 하고 구조적 시정조치를 통해서 시장의 구조에 영향을 미치기도 한다. 규제가 시장의 구조에 영향을 미치는 사례를 추가하자면, 시장점유율 합산 규제를 들 수 있다. '동일서비스 동일규제' 원칙에 따라 케이블TV방송, IPTV, 위성방송 등 유료방송 시장에서 한 사업자가 시장점유율을 전체시장의 3분의 1을 초과할 수 없도록 하는 시장점유율 합산규제가 일몰 규정의 조건을 달고 2015년에 시행되었으며 3년 후에 폐지되었다. 이러한 사례는 규제가 시장구조에 직접적으로 영향을 미치는 사례에 해당한다.

공정거래법을 통한 시장지배적 지위의 남용에 대한 규제, 불공정거래 행위의 규제, 방송법을 통한 금지행위의 규제 등 많은 규제가 기업의 행위에 영향을 미치고 있다. 규제가 기업의 행위에 영향을 미치는 사례를 추가하자면 티어링에 도입을 들 수 있다. 케이블텔레비전 도입기에는 티어링이 허용되지 않았다. 그러나 그 이후 티어링을 허용한 규제는 SO로 하여금 다양한 채널묶음 상품을 활용하게 만들도록 유인하였다. SO는 번들링의 활용을 통해 가격차별화를 구사하게 되고 다양한 수요자층을 끌어들일 수 있었다. 이는 결과적으로 SO의 수익성이라는 성과에도 긍정적 영향을 미치게 되었다.

미국에서 AT&T라는 통신기업이 독점이었던 시기에 규제기관은 그 독점기업의 수익성을 규제하는 수익률 규제(rate of return regulation)을 실시한 바 있다. 당시 전화산업은 자연독점으로 인식되고 있어서 전화시장에 경쟁을 도입하는 것은 규모의 경제를 해쳐서 비효율적인 것으로 간주되었다. 이러한 규제에 대응하여 독점기업은 기업규모를 확대하는 행위를 추구하였다. 왜냐하면 규제기관은 규제를 받는 사업자의 원가에 대한 충분한 정보를 갖기 어려웠고 독점기업은 기업규모를 늘려도 효율성과 무관하게 적정한 수익률이 보장되었기 때문이다. 이러한 규제는 기업의 성과에 직접적으로 영향을 미치는 사례에 해당한다.

# 참고문헌

1 강남준 · 이종영 · 이혜미 (2008). 군집분석 방법을 사용한 미디어 레퍼토리 유형분석. 〈한국방송학보〉, 22권 2호, 7 - 46.
2 강남호 · 김경표 (2019). 〈경제학원론〉. 파주: 정독.
3 강종근 (2015). 〈방송학〉. 파주: 한울.
4 구지은 (2018). 구독 서비스의 프로모션에서 무료서비스 제공 시기가 소비자 태도에 미치는 영향. 〈광고학연구〉, 29권 4호, 27 - 45.
5 권오상 외 10인 (2019). 〈방송법연구〉. 파주: 법문사.
6 권오승 (2008). 〈경제법〉(제6판). 파주: 법문사.
7 권오승 · 이원우 (2007). 〈공정거래법과 규제산업〉. 파주: 법문사.
8 권택민 · 김효용 (2015). 〈디지털미디어와 콘텐츠산업의 이해〉. 서울: 홍릉과학출판사
9 권호영 · 송민정 · 한광접 (2015). 〈디지털 미디어 경영론〉. 서울: 커뮤니케이션북스.
10 권호영 · 오정호 (2005). 〈케이블TV 10년의 산업적/정책적 평가〉. 케이블TV 10주년 기념 세미나 발간집.
11 김광수 · 우성택 · 권은아 (2010). 〈광고학〉(개정판). 서울: 한나래출판사.
12 김기영 · 임종수 · 정행득 (2019). 〈세계화 · 정보화 시대의 경제와 생활〉. 서울: 드남.
13 김남석 (1995). 해방 후 한국신문산업의 역사적 변화: 산업조건과 시장구조의 분석을 중심으로 〈한국언론정보학보〉, 6, 109 - 140.
14 김대식 · 노영기 · 안국신 · 이종철 (2018). 〈현대경제학원론〉(제7판). 서울: 박영사
15 김대연 (2017). 규제의 역설: 단말기유통법 형성 및 시행과정 분석. 〈정책분석평가학회보〉, 27권 4호, 25 - 61.
16 김도환 (2009). 수직적 · 수평적 차별화 시장에서의 서비스 요금전략: 와이브로와 HSDPA 서비스를 중심으로. 〈경영과학〉, 26권 3호, 67 - 78.
17 김상규 (2015). 생산자와 소비자 행태 관련 속담의 경제적 함의 탐색. 〈경제교육연구〉, 22권 2호, 21 - 48.
18 김상준 · 정차숙 (2018). 광고매체와 매체기획. 김병희 외(편), 〈광고와 PR의 이론과 실제〉(351 - 400쪽). 서울: 학지사.
19 김승수 (1996). 한국 신문산업의 집중과 정책적 대안에 대한 연구. 〈한국언론학보〉, 39호, 180 - 224.
20 김위근 · 이동훈 · 조영신 · 김동윤 (2013). 〈한국의 인터넷 뉴스: 언론사닷컴, 인터넷신문 그리고 포털 뉴스서비스〉. 서울: 한국언론진흥재단.
21 김준홍 · 김유석 · 김승현 (2010). 헬스 커뮤니케이션에서 프레이밍 학술문헌의 메타연구. 〈커뮤니케이션 이론〉, 6권 1호, 229 - 294.
22 김진두 (2008). 신자유주의 언론정책과 신문 산업 전망. 〈한국출판학연구〉, 34권 1호,

129 - 150.
23 김철중 (2018). 〈핵심 재무관리 예해〉. 서울: 탐진.
24 김태훈 (2019, 11, 2). '샘터'와 '인물과 사상'을 덮친 잡지의 위기. 〈경향신문〉.
25 김평수 · 윤홍근 · 장규수 (2016). 〈문화콘텐츠 산업론〉(전면개정판). 서울: 커뮤니케이션북스.
26 김현종 (2008). 〈수평기업결합의 경제분석에 대한 고찰 및 시사점 연구〉. 서울: 한국경제연구원.
27 김휴종 (2001). 영화 산업. 한국문화경제학회(편), 〈문화경제학 만나기〉(220 - 247쪽). 서울: 김영사.
28 문외솔 · 송승주 (2016). 노동공급 탄력성 추정. 〈노동경제논집〉, 39권 2호, 35 - 51.
29 문지혜 · 이숙정 (2015). 뉴스 미디어 레퍼토리에 따른 후기 청소년의 정치적 시민성 차이에 관한 연구. 〈한국청소년연구〉, 26권 1호, 217-244.
30 문화체육관광부 (2019). 〈2018 콘텐츠산업 통계조사〉. 세종시: 문화체육관광부.
31 박광순 (2007). 〈문화의 경제학〉. 서울: 유풍출판사.
32 박덕현 · 홍진환 (2015). 한국 PDA 산업의 성장과 쇠퇴에 관한 연구. 〈경영사학〉, 30집 1호, 183 - 201.
33 박병형 (2006). 기업결합규제에서의 구제조치. 〈산업조직연구〉, 14집 1호, 49 - 87.
34 박상범 · 이재식 · 김정효 (2019). 〈현대 경영학원론〉(제2판). 서울: 탑북스.
35 방송통신위원회 (2018). 〈2018 방송산업 실태조사 보고서〉. 과천: 방송통신위원회.
36 성욱제 · 주성희 · 박찬경 · 이원태 (2011). 〈국내제작 애니메이션 판정기준 정비방안 연구〉. 서울: 방송통신위원회.
37 신봉호 (2018). 〈미시경제학〉(제4판). 서울: 박영사.
38 심성욱 · 전종우 · 고한준 (2018). 〈광고학 개론〉. 서울: 서울경제경영출판사.
39 안진용 (2019, 2, 25). 수익률 1236%…'극한직업' 역대 최고치 넘봐. 〈문화일보〉.
40 안홍식 (2019). 〈경제학원론〉(제6판). 서울: 삼영사.
41 양명조 (2007). 카르텔의 규제법리와 판례분석. 권오승 · 이원우 (편), 〈공정거래법과 규제산업〉(254 - 271쪽). 파주: 법문사.
42 오은주 (2016). 영상미디어 창조인재의 노동시장 특성과 역량 강화 방향. 〈문화정책논총〉, 30권 2호, 194 - 215.
43 오정호 (2004). 텔레비전 프로그램의 수출가격 결정요인에 관한 연구. 〈한국언론학보〉, 48권 6호, 5 - 33.
44 오정호 (2007a). 광고지출액과 광고집약도의 결정요인에 관한 연구. 〈한국언론학보〉, 51권 6호, 288 - 316.
45 오정호 (2007b). 다각화 및 기업결합, 장르 편성 행위와 수익성: 방송채널사용사업자를 중심으로. 〈한국방송학보〉, 21권 6호, 241 - 278.
46 오정호 (2008). 미디어산업에서의 시장지배적지위 남용행위 분석. 〈한국언론정보학보〉, 통권 44호, 180 - 222.

47 오정호 (2009). 통신 및 미디어 산업에서의 카르텔에 대한 심결사례 연구. 〈한국언론정보학보, 통권 46호, 627 - 670.

48 오정호 (2011). 기업결합의 산업별 특성과 시정조치의 결정요인. 〈미디어 경제와 문화〉, 9권 4호, 7 - 64.

49 오정호 (2013a). 기업차원의 광고집약도와 상품다각화: 기업수준과 산업맥락의 효과. 〈한국언론학보〉, 57권 2호, 236 - 261.

50 오정호 (2013b). 광고지출의 성장 모형. 〈미디어 경제와 문화〉, 11권 2호, 51 - 102.

51 오정호 (2013c). 방송채널사용사업자 산업에서의 전략그룹구조와 전략그룹 내 성과 차이. 〈방송과 커뮤니케이션〉, 14권 3호, 47 - 90.

52 오정호 (2014). 다시장접촉과 비가격 경쟁: 방송채널사용사업자 산업에서의 상호자제 가설 검증. 〈미디어 경제와 문화〉, 12권 2호, 89 - 147.

53 오정호 (2016). 타일지수와 이동지표를 활용한 미디어 시장구조 분석. 〈한국언론정보학보〉, 통권 78호, 141 - 176.

54 오정호 (2017). 신문 시장에서의 경쟁, 재정투입, 그리고 다각화. 〈한국언론학보〉, 61권 5호, 526 - 557

55 유필화 · 곽영식 (2001). 가격매김형태별 이익 결정요인 검증에 관한 연구. 〈경영학연구〉, 30권 1호, 183 - 212.

56 윤석민 · 이현우 (2011). 우리나라 유료방송 PP사업자 정상화 방안. 〈정보통신정책연구〉, 18권 3호, 23 - 56.

57 이규현 (2005). 〈신상품 마케팅: 혁신 확산 접근〉. 서울: 경문사.

58 이기종 (2006). 시장지배적지위 남용행위로서의 가격남용과 출고조절행위. 〈상사판례연구〉, 19권 4호, 315 - 347.

59 이봉의 (2007). 신문시장의 규제와 경쟁. 권오승 · 이원우 (편),〈공정거래법과 규제산업〉(676 - 700쪽). 파주: 법문사.

60 이상규 (2010). 양면시장의 정의 및 조건. 〈정보통신정책연구〉, 17권 4호, 73 - 105.

61 이상기 (2011). 신문산업의 경제적 파급효과 분석 산업연관표 분석을 중심으로. 〈언론학연구〉, 15권 1호, 165 - 200.

62 이승현 · 임종석 · 한진만 (2017). 방송산업의 특수성에 관한 연구: 지역방송의 매출과 편성을 중심으로. 〈한국엔터테인먼트산업학회논문지〉, 11권 8호, 1 - 16.

63 이은민 (2016). 구글의 최근 M&A 동향과 전략. 〈동향〉, 28권 19호, 1 - 11.

64 이재율 (2017). 〈경제학의 이해〉(제3판). 서울: 문영사.

65 이준구 · 이창용 (2015). 〈경제학원론〉(제5판). 고양: 문우사.

66 이혁우 (2010). 정부실패. URL: http://kapa21.or.kr/epadic/epadic__view.php?num=678&page=48&term__cate=&term__word=&term__key=&term__auth=

67 이희승 (2012). 지역방송 리얼리티 프로그램 제작자 연구: 부산지역 지상파 3사를 중심으로. 〈언론학연구〉, 16권 1호, 223 - 255.

68 임영철 (2007). 〈공정거래법: 해설과 논점〉. 파주: 법문사.
69 장세진 (2016). 〈경영전략〉. 서울: 박영사.
70 장은덕 (2017). 〈국내외 주파수 경매 현황 등〉. 국회입법조사처.
71 장호순 (2009). 〈신문시장 구조 개편을 통한 신문산업 활성화 방안: 지역거점 전국지 모델과 전국지/지역지의 계열화를 통한 신문시장 구조개선 방안〉. 한국언론학회 세미나 발표논문.
72 장흥훈 · 장동식 · 이재은 (2019). 〈현대 무역개론〉(개정판). 서울: 청목출판사.
73 정갑영 (2001). 〈산업조직론〉(개정판). 서울: 박영사.
74 정갑영 · 김동훈 · 최윤정 (2016). 〈산업조직론〉(제4판). 서울: 박영사.
75 정다원 (2018). 〈중국 비관세장벽(NTB) 구축 · 운영 사례에 관한 연구: 화장품 · 콘텐츠 · 금융 업종을 중심으로〉. 고려대학교 대학원 석사학위논문.
76 제일기획 (2016). 〈광고연감 2016〉. 서울: 제일기획.
77 조성국 (2007). 미국 카르텔 규제법리의 발전과 우리나라에 주는 시사점. 〈중앙법학〉, 9집 1호, 349-374.
78 조영정 (2019). 〈무역학개론〉. 서울: 박영사.
79 채수완 · 유병준 · 권성우 (2007). 인터넷 포탈의 성공적인 분석: 인수합병 사례를 중심으로. 〈Information Systems Review〉, 9권 2호, 85-108.
80 최병삼 · 김주한 (2011). 플랫폼의 일반적 정의가 기업의 경제적, 전략적 의사결정에 미치는 효과에 관한 연구. 〈상업교육연구〉, 25권 3호, 157-176.
81 최성희 (2016). 〈행동경제학 핸드북: 기초 개념 정리 및 에너지시장으로의 적용〉. 서울: 시그마프레스.
82 최승재 (2008). 양면시장이론과 한국 경쟁법상 역할에 대한 연구: 구글의 더블클릭 인수 사건을 포함하여. 〈경쟁법연구〉, 17권, 225-265.
83 최정표 (2003). 〈산업조직경제학〉(제3판). 서울: 형설출판사.
84 최중락 (2018). 〈재미있는 재무관리〉. 서울: 상경사.
85 최충규 (2005). 〈기업결합심사의 후생기준과 효율성 증대효과의 판단〉. 서울: 한국경제연구원.
86 최호규 · 권주형 (2018). 〈광고의 이해〉(제2판). 서울: 이프레스.
87 통계청 (2017). 〈한국표준산업분류〉. 대전: 통계청
88 하주용 (2005). 디지털 위성방송과 케이블텔레비전의 경쟁분석: 미국의 사례를 중심으로. 〈한국방송학보〉, 19권 1호, 218-254.
89 한국관세무역연구원 (2001). 〈관세율분석 관련 데이터베이스 구축 및 관리에 관한 연구〉. 서울: 한국관세무역연구원.
90 한국광고산업협회 (2017). 〈2017 광고산업〉. 서울: 한국광고산업협회.
91 한국방송광고진흥공사 (2018). 광고 유형별 용어 정리. URL: https://adstat.kobaco.co.kr/expenditure/expenditure_word.asp
92 한국언론진흥재단 (2014). 〈2014 신문산업 실태조사〉. 서울: 한국언론진흥재단.

93 한국언론진흥재단 (2018a). 〈2018 신문산업 실태조사〉. 서울: 한국언론진흥재단.

94 한국언론진흥재단 (2018b). 〈2018 해외 미디어 동향〉. 서울: 한국언론진흥재단.

95 한국은행 (2006). 〈2005년 기업경영분석〉. 서울: 한국은행.

96 한국저작권보호원 (2017). 〈2017 저작권 보호 연차보고서〉. 서울: 한국저작권보호원.

97 한병영 (2009). 시장진입장벽의 발생원인에 관한 고찰. 〈경쟁법연구〉, 19권, 222-276.

98 한선 · 이오현 (2012). 지역방송의 지역성 개념과 지역성 구현의 문제: 광주지역 방송 생산을 중심으로. 〈한국방송학보〉, 26권 5호, 271-306.

99 허선 (2005). 공정위의 카르텔 규제성과와 향후 정책방향. 〈경쟁법연구〉, 12권, 3-27.

100 홍명수 (2005). 카르텔 규제의 문제점과 개선방안에 관한 고찰. 〈경쟁법연구〉, 11권, 241-301.

101 홍명수 (2017). EU 경쟁법상 약탈적 가격 규제 법리의 검토와 시사점: France Telecom 판결을 중심으로. 〈법학논고〉, 59집, 259-284.

102 홍훈 (2016). 〈홍훈교수의 행동경제학 강의〉. 파주: 서해문집.

103 스가야미노루(菅谷實) · 나카무라기요시(中村清) (편) (2000). 〈방송 미디어 경제학〉. 송진명 (역) (2003). 서울: 한국방송영상산업진흥원.

104 Adams, W. J., & Yellen, J. L. (1976). Commodity bundling and the burden of monopoly. *Quarterly Journal of Economics*, 90(3), 475-498.

105 Adelman, M. A. (1969). Comment on the "H" concentration measure as a numbers-equivalent. *Review of Economics and Statistics*, 51(1), 99-101.

106 Aghion, P., Bloom, N., Blundell, R., Griffith, R., & Howitt, P. (2005). Competition and innovation: An inverted-U relationship. *Quarterly Journal of Economics*, 120(2), 701-728.

107 Albarran, A. B. (2002). *Media economics: Understanding markets, industries and concepts*(2nd ed.). Ames, IA: Iowa State Press.

108 Albarran, A. B., Chan-Olmsted, S. M., & Wirth, M. O. (Eds.), (2006). *Handbook of media management and economics*. 김동규 · 정재민 · 서상호 (역) (2009). 〈미디어 경제경영론: 이론과 방법〉. 파주: 나남.

109 Albarran, A. B, (2010). *The media economy*. New York: Routledge.

110 Alfonso, S. (2006). Issues in media globalization. In A. B. Albarran, S. M. Chan-Olmsted & M. O. Wirth (Eds.), *Handbook of media management and economics*(pp. 181-201). Mahwah, NJ: Lawrence Erlbaum.

111 Anderson, C. (2004). The long tail [On-Line *Wired*. Retrieved from http://www.wired.com/wired/archive/12.10/tail.html

112 Anderson, C. (2006). *The long tail: Why the future of business is selling less of more*. New York, NY: Hyperion.

113 Areeda, P. E., & Turner, D. F. (1975). Predatory pricing and related

practices under section 2 of the Sherman Act. *Harvard Law Review*, 88, 697-733.

114 Arrow, K. (1962). Economic welfare and the allocation of resources for invention. In R. Nelson (Ed.), *The rate and direction of inventive activity*(pp. 609-625). Princeton, NJ: Princeton University Press.

115 Axelrod, R. (1984). *The evolution of cooperation*. New York: Basic Books.

116 Bagwell, K. (2007). The economic analysis of advertising. In M. Armstrong & R. Porter(Eds.). *Handbook of industrial organization*(pp. 1701-1844). New York, NY: Elsevier.

117 Baldwin, J. R., & Gorecki, P. K. (1994). Concentration and mobility statistics in Canada's manufacturing sector. *Journal of Industrial Economics*, 41(1), 93-103.

118 Barney, J. (1991). Firm resources and sustained competitive advantage. *Journal of Management*, 17(1), 99-120.

119 Bates, B. J., & Albright, K. S. (2006). Issues in network/distribution economics. In A. B. Albarran, S. M. Chan-Olmsted & M. O. Wirth (Eds.), *Handbook of media management and economics*(pp. 181-201). Mahwah, NJ: Lawrence Erlbaum.

120 Baumol, W. J. (1967). Macroeconomics of unbalanced growth: The anatomy of urban crisis. *American Economic Review*, 57(3), 415-426.

121 Baumol, W. J., & Bowen, W. G. (1966). *Performing arts: The economic dilemma*. Cambridge, MA: MIT Press.

122 Becker, G. S., & Murphy, K. M. (1993). A simple theory of advertising as a good or bad. *Quarterly Journal of Economics*, 108, 941-964.

123 Becker, L. B., Hollifield, C. A., Jacobsson, A., Jacobsson, E. M., & Vlad, T. (2009). Is more always better?: Examining the adverse effects of competition on media performance. *Journalism Studies*, 10(3), 368-385.

124 Belch, G., & Belch, M. (2012). *Advertising and promotion: An integrated marketing communications perspective*(9th ed.). 김찬목·서찬주·이상학 (역) (2014). 〈IMC 광고론〉. 서울: 한경사.

125 Bellu, L. G., & Liberati, P. (2006a). Describing income inequality: Theil index and Entropy class indexes. Retrieved from http://www.fao.org/docs/up/easypol/445/theil_index_051en.pdf

126 Bellu, L. G., & Liberati, P. (2006b). Policy impacts on inequality: Decomposition of income inequality by subgroups. Retrieved from http://www.fao.org/docs/up/easypol/444/dcmpsng-inqulty-sbgrp-052en.pdf

127 Bernheim, D. B. & Whinston, M. D. (1990). Multimarket contact and collusive behavior. *Rand Journal of Economics,* 21(1), 1-26.

128 Bikker, J. A., & Haff, K. (2002). Measures of competition and concentration in the banking industry: A review of the literature. *Economic & Financial Modelling,* 9, 53-98.

129 Borjas, G. J. (2015). *Labor economics*(7th ed.). 박철성 · 송헌재 · 강창희 (역) (2017).〈노동경제학〉. 서울: 시그마프레스.

130 Carbajo, J., de Meza, D., & Seidmann, D. J. (1990). A strategic motivation for commodity bundling. *Journal of Industrial Economics,* 38, 283-298.

131 Caves, R. E. & Porter, M. E.(1977). From entry barriers to mobility barriers: Conjectural decisions and contrived deterrence to new competition. *Quarterly Journal of Economics,* 91(2), 241-261.

132 Chang, B., & Chan-Olmsted, S. M. (2005). Relative constancy of advertising spending: A cross-national examination of advertising expenditures and their determinants. *Gazette,* 67(4), 339-357.

133 Chan-Olmsted, S. M. (2006). Issues in strategic management. In A. B. Albarran, S. M. Chan-Olmsted & M. O. Wirth (Eds.), *Handbook of media management and economics*(pp. 161-180). Mahwah, NJ: Lawrence Erlbaum.

134 Chuang, J. C., & Sirbu, M. A. (1999). Optimal bundling strategy for information goods: Network delivery of articles and subscriptions. *Information Economics and Policy,* 11, 147-176.

135 Coase, R. H. (1937). The nature of the firm. *Economica,* 4, 386-405.

136 Collins, N. R., & Preston, L. E. (1961). The size structure of the largest industrial firms, 1909-1958. *American Economic Review,* 51, 986-1011.

137 Coccorese, P., & Pellecchia, A. (2009). Multimarket contact and profitability in banking: Evidence from Italy. *Journal of financial Services Research,* 35, 245-271.

138 Coyle, D., & Siciliani, P. (2013). The economics of public service broadcasting: A research agenda. In R. G. Picard & P. Siciliani (Eds.), *Is there still a place for public service television?*(pp. 57-69). Reuters Institute.

139 Cready, W. M. (1991). Premium bundling. *Economic Inquiry,* 29, 173-179.

140 Cunningham, S., Flew, T., & Swift. A. (2015). Media economics. London: Palgrave.

141 Darby, M. R., & Karni, E. (1973). Free competition and the optimal amount of fraud. *Journal of Law & Economics,* 16(1), 67-88.

142 Deleersnyder, B., Dekimpe, M. G., Steenkamp, J., & Leeflang, P. (2009).

The role of national culture in advertising's sensitivity to business cycles: An investigation across continents. *Journal of Marketing Research,* 46(5), 623-636.

143 Dhar, S. K., & Raju, J. S. (1998). The effects of cross-ruff coupons on sales and profits. *Management Science,* 44, 1501-1516.

144 Dolansky, E., & Vandenbosch, M. (2012). Perceived variance and preference for sequences of outcomes. *Journal of Product & Brand Management*, 21(4), 285-292.

145 Dorfman, R., & Steiner, P. (1954). Optimal advertising and optimal quality. *American Economic Review,* 44(5), 826-836.

146 Doyle, G. (2013). *Understanding media economics*(2nd ed.). London: Sage.

147 Dulleck, U., Kerschbamer, R., & Sutter, M. (2011). The economics of credence goods: An experiment on the role of liability, verifiability, reputation, and competition. *American Economic Review*, 101(2), 526-55.

148 Economides, N. (1996). The economics of networks. *International Journal of Industrial Organization*, 14, 673-699.

149 Edwards, C. D. (1955). Conglomerate bigness as a source of power. In National Bureau Committee for Economic Research(Eds), *Business concentration and price policy*(pp. 331-352). Princeton, NJ: Princeton University Press.

150 Ehrenberg, A. S. C., Goodhardt, G. J., & Barwise, T. P. (1990). Double jeopardy revisited. *Journal of Marketing*, 54, 82-91.

151 Ehrenberg, R. G., & Smith, R. S. (2014). *Modern labor economics: Theory and public policy*(12th ed.). 한홍순 · 김중렬 (역) (2015). 〈현대 노동경제학: 이론과 공공정책〉. 서울: 퍼스트북.

152 Eppen, G. D., Hanson, W. D., & Martin, R. K. (1991). Bundling - new products, new markets, low risk. *Sloan Management Review*, 32(4), 7-14.

153 Europe Economics (2002). Market definition in the media sector: Economic issues. Report by Europe Economics for the European Commission, DG Competition.

154 European Association for Viewers Interests (2009). Study on assessment criteria for media literacy levels. Retrieved from http://www.eavi.eu/joomla/what-we-do/researchpublications/70-study-on-assessment-levels-of-ml-in-europe

155 Evans, D. S. (2003). The antitrust economics of multi-sided platform markets. *Yale Journal on Regulation*, 20, 325-382.

156 Evans, D. S. & Schmalensee, R. (2008). Markets with two-sided

platforms. *Issues in Competition Law and Policy(ABA Section of Antitrust Law)*, 1, 667 - 693.

157 Evans, J. (2006). Dual system theories of cognition: Some issues. Presented at the 2006 annual meeting of the Cognitive Science Society.

158 Farris, P., & Buzzel, R. D. (1979). Why advertising and promotional costs vary: Some cross - sectional analyses. *Journal of Marketing*, 43(4), 112 - 122.

159 Forbes (2018, 7, 16). Forbes releases 2018 Celebrity 100 list of the world's highest - paid entertainers. Retrieved from https://www.forbes.com/sites/forbespr/2018/07/16/forbes-releases-2018-celebrity-100-list-of-the-worlds-highest-paid-entertainers/#93dffbc23b5e

160 Ford, G., Smith, D. B., & Swasy, J. L. (1988). An empirical test of the search, experience, and credence attributes framework. *Advances in Consumer Research*, 15, 239 - 243.

161 Ford, G., Smith, D. B., & Swasy, J. L. (1990). Consumer skepticism of advertising claims. *Journal of Consumer Research*, 16, 433 - 441.

162 Frank, R. H. (2016). *Microeconomics and behavior*(9th ed.). 홍인기 · 박창수 (역) (2016). 〈미시경제학〉. 서울: 맥그로힐에듀케이션코리아.

163 Galbraith, J. K. (1967). The new industrial state. Boston, MA: Houghton - Mifflin.

164 Gans, J. (2013). Television wants to be shared. In R. G. Picard & P. Siciliani (Eds.), *Is there still a place for public service television?*(pp. 21 - 26). Reuters Institute.

165 Gatignon, H., & Robertson, T. S. (1991). Innovative decision processes. In T. S. Robertson & H. H. Kassarjian (Eds.), *Handbook of consumer behavior*(pp. 316 - 348). Englewood Cliffs, NJ: Prentice - Hall.

166 Geyskens, I., Steenkamp, J. E. M., & Kumar, N. (2006). Make, buy, or ally: A transaction cost theory. *Academy of Management Journal*, 49(3), 519 - 543.

167 Guedri, Z. & McGuire, J. (2011). Multimarket competition, mobility barriers, and firm performance. *Journal of Management Studies,* 48(4), 857 - 890.

168 Guiltinan, J. P. (1987). The price bundling of services: A normative framework. *Journal of Marketing,* 51, 74 - 85.

169 Grubel, H. G., & Lloyd, P. J. (1975). I*ntra - industry trade: The theory and measurement of international trade in differentiated products*. London: Macmillan.

170 Hall, M., & Tideman, N. (1967). Measures of concentration. *Journal of the*

*American Statistical Association,* 62, 162 - 168.

171 Hatten, K. J. & Hatten, M. L.(1987). Strategic groups, asymmetrical mobility barriers and contestability. *Strategic Management Journal*, 8(4), 329 - 342.

172 Heeter, C. (1985). Program selection with abundance of choice: A process model. *Human Communication Research,* 12, 126 - 152.

173 Heilbrun, J. & Gray, C. M. (1993). *The economics of art and culture.* 이흥재 (역) (2000). 〈문화예술경제학〉. 서울: 살림출판사.

174 Helm, D. (2013). Regulating broadcasting. In R. G. Picard & P. Siciliani (Eds.), *Is there still a place for public service television?*(pp. 27 - 30). Reuters Institute.

175 Hitt, M. A., Ireland, R. D., & Hoskisson, R. E. (2001). *Strategic management: Competitiveness and globalization.* Cincinnati, OH: South - Western College Publishing.

176 Ho, D. E., & Imai, K. (2008). Estimating causal effects of ballot order from a ranodmized natural experiment: The California alphabet lottery, 1978 - 2002. *Public Opinion Quarterly*, 72(2), 216 - 240.

177 Horowitz, A., & Horowitz, I. (1968). Entropy, Markov processes and competition in the brewing industry. *Journal of Industrial Economics*, 16(3), 196 - 211.

178 Hoskins, C., & McFadyen, S. (1991). The US competitive advantage market: Is it sustainable in the new broadcasting environment? *Canadian Journal of Communication,* 16(2), 207 - 224.

179 Hoskins, C., & McFadyen, S. (1993). Canadian participation in international co - productions and co - ventures in television Programming. *Canadian journal of Communication*, 18(2), 219 - 236.

180 Hoskins, C., McFadyen, S., & Finn, A. (1997). *Global television and film: An introduction to the economics of the business.* Oxford: Clarendon Press.

181 Hoskins, C., McFadyen, S., & Finn, A. (2004). *Media economics: Applying economics to new and traditional media.* 장병희 (역) (2013). 〈미디어 경제학: 뉴미디어와 전통 미디어에 대한 경제학 적용〉. 서울: 커뮤니케이션북스.

182 Hoskins, C., & Mirus, R. (1988). Reasons for US dominance in the international trade in television programmes. *Media, Culture and Society*, 10, 499 - 515.

183 Hsu, M. K., Darrat, A. F., Zhong, M., & Abosedra, S. S. (2002). Does advertising stimulate sales or mainly deliver signals?: A multivariate analysis. *International Journal of Advertising*, 21(2), 175 - 195.

184 Huang, J. S., & Wang, W. (2014). Application of the long tail economy to the online news market: Examining predictors of market performance. *Journal of Media Economics*, 27, 158 - 176.

185 Hunt, M.(1972). *Competition in the major home appliance industry*, 1960 - 70. Unpublished doctoral dissertation, Harvard University, Cambridge, MA.

186 International Monetary Fund (2000). Transition economies: An IMF perspective on progress and prospects. Retrieved from http://www.imf.org/external/np/exr/ib/2000/110300.htm

187 Jayachandran, S., Gimeno, J., & Varadarajan, R. P. (1999). The theory of multimarket competition: A synthesis and implications for marketing strategy. *Journal of Marketing*, 63(3), 49 - 66.

188 Jensen, M. C., & Meckling, W. H. (1976). Theory of the firm: Managerial behavior, agency costs and ownership structure. *Journal of Financial Economics*, 3(4), 305 - 360.

189 Johnson, E. J., & Goldstein, D. (2003). Do defaults save lives?. *Science*, 302, 1338 - 1339.

190 Kahneman, D. (2003). Maps of bounded rationality: Psychology for behavioral economics. *American Economic Review*, 93(5), 1449 - 1475.

191 Kahneman, D., Knetsch, J. L., & Thaler, R. H. (1990). Experimental tests of the endowment effect and the Coase Theorem. *Journal of Political Economy*, 98(6), 1325 - 1348.

192 Kahneman, D., Knetsch, J. L., & Thaler, R. H. (1991). Anomalies: The endowment effect, loss aversion, and status quo bias. *Journal of Economic Perspectives*, 5(1), 193 - 206.

193 Kahneman, D. & Tversky, A. (1979). Prospect theory: An analysis of decision under risk. *Econometrica*, 47(2), 263 - 291.

194 Kahneman, D., & Tversky, A. (1984). Choices, values and frames. *American Psychologist*, 39(4), 341 - 350.

195 Katz, M. L., & Shapiro, C. (1985). Network externalities, competition, and compatibility. *American Economic Review*, 75, 424 - 440.

196 Kindleberger, C. (1973). *The world in depression*, 1992 - 1939. Berkeley: University of California Press.

197 Klein, L. R. (1998). Evaluating the potential of interactive media through a new lens: Search versus experience goods. *Journal of Business Research*, 41, 195 - 203.

198 Kohli, R., & Park, H. (1994). Coordinating buyer - seller transactions across multiple products. *Management Science*, 40, 1145 - 1150.

199 Krugman, D. M., Reid, L. N., Dunn, W. S., & Barban, A. M. (1994). *Advertising: Its role in modern marketing*(8th ed.). Fort Worth, TX: Dryden Press.

200 Krugman, P. R., Obstfeld, M., Melitz, M. J. (2012). *International economics: Theory & policy*(9th ed.). 상정모 · 이상규 · 이연호 (역) (2013). 〈국제경제학〉. 서울: 피어슨에듀케이션코리아.

201 Lacy, S. (1992). The financial commitment approach to news media competition. *Journal of Media Economics*, 5(2), 5-21.

202 Lacy, S., & Martin, H. J. (2004). Competition, circulation and advertising. *Newspaper Research Journal*, 25(1), 18-39.

203 Lacy, S., & Noh, G. (1997). Theory, economics, measurement, and the principle of relative constancy. *Journal of Media Economics*, 10(3), 3-16.

204 Leask, G.(2004). *Strategic groups & the resource based view: Natural complements enhancing our understanding of the competitive process.* Working paper, Aston University, Birmingham, UK.

205 Leask, G. & Parker, D. (2006). Strategic group theory: Review, examination and application in the UK pharmaceutical industry. *Journal of Management Development*, 25(4), 386-408.

206 Leibenstein, H (1966). Allocative efficiency vs. X-inefficiency. *American Economic Review*, 56, 312-415.

207 Levin, I. P., Schreiber, J., Lauriola, M., & Gaeth, G. J. (2002). A tale of two pizzas: Building up from a basic product versus scaling down from a fully-loaded product. *Marketing Letters*, 1(4), 335-344.

208 Levitt, T. (1965). Exploit the product life cycle. Harvard Business Review, 43, 81-94.

209 Levy, J. D. (2013). Why isn't broadcasting just another good or service? In R. G. Picard & P. Siciliani (Eds.), *Is there still a place for public service television?*(pp. 32-42). Reuters Institute.

210 Li, J. (2015). Is online media a two-sided market? *Computer Law & Security Review*, 31(1), 99-111.

211 Litman, B. R., & Bridges, J. (1986). An economic analysis of daily newspaper performance. *Newspaper Research Journal*, 7(3), 9-26.

212 Madi, H (2015). incremental analysis. Retrieved from http://site.iugaza.edu.ps/hmadi/files/2015/02/Managerial-Acct-32.pdf

213 Mahajan, V., Muller, E., & Srivastava, R. K. (1990). Determination of adopter categories by using innovation diffusion models. *Journal of Marketing Research*, 27, 37-50.

214 Mankiw, G. N. (2018). Principles of economics(8th ed.). 김경환 · 김종석 (역) (2018). 〈맨큐의 경제학〉. 서울: 센게이지러닝코리아.

215 Mazzucato, M. (2013). BBC: From crowding out to dynamising in. In R. G. Picard & P. Siciliani (Eds.), *Is there still a place for public service television?*(pp. 51-56). Reuters Institute.

216 McCombs, M. E. (1972). Mass media in the marketplace. *Journalism Monographs*, 24.

217 McConnell, C. R., Brue, S. L., & Flynn, S. M. (2018). *Economics: Principles, problems, and policies*(21st ed.). 박강우 · 옥우석 · 정기화 (역) (2019). 〈경제학 이해〉. 파주: 생능.

218 McConnell, C. R., Brue, S. L., & Macpherson, D. A. (2016). *Contemporary labor economics*(11th ed.). 김중렬 · 김윤배 (역) (2018). 〈현대노동경제학〉. 서울: 시그마프레스.

219 McFadyen, S., Hoskins, C., & Finn, A. (1997). *Measuring the cultural discount in the price of exported US television programs*. Working paper.

220 McAfee, R. P., McMillan, J., & Whinston, M. D. (1989). Multiproduct monopoly, commodity bundling, and correlation of values. *Quarterly Journal of Economics*, 104(2), 371-383.

221 McGee, J. (2003) Strategic groups: Theory and practice. In D. O. Faulkner & A. Campbell(Eds.), *The Oxford handbook of strategy*(pp. 267-307). Oxford, UK: Oxford University Press.

222 McGee, J. & Thomas, H. (1986). Strategic groups: Theory, research and Taxonomy. *Strategic Management Journal*, 7(2), 141-160.

223 McPhee, W. N. (1963). *Formal theories of mass behavior*. New York: Free Press.

224 Mermelstein, D. (1969). Large industrial corporations and asset shares. *American Economic Review*, 59, 531-541.

225 Miller, D., & Shamsie, J. (1996). The resource-based view of the firm in two environments: The Hollywood film studios from 1936 to 1965. *Academy of Management Journal*, 39(3), 519-543.

226 Napoli, P. (2001). *Foundations of communication policy: Principles and process in the regulation of electronic media*. Cresskill, NJ: Hampton.

227 Nelson, P. J. (1970). Information and consumer behavior. *Journal of Political Economy*. 78(2). 311-329.

228 Nelson, P. J. (1974). Advertising as information. *Journal of Political Economy*. 82(4). 729-754.

229 Nelson, P. J. (1975). The economic consequences of advertising. *Journal of*

*Business*, 48(2), 213 - 241.

230 Noam, E. M. (1993). Media Americanization, national culture, and forces of integration. In E. M. Noam & J. C. Milionzi (Eds.), *The international market in film and telemsion programs*(pp. 41 - 58). Norwood, NJ: Ablex.

231 North, D. C. (1991). Institutions. *Journal of Economic Perspectives*, 5(1), 97 - 112.

232 Ofcom (2012). Measuring media plurality: Ofcom's advice to the Secretary of State for Culture, Olympics, Media and Sport. Retrieved from https://www.ofcom.org.uk/____data/assets/pdf__file/0031/57694/measuring - media - plurality.pdf

233 Oh, J. (2001). International trade in film and the self - sufficiency ratio. *Journal of Media Economics*, 14(1), 31 - 44.

234 O'Keefe, D. J., & Jensen, J. D. (2008). Do loss - framed persuasive messages engender greater message processing than do gain - framed messages?: A meta - analytic review. *Communication Studies*, 59(1), 51 - 67.

235 Owen, B. M., & Wildman, S. S. (1992). V*ideo Economics*. Cambridge, MA: Harvard University Press.

236 Palich, L. E., Cardinal, L. B., & Miller, C. C. (2000). Curvilinearity in the diversification - performance linkage: An examination of over three decades of research. *Strategic Management Journal*, 21, 155 - 174.

237 Paroush, J., & Peles, Y. C. (1981). A combined monopoly and optimal packaging. *European Economic Review*, 15, 373 - 383.

238 Peles, Y. (1971). Economies of scale in advertising beer and cigarettes. *Journal of Business*, 44(1), 32 - 37.

239 Pejovich, S. (1999). The effects of the interaction of formal and informal institutions on social stability and economic development. *Journal of Markets & Mobility*, 2(2), 164 - 181.

240 Pejovich, S. (2003). Understanding the transaction costs of transition: It's the culture, stupid. *Review of Austrian Economics*, 16(4), 347 - 361.

241 Picard, R. G., & Siciliani, P. (Eds.). (2013). *Is there still a place for public service television?* 박기성 · 손창용 · 조진영 (역) (2016). 〈공공미디어의 경제학〉. 서울: 마고북스.

242 Piketty, T. (2014). *Capital in the Twenty - First Century*. Translated by A. Goldhammer, Cambridge, MA: Belknap Press of Harvard University.

243 Pindyck, R. S., & Rubinfeld, D. L. (2013). *Microeconomics*(8th ed.). 박원규 (역) (2016). 〈미시경제학〉. 서울: 시그마프레스.

244 Porter, M. E.(1980). *Competitive strategy: Techniques for analyzing industries*

*and competitors*. New York, NY: Free Press.

245 Porter, M. E. (1985). *Competitive advantage: Creating and sustaining superior performance*. New York, NY: Free Press.

246 Posner, R. A. (1975). The social costs of monopoly and regulation. *Journal of Political Economy*, 83, 807 - 827.

247 Posner, R. A. (1976). *Antitrust law: An economic perspective*. Chicago: University of Chicago Press.

248 Prelec, D., & Loewenstein, F. (1993). Preferences for sequences of outcome. *Psychological Review*, 100(1), 91 - 108.

249 Prince, J. T. & Simon, D. H. (2009). Multimarket contact and service quality: Evidence from on - time performance in the U.S. airline industry. *Academy of Management Journal*, 52(2), 336 - 354.

250 Reca, Á. A. (2006). Issues in media product management. In A. B. Albarran, S. M. Chan - Olmsted & M. O. Wirth (Eds.), *Handbook of media management and economics*(pp. 181 - 201). Mahwah, NJ: Lawrence Erlbaum.

251 Resende, M. (2006). The determinants of advertising intensity in the Brazilian manufacturing industry: An econometric study. *Nova Economia Belo Horizonte*, 16(3), 407 - 422.

252 Rochet, J. C. & Tirole, J. (2003). Platform competition in two - sided markets. *Journal of the European Economic Association*, 1(4), 990 - 1029.

253 Rogers, E. M. (1995). *Diffusion of innovations*(4th ed.). New York: Free Press.

254 Rosen, S. (1981). The economics of superstars. *American Economic Review*, 71(5), 845 - 858.

255 Rothman, A. J., Bartels, R. D., Wlaschin, J., & Salovey, P. (2006). The strategic use of gain - and loss - framed messages to promote healthy behavior: How theory can inform practice. *Journal of Communication*, 56, S202 - S220.

256 Samuelson, W. & Zeckhauser, R. (1988). Status quo bias in decision making. *Journal of Risk and Uncertainty*, 1(1), 7 - 59.

257 Schmalensee, R. (1984). Gaussian demand and commodity bundling. *Journal of Business*, 57, 211 - 230.

258 Schmalensee, R. (2002). Payment systems and interchange fees. *Journal of Industrial Economics*, 50(2), 103 - 122.

259 Seldon, B. J., Jewell, T. R., & O'brien, D. M. (2000). Media substitution and economies of scale in advertising. *International Journal of Industrial*

*Organization*, 18, 1153 - 1180.

260 Shapiro, C., & Varian, H. R. (1999). *Information rules: A strategic guide to the network economy*. Boston, MA: Harvard Business School Press.

261 Sherman, S. M. (1995). Determinants of repeat - viewing to primetime public television programs. *Journal of Broadcasting & Electronic Media*, 39, 472 - 481.

262 Shuster, M. S. (1998). *Diffusion of network innovation: Implications for adoption of Internet services*. Paper presented at MIT Internet Telephony Consortium Semiannual Meeting, Helsinki, Finland.

263 Simon, H., & Wuebker, G. (1999). Bundling: A powerful method to better exploit profit potential. In R. Fuerderer, A. Herrmann, & G. Wuebker (Eds.), *Optimal bundling: Marketing strategies for improving economic performance*(pp. 7 - 28), Berlin: Springer.

264 Simon, J. L. (1980). On firm size and advertising efficiency. *Journal of Economic Literature*, 18(3), 1066 - 1075.

265 Sinha, I., & Smith, M. F. (2000). Consumers' perceptions of promotional framing of price. *Psychology and Marketing*, 17(3), 257 - 275.

266 Stigler, G. J. (1963). United States vs. Loew's Inc.: A note on block booking. *Supreme Court Review*, 1, 152 - 157.

267 Stigler, G. J. (1971). The theory of economic regulation. Bell *Journal of Economics and Management Science*, 2(1), 3 - 21.

268 Strickland, A. D. (1985). Conglomerate mergers, mutual forbearance behavior and price competition. *Managerial and Decision Economics*, 6(3), 153 - 159.

269 Sutton, C. J. (1974). Advertising, concentration and competition. *Economic Journal*, 84, 56 - 69.

270 Taylor, J., Kennedy, R., & Sharp, B. (2009). Is once really enough?: Making generalizations about advertising's convex sales response function. *Journal of Advertising Research*, 49(2), 198 - 200.

271 Tellis, G. J. (2009). Generalizations about advertising effectiveness in markets. *Journal of Advertising Research*, 49(2), 240 - 245.

272 Tellis, G. J., & Fornell, C. (1988). The relationship between advertising and product quality over the product life cycle: A contingency theory. *Journal of Marketing Research*, 25, 64 - 71.

273 Thaler, R. (1980). A positive theory of consumer choice. *Journal of Economic Behavior and Organization*, 1, 39 - 60.

274 Theil, H. (1967). *Economics and information theory*. Amsterdam: North

Holland.
275 Throsby, D. (2001). *Economics and culture*. 성제한 (역) (2004). 〈문화경제학〉. 파주: 한울아카데미.
276 Tribe, M. A, & Alpine, R. L. W. (1986). Scale economies and the "0.6 rule". *Engineering Costs and Production Economics*, 10, 271-278.
277 Tversky, A., & Kahneman, D. (1974). Judgement under uncertainty: Heuristics and biases. *Science*, 185, 1124-1131.
278 Tversky, A., & Kahneman, D. (1981). The framing of decisions and the psychology of choice. *Science*, 211, 453-458.
279 Tversky, A., & Kahneman, D. (1986). Rational choice and the framing of decisions. *Journal of Business*. 59(4), S251-S278.
280 Tversky, A., & Kahneman, D. (1991). Loss aversion in riskless choice: A reference-dependent model. *Quarterly Journal of Economics*, 106(4), 1039-1061.
281 Tversky, A., & Kahneman, D. (1992). Advances in prospect theory: Cumulative representation of uncertainty. *Journal of Risk and Uncertainty*, 5, 297-323.
282 Uzzi, B. (1997). Social structure and competition in interfirm networks: The paradox of embeddedness. *Administrative Science Quarterly*, 42, 35-67.
283 Walker, G., & Weber, D. (1984). A transaction cost approach to make or buy decisions. *Administrative Science Quarterly*, 29, 373-391.
284 Wasko, J. (2004). How Hollywood works. 박조헌 · 정헌일 (역) (2007). 〈할리우드 영화산업론〉. 서울: 커뮤니케이션북스.
285 Waterman, D., & Rogers, E. M. (1994). The economics of television program production and trade in Far East Asia. *Journal of Communication*, 44(3), 89-111.
286 Webster, J. G. (2005). Beneath the veneer of fragmentation: Television audience polarization in a multichannel world. *Journal of Communication*, 55(2), 366-382.
287 Whinston, M. D. (1990). Tying, foreclosure, and exclusion. *American Economic Review*, 80(4), 837-859.
288 Wilber, K. C. (2008). A two-sided, empirical model of television advertising and viewing markets. *Marketing Science*, 27(3), 356-378.
289 Wildman, S. S., & Siwek, S. E. (1988). *International trade in films and television programs*. Cambridge, MA: Ballinger.
290 Willis, M., & Rogers, R. T. (1998). Market share dispersion among leading firms as a determinant of advertising intensity. *Review of Industrial*

*Organization*, 13(5), 495 - 508.

291 Williamson, O. E. (1971). The vertical integration of production: Market failure considerations. *American Economic Review*, 61(2), 112 - 123.

292 Williamson, O. E. (1975). *Markets and hierarchies: Analysis and antitrust implications*. New York, NY: Free Press.

293 Williamson, O. E. (1985). *The economic institutions of capitalism*. New York, NY: Free Press.

294 Williamson, O. E. (1991). Comparative economic organization: The analysis of discrete structural alternatives. *Administrative Science Quarterly*, 36, 269 - 296.

295 Williamson, O. E. (2000). The new institutional economics: Taking stock, looking ahead. *Journal of Economic Literature*, 38(3), 595 - 613.

296 Wind, Y., & Sharp, B. (2009). Advertising empirical generalizations: Implications for research and action. *Journal of Advertising Research*, 49(2), 246 - 252.

297 Winiecki, J. (2003). Determinants of catching up or falling behind: Interaction of formal and informal institutions. Retrieved from http://www.nbp.pl/konferencje/radisson/Mowcy/Winiecki/winiecki.pdf

298 Wolf, Jr., C. (1986). *Market or governments: Choosing between imperfect alternatives*. Santa Monica, CA: Rand Corporation.

299 Wright, M. (2009). A new theorem for optimizing the advertising budget. *Journal of Advertising Research*, 49(2), 164 - 169.

300 Young, G., Smith, K. G., Grimm, C. M., & Simon, D. (2000). Multimarket contact and resource dissimilarity: A competitive dynamics perspective. *Journal of Management*, 26(6), 1217 - 1236.

301 Yu, T. & Cannella, A. A. (2013). A comprehensive review of multimarket competition research. *Journal of Management*, 39(1), 76 - 109.

302 ZenithOptimedia (2017.9.). *Advertising Expenditure Forecasts*. London, UK: Zenith.

303 Zinkhan, G. M, & Cheng, C. S. (1992). Marketing communication intensity across industries. *Decision Sciences*, 23(3), 758 - 769.

304 Zou, L., Yu, C., & Dresner, M. (2012). Multimarket contact, alliance membership, and prices in international airline markets. *Transportation Research*, 48, 555 - 565.

# 찾아보기

(ㄱ)



(ㄴ)



(ㄷ)

〈기 타〉

[저자 약력]

서울대학교 경제학과 학사
Michigan State University 경제학과 석사, 통계학과 석사,
텔레커뮤니케이션학과 석사
Northwestern University 커뮤니케이션학과 박사
한림대학교 언론정보학부 전임강사
현, 세종대학교 미디어커뮤니케이션학과 교수

미디어경제론

2020년 8월 5일 중판인쇄
2020년 8월 10일 중판발행

저 자 오 정 호
발행인 유 성 열
발행처 청목출판사
서울특별시 영등포구 신길로 40길 20
전화 (02) 849-6157(代) · 2820 / 833-6091
FAX (02) 849-0817
등록 제318-1994-000090호

파본은 바꾸어 드립니다. 값 22,000원

http : //www.chongmok.co.kr



ISBN 978-89-5565-786-9